RONALD ZÜRRER

WEG NACH INNEN

Ausgewählte esoterische
Vorträge und Essays

GOVINDA-VERLAG
Zürich ❦ Berlin

Erstausgabe – Oktober 1995

© Govinda-Verlag, Zürich/Berlin
Alle Rechte vorbehalten

Umschlaggestaltung: M8 Labor für Gestaltung, Berlin
Gesamtherstellung: Clausen & Bosse, Leck
Printed in Germany

ISBN 3-906347-16-8

Nach Innen geht der geheimnisvolle Weg.
In uns, oder nirgends ist die Ewigkeit.
  — *Novalis*

Ziel eines sinnvollen Lebens ist den Ruf
der inneren Stimme zu hören und ihm
möglichst zu folgen. Der Weg wäre also:
sich selbst erkennen.
  — *Hermann Hesse*

Die höchste Wahrheit existiert innerhalb
und außerhalb aller Wesen. Obwohl weit,
weit entfernt, ist sie auch sehr nah.
  — *Bhagavad-gītā*

Von Ronald Zürrer sind im Govinda-Verlag erschienen:

Reinkarnation – Die umfassende Wissenschaft
 der Seelenwanderung (3. Auflage 1994)
Hinüberzugehen und wiederzukehren... (1991)
Vegetarisch leben (4. Auflage 1995)
Die Bibel in ihrem eigenen Licht (1987, vergriffen)

Heilsein in einer unheilen Welt (Vortragskassette)
Karma: Schicksal oder Bestimmung? (Vortragskassette)
Gut und Böse (Vortragskassette)

INHALT

EINFÜHRUNG: Warum Esoterik? 7

GUT UND BÖSE 27
   Das esoterische Weltbild und die Dualität
   von Gut und Böse.

ESOTERIK UND REINKARNATION 93
   Der Wert, die Grenzen und die Gefahren der Esoterik,
   am Beispiel der Reinkarnationsforschung.

REINKARNATION: EIN NATURGESETZ 123
   Ein Interview.

KARMA: SCHICKSAL ODER BESTIMMUNG? 137
   Über das Gesetz, des den Kosmos ordnet.

LESEN IN DER ZUKUNFT 187
   Über Prophetie, Wahrsagerei und Astrologie.

UFOS: BEDROHUNG ODER BEREICHERUNG? . . . 223
   Das Ufo-Phänomen einmal anders.

HEILSEIN IN EINER UNHEILEN WELT 269
   Auswege aus dem Labyrinth.

HERMANN HESSE: DER GROSSE VERMITTLER . . 299
   Eine esoterische Betrachtung des Werkes «Siddhartha».

ZEIT ZUR EWIGKEIT 335
   Die Zeit: vertraut und fremd.

DAS SPIEL DES LEBENS 393
   Ein Gleichnis.

DIE WAHRHEIT IN DEN RELIGIONEN 403
   Ein Denkanstoß.

VOM SINN DER EXISTENZ 407
   Noch ein Denkanstoß.

ANHANG: 64 Vorträge, Vortragsreihen
und Seminare von Ronald Zürrer 411

EINFÜHRUNG

Warum dieses Buch? Warum Esoterik?

WARUM DIESES BUCH? Seit einigen Jahren halte ich regelmäßig Vorträge und Seminare zu esoterischen und philosophischen Themen, und immer wieder werde ich von meinen Zuhörern gefragt, ob meine Ausführungen auch in schriftlicher Form oder als Tonbandaufnahme erhältlich seien. Mit dem vorliegenden Buch sowie den parallel dazu veröffentlichten Vortragskassetten möchte ich diesem Wunsch entsprechen.

Dabei ist es mir ein Anliegen, auf folgendes aufmerksam zu machen: In den für dieses Buch ausgewählten Vorträgen und Essays werden einige der zentralen Themen des esoterischen Gedankengutes aufgegriffen und beleuchtet. Es geht mir in dieser Veröffentlichung jedoch nicht darum, sie alle in wissenschaftlicher Weise auszuloten und umfassend abzuhandeln, denn dazu müßte man jedem einzelnen Thema mindestens ein eigenes Buch widmen (wie ich es beispielsweise im Falle der Reinkarnation getan habe).

Vielmehr geht es mir hier darum, einerseits eine leicht verständliche Einführung in einige grundlegende esoterische Wissensgebiete sowie vor allem auch das essentielle Unterscheidungsvermögen zu vermitteln, das Licht und Schatten der zeitgenössischen Esoterik voneinander zu trennen und abzugrenzen vermag. Es werden hier Fragenkomplexe aufgegriffen wie:

- Wer bin ich? Woher komme ich? Wohin gehe ich?
- Warum muß ich leiden?
- Wie erkenne ich meine gegenwärtige Lebensaufgabe?
- Wie kann ich meine innersten Wünsche verwirklichen?
- Wohin führt mein WEG NACH INNEN?
- Was gehört zum esoterischen Weltbild? Was nicht?
- Ist Esoterik nur eine Modeerscheinung?
- Wie verhält sich Esoterik zur Religion?
- Was ist der Unterschied zwischen Gut und Böse?
- Wer ist Gott? Wer ist der Teufel?
- Gibt es eine absolute Wahrheit?
- Wie kann ich Reinkarnation verstehen?
- Was bedeutet eigentlich Karma?
- Welche unentdeckten Geheimnisse birgt der Kosmos?
- Gibt es Ufos und Außerirdische? Wer sind sie? Woher kommen sie? Was wollen sie von uns?
- Sind höhere Wesen automatisch auch bessere Wesen?
- Ist Wahrsagerei Humbug, oder bringt sie Heil?
- Was kann ich mit Astrologie anfangen?
- Was ist Zeit?
- In welcher Religion ist Wahrheit zu finden?
- Welchen Sinn und welches Ziel hat mein Dasein?

Dieses Buch möchte – genau wie meine Vorträge – in erster Linie auf solche Fragen aufmerksam und neugierig machen und die Leserin und den Leser anregen, sich in der Folge mit dem einen oder anderen Thema intensiver und ausführlicher zu beschäftigen.

ESOTERIK FÜR WEN? In dem klassischen altindischen Sanskritwerk *Bhagavad-gītā* heißt es in einem höchst aufschlußreichen Vers (Bg. 7.16), daß es verschiedene Arten von Menschen gibt, die sich dem esoterischen oder religiösen WEG NACH INNEN zuwenden. Sie alle werden dort als «fromm» oder «gut» bezeichnet, und sie lassen sich, je nach ihrer Motivation und ihrer Absicht, in die folgenden vier Kategorien unterteilen:

1. Der Notleidende und Bedrängte, der sich durch die Beschäftigung mit Religion und Esoterik Linderung und Heilung von seinem Leid erhofft.

2. Der nach Reichtum Strebende, der sich in Geldnot befindet und sich materiellen Gewinn verspricht.

3. Der Wissensdurstige, der neugierig ist und nach der hinter allen sichtbaren Dingen verborgenen Wahrheit sucht.

4. Der Weise, der die Wahrheit bereits kennt und unbeirrt auf seinem Weg voranschreitet.

Im diesem Vers analysiert Krishna, der vor rund 5000 Jahren die Bhagavad-gītā sprach, in bemerkenswerter Weise auch die zeitgenössische Esoterik-Szene. Tatsächlich können wir heutzutage nicht nur sämtliche dieser vier Kategorien von Menschen beobachten, die sich mit unterschiedlichen Motiven und Zielen für esoterische Themen interessieren, sondern wir finden folgerichtig auch das entsprechende Angebot im aktuellen «esoterischen Gemischtwarenladen» vor. Wir wollen nun diese vier Kategorien einmal genauer betrachten.

1. ESOTERIK FÜR NOTLEIDENDE

Für viele körperlich oder mental akut leidende Menschen unserer Zeit ist die Esoterik die letzte Hoffnung auf Linderung von ihren Schmerzen und Lösung ihrer Schwierigkeiten. Nachdem sie vielleicht alle verfügbaren herkömmlichen Heilmethoden der Schulmedizin und der klassischen Psychotherapie erfolglos durchprobiert haben, wenden sie sich in ihrer Enttäuschung und Verzweiflung schließlich Heilpraktikern und Geistheilern und deren alternativen Therapieformen zu.

Solche ganzheitlichen («holistische») Therapieformen schießen in den vergangenen Jahren in mittlerweile unüberschaubaren Ausmaßen wie Pilze aus dem Boden, und zwar so zahlreich, daß ich mir angesichts ihrer Fülle und ihrer Mannigfaltigkeit zuweilen nicht sicher bin, ob ich dieses Phänomen nun als erfreuliches oder als besorgniserregendes Zeichen verstehen soll. Erfreulich ist es bestimmt dann, wenn einzelnen Menschen durch die eine oder andere Therapie tatsächlich geholfen werden kann, und aus diesem Grunde bin ich der Ansicht, daß diese Methoden wohl alle ihre Berechtigung und ihren Sinn haben.

Besorgniserregend scheint mir jedoch die Tatsache zu sein, daß der widernatürliche moderne Lebensstil und das ihm zugrunde liegende einseitig-materialistische Weltbild – die beiden Faktoren, die solche Therapien überhaupt erst erforderlich machen – heute oftmals bereits als normal und als unabänderlich gelten und selbst in der Esoterik-Szene leider nur allzu selten noch hinterfragt werden.

Wer sich heute auf dem esoterischen Markt umschaut, wird unschwer feststellen, daß ein überwiegender Teil der Anhängerinnen und Anhänger der Esoterik aus dieser ersten Kategorie der Notleidenden stammt. Durch Massieren, Atmen und Fasten, durch Bewegung und Tanz, durch Malen, Singen und Schreien, durch Körper-, Aura- und Chakra-Arbeit, durch Autogenes Training, Hypnose, Hatha-yoga und Tai Chi, durch Kartenlegen und Pendeln, aber auch durch die Hilfe von Edelsteinen, Blüten und Pilzen, von Düften, Aromen, Farben und Klängen usw. wird dem notleidenden Zeitgenossen Hilfe bei der Bewältigung seiner physischen und psychischen Probleme versprochen. Zivilisationskrankheiten wie Krebs, Rheuma und Allergien, Herz-, Kreislauf- und Immunsystemerkrankungen sollen genauso ganzheitlich geheilt werden können wie Streß, Angst, Depressionen, Süchte, Entfremdung, Langeweile oder Partnerschaftsprobleme.

Die meisten Menschen, die sich mit solchen Motiven der Esoterik zuwenden, interessieren sich zunächst nicht sonderlich für die den einzelnen Therapieformen und Heilmitteln zugrunde liegenden rituellen und weltanschaulichen Aspekte. Ihnen geht es in erster Linie um den konkreten, pragmatischen Nutzen für ihre eigene Gesundheit und ihr eigenes Wohlbefinden. Viele von ihnen wenden sich daher, nachdem sie mit Hilfe der ganzheitlichen Heilmethoden Linderung ihres Leides erfahren haben (ganz zu schweigen von denjenigen, denen auch diese nicht zu helfen vermochten), wieder von der Esoterik ab und führen ihr bisheriges Leben unverändert in den gewohnten Bahnen weiter. Sie werden das vorliegende Buch wohl niemals lesen.

Manche unter ihnen aber erkennen, daß die heilsamen Auswirkungen lediglich ein selbstverständlicher Nebeneffekt der Berührung mit dem Esoterischen darstellen und daß auch für einen physisch und psychisch gesunden Menschen eine dringliche Notwendigkeit für einen bewußteren Lebenswandel besteht. Verblüfft und beeindruckt von der nunmehr am eigenen Leibe erfahrenen Macht der verborgenen Energien innerhalb unseres Körpers und Geistes sowie des gesamten Kosmos werden sie neugierig, mehr über das faszinierende esoterische Weltbild, über seine praktische Umsetzung im Alltag und über ihren eigenen WEG NACH INNEN zu erfahren.

Solche Menschen bilden die erste Gruppe von Interessenten, an die sich das vorliegende Buch richtet.

2. ESOTERIK FÜR GEWINNSTREBENDE

Eine zweite Kategorie von Menschen, die wir in der zeitgenössischen Esoterik-Szene vorfinden können, umfaßt diejenigen, die gezielt nach materiellem Vorteil streben. Ob sie sich nun tatsächlich in akuter Geldnot befinden oder ob sie in ihrer Gier einfach nur immer mehr Reichtum anhäufen wollen – sie versprechen sich von ihrer Beschäftigung mit der Esoterik in erster Linie einen konkreten finanziellen Nutzen.

Für diese Menschen wurde in den vergangenen Jahren ein lukratives Marktsegment geöffnet, in welchem inzwischen die vielfältigsten Kurse, Seminare und «Workshops» sowie die dazugehörigen Buch- und Video-Publikationen feilgeboten werden. Viele davon zielen direkt oder indirekt hauptsächlich darauf ab, sich mehr materiellen Erfolg zu verschaffen.

Die entsprechenden Themen lauten etwa: Streßbewältigung und Entspannung für Manager; Förderung der Konzentrationskraft und des Gedächtnisses zwecks größerer Leistungsfähigkeit; gezielte Manipulation des Bewußtseins (des eigenen und desjenigen anderer) zur

Erreichung beruflicher und privater Ziele; dynamisches Karrieremachen mit Hilfe kosmischer Kräfte, usw.

Selbstverständlich finden wir zahlreiche Vertreter dieser zweiten Kategorie der Gewinnstrebenden insbesondere auch auf der anderen Seite des Rednerpultes: Viele der Referenten, Seminar- und Workshopleiter, Therapeuten, Autoren, Verleger und Buchhändler, die sich auf dem modernen Esoterik-Markt tummeln, tun dies hauptsächlich deshalb, weil sich damit inzwischen prächtig Geld verdienen läßt.

Auch bei dieser Kategorie ist das Interesse an den ursprünglichen, anspruchsvollen Inhalten esoterischer Weisheitslehren meist sehr gering, und zwar sowohl aus zeitlichen Gründen (Philosophieren braucht Zeit und «bringt nichts», und Zeit ist schließlich Geld) als auch aus klar beruflichen Interessen. Denn für manche der hochbezahlten Eso-Prominenz stellt das ursprüngliche esoterisch-religiöse Weltbild in der Tat eine unheimliche Bedrohung dar, weshalb sie es tunlichst vermeiden, es ihrer gläubigen Anhängerschaft unzensiert anzubieten. Vielmehr beschäftigen sie sich bewußt und mit kaltem Kalkül hauptsächlich mit äußeren Nebeneffekten des esoterischen Pfades.

Denn die ernsthafte Beschäftigung mit echter Esoterik sollte den Menschen früher oder später dahin führen, daß er von der kurzsichtigen Ausrichtung auf das Äußere und Materielle Abstand nimmt und sich konsequent auf den WEG NACH INNEN begibt, der zwar viel Überwindung und Disziplin, viel Demut und Liebe, aber kein Geld kostet. Ein echter Esoteriker ist für die Steigerung des Umsatzes und des Profits daher denkbar ungeeignet, und so kann es nicht im Interesse der Eso-Geschäftemacher liegen, daß echte Esoteriker heranwachsen.

Doch genau wie bei der ersten Kategorie der Notleidenden, so finden sich auch hier bei den Gewinnstrebenden immer wieder vereinzelte Menschen, die sich – entweder durch materielle Übersättigung oder (besser noch) durch Unterscheidungsvermögen und Einsicht – von ihrer anfänglichen materialistischen Motivation lösen können und beginnen, sich ernsthaft und ohne Angst vor praktischen Konsequenzen auf die Begegnung mit dem esoterischen Gedankengut einzulassen.

Sie bilden die zweite Gruppe von Interessenten, an die sich das vorliegende Buch richtet.

3. ESOTERIK FÜR WAHRHEITSSUCHENDE

Natürlich gibt es auch viele Menschen, die sich weder mit dem Motiv des bloßen Gesundwerdens noch aus materieller Gewinnsucht für esoterische Themen zu interessieren beginnen. Sie sind die Neugierigen, die Wissensdurstigen und Wahrheitssucher, die es seit jeher stets gegeben hat und die es allen düsteren Zeichen der Zeit zum Trotz auch heute noch immer gibt.

Diese Menschen wissen oder ahnen zumindest intuitiv, daß viel mehr im Himmel und auf Erden ist, als unsere Schulweisheit sich träumt, und sie haben sich auf die Suche nach diesem «viel mehr» gemacht. Sie ahnen, daß hinter allen sichtbaren Dingen dieser Welt höhere Realitätsebenen verborgen liegen, die sich unserer direkten Sinneswahrnehmung entziehen. Sie ahnen, daß sie im Kosmos nicht alleine sind, sondern umgeben von unzählbaren subtilen Energien und intelligenten Wesenheiten, mit denen wir alle verbunden sind. Und sie ahnen, daß ihr gegenwärtiges Leben auf der Erde und die für sie überschaubaren Dimensionen von Raum und Zeit nur einen winzig kleinen Ausschnitt einer kosmischen Wirklichkeit darstellen, die sich in ganz anderen Dimensionen abspielt.

Diese einfühlsamen Menschen spüren, daß in ihrem eigenen Innern, jenseits von Geburt, Alter, Krankheit und Tod, ein unsterblicher Funke von Bewußtsein und Glücklichsein wohnt, und ihre Sehnsucht nach Erkenntnis und Verwirklichung dieser Wahrheit treibt sie auf ihrem WEG NACH INNEN voran. Manche von ihnen wissen, ahnen oder spüren sogar auch, daß hinter allem, über allem und in allem eine grenzenlose Göttlichkeit und persönliche Liebe regiert, in die sie selbst eingebettet sind und an der sie Anteil haben können, wenn sie es nur wollen.

Diese Wahrheitssucher bilden die Hauptgruppe meiner Zuhörer und Leser. In der Unüberschaubarkeit all der faszinierenden Phänomene des menschlichen wie kosmischen Lebens suchen sie nicht nur nach körperlicher Gesundheit oder mentaler Entspannung, sondern nach den verborgenen Zusammenhängen.

In der Vielfalt und scheinbaren Widersprüchlichkeit all der einzelnen esoterischen Wissensgebiete suchen sie nach klärender Orientierung und nach einem praktischen Unterscheidungsvermögen, mit Hilfe dessen sie sich zurechtfinden können. Sie sind bereit zu fragen, zu hinterfragen und in Frage zu stellen. Sie sind bereit, die Grenzen ihres bisherigen Horizontes zu überschreiten und ihr angestammtes Weltbild zu erweitern und zu vertiefen. Und sie sind entschlossen und mutig genug, gegebenenfalls auch ihren alltäglichen Lebenswandel und ihre Gewohnheiten zu verändern und neuen Erkenntnissen und Einsichten anzupassen. Diesen Wahrheitssuchenden soll das vorliegende Buch gewidmet sein.

Ich sehe also meinen Platz und meine Aufgabe innerhalb der zeitgenössischen Esoterik vornehmlich darin, diesen Menschen bei ihrer Suche behilflich zu sein und ihnen Orientierungshilfen sowie das gewünschte Unterscheidungsvermögen zu vermitteln. Dabei empfinde ich mich im besten Sinne des Wortes als «Vermittler» zwischen dem suchenden, fragenden Menschen einerseits und dem verborgenen, unerkannten oder unverwirklichten Wissen andererseits, das bereits im Innern eines jeden schlummert.

Einer meiner Grundsätze hierbei ist, daß wir die Wahrheit nicht *er-lernen* müssen, sondern – da sie bereits als fester Bestandteil unseres Wesens in unserem Innern existiert – einzig sie wieder *kennen-lernen*, also *er-kennen* sollen. Demzufolge können wir genausowenig die Wahrheit «lehren», wie wir einen Menschen zu irgendeiner Überzeugung oder Einsicht «bekehren» können. Was wir aber tun können und auch sollen, ist, unsere eigenen Er-kenntnisse und Verwirklichungen mit anderen zu teilen, wodurch sich bei der reifen Seele die eigenen Bedeckungen lichten werden und die bereits geduldig wartenden Einsichten zur Entfaltung kommen werden.

Der Philosoph Sokrates sagte vor 2500 Jahren, daß jedes Lernen nichts anderes sei als ein Wiedererinnern, als ein «Wiedergewinnen uns schon zugehörigen Wissens». Denn alle scheinbar «neuen» oder «fremden» Gedanken und Erkenntnisse, denen wir auf unserem WEG NACH INNEN begegnen, sind bei näherem Betrachten gar nicht so neu und gar nicht so fremd, wie wir vielleicht meinen – und dies sowohl psychologisch gesehen als auch historisch.

Psychologisch gesehen verhält es sich so, daß jedes Erkennen von Wahrheit im Grunde genommen ein Wieder-erkennen ist, da wir die ganze uns zugängliche Wahrheit schon seit unvordenklichen Zeiten unentdeckt in uns tragen. Durch Berührung mit echtem Wissen wird diese Wahrheit wieder ent-deckt, das heißt, die Bedeckungen werden entfernt, so daß wir dann das erkennen können, was eigentlich immer schon da war!

Dies alles gilt selbstverständlich nur für Wahrheiten und nicht für Unwahrheiten, also nicht für Lügen, Irrtümer, Fehlauffassungen, Täuschungen, Illusionen und dergleichen. Diese stellen für uns, auch wenn sie heutzutage in der Mehrzahl sein mögen, tatsächlich etwas Fremdes und Widernatürliches dar. Meistens sind wir uns leider viel zu wenig darüber bewußt, welche innere Qual es für die Seele eines Menschen bedeutet, in einer Gesellschaft wie der unsrigen zu leben, die buchstäblich auf Unwahrheiten aufgebaut ist. Die Unwahrheiten und Unstimmigkeiten der modernen Welt nehmen von Tag zu Tag zu und beherrschen längst sämtliche Gebiete unseres gesellschaftlichen Lebens, die Politik wie die Wirtschaft, die Kunst wie die Wissenschaft, die Philosophie wie selbst die Theologie. So gesehen ist der aktuelle Trend zu esoterischen Inhalten nicht nur verständlich, sondern geradezu not-wendig.

Nochmals also: Wahrheit müssen wir nicht erlernen, wir brauchen sie nur zu erkennen. So lassen sich übrigens auch die zahlreichen «Aha-Effekte» erklären, von denen mir Menschen immer wieder berichten, die sich auf den esoterischen Weg begeben haben. Wenn sie zum ersten Mal über die Gesetze von Karma und Reinkarnation, über die Parallelwelten der Geister und der höherdimensionalen Wesen oder über die alldurchdringenden göttlichen Kräfte im Kosmos hören, empfinden dies viele so, als würden sie nun endlich *das* hören oder lesen, was sie immer schon gedacht und gefühlt hatten. Sie betrachten dieses Wissen als die Bestätigung einer inneren Ahnung, die sie schon lange Zeit unausgesprochen in sich getragen hatten.

Soviel zum psychologischen Aspekt meiner These. Wie gesagt sind die Erkenntnisse, die ich in meinen Vorträgen und Büchern zum Ausdruck bringe, jedoch auch historisch gesehen durchaus nichts Neues oder Erstmaliges. Ganz im Gegenteil, ich schöpfe dabei mit Vorliebe aus den ältesten Urquellen der Menschheitsgeschichte, namentlich aus den alten indischen Schriften des Veda.

Im Verlaufe meiner vergleichenden Studien der Weltkulturen und Weltreligionen habe ich zu meinem eigenen anfänglichen Erstaunen bemerkt, daß wir den esoterischen Wahrheiten unserer Existenz umso näher kommen, je mehr wir in der Geschichte der Menschheit zurückgehen!

Dies stellte mein ganzes angelerntes Weltbild und mein Verständnis über die Her- und Zukunft des Menschen auf den Kopf. Was ich in der Schule über den progressiven Fortschritt der Menschheitsentwicklung gelernt hatte, erwies sich beim vorurteilsfreien Studium alter Zivilisationen in zunehmendem Maße als unhaltbar. Die Menschen früherer Hochkulturen waren durchaus nicht naiv und primitiv – weder politisch noch wirtschaftlich, weder philosophisch noch wissenschaftlich –, und wir Heutigen sind gar nicht so weit entwickelt, wie wir uns gerne den Anschein geben.

Sogar die glorreichen Errungenschaften der modernen Unterhaltungs- und Kommunikationsmedien, der Raumfahrt und der Computertechnologie, der Gerätemedizin und der Tiefenpsychologie, auf die wir so gerne stolz sind, erweisen sich als plumpe, einfältige Versuche, das Wissen und die Möglichkeiten früherer Hochkulturen zu imitieren. (Ich möchte dieses Thema hier nicht weiter ausführen und verweise statt dessen auf das wegweisende Buch «Der multidimensionale Kosmos» von Armin Risi, welches diese zugegebenermaßen gewagte These in eindrücklicher Weise belegt.)

Wenn wir uns ohne Betrug und ohne Beschönigung dem Vergleich mit dem Wissen und den Schlußfolgerungen der alten Hochkulturen stellen, insbesondere der vedischen, müssen wir wohl oder übel beschämt zugeben: Wir Menschen des ausgehenden 20. Jahrhunderts sind weit davon entfernt, die Krönung der Schöpfung (oder der «Evolution») zu sein. Verhält es sich nicht vielmehr so, daß die Menschheit insgesamt gesehen noch nie so weit weg von der Wahrheit und damit auch vom Glücklichsein gewesen ist wie heute? Dies jedenfalls ist der Eindruck, der sich mir zwangsläufig aufdrängt, wenn ich einen Blick in eine Zeitung oder in die modernen Schulen, Büros, Fabriken, Laboratorien und selbst Kirchen werfe.

Die Esoterik, der WEG NACH INNEN, kann in dieser leidigen Situation neue Hoffnung und Zuversicht schenken. Das Welt- und Menschenverständnis, das wir aus der ernsthaften Beschäftigung mit esoterischem Gedankengut gewinnen können, vermag nicht nur das einzelne Individuum zu bereichern und innerlich zu veredeln, sondern es kann – wenn viele Menschen entscheiden, sich konsequent auf diesen Weg zu begeben – sich auch global befreiend und heilend auswirken. Echtes esoterisches Wissen ist imstande, uns neue Perspektiven und Dimensionen des Menschseins und seiner Bestimmung aufzuzeigen und so der gesamten Erdbevölkerung den immer wieder ersehnten Frieden und die göttliche Liebe zugänglich zu machen, nach der wir uns sehnen.

Gewiß stellt sich dieser WEG NACH INNEN für jeden Menschen ein wenig anders dar, je nachdem, wie weit der einzelne in seinen vergangenen Inkarnationen bereits gewandert ist und welche Aufgaben für ihn im gegenwärtigen Leben zu lösen anstehen. Und gewiß ist dieser Weg für uns alle ein allmählicher, langwieriger und zuweilen beschwerlicher Pfad, der sich nicht von einem Tag auf den anderen «bewältigen» läßt. Er verlangt von dem ernsthaft Reisenden viel Geduld und Vertrauen, viel Kraft und Entschlossenheit, viel Demut und Opferbereitschaft. Und doch ist dieser Weg im Grunde genommen der einzige Weg, den zu gehen es sich lohnt.

Der WEG NACH INNEN ist auch gar nicht so schwierig, wie wir uns dies zu Beginn vielleicht vorstellen. Denn während wir auf ihm gehen, werden wir in mysteriöser Weise auf Schritt und Tritt mit neuen Einsichten und Verwirklichungen belohnt und dadurch stets ermutigt, weiter voranzuschreiten. Wir spüren dann, daß dies der richtige Weg für uns ist – ein Weg, den wir oft nicht erst in diesem gegenwärtigen Leben, sondern bereits in einem früheren Dasein begonnen haben und den wir jetzt weiter fortsetzen.

Wenn wir diese Vertrautheit und harmonische Stimmigkeit nicht verspüren, sollten wir den betreffenden Weg nicht gewaltsam zu gehen versuchen, sondern noch zuwarten, bis die Zeit (oder unsere Bereitschaft) dazu reif geworden ist. Oder aber wir sollten versuchen herauszufinden, was wir falsch machen. Denn es mag zwar der richtige Weg sein, den wir gehen, aber vielleicht fehlt uns das notwendige Wissen, um unseren nächsten Schritt zu erkennen und in die richtige Richtung zu setzen.

Und noch ein Geheimnis: Sobald wir uns tatsächlich auf den WEG NACH INNEN begeben und beginnen, auch unser alltägliches Leben nach kosmischen Richtlinien auszurichten, fühlen wir sogleich, daß wir auf diesem Weg nicht alleine sind, sondern von wohlmeinenden Helfern geführt und beschützt werden. Und sobald wir uns freiwillig dieser göttlichen Führung und Hilfe anvertrauen und gleichzeitig unsere Eigenverantwortung wahrnehmen, wird alles, was für das Herz leidvoll ist, von uns weichen, und innere wie äußere Zufriedenheit, Wohlbefinden und Glück werden sich unwiderruflich in unserem Leben entfalten.

Den ersten Schritt hierzu aber müssen stets *wir* tun. Erst wenn wir – durch ein aufrichtiges Gebet oder ähnliches – unsere Bereitschaft und unser Vertrauen signalisieren, offenbaren sich die wohlmeinenden Helfer, da sie unseren freien Willen respektieren und uns zu nichts zwingen wollen. (Vorsicht: Nur diejenigen Mächte, die es nicht so wohl mit uns meinen, drängen sich ungebeten auf und versuchen uns nach ihrem Sinn zu beeinflussen und zu manipulieren.)

Doch worin besteht dieser erste Schritt? Für die meisten Menschen der heutigen Zeit besteht er – neben dem direkten Gebet – zunächst darin, Fragen zu stellen und Zweifel zu äußern. Dadurch, daß man aktiv nach Antworten auf seine Fragen und nach Klärung seiner Zweifel sucht, kann man allmählich grundlegendes Wissen über die esoterischen Zusammenhänge unseres Daseins entwickeln.

Damit bin ich wieder bei meiner Rolle als Vermittler angelangt, bei meiner Rolle als jemand, der in seiner größtmöglichen Bescheidenheit den Versuch wagt, durch seine Vorträge und Publikationen anderen Menschen bei der Findung des eigenen inneren Weges, so gut es geht, behilflich zu sein. Denn der eine ausschlaggebende Grund, warum ich überhaupt über esoterische Themen spreche und warum ich Bücher wie dieses veröffentliche, besteht darin: Ich möchte das Wissen, das ich auf meiner eigenen intensiven Suche nach Wahrheit empfangen habe und das mir seitdem wertvoll und unentbehrlich geworden ist, mit anderen Wahrheitssuchenden teilen.

Der andere Grund ist weniger selbstlos. Denn ich versuche, Wissen weiterzugeben, weil dies ganz einfach meine Lebensaufgabe in dieser Inkarnation – mein Dharma – ist; weil es mir dadurch, daß ich diese Tätigkeit ausübe, überhaupt erst ermöglicht ist, auf meinem eigenen WEG NACH INNEN weiter voranzukommen.

In diesem Sinne bin ich Ihnen, verehrte Leserin und verehrter Leser, zu großem Dank verpflichtet, denn würden Sie nicht dieses Buch lesen und würden Sie nicht meine Veranstaltungen besuchen, wie könnte ich dann meine Lebensaufgabe erfüllen?

4. ESOTERIK FÜR WISSENDE

In dem Vers aus der Bhagavad-gītā, den ich eingangs angeführt habe, wird gesagt, daß es vier Arten frommer Menschen gibt, die sich dem esoterischen oder religiösen Pfad zuwenden. Bisher haben wir jedoch erst deren drei kennengelernt, nämlich den Notleidenden, den Gewinnstrebenden und den Wahrheitssuchenden.

Als vierte Kategorie führt die Bhagavad-gītā schließlich den Wissenden oder Weisen an, der die absolute Wahrheit bereits kennt und der unbeirrt auf seinem Weg zu Gott voranschreitet.

Die Illusionen dieser Welt hinter sich zu lassen und die Wahrheit der Dinge so zu erkennen, wie sie ist – dies stellt mit Sicherheit das vordringlichste Ziel des esoterischen Strebens dar. Und doch besagt dieser Vers, daß der WEG NACH INNEN selbst für jemanden, der dieses Ziel erreicht hat, noch nicht zu Ende ist.

Dieser vielleicht überraschenden Aussage liegt das Mysterium zugrunde, daß bei der echten Esoterik und Religion der Weg und das Ziel nicht voneinander verschieden sind. Der Weg zum höchsten Ziel ist – nach allem Studium, allen Opfern und allen Übungen – letzten Endes die Liebe zu Gott und zu Seinen Schöpfungen, und dieses Ziel wiederum ist: noch mehr, noch tiefere, noch innigere Liebe zu Gott.

Auf diese Weise sind Esoterik und Religion – diese beiden Begriffe sind in ihrer Konsequenz gleichbedeutend, ebenso wie auch der Begriff Yoga – also nichts statisches oder lineares. Vielmehr sind sie ein nie endender, dynamischer Weg, der von Mal zu Mal, von Leben zu Leben, von Dimension zu Dimension intensiver und ek-statischer wird und der auch nach der Befreiung von der materiellen Illusion seinen Fortgang findet.

Da ich selbst jedoch auf meinem WEG NACH INNEN noch unterwegs und weit davon entfernt bin, ein Wissender oder Weiser zu sein, kann ich über diesen letzten Teil noch keine Aussagen aus eigener Verwirklichung machen. Ich möchte mich daher darauf beschränken, meinen Leserinnen und Lesern zu empfehlen, sich mit dem Leben und den Lehren der großen Mystiker, Heiligen und spirituellen Lehrer der Vergangenheit und Gegenwart zu befassen, die es in jeder religiösen Tradition der Welt zu finden gibt. Die eindrücklichsten Beispiele solcher Persönlichkeiten habe ich in der vedischen Tradition Indiens gefunden, die bis zum heutigen Tage lebendig geblieben ist.

Dadurch, daß wir in Offenheit und Demut die Biographien von Heiligen und Gottgeweihten studieren, eröffnet sich uns zumindest theoretisch ein Einblick in die ungeahnten Dimensionen des Göttlichen. Auf diese Weise findet unsere eigene innere Sehnsucht nach Gott Bestätigung und zugleich Nahrung, so daß wir ermutigt werden, auf unserem WEG NACH INNEN ebenfalls unbeirrt voranzuschreiten – egal, wie lange er noch dauern und wie viele Hindernisse sich uns in den Weg stellen werden.

So messe ich für mich selbst den Erfolg dieses Buches in erster Linie daran: Ob es mir gelingt, durch meine Ausführungen dem einen oder anderen Menschen Mut und Zuversicht zu schenken und ihn ein Stückchen zu begleiten auf seinem eigenen WEG NACH INNEN.

Ronald Zürrer
Berlin, im September 1995

DANK

Ich möchte all denjenigen danken, die in den vergangenen Jahren meinen Vorträgen und Seminaren beigewohnt haben und die mich mit ihren Fragen und ihrer wohlmeinenden Kritik immer wieder herausgefordert haben, meine Standpunkte zu überdenken und klarer zu formulieren. Ohne sie wäre dieses Buch nicht zustande gekommen.

Mein besonderer Dank gehört meinem spirituellen Lehrer, Śrīla Harikeśa Swami Viṣṇupāda, von dem ich seit vierzehn Jahren Wissen, Kraft und Verwirklichungen empfangen darf und der mir mit Geduld und Güte meinen WEG NACH INNEN weist; meinem Freund und Wegbegleiter Armin Risi, der das Manuskript durchgesehen und mir wichtige inhaltliche Anregungen gegeben hat; Frau Gerlinde Welz für ihre Mithilfe beim Abtippen der Vorträge; meiner Mutter, Frau Heidi Baumann, für ihre finanzielle Unterstützung und ihr Wohlwollen, sowie meiner Lebensgefährtin Ānandinī für ihre Zuneigung, Mithilfe und Ehrlichkeit.

GUT UND BÖSE

Das esoterische Weltbild und
die Dualität von Gut und Böse.

Dieser Vortrag wurde gehalten
am 25. März 1995
im Bernhard-Theater Zürich.

Er ist im Govinda-Verlag
auch als Vortragskassette erhältlich.

1. Dualität als kosmisches Prinzip 29
2. Die Dualität von Gut und Böse 34
3. Die göttlichen und dämonischen
   Kräfte im Kosmos 35
4. Die göttlichen und dämonischen
   Kräfte im Menschen 44
5. Und Gott schaut zu? 47
6. Das universale Gesetz des freien Willens 53
7. Das Aufheben der Dualität 56
8. Dualität, Einheit und Transzendenz 83
Fragen aus dem Publikum 90

Am Anfang schuf Gott Himmel und Erde; die Erde aber war wüst und wirr, Finsternis lag über der Urflut, und Gottes Geist schwebte über dem Wasser. Gott sprach: Es werde Licht. Und es wurde Licht. Gott sah, daß das Licht gut war. Gott schied das Licht von der Finsternis, und Gott nannte das Licht Tag, die Finsternis aber nannte er Nacht. (Genesis 1, 1-5)

1. Dualität als kosmisches Prinzip

Guten Abend, meine Damen und Herren. Herzlichen Dank, daß Sie heute abend hierher gefunden haben zu unserer Betrachtung zum Thema «Gut und Böse». Wir möchten dieses Thema in acht Punkten miteinander durchgehen, und Sie finden diese acht Punkte auf dem Blatt, das wir Ihnen ausgeteilt haben.

Der erste Punkt wurde eingeleitet durch das Zitat, das Sie soeben gehört haben. Sie werden es erkannt haben: Es ist der Anfang der Genesis; es ist der Anfang der Thora, der fünf Bücher des Mose; es ist der Anfang des Alten Testaments und der Anfang der Bibel. Und auch der Anfang des heutigen Vortrages.

In diesem Zitat kommt zum Ausdruck, worum es mir im ersten unserer acht Punkte geht, nämlich, daß Dualität ein kosmisches Prinzip ist. Hier kommt zum Ausdruck, daß die Dualität – wir können sie auch die Polarität nennen – *das* Prinzip ist, nach welchem unser Kosmos erschaffen wurde, aufgebaut ist und funktioniert. Tag und Nacht, Licht und Finsternis, Himmel und Erde – alle diese Dualitäten werden hier beschrieben.

Sie werden in Ihrem eigenen Leben auch die Erfahrung von Dualitäten gemacht haben. Wenn ich Sie jetzt bitten würde, mir einige Dualitäten zu nennen, so würde es Ihnen wohl nicht schwer fallen, Dutzende von polaren Begriffen aufzuzählen, die diese Tatsache unterstreichen. Beispielsweise: kalt und heiß, rechts und links, oben und unten, Glück und Leid, hell und dunkel, schwarz und weiß, Mann und Frau, alt und jung, Geburt und Tod. Oder eben: Gut und Böse.

Je genauer wir den Kosmos analysieren, desto mehr werden wir sehen, daß er aus dualen Paaren besteht, immer aus zwei Begriffen, die sich gegenüberstehen. Und wenn wir uns fragen, wie diese Begriffe zueinander stehen, dann werden wir etwas feststellen, was zunächst überrascht, dann aber doch wieder nicht: Sie stehen in einem dualen Verhältnis zueinander, in einem zweifachen, in einem ambivalenten Verhältnis. Denn einerseits bedingen sich diese beiden Begriffe, die zusammen ein duales Paar bilden, das heißt, sie vervollständigen und ergänzen sich gegenseitig, zum anderen aber schließen sie sich auch gegenseitig aus.

Man kann nicht von Licht sprechen, wenn man nicht auch die Dunkelheit kennt; nur die Existenz des Tages definiert die Nacht, usw. Aber gleichzeitig ist immer nur eines der beiden möglich. Sobald Licht herrscht, kann keine Dunkelheit bestehen; wenn der Tag anbricht, muß die Nacht weichen, usw. Dies ist eine erste Erkenntnis, die wir festhalten können.

Eine zweite ist die folgende: Die Gegensatzpaare bilden zwar stets eine Dualität, und doch setzen sie voraus, daß hinter dieser Dualität eine Einheit steht, welche beide miteinander verbindet. Zum Beispiel ist Mann und Frau eine Dualität: entweder, oder. Aber das Verbindende, die

Einheit, die hinter beiden steht, ist in diesem Falle: Mensch. Aber der Begriff Mensch steht nun seinerseits wiederum in einem polaren Verhältnis zu einem anderen Begriff, sagen wir: Tier oder Pflanze. Und diese dualen Begriffe zusammen – es können manchmal auch mehr als zwei sein – bilden wiederum eine Einheit, sagen wir: Natur. Dem gegenüber steht dann eine andere Polarität, meinetwegen Kultur.

Wir haben es in unserem Kosmos also mit einer Situation zu tun, in der wir alle Phänomene nach Gegensatzpaaren aufschlüsseln können, die jedoch ihrerseits wieder eine Einheit bilden, die dann wiederum Teil einer größeren Dualität ist, die andererseits wieder Teil einer noch größeren Einheit ist. Und so weiter. Dies möchten wir als zweite Erkenntnis festhalten.

Eine dritte kommt in einem weiteren Zitat zum Ausdruck, das ich Ihnen heute mitgebracht habe. Es stammt aus einem Gedicht von Johann Wolfgang von Goethe. Er sagt:

> Alles hat seine Zeit.
> Das Nahe wird weit,
> Das Warme wird kalt,
> Der Junge wird alt,
> Das Kalte wird warm,
> Der Reiche wird arm,
> Der Narre gescheit:
> Alles zu seiner Zeit.

In diesem kurzen Ausschnitt (das Gedicht Goethes geht noch weiter) kommt zum Ausdruck, daß die Pole zwar feststehen – entweder man ist arm oder reich; arm ist immer arm, und reich ist immer reich; und Tag ist immer Tag, und Nacht ist immer Nacht –, aber die Dinge und die Personen, die sich in dieser Welt aufhalten, haften an keinem dieser polaren Begriffe für immer.

Sie kennen dies auch aus Ihrem Alltag. Mal sind wir, um bei Goethe zu bleiben, himmelhoch jauchzend, mal zum Tode betrübt; mal sind wir glücklich, mal sind wir unglücklich; mal ist eine Sache hell, mal ist die dunkel, usw.

Dies ist eine wichtige dritte Erkenntnis, die wir festhalten müssen: Die Dualitäten sind zwar da und stehen fest, aber wir, die wir in der Welt der Dualitäten leben, sind einem ständigen Wandel, einem Wechsel zwischen diesen Polen unterworfen. Man kann nicht sagen, daß wir dem einen Pol angehören und nicht dem anderen. Sobald wir uns an einem Pol heimisch fühlen, schlägt er früher oder später in sein Gegenteil um: «Der Reiche wird arm, der Junge wird alt».

Letzten Endes müssen wir die Frage stellen: Woher kommt es, daß die Polarität in dieser Welt überhaupt so stark ist? Welches Gesetz liegt den Polaritäten zugrunde? Und wir werden sehen, daß die stärkste Polarität, die, auf der alle anderen ruhen, die Zeitweiligkeit, die Vergänglichkeit ist. Weil alles in dieser Welt vergänglich ist, ist auch alles der Dualität unterworfen. Nichts ist von Dauer, nichts bleibt bestehen; alles hat einen Anfang und ein Ende, alles wird irgendwann erschaffen und irgendwann wieder aufgelöst, alles entsteht und vergeht wieder.

Das beste Beispiel hierfür, das wir aus dem täglichen Leben gut kennen, ist das Atmen, sowohl unser menschliches Atmen als auch das kosmische Atmen im großen Makrokosmos. Einatmen und Ausatmen: Nach diesem Rhythmus vollzieht sich unser ganzes Leben. Einatmen und Ausatmen: Diese Dualität zusammen ergibt Leben.

Aber Einatmen und Ausatmen vermindert gleichzeitig auch unser Leben. Denn mit jedem Ein- und Ausatmen kommen wir unserem Tode ein Stück näher.

In der indischen Yoga-Philosophie wird übrigens gesagt, daß die Lebensdauer eines Menschen durch sein Karma bereits bei der Geburt festgelegt ist. Wenn Sie geboren werden, ist schon klar, wie lange Ihre Lebensdauer sein wird. Nur ist diese nicht nach Jahren gezählt, sondern nach Atemzügen.

Man kann also nicht sagen, daß ein Mensch 60, 70 oder 80 Jahre alt wird, denn die Lebensdauer ist nicht in Jahren vorausbestimmt, sondern eben in Atemzügen. (Diese Erkenntnis wirft, dies sei nur nebenbei bemerkt, ein ganz neues Licht auf die modernen Fitness- und Joggingbemühungen der Menschen, wo man versucht, möglichst viel zu atmen. Solche Bemühungen würden, an diesem Maßstab gemessen, unsere Lebensdauer immer mehr verkürzen. Natürlich läßt sich eine solche Behauptung empirisch weder beweisen noch widerlegen, denn wir wissen ja nicht, wie viele Atemzüge uns vorherbestimmt sind.)

Wir wollen uns aber heute nicht einfach nur in der Betrachtung der Dualitäten an sich verlieren, denn dies ist ein viel zu riesiges Feld. Man könnte eine beliebige Dualität herausgreifen und darüber einen eigenen Abend gestalten. Und genau dies werden wir auch tun. Ich möchte heute mit Ihnen zusammen *eine* Dualität aus der Fülle der materiellen Dualitäten herausgreifen, und zwar eben, wie es im Titel heißt, diejenige von Gut und Böse. Damit kommen wir zum zweiten Punkt.

2. Die Dualität von Gut und Böse

Was ist gut? Was ist böse? Was ist richtig? Was ist falsch? – Die Frage nach Gut und Böse ist mit Sicherheit eines der schwierigsten Themen des Menschseins überhaupt. Es ist ein Thema, das bei den Menschen sehr viele Mißverständnisse hervorruft und dies in der Vergangenheit auch schon immer getan hat. Es ist auch ein Thema, das bei den Menschen tiefe Ängste und Unsicherheiten an die Oberfläche kommen läßt: Gut und Böse.

Gerade in einer Kultur, die derart stark von einer bestimmten religiösen und weltanschaulichen Richtung geprägt ist wie die unsrige, ist die Frage nach Gut und Böse, nach richtig und falsch, natürlich sehr schnell eine Frage, die sich in Dogmen und in starren Auffassungen verliert. Es ist eine Frage, bei der das Unterscheidungs- und das Denkvermögen rasch durch vorgeprägte Emotionen oder Auffassungen verdeckt wird. Trotzdem wollen wir uns heute diesem Thema stellen.

Denn das Thema «Gut und Böse» ist *das* eigentliche Hauptthema in allen Mythologien, in allen Märchen, in allen Geschichten der Menschen, auch in der modernen Zeit. Nehmen Sie beispielsweise den antiken Mythos, nehmen Sie den östlichen Mythos, nehmen Sie die Mythen der Naturvölker – überall werden Sie finden: Das Gute kämpft gegen das Böse. Man kann buchstäblich alles auf dieses Prinzip reduzieren.

Zum Beispiel die Märchen: Da gibt es auf der einen Seite immer die Bösen und auf der anderen die Guten, und sie kämpfen gegeneinander. Alle zeitgenössischen Krimis, alle Fantasy-Abenteuer, alle Kinofilme drehen sich letzten Endes immer um diese Auseinandersetzung.

Es ist in der Tat das beherrschende Prinzip in unserer Zeit, aber auch in den vergangenen Kulturen: Gut und Böse. Und meistens, wenigstens in den Märchen, wenigstens in den Mythologien, siegt am Ende das Gute. Das ist auch durchaus richtig so und entspricht dem kosmischen Gesetz. Doch darauf werden wir später zurückkommen.

Dies also ist der Grund, warum ich heute gerade diese Dualität herausgreife. Zunächst möchte ich dabei die Dualität von Gut und Böse von zwei verschiedenen Standpunkten her etwas einkreisen und genauer analysieren, nämlich von einem kosmischen Standpunkt aus und dann von einem menschlichen. Sie haben dies auf Ihrem Blatt als Punkt drei und Punkt vier.

3. Die göttlichen und dämonischen Kräfte im Kosmos

Ich habe es gerade erwähnt: In den Mythologien, in den Sagen, in den Märchen aller Kulturen der Welt tauchen immer wieder das personifizierte Gute und das personifizierte Böse in Form der entsprechenden Heldengestalten auf, die dann gegeneinander kämpfen. Manchmal sind es Menschen, und manchmal sind es übermenschliche, göttliche Wesen. Ich bin dieser Sache etwas genauer nachgegangen, und das Ergebnis meiner Forschung ist ein kleines Schema, das Sie ebenfalls auf Ihrem Blatt finden.

Ich möchte mit Ihnen nun dieses Schema von unten nach oben durchgehen. Dabei fangen wir beim Menschen an. Natürlich könnte man in der «kosmischen Hierarchie» noch weiter unten beginnen, bei den Tieren und

Pflanzen und Steinen, doch wir fangen beim Menschen an, denn von da an wird es für unsere heutige Betrachtung interessant.

«GUT»	«BÖSE»
• Vervollkommnete Wesen (auf den höchste Planeten)	
• Halbgötter (Beherrscher der oberen Planeten)	
	• Dämonen (Beherrscher der unteren Planeten)
• Höhere Geistwesen («Engel»)	
	• Niedere Geistwesen
• Verstorbene Menschen (Geister)	• Verstorbene Menschen (Geister)
• Menschen	• Menschen

Wie Sie sehen, habe ich den Menschen auf beide Seiten gestellt, zum Guten wie auch zum Bösen. Dies entspricht ja auch unserer täglichen Erfahrung. Nicht nur, daß wir sagen können: Ich kenne Menschen, die nach meinem Dafürhalten gut sind, und andere, die nach meinem Dafürhalten böse und schlecht sind – sei es im eigenen Bekanntenkreis oder in der Weltgeschichte –, sondern wir finden diese Dualität auch in uns selbst. Wenn wir mit uns selbst ehrlich sind, werden wir feststellen, daß wir Anteile des Guten und des Schlechten in uns haben. (Wir werden dieses Thema später, unter Punkt vier, noch etwas genauer anschauen.)

Deswegen also steht der Mensch in unserem Schema auf beiden Seiten. Er ist nicht eindeutig definiert als ein gutes oder als ein böses Wesen. Vielmehr ist er ein Wesen mit einem freien Willen (auch das ist ein Thema, das wir im Verlauf des Abends noch betrachten möchten), ein Wesen, das sich immer entweder für das Gute oder für das Böse entscheiden kann und dies auch soll.

Direkt oberhalb des Menschen stehen in der kosmischen Hierarchie die Geister. Was aber sind Geister? Ich meine hier nichts anderes als zunächst einmal die verstorbenen Menschen. Die Geister sind allerdings heute nicht unser Thema, deswegen kann ich nicht ausführlich auf sie eingehen, aber kurz gesagt geht es hier um die «Geographie des Jenseits».

Wenn wir sterben, ist nach der esoterischen Auffassung und auch nach den neuesten Forschungen in der Parapsychologie mit uns nicht alles zu Ende. Der Tod ist längst nicht das Ende, sondern nur der Anfang einer neuen Seinsform, die wir dann pauschal als das «Jenseits» bezeichnen können. Dieses Jenseits aber ist in sich sehr vielschichtig. Ich kann gerne an einem anderen Abend wiederkommen, wenn Sie möchten, und mit Ihnen die Geographie des Jenseits besprechen.

Heute nur soviel: Es gibt im Jenseits mehr oder weniger genau die gleichen Typen wie im Diesseits, denn es *sind* ja in der Tat auch die gleichen Typen. Die meisten Menschen werden heutzutage, wenn sie sterben, nicht sofort wieder reinkarnieren, das heißt nicht sofort wieder als Mensch oder in einem anderen grobstofflichen Körper auf der Erde Geburt nehmen. Die meisten Menschen werden sich in einer vorübergehenden Phase in einem feinstofflichen, nicht verkörperten Daseinszustand aufhalten, den wir als das Jenseits bezeichnen können und der seinerseits in direktem Bezug zum Leben auf der Erde steht.

Die «Jenseitigen», die verstorbenen Menschen, halten sich also meist nicht irgendwo auf einem anderen Planeten oder in einer anderen Sphäre des Kosmos auf, nein, sie sind hier mit uns auf unserem Planeten, jedoch in einer anderen, feinstofflichen Dimension. Doch weil es die gleichen Leute sind wie wir, nämlich Menschen, die einfach nur verstorben, die einfach nur durch das Tor des Todes gegangen sind, sind sie auch vom Charakter her gleich wie wir. Deswegen stehen auch sie in unserem Schema auf beiden Seiten.

Es gibt auch im Jenseits Gute und Böse, genau wie hier. Es gibt Neidische, und es gibt Hilfsbereite. Es gibt sogenannte Foppgeister, die sich einen Spaß daraus machen, aus dem Jenseits mit den Diesseitigen ihren Schabernack zu treiben. Dann gibt es auch bösartige Geister, die sich daran ergötzen, aus dem Jenseits den Diesseitigen Schaden zuzufügen, indem sie sie zum Beispiel quälen oder manchmal sogar Besitz von ihnen ergreifen. Andererseits gibt es auch gute Geister, die den Diesseitigen helfen möchten, indem sie sie zum Beispiel auf Gefahren aufmerksam machen. Dazu sind sie zuweilen imstande, weil sie aus einem anderen Blickwinkel die Realität wahrnehmen, weil sie aus der Sicht ihrer anderen Dimension mehr Überblick haben als wir in unseren drei Dimensionen. Schutzgeister nennt man solche dann wohl. Und so weiter. Kurzum, es gibt also gute und weniger gute Geister, förderliche und schädliche.

Wenn wir nun in der kosmischen Hierarchie weiter

treppaufwärts gehen, finden wir über den Geistern die sogenannten Geistwesen. Das sind nun nicht mehr einfach die verstorbenen Menschen, die darauf warten, bis sie wieder inkarnieren dürfen, sondern sie bilden eine eigene Spezies. Wie es Pflanzen und Tiere und Menschen gibt, so gibt es auch solche Geistwesen, die übrigens fein- oder grobstofflich sein können. Sie sind zwar imstande, auf das Leben der Menschen einen direkten Einfluß zu nehmen, doch sind sie für uns dennoch meist nicht sichtbar, weil sie zum Teil in anderen Dimensionen, zum Teil in denselben Dimensionen, aber im Verborgenen operieren. Und auch hier gibt es wiederum solche, die auf der bösen Seite, und solche, die auf der guten Seite stehen. Nur ist hier, im Gegensatz zu den Menschen und Geistern, bereits eine feste hierarchische Unterscheidung vorgegeben.

Die bösen Geistwesen befinden sich von der Macht her, die sie besitzen, auf einer niedrigeren Stufe als die guten. (Dies ist in der «kosmischen Hierarchie» übrigens das Kriterium, nach welchem die einzelnen Wesen aufgeführt sind; es ist, mit anderen Worten, nicht etwa der geistige Fortschritt, der diese Hierarchie bestimmt, sondern einfach die materielle Macht, die man über andere ausüben kann.)

Die guten Geistwesen sind die höhergestellten, und wir kennen sie in unserem Kulturkreis beispielsweise unter dem Begriff «Engel» oder dergleichen. Sie sind dem Menschen wohlgesonnen und führen ihn manchmal durch allerlei Schicksale hindurch und stehen ihm beratend zur Seite. Auf der anderen Seite stehen die schwächeren, niederen Geistwesen, die versuchen, den Menschen zum Bösen hin zu ziehen, was immer das auch sei (wir werden auch dies gleich im Anschluß betrachten).

Hier ist übrigens ein wichtiger Unterschied, über den wir uns unbedingt bewußt sein sollten, wenn wir beginnen, uns mit jenseitigen Wesen zu beschäftigen, wie dies in der Esoterik heutzutage häufig getan wird: Nicht alle Geistwesen meinen es gut mit uns, und nicht alle meinen es schlecht mit uns. Wir kommen also auch hier mit einer Schwarz-weiß-Ansicht nicht weiter, sondern wir brauchen hier wirklich ein gesundes Unterscheidungsvermögen, mit anderen Worten eine gesunde Intelligenz («Intelligenz» heißt Unterscheidungsvermögen; der Begriff kommt aus dem Lateinischen: *inter-legere*, «unterscheiden»).

Ich empfehle Ihnen also, wenn Sie mit Spiritismus, mit Geisterkontakten, mit «Channeling», mit Geistheilungen oder allgemein mit medialen Dingen zu tun haben, was ja sehr populär geworden ist: Benützen Sie Ihre Intelligenz, denn dafür ist sie da. Unterscheiden Sie, und glauben Sie nicht blind alles, was gesagt wird. Nicht jedes Geistwesen, das beispielsweise sagt, es sei Jesus, ist auch Jesus. Nicht jeder, der sagt, er meint es gut mit Ihnen, meint es auch gut mit Ihnen. Denn so blöd sind die Bösen dann doch auch wieder nicht, daß sie sagen: Wir sind die Bösen. Auch sie sagen: Wir sind die Guten. Prüfen Sie also, bevor Sie sich zu sehr darauf einlassen, denn die Geister, die man gerufen hat, wird man schlecht wieder los.

Nun aber wollen wir in der kosmischen Hierarchie weitergehen. Wie Sie sehen, habe ich noch zwei weitere Begriffe angeführt, die Ihnen aus den schon angesprochenen Mythologien bereits bekannt sein dürften: Götter und Dämonen. Ich verwende hier übrigens das Wort «Halbgötter», weil es von dem deutschen Wort «Gott» eigentlich keinen Plural gibt, da Gott von Seiner Definition her ein einzelnes, einzigartiges Wesen ist. Aber es gibt sogenannte Halbgötter. Das sind die Bewohner der höheren Planeten oder die Beherrscher von Naturelementen, wie wir sie aus den Mythologien kennen; also zum Beispiel der Sonnengott oder der Mondgott, der Wassergott, der Feuergott, die Erdgöttin, usw. Diese Wesen stehen in der kosmischen Rangordnung sehr hoch und sind im Vergleich zu uns Menschen sehr mächtig.

Aber zwischen ihnen und den Engeln steht nun wiederum ihr Gegenpol: die Dämonen. Ich habe hier diesen allgemein bekannten Begriff gewählt; im griechischen Mythos sind es beispielsweise die Titanen oder die Giganten. In allen Mythologien der Weltgeschichte finden wir immer diese Dualität: Auf der einen Seite gibt es die höheren Wesen, die Götter oder eben die Halbgötter, und auf der anderen ihre Gegenspieler, mit denen sie ständig im Kampf liegen. Und beide haben ihren Einfluß auf die Erde und den Menschen.

Es ist ebenfalls nicht das Thema des heutigen Abends, über Ufologie zu sprechen. Ich weiß nicht, wie sehr Sie dieses Thema interessiert, und schließlich sind Sie ja nicht deswegen gekommen, aber nur soviel: Heute ist die Ufologie zu einem bedeutenden Zweig innerhalb der Esoterik geworden; alle beschäftigen sich mit Ufos und mit außerirdischen Kontakten.

Die Ufologie ist – neben den Prophezeiungen – der wahrscheinlich zukunftsträchtigste Hauptzweig der zeitgenössischen Esoterik. Und ich kann Ihnen jetzt schon sagen, daß in den kommenden Jahren die außerirdischen Kontakte immer mehr zunehmen werden. Es ist kein Zufall, daß man gerade jetzt plötzlich beginnt, öffentlich darüber zu sprechen, daß gerade jetzt geheime Militärakten, die seit 20, 30, 40 Jahren von den Regierungen mit

«Top Secret»-Stempeln versehen in geheimen Archiven verborgen gehalten wurden, plötzlich veröffentlicht werden. Plötzlich sitzen weltweit in allen Fernsehkanälen – Sie werden es bestimmt auch schon im Schweizer oder im deutschen Fernsehen gesehen haben – hohe militärische Führer oder angesehene Flugkapitäne, die sagen: Ja, ja, wir haben schon seit vielen Jahren Kenntnis von außerirdischen Kontakten, wir haben schon viele Filme davon und schon viele Augenzeugen von Ufos, und wir haben auch selbst welche gesehen. Manche geben sogar zu oder behaupten zumindest, Außerirdische zu halten, wie man Haustiere hält. In New Mexiko (USA) gibt es berühmte Orte, wo man angeblich schon seit Jahrzehnten heimlich Außerirdische hält und mit ihnen Austausch pflegt.

Diese Dinge waren lange Zeit geheim, doch jetzt sind sie plötzlich in aller Munde. Das ist kein Zufall. Und ich meine, daß diese Entwicklung auch noch weitergehen wird. Es wird nicht lange dauern, dann werden auch die Regierungen offiziell zugeben, daß sie seit Ende der vierziger Jahre Kontakt mit außerirdischen Intelligenzen pflegen. Doch wie gesagt, auch das ist nicht das Thema des heutigen Abends.

In unserem Zusammenhang ist es lediglich wichtig festzuhalten, daß es auch in diesem Bereich solche und solche gibt, wie überall. Nicht jeder, der mit einem Ufo landet und der leuchtet und der über Mächte und Energien verfügt, die offensichtlich größer sind als die menschlichen, meint es gut mit uns, obwohl es natürlich alle sagen. Auch hier möchte ich Sie bitten zu unterscheiden und zu fragen: Was willst du überhaupt von uns und unserem Planeten? Was ist deine Absicht, deine Motivation? Was ist, zum Beispiel, dein Weltbild?

(Ein Tip: Dies ist eine ideale Frage, mit Hilfe derer wir unterscheiden können, ob ein Wesen dem Pol des Guten oder dem Pol des Bösen angehört, sei es ein Mensch, sei es ein Geist oder sei es ein höheres Wesen, das von außerirdischen Planeten kommt: Was ist eigentlich dein Weltbild?)

Um unser Schema der kosmischen Hierarchie zu vervollständigen: Über den Dämonen und den Halbgöttern stehen die «vervollkommneten Wesen», wie ich sie hier genannt habe. Dies sind Wesen, welche bereits unterwegs sind, die Dualität hinter sich zu lassen, und mit denen wir, als in der Dualität und im dreidimensionalen Raum gefangene Menschen, auch gar nicht viel zu tun haben. Mit den Halbgöttern und mit den Dämonen hingegen haben wir sehr wohl zu tun. Die Halbgötter lenken die Gestirne sowie die Gezeiten auf der Erde, sie lenken das Wachstum unserer Pflanzen und auch unsere körperlichen Funktionen, usw. Und die Dämonen versuchen ihrerseits, die Halbgötter dabei zu stören. Sie tun dies, indem sie beispielsweise als Menschen auf der Erde inkarnieren und dann Regierungen übernehmen.

Doch zu den noch höheren Wesen, die sich im Kosmos aufhalten, haben wir Menschen nur sehr wenig direkten Bezug. Denn es sind solche, die bereits unterwegs sind, den Kosmos zu verlassen. Aber auch wenn wir sie nicht wahrnehmen können, so gibt es sie dennoch auf den noch höheren Planetensystemen.

Ganz zuoberst in unserem Schema müßte natürlich noch ein weiteres Wesen stehen, das jedoch mit Absicht an dieser Stelle noch nicht erwähnt wurde, nämlich Gott. Bei diesem Schema würde man Gott allerdings nicht etwa auf die Seite des Guten stellen, und dann auf die Seite des Bösen etwa den «Teufel», den Luzifer oder den Satan.

Nein, das wäre ein großer Fehler, der in der Weltgeschichte leider schon viel zu oft gemacht wurde. Ich möchte diesen Fehler nicht wiederholen. Aber dies alles wird noch das Thema eines späteren Punktes sein.

Für den Moment möchten wir vorerst diese riesigen makrokosmischen Dimensionen wieder verlassen, denn sie haben letzten Endes für unser konkretes Alltagsleben, in dem wir uns ja alle aufhalten und gefangen sind, nicht so sehr Gewicht wie unser eigener Kampf mit dem Guten und dem Bösen. Ich komme also zu unserem nächsten, dem vierten Punkt.

4. Die göttlichen und dämonischen Kräfte im Menschen

Ich habe es bereits erwähnt: Wir alle sind dem Kampf zwischen den beiden Polen Gut und Böse, zwischen dem Richtigen und dem Falschen, ausgeliefert, und zwar täglich, stündlich, minütlich. Wir alle fechten diesen Kampf in unserem eigenen Innern aus.

Betrachten wir diese Thematik vom Standpunkt unserer Eigenschaften her, so stellen wir fest, daß es zwar Eigenschaften gibt, die sich eindeutig der einen Seite zuordnen lassen, und Eigenschaften, die sich der anderen Seite zuordnen lassen. Wir selbst aber befinden uns sozusagen dazwischen, und manchmal werden wir von diesen Eigenschaften, manchmal von jenen beeinflußt.

Damit Sie sich dies alles noch etwas konkreter vorstellen können, habe ich Ihnen einen Quellentext mitgebracht, aus dem ich kurz vorlesen möchte, nämlich die *Bhagavad-gītā*. Vielen von Ihnen ist die Bhagavad-gītā vielleicht bekannt als ein indisches Weisheitsbuch, übrigens, wie man sagt, das älteste in der Menschheitsgeschichte. In der Bhagavad-gītā wurden alle esoterischen Themen, mit denen sich die verschiedenen esoterischen Strömungen der Gegenwart beschäftigen, bereits vor Tausenden von Jahren vorweggenommen, so auch unser heutiges Thema. Ein ganzes Kapitel, das sechzehnte nämlich, ist diesem Thema gewidmet, und es beginnt damit, daß die göttlichen und die dämonischen Eigenschaften aufgelistet werden.

Genau gesagt werden sechsundzwanzig göttliche Eigenschaften aufgelistet, also Eigenschaften, die dem guten Pol angehören, und dann werden noch sechs dämonische Eigenschaften aufgelistet, die dem Gegenpol, dem Bösen, angehören.

Ich möchte Ihnen nun diese Listen mit den entsprechenden Eigenschaften vorlesen, und dabei möchte ich Sie bitten, nicht nur ganz aufmerksam zuzuhören, sondern sich beim Zuhören auch selbst die Frage zu stellen: Ist dies eine Eigenschaft, die ich an mir entdecke?

Auf diese Weise können Sie hier kostenlos und ohne zusätzlichen Aufwand eine kleine Standortbestimmung machen, wo Sie innerhalb der Polarität von Gut und Böse in etwa stehen, mindestens nach den Kriterien Krishnas in der Bhagavad-gītā. Ich lese daher die Listen dieser Eigenschaften sehr langsam vor, so daß Sie bei jeder Eigenschaft eine halbe oder eine ganze Sekunde Zeit haben, um sich selbst in diesem Lichte zu betrachten. Zunächst also die göttlichen Eigenschaften:

Furchtlosigkeit, Läuterung des Daseins, Kultivierung spirituellen Wissens, Mildtätigkeit, Selbstbeherrschung, Darbringung von Opfern, Studium der offenbarten Schriften, Entsagung, Einfachheit, Gewaltlosigkeit, Wahrhaftigkeit, Freisein von Zorn, Loslösung, Ausgeglichenheit, Abneigung gegen Fehlerfinden, Mitleid mit allen Lebewesen, Freisein von Habsucht, Freundlichkeit, Bescheidenheit, feste Entschlossenheit, Stärke, Nachsicht, Standhaftigkeit, Sauberkeit und das Freisein von Neid und von dem leidenschaftlichen Verlangen nach Ehre. All diese Eigenschaften zeichnen heilige Menschen aus, die von göttlicher Natur sind. (Bg. 16.1-3)

So lauten die Verse der Bhagavad-gītā. In der Ausgabe der Bhagavad-gītā, die ich hier habe und die ich auch Ihnen allen empfehlen möchte*, wird im Kommentar zu diesen Versen über mehrere Seiten jede einzelne göttliche Eigenschaft ausführlich beschrieben und genauer erklärt. Dies können wir jedoch aus Zeitgründen heute nicht vorlesen.

Daher gehe ich gleich weiter zum nächsten Vers, in dem nun die sechs Eigenschaften des anderen Pols aufgezählt werden:

Stolz, Überheblichkeit, Selbstgefälligkeit, Zorn, Grobheit und Unwissenheit. Diese Eigenschaften gehören zu denen, die von dämonischer Natur sind. (Bg. 16.4)

---

* «Bhagavad-gītā wie sie ist», aus dem Sanskrit übersetzt und mit ausführlichen Erläuterungen versehen von A.C. Bhaktivedanta Swami Prabhupāda; Taschenbuchausgabe im Govinda-Verlag 1993.

Wenn wir solche Listen hören und sie nicht nur an unserem eigenen Dasein messen – wozu ich Sie ja vorhin aufgefordert habe und was Sie vielleicht auch gerade eben getan haben –, sondern wenn wir sie einmal in einen größeren gesellschaftlichen Zusammenhang stellen, dann taucht unwillkürlich eine Fragestellung auf, die uns zum nächsten, fünften Punkt unseres Vortrages führen wird.

5. Und Gott schaut zu?

Hier geht es um die Frage: Wie kommt es, daß gerade jene Eigenschaften, die in der Bhagavad-gītā als dämonisch beschrieben werden, in unserer Gesellschaft so sehr überhandgenommen haben?

Stolz, Überheblichkeit, Selbstgefälligkeit, Zorn, Grobheit, Unwissenheit sowie, als Folge dieser sechs Eigenschaften, auch Krieg, Elend, Vernichtung, Haß, Ausbeutung und Ungerechtigkeit jeglicher Form – all diese Dinge, die unsere Medien ja tagtäglich anfüllen und von denen wir leider mehr als genug berichtet bekommen, sind ja offensichtlich Eigenschaften, die der dämonischen Seite angehören. Wann hören wir in den Nachrichten jemals von Menschen, die besonders entsagt sind, die besonders ausgeglichen sind, die besonders frei sind von dem leidenschaftlichen Verlangen nach Ehre oder die spirituelles Wissen kultivieren?

Nein, das, was uns über den Zustand der modernen Gesellschaft berichtet wird, zeugt hauptsächlich von den dämonischen Eigenschaften. Und mit Recht fragen die Menschen: Wenn Gott doch gut ist, woher kommt dann das Böse in der Welt, woher kommen dann all diese Dinge? Dies ist eine zentrale Fragestellung in der Theologie, die man als Theodizee kennt.

Oder anders formuliert: Was ist denn das für ein Gott, der dies alles zuläßt? Ja, die Menschen fragen sich angesichts von Krieg, Massenvernichtungen, Völkermord, Haß und Intoleranz, was ja heutzutage alles gang und gäbe ist, zurecht: Was ist das für ein Gott, der hier einfach nur zuschaut? Und viele enden in der Schlußfolgerung: Folglich kann es keinen Gott geben, denn wenn es einen Gott gäbe, wäre er gut, aber was hier abläuft, ist nicht gut. Also gibt es keinen Gott.

Oder nochmals anders gestellt – eine Frage, die man ebenfalls oft hört: Wenn doch niemand das Schlechte will, warum geschieht es trotzdem? Und tatsächlich: Wenn man die Menschen auf der Straße fragt, oder wenn ich Sie heute abend frage: Wollen Sie denn, daß es Krieg gibt, wollen Sie das Schlechte, wollen Sie, daß Menschen gefoltert und gequält und ausgebeutet werden? Sie würden vermutlich sagen: Nein, es wäre viel schöner, wenn diese Dinge nicht geschehen würden. Trotzdem aber sind sie da. Warum?

Ich möchte Ihnen auf diese Frage zwei Antworten geben. Die eine ist: Es stimmt gar nicht, daß niemand das Schlechte will. Es gibt leider solche, die diese Dinge durchaus wollen. Wenn Sie mit dem Gesetz des Karma vertraut sind, dann wissen Sie, daß nichts zufällig geschieht, auch kein Krieg, auch kein Haß. Irgendwer möchte es so haben, sonst wäre es nicht so. Und die Tatsache, *daß* es geschieht, beweist nichts anderes als daß diejenigen, die diese Dinge wollen, stärker sind als wir, die wir sie nicht wollen. Mit anderen Worten: Diejenigen, die heute an der Macht sind, wollen diese Dinge.

Auch dies wäre ein eigenes Thema für sich, ein sehr reizvolles, aber auch ein sehr gefährliches Thema, darüber ausführlicher zu sprechen und die entsprechenden Zusammenhänge aufzuschlüsseln. Denn Tatsache ist: Diejenigen, die in unserer heutigen Gesellschaft und auch in den Gesellschaften der letzten paar Jahrhunderte an der Macht sind und waren, wollen diese Dinge. Deswegen geschehen sie; nicht, weil sie geschehen müssen, weil es eben nicht anders geht, weil die Menschen immer schon so waren. Nein! Sondern, weil *ein gewisser Teil* wohl immer schon so war, und weil diese wenigen im Moment stärker sind als wir. Es ist ja nicht die Mehrzahl; Volksumfragen würden nicht ergeben, daß die Menschen Krieg und Haß und Vernichtung wünschen. Volksumfragen ergeben immer das Gegenteil. Aber trotzdem geschehen diese Dinge.

Doch ist diese erste Antwort noch nicht ausreichend. So möchte ich eine zweite Antwort geben auf die Frage: Wenn doch niemand das Schlechte will, warum geschieht es trotzdem? Sie lautet: Weil wir mitmachen! Wir als einzelne Individuen sind zwar nicht diejenigen, die das Schlechte direkt verursachen, wir zetteln zwar keine Kriege an, nehme ich an, jedenfalls nicht im Großen, aber wir machen mit, wir akzeptieren das herrschende System der Machtaufteilung, meistens sogar unwissend. Wir wissen oft gar nicht, wer die Leute sind, die dies alles wollen und die es auch tun und die uns sogar zwingen mitzumachen. Aber wir müssen nicht mitmachen!

Wir werden im Anschluß, unter Punkt sechs unseres Vortrages, gleich das wichtigste esoterische Gesetz, ja das wichtigste kosmische Gesetz überhaupt noch genauer betrachten: das Gesetz des freien Willens. Niemand könnte uns Menschen etwas aufzwingen, wenn wir nicht freiwillig bereit wären mitzumachen. Dieses Mitmachen geschieht wohlgemerkt oft gar nicht bewußt, denn wir verstehen die Mechanismen nicht, die hinter unseren Handlungen stehen. Wir denken, es sei harmlos, was wir tun, und verstehen nicht, daß unser Tun vielleicht die Ursache dieser anderen, größeren Zusammenhänge ist.

Wie auch immer, ich möchte Sie hier nicht allzu sehr mit einem schlechten Gewissen belasten. Dies wäre überhaupt nicht die Absicht unseres Vortrages. Vielmehr werden wir nachher noch sehen, *wie* wir auch nicht mitmachen können. Wir müssen nämlich, wie gesagt, nicht.

Aber zunächst noch einmal zum vorherigen Fragenkomplex «Und Gott schaut zu?». Eine andere Frage, die man sehr oft hört und die Sie wohl alle schon selbst gehört oder vielleicht sogar schon selbst gestellt haben, lautet: Warum geschehen guten Menschen schlechte Dinge? Kennen Sie diese Fragestellung? Man hört sie immer wieder. Und die radikalste Anwort, die wir darauf geben müssen, ist wohl die: Es gibt keine guten Menschen, und es gibt keine schlechten Dinge. Was meine ich damit?

«Es gibt keine guten Menschen» heißt: Wir alle, die wir in dieser Welt sind, die wir uns in der Dualität, in der Polarität aufhalten, sind durch dieses Hiersein bereits – und ich verwende nun mit Absicht diesen Begriff – schuldig, sind sündig. Niemand von uns ist gut, sonst wären wir nicht hier. Mit «hier» meine ich nicht im Vortrag heute abend oder in der Schweiz, sondern ich meine hier in der materiellen Welt.

Wir alle tragen seit unvordenklichen Zeiten einen Riesenberg an Karma mit uns herum. Sie mögen zwar sagen: «Ich habe in meinem Leben noch nie jemandem etwas zuleide getan»; aber wer spricht denn nur von diesem Leben? Was wissen wir, was wir in den letzten zweihundert Leben alles gemacht haben? Können wir mit dieser Sicht mit Ernst behaupten, wir seien gute Menschen? Nein.

Und die andere Aussage, «Es gibt keine schlechten Dinge», ist wohl noch schwerer zu verstehen, das ist mir bewußt. Doch auch das scheinbar Schlechte, das Böse, ist, wenn es uns gelingt, es aus einer gewissen Distanz zu betrachten, gerechtfertigt, ist richtig, gehört ebenfalls mit dazu. Denn es ist ein Lernprozeß, es ist die Möglichkeit einer Entwicklung, es ist die Möglichkeit der Verwirklichung eines Individuums.

Es ist mir ein sehr großes Anliegen, hier nicht mißverstanden zu werden: Diese Erklärung *rechtfertigt nicht* das Böse, sie rechtfertigt nicht Krieg und Gewalt und Haß und Vernichtung, aber sie *erklärt* diese Dinge. Auch diejenigen, die auf der Seite des Bösen stehen, dürfen und müssen durch diese Dinge hindurchgehen, um zu lernen und sich zu entwickeln – sei es nun als Täter oder als Opfer. Die Rollen sind im Lichte von Karma und Reinkarnation betrachtet ja ohnehin austauschbar. Kein Täter bleibt immer Täter, sondern jeder Täter wird auch einmal Opfer. Und kein Opfer war immer schon Opfer, sondern es war stets auch schon einmal Täter. Und wenn das Opfer die Lektion jetzt nicht lernt, wird es auch wieder Täter werden, nachdem es Opfer gewesen ist, und dann wieder Opfer. Mit der kurzsichtigen Unterscheidung Täter/Opfer kommen wir also nicht weiter, sobald wir unseren Horizont über ein einzelnes Menschenleben hinaus erweitern.

Also noch einmal: Manche Seelen müssen auch durch die schlechten, durch die bösen Dinge hindurchgehen, um zu lernen. Sowohl Menschen als auch andere Wesen, wie etwa die Dämonen oder die bösen Geistwesen, müssen durch diese Entwicklungsprozesse hindurch, um zu wachsen und sich weiterzuentwickeln. Würde ihnen das nicht gestattet, wo wäre dann die Frage des freien Willens? Seelen, die das Negative wollen, die sich auf diesen Ebenen bewegen wollen – was soll man mit ihnen tun? Man kann es ihnen nicht verbieten. Aber wir müssen auch nicht mitmachen, wohlverstanden.

Zusammenfassend können wir also diesen Punkt so formulieren: *Die Existenz des Bösen entspricht zwar den Gesetzen Gottes, aber nicht Seinem Willen.* Machen wir also nicht Gott dafür verantwortlich, daß Menschen oder andere Wesen Böses tun. Er ist nicht dafür verantwortlich. Er sagt uns ja, was wir tun sollen und was nicht.

Nehmen Sie jede beliebige Religion (ich möchte hier keiner Konfession den Vorzug geben, weil dies letzten Endes sowieso nur äußere Unterscheidungen sind). Nehmen Sie das Christentum oder das Judentum, nehmen Sie den Hinduismus oder den Buddhismus – überall sind die gleichen ethischen Prinzipien zu finden. Keine Religion sagt: Du sollst töten, du sollst lügen und stehlen und morden usw. Keine Philosophie, die man wirklich ernst nehmen kann, behauptet diese Dinge. Nein, die Ethik ist überall die gleiche. Der Mensch weiß, was richtig und was falsch ist, und die theistischen Philosophien machen auch ganz deutlich, daß dieses Wissen dem Menschen von Gott selbst offenbart wird: Die zehn Gebote im Judentum, die Bergpredigt im Christentum, die vier edlen Wahrheiten und der achtfache Pfad im Buddhismus, die Gesetze, die wir im Hinduismus finden – überall gibt es dieselben, geoffenbarten Wahrheiten, wo Gott dem Menschen sagt, was er tun soll.

Es ist also nicht Gottes Wille, daß das Böse geschieht. Wenn aber jemand aufgrund seines eigenen freien Willens das Böse möchte und es auch tut, machen wir bitte nicht Gott dafür verantwortlich. Damit kommen wir zum nächsten, dem sechsten Punkt.

6. Das universale Gesetz des freien Willens

Ich sage nicht: Alles ist relativ, und es gibt keinen Unterschied zwischen Gut und Böse. Ich sage nicht: Es spielt keine Rolle, was wir tun, und wir können alle Gebote und Gesetze der Religionen über Bord werfen. Denn wenn man sie alle über Bord werfen könnte, dann wären sie nicht seit Tausenden von Jahren da und würden nicht immer wieder erneuert. Nein, es gibt diese Unterscheidung zwischen Gut und Böse. Die Liste in der Bhagavadgītā ist gültig; es gibt göttliche, gute Eigenschaften, und es gibt dämonische, schlechte Eigenschaften. Aber es gibt auch den freien Willen.

Ich habe es zuvor schon angedeutet: Das Gesetz des freien Willens ist *das* zentrale, ist *das* wichtigste und grundlegendste Gesetz im Kosmos. Kein Gesetz ist stärker als dieses, nicht einmal das Karma-Gesetz, obwohl das Karma-Gesetz, wie man in der Esoterik zur Genüge hören und auch bestätigt finden kann, das mächtigste Gesetz ist, dem sich alle unterzuordnen haben. Aber noch stärker ist das Gesetz des freien Willens.

Wenn Sie sich heute abend von diesem Vortrag nur eine einzige Sache merken können, dann möchte ich Sie bitten, diesen Punkt im Kopf oder im Herzen zu behalten: *Das Gesetz des freien Willens ist das höchste kosmische Gesetz, und es steht uns und auch niemandem anders, nicht einmal Gott, zu, hier Eingriff zu nehmen.*

Aufgrund des freien Willens sind wir überhaupt erst in die Polarität, in die Dualität dieser Welt hineingekommen. Wir wollten es so, sonst wären wir nicht hier; es hat uns keiner gezwungen. Und wir können auch, wie wir später noch sehen werden, mit Hilfe unseres eigenen freien Willens aus der Dualität wieder zurück in die Einheit und dann sogar in die Transzendenz gehen. Der freie Wille also ist das höchste kosmische Gut, ja eigentlich ist er das einzige Gut, das wir überhaupt haben.

Übrigens: Wenn Sie mit Geistern oder mit Ufonauten (so heißen die Leute, die mit Ufos kommen) oder auch nur mit anderen Menschen zu tun haben – sei es mit dem Arbeitgeber, mit den Familienmitgliedern oder mit wem auch immer –, dann ist genau dies ein sehr leichtes Unterscheidungskriterium, ob es sich um ein Wesen handelt, welches mehr vom Guten oder mehr vom Bösen beeinflußt ist, welches mehr der göttlichen Natur oder mehr der dämonischen angehörig ist: Gestattet dieser andere Mensch, dieses andere Wesen, Ihnen Ihren freien Willen, oder versucht es, Ihren freien Willen einzuschränken? So einfach ist das. Aber man kommt von selbst fast nicht darauf. Und doch ist es sehr einleuchtend.

Wenn da also irgendwelche Leute mit Ufos landen, und wenn sie auch noch so mächtig sind und noch so spektakuläre Flugkünste vollführen und auf Magnetfeldern schweben und die Energien aus unseren elektronischen Geräten herausziehen und technische Kabinettstückchen vollführen, die wir nur mit großen Augen beobachten können, aber wenn sie einen Menschen dann durch Telepathie oder durch Hypnose in einen Zustand versetzen, in dem man sich nicht mehr wehren kann, und wenn sie jemanden einfach in ihr Ufo entführen und ihm Implantate geben oder ihn künstlich befruchten und all diese Dinge mit diesem Menschen tun (dies geschieht ja tagtäglich, ich übertreibe nicht, auch bei uns, wir sehen es nur nicht) – dann handelt es sich sicherlich nicht um göttliche Boten, garantiert nicht! Weil hier der freie Wille des Menschen vergewaltigt wird, weil man hier erst sein Opfer in Hypnose versetzen muß, damit man es mitnehmen kann.

Oder wenn Sie in einem Schulsystem oder in einem politischen System oder in einem wirtschaftlichen System sind, das es Ihnen nicht gestattet, Ihren freien Willen auszuleben; wenn Sie statt dessen gegen ihren Willen eingeschränkt werden und wenn Sie, obwohl Sie ihr Leben anderes gestalten möchten, dies nicht tun dürfen – dann handelt es sich um ein dämonisches System.

Wenn Sie in einer Partnerschaft sind und Ihr Partner oder Ihre Partnerin Ihren freien Willen nicht respektiert; wenn man sich zwar gegenseitig Dinge versprochen hat, wenn dann aber trotzdem Einschränkungen durch Gewalt da sind, sei es durch finanzielle Gewalt, sexuelle Gewalt oder durch jegliche andere Form von Gewalt – dann handelt es sich um eine Partnerschaft, die von dämonischen Einflüssen geprägt ist.

Das Gesetz des freien Willens also ist das Gesetz, welches das Gute von dem Bösen sehr leicht unterscheidbar macht.

Natürlich gibt es auch gute Außerirdische, die zu den Menschen kommen, um ihnen ihre Hilfe anzubieten. Aber die kommen in der Regel nicht mit Ufos, denn sie haben bessere Methoden (die meisten, die mit Ufos kommen, sind von der anderen Seite). Die Guten mischen sich nicht in den freien Willen der Menschen ein, deswegen überfallen sie uns nicht einfach mit Ufos. Vielmehr zeigen sie sich erst dann und bieten sich erst dann an, wenn wir bereit und gewillt sind, sie wahrzunehmen. Doch eigentlich sind sie immer schon da.

Das beste Beispiel hierfür ist wohl Gott selbst. Gott ist immer für uns da, aber Er drängt sich niemals auf. Es gibt wahrscheinlich keinen Menschen auf der Erde, der behaupten kann, noch nie von Gott gehört zu haben oder noch nie mit dem Göttlichen in Berührung gekommen zu sein. Gott ist ja kein Christ und kein Moslem und kein Jude und kein Buddhist und kein Hindu. Er ist nicht auf eine Konfession beschränkt; so sektiererisch kann man dies im esoterischen Denken nicht sehen. Vielmehr ist Gott, ist das Göttliche immer und überall gegenwärtig, und jeder kann Zugang zu Ihm haben. Aber nirgendwo drängt Er sich auf. Dort wo sich etwas aufdrängt, ist es schon nicht mehr das Göttliche. Dort, wo Gewaltbekehrungen stattfinden, waltet das Dämonische. Dies hat nichts mehr mit Gott zu tun, weil es den freien Willen des Menschen einschränkt. Nehmen Sie dieses Unterscheidungsvermögen mit nach Hause und versuchen Sie, in Ihrem Alltag ein bißchen genauer zu beobachten, wie diese Gesetzmäßigkeiten spielen.

Ich möchte nun aber noch einen Schritt weiter gehen, und damit kommen wir zum siebten Punkt, dem eigentlichen Hauptpunkt des heutigen Vortrages.

7. Das Aufheben der Dualität

Wenn wir vom freien Willen sprechen, dann sprechen wir natürlich auch von unseren Wünschen. Unsere Wünsche, mit anderen Worten, das, was wir wollen, das, was wir uns wünschen vom Leben, vom Kosmos, von Gott, von der Welt, von den anderen Menschen – dies ist das einzige, was wir im Grunde genommen wirklich besitzen. Diese unsere Wünsche sind ein sehr mächtiges Instrument, aber wir unterschätzen deren Macht oft. Wir denken uns gerne als Gefangene, weil es so einfach ist: Ich bin ein Gefangener dieses Systems, was kann ich als einzelner denn schon machen? Dies ist eine weit verbreitete und sehr bequeme Ausrede. Aber wir können durch unsere Wünsche viel mehr bewirken, als wir uns jetzt überhaupt vorstellen können.

Ein Vorschlag: Arbeiten wir einmal an dieser Frage: *Was wollen wir eigentlich in dieser Welt?*

Denn es kommt nicht so sehr darauf an, *was* wir tun, welche äußere Tätigkeit, welchen Beruf wir ausüben, sondern *wie* wir es tun. Das heißt, in welchem Bewußtsein, in welcher Absicht, mit welchem Motiv wir unseren Beruf, unsere Partnerschaft, unsere momentane Tätigkeit betrachten und auch leben. Darauf kommt es viel mehr an als auf die Art unserer Tätigkeit an sich.

Die eigentliche Frage ist also nicht: Was tue ich? Oder: Ist das, was ich tue, nach irgendwelchen, vielleicht sogar nicht einmal göttlichen Gesetzen, sondern nur nach irgendwelchen künstlichen gesellschaftlichen Konventionen, «gut» oder «schlecht»? Von dieser Frage sollten wir uns nicht so sehr beeinflussen lassen, sondern vielmehr davon: Verstrickt mich mein Tun mehr in die Dualität oder nicht? Verstrickt mich mein Tun mehr in die Identifikation mit dieser Welt oder nicht? Das sind die entscheidenden Fragen.

Denn vom Standpunkt eines esoterischen Weltbildes aus betrachtet gibt es in diesem engen Sinne gar nicht das «Gute» und das «Böse» als die beiden großen Pole, zwischen denen alles schwebt. Von einem esoterischen

Standpunkt aus ist sowohl das «Gute» als auch das «Böse» schlecht. Beides ist nicht gut, denn beides bindet uns an die Dualität. Ob Sie nun materiell gesehen gut handeln oder schlecht handeln, Sie werden in beiden Fällen die karmischen Früchte Ihres Handelns ernten und dadurch gezwungen sein, wiedergeboren zu werden und in der Dualität zu verbleiben, wahrscheinlich sogar sich noch mehr darin zu verstricken. Das eigentliche Übel ist also nicht das sogenannte «Böse», sondern die Dualität an sich!

Wenn ich diese Dinge ausspreche, bin ich mir darüber bewußt, daß es sich hier um sehr radikale Aussagen handelt, welche gerade dann, wenn wir vom christlichen Denken oder allgemein vom Denken der semitischen Religionen geprägt sind, nicht auf Anhieb nachvollzogen und auch nicht auf Anhieb akzeptiert werden können. Aber ich möchte Sie bitten, für die nächste halbe Stunde einfach einmal das Denken, das Sie vielleicht Ihr Leben lang gelernt und praktiziert haben, beiseite zu stellen und für einmal zu versuchen, die Dinge von dieser neuen Seite her zu betrachten.

Vielleicht ist es ja auch gar keine neue Seite, vielleicht ist Ihnen dieser Gedanke längst schon geläufig: *Das Böse, das es zu überwinden gilt, ist die Dualität an sich.*

Ich hatte zuvor ein Wort mit Absicht schon einmal anklingen lassen, und ich möchte es jetzt wieder aufgreifen: *Sünde.* Wie viele Assoziationen, wie viele Vorstellungen verbinden sich bei uns mit diesem Wort, gerade wenn wir hier im abendländischen Kulturkreis aufgewachsen sind! Sünde. Aber heute möchte ich Sie bitten, diesen Begriff einmal von einer ganz anderen Seite her zu betrachten.

Sünde ist nicht eine bestimmte Handlung, die man tut. Sünde ist, aus dem esoterischen Blickwinkel betrachtet, auch nicht ein Pol innerhalb der Polarität, und auf der anderen Seite wäre dann das gute und fromme Handeln, sondern *Sünde ist die Polarität an sich*. Dies wird übrigens auch rein etymologisch ersichtlich, wie schon verschiedentlich nachgewiesen wurde: Der Begriff «Sünde» kommt aus der gleichen Wurzel wie das Wort «Sonderung» bzw. «sondern, absondern». Sobald wir uns also von der Einheit ab-sondern, werden wir sündig, werden wir schuldig.

Nur schon die Tatsache, daß wir hier sind, macht uns zu Sündern, egal wie wir im Alltag handeln. Wir sind hier in dieser Welt abgesondert von der Einheit und von der Transzendenz – dies sind übrigens, wie wir am Schluß noch ausführen werden, zwei verschiedene Dinge –, und dieses unser Abgesondertsein macht uns bereits schuldig. Egal wie wir unser Leben auch gestalten mögen, unser In-der-Dualität-Sein, unser Abgesondertsein schlechthin macht uns sündig.

In diesem Lichte betrachtet ergibt auch der sonst unverständliche Begriff der «Erbsünde» ein wenig mehr Sinn. Wir wollen hier keinen theologischen Streit vom Zaun brechen, aber der Erbsündenbegriff, wie er nach heutiger kirchlicher Dogmatik definiert wird, ist esoterisch gesehen völliger Unsinn. So kann es ja nicht gemeint sein. Aber in dem eben geschilderten Lichte betrachtet ergibt er einen Sinn: Nicht, daß irgendwer in der Vergangenheit, irgendein Adam, einmal irgend etwas falsch gemacht hat, und jetzt müssen wir dafür büßen. Nein, die Erbsünde wird uns vererbt, wird uns mitgegeben, sobald wir in die Dualität kommen. Wir setzen sozusagen am Eingang zur Dualität, beim Eintritt in diese Welt den «Sünden-Hut» auf und laufen dann mit ihm durch diese abgesonderte Welt als Sünder, selbst wenn wir «Gutes» tun.

Ich weiß, daß ich hier diese Begriffe fast über die Maßen beanspruche, denn wir alle haben davon immer noch ein stark vorgeprägtes Bild. Aber trotzdem möchte ich Sie bitten, diesen Gedankengang nachzuvollziehen: Sünde vermeiden heißt nicht, das Gute zu tun und das Böse zu unterlassen, obwohl dies die Definition ist, wie wir sie üblicherweise in unseren Religionsformen kennen. Uns wurde gelehrt: Ein Sünder ist einer, der das Böse tut, und ein Nichtsünder ist einer, der das Gute tut und das Böse vermeidet, der das Böse sogar haßt und es auszurotten versucht. Aber nein, Sünde heißt: überhaupt etwas in der Dualität zu tun, ob es nun sogenannt «richtig» oder «falsch» sei.

Wenn Sie Mühe haben, diese Dinge nachzuvollziehen, dann denken Sie an die griechische Tragödie, denn diese illustriert dies sehr schön. In der griechischen Tragödie geht es sehr oft um dieses Thema: Daß der Mensch, der Held der jeweiligen Geschichte, immer wieder gezwungen ist, sich zwischen zwei Möglichkeiten zu entscheiden. Aber wie immer er sich entscheidet, er macht sich schuldig. Es spielt gar keine Rolle, ob er den einen Weg einschlägt oder den anderen; wie immer er sich entscheidet, er lädt Schuld, er lädt Sünde auf sich. Sie können dies bei Ödipus sehen oder bei anderen mythologischen Gestalten.

Natürlich ist dies eine ernüchternde Feststellung, und wir hören diese Aussagen gar nicht gerne. Aber es ist ja auch nicht mit dieser Feststellung getan, es gibt ja auch noch die Alternative dazu (mehr darüber gleich im Anschluß). Doch solange wir denken, daß das Böse ausgerottet werden könne, daß es unsere Aufgabe als gläubige und religiöse Menschen sei, das Böse zu hassen, es zu vermeiden, es auszurotten, es von dieser Welt zu vertreiben, solange werden wir auch in diesem Irrtum gefangen bleiben.

Dies ist in der Tat einer der fatalsten Irrtümer der gesamten Religionsgeschichte schlechthin: Daß man versucht hat, das Böse auszurotten. Aber das Böse läßt sich nicht einfach ausrotten, denn das Böse ist ein Teil der Dualität dieser Welt. Wie man das Gute nicht ausrotten kann, kann man auch das Böse nicht ausrotten. Und der ständige Versuch der gläubigen Menschen, keine Sünde zu begehen, immer möglichst das Böse zu meiden und es zu bekämpfen, wo immer es auftaucht – dies führt, psychologisch gesprochen, zum Verdrängen bestimmter als «böse» klassifizierter Bereiche und somit zu einer massiven Schattenbildung: Man verdrängt einen Teil der Dualität in den Schatten, in den Hintergrund. Das Böse existiert als Teil der Welt, und man kann es nicht einfach wegdenken. Man kann nicht einfach so tun, als gäbe es das Böse nicht, auch nicht durch noch so frommen Lebensstil. Das Böse ist trotzdem immer da und lauert, so aber, wenn wir es verdrängt haben, gefährlicherweise im Schatten, im Verborgenen.

Ich möchte nun nochmals einen Schritt weitergehen, und ich bitte Sie um Verständnis und um Verzeihung dafür, daß ich Ihnen dies alles antue. Aber wir müssen nach all diesen Betrachtungen nun zu einer weiteren vielleicht überraschenden Schlußfolgerung kommen, nämlich: Es gibt keinen Teufel!

Damit fällt natürlich das gesamte kirchlich-dogmatische System in sich zusammen, das ja praktisch nur auf diesen Punkt aufgebaut ist. Aber so leid es mir tut, wir müssen es nun so deutlich sagen: Es gibt keinen Teufel, nicht im Sinne einer Person, die für das kollektive Böse verantwortlich ist. Die Bemühungen der Kirchen, den

«Teufel» zu personifizieren als eine außenstehende Macht, die den Menschen gegen seinen Willen schlecht beeinflußt, haben sehr schwerwiegende Folgen gehabt.

Denn falls es überhaupt so etwas wie einen «Teufel» gibt, dann ist dies, wenn wir bei unserem vorherigen Bild bleiben, unser eigener Schatten, der Schatten des Bösen, den wir aus unserem Bewußtsein hinaus hinter unseren Rücken verdrängen, den wir nicht wahrhaben wollen, sei es in uns selbst oder sei es in der Welt.

Wenn wir diesen Schatten des Bösen aber personifizieren als einen, der dafür verantwortlich ist, daß wir überhaupt Böses tun, wenn wir also auf diese Weise die Verantwortung für unser Handeln abschieben, dann machen wir erstens einmal den Fehler, Verantwortung abzuschieben und Schuld zu projizieren. Und zweitens machen wir einen weiteren fatalen Fehler:

Plötzlich ist der Teufel nämlich der Gegenspieler Gottes, plötzlich entsteht die Polarität Gott/Teufel. Und damit ziehen wir Gott in die Polarität, in die Dualität herein. Plötzlich ist Gott auch nur einer wie wir, der mit dem Teufel um die Seelen kämpft, und manchmal gewinnt Gott und manchmal verliert Gott. Wie lächerlich diese Vorstellung doch einem denkenden Menschen erscheinen muß! Aber dennoch wird sie seit Jahrhunderten als Wahrheit gelehrt.

Natürlich hat Gott nichts mit der Polarität zu tun. Wenn es einen Gott gibt, dann muß Er jenseits der Polarität stehen und alle Dualitäten in Sich vereinigen, dann kann Er keinen Widersacher haben. Was wäre das für ein Gott? Trotzdem wurde uns genau dieses Gottesbild seit Jahrhunderten vermittelt. Somit können wir also davon ausgehen, daß es nicht Gott ist, der uns da vermittelt wurde, und daß es auch kein göttliches Weltbild ist, das uns da vermittelt wurde. Sobald es um die Polarität geht, sobald es um Schwarz-Weiß-Malerei geht, sobald es um Rechthabenwollen geht, dann hat es nichts mit dem göttlichen Prinzip zu tun. Denn das göttliche Prinzip steht jenseits dieser Dualitäten, auch jenseits der Dualität von Gut und Böse.

Die Existenz des personifizierten Bösen in Form eines Teufels, der alleine verantwortlich ist für das Übel in der Welt, rechtfertigt in diesem seltsamen Denken dann natürlich auch Glaubensstreitigkeiten, Inquisition, Verfolgung, Religionskriege und Völkermord. Klar: Wenn hier Gott ist, der einzige richtige und wahre Gott, und wenn alle anderen Menschen, die nicht dieser bestimmten Sekte oder «Glaubensgemeinschaft» angehören, des Teufels sind, dann ist es gerechtfertigt, daß man sie auch gegen ihren Willen mit Gewalt zwingt, zu diesem einzigen wahren Gott zu kommen, dann ist diese Gewalt «gut» für sie.

Und so ist es, wenn wir die Religionsgeschichte einmal unter diesem Aspekt anschauen, bezeichnend, daß Glaubenskriege immer nur von solchen Religionen geführt werden, die in der einen oder anderen Form an das Konzept eines Teufels glauben, nämlich von den semitischen Religionen: Judentum, Islam und Christentum. Dies sind die einzigen, die je Religionskriege geführt haben und dies immer noch tun. Weil sich bei ihnen irgendwie das Denken eingeschlichen hat, es existiere da neben Gott noch irgendein Teufel als Widersacher. Irgendwie hat sich das Denken eingeschlichen, daß die beiden zwei Pole seien und daß es unsere Aufgabe sei, alle gefallenen, verlorenen Seelen dem Teufel zu entreißen und zu Gott zurückzubringen, weil Gott alleine nicht dazu imstande sei. (Wenn Sie heute abend genau mitgehört haben, dann wissen Sie inzwischen auch, warum sich dieses Denken eingeschlichen hat, das heißt, wer wohl hinter solchen Glaubenssystemen steht.)

Religionskriege sind also ein typisches Phänomen eines Glaubenssystems, das davon ausgeht, es gäbe einen Teufel. Nimmt man nun einem solchen Glaubenssystem den Teufel als Widersacher Gottes weg, wie ich es eben getan habe, dann fällt es natürlich in sich zusammen, und man macht sich dadurch selbstverständlich keine Freunde. Aber trotzdem müssen wir es sagen.

Übrigens nennt man diese Auffassung, die die semitischen Religionen vertreten, religionswissenschaftlich gesehen einen theistischen Dualismus: Es ist zwar Gott da (daher: theistisch), aber Gott ist selbst in der Dualität gefangen, er hat einen Gegenspieler in Form des Satans, des Luzifers, des Teufels oder wie auch immer man ihn nennen mag. Neben dieser Auffassung gibt es auch den atheistischen Dualismus, wie wir ihn zum Beispiel im Buddhismus oder größtenteils auch in der zeitgenössischen Esoterik vorfinden: Zwar spricht man hier nicht von Gott als Person, sondern von einer Energie oder von einer göttlichen Kraft, welche die kosmischen Gesetze zusammenhält (daher: atheistisch), doch auch hier gibt es auf der anderen Seite das Böse als Widersacher. So ist auch hier diese göttliche Energie in der Polarität gefangen.

Ich möchte dieses Thema hier nicht weiter vertiefen, weil es nicht das Thema des heutigen Abends ist, die religionswissenschaftlichen Zusammenhänge dieser einzelnen Glaubensformen zu erörtern. Aber soviel sollten wir uns merken: Nur der Glaube an die Existenz eines Teufels, eines Gegenspielers zu Gott, «rechtfertigt» es, Glaubenskriege zu führen und andere Menschen zu hassen, weil sie eine andere Ansicht vertreten und weil sie angeblich «des Teufels» sind. Solches Denken ist jedoch weit davon entfernt, göttlich zu sein. Es kann gar nicht göttlich sein, weil es den freien Willen des anderen nicht zuläßt.

Sie werden es vielleicht nicht glauben, aber wenn ich diese Dinge in gewissen Kreisen sage, werde ich kurzerhand des Teufels verschrieen. Das ist mir tatsächlich schon passiert. Man darf offenbar solche Dinge gar nicht aussprechen, weil man dann «vom Satan besessen» ist. (Natürlich sage ich sie trotzdem und meide dann einfach solche Kreise.)

Nochmals also: Gut und Böse gehören als Gegensatzpaare innerhalb eines Dualismus immer zusammen. Wir können nicht das eine ohne das andere haben. Wir können nicht nur das Gute pflegen und das Böse nicht auch pflegen wollen. Das geht nicht, denn beides gehört zusammen, und das eine folgt dem anderen wie ein Schatten. Natürlich können wir es über eine kurze Zeit hinweg tun, und wenn wir unseren Blick nur auf diese kurze Zeit begrenzen, dann können wir sogar «beweisen», daß meine Aussage von vorhin nicht stimmt. Wir würden dann vielleicht so argumentieren: Schauen Sie, hier ist das Beispiel eines Menschen, der sein Leben lang immer nur Gutes getan hat und nichts Böses.

Aber damit erlegen wir uns eine freiwillige Begrenzung unserer Sicht auf. Denn schauen wir die Biographie einer Seele über viele Leben hinweg an, werden wir sehen: Wir können tatsächlich nicht nur das Gute pflegen. Immer ist das Böse auch da, immer holt es uns ein. Umgekehrt genauso: Wir können nicht immer nur das Böse wählen, denn das Gute folgt ihm ebenfalls nach. Beide gehören zusammen, weil sie eine Polarität, eine Dualität innerhalb dieser Welt bilden.

Nun stellt sich natürlich die große Frage: Was machen wir jetzt mit dieser Erkenntnis? Es wäre ein sehr trübseliges Ende meines Vortrages, wenn ich jetzt sagen würde: Das wärs, vielen Dank, meine Damen und Herren, und viel Glück auf ihrem weiteren Lebensweg. – Nein! *Denn das Böse kann überwunden werden.*

Das Böse kann zwar nicht ausgerottet werden, es kann nicht aus dieser Welt verbannt werden, weil es ein Teil dieser Welt ist, genauso wie das Gute; aber das Böse kann aufgehoben, es kann überwunden werden. Nicht kosmisch gesehen, denn es wird immer Wesen geben, die sich aufgrund ihres freien Willens für das Böse entscheiden; aber individuell gesehen, für uns selbst und für unser überschaubares Umfeld, kann das Böse überwunden werden – und *soll* auch überwunden werden.

Doch um Sie gleich zu ernüchtern: Auch das Gute muß überwunden werden. Denn wollen wir wirklich frei werden von Dualität, die ja das eigentliche Übel ist, dann genügt es nicht, einfach nur ein guter Mensch zu sein, sich also mit der einen Hälfte der Polarität zu identifizieren und zu versuchen, die andere zu überwinden. Nein, vielmehr müßten wir die ganze Polarität überwinden und damit auch das Gute aufgeben – nicht ersatzlos natürlich.

Um dies genauer zu erklären, können wir wiederum auf die Bhagavad-gītā zurückgreifen, denn dort finden wir eine sehr schöne Schilderung dieser Zusammenhänge. Im vierten Kapitel (Bg. 4.16-18) spricht Krishna von drei verschiedenen Arten von Karma: (1) Karma, (2) Vikarma und (3) Akarma.

[Kurze Zwischenfrage eines Zuhörers: Was ist Karma?] Karma bedeutet zunächst einmal einfach nur Handeln; das Sanskritwort Karma heißt «Handlung». Dann gibt es das Karma-Gesetz, das besagt, daß auf jede Handlung eine entsprechende Wirkung folgt, auf jede Aktion eine Reaktion. Das kennen Sie: «Was der Mensch sät, wird er ernten», oder: «So wie man in den Wald hineinruft, so schallt es wieder heraus». Dies sind Beispiele für das Karma-Gesetz in unserem Sprachgebrauch. Oder das Newton'sche Gesetz in der klassischen Mechanik: *actio = reactio*. Auch in der Esoterik ist das Karma-Gesetz überall zu finden: Was immer ich tue – es kommt wieder auf mich zurück, und zwar genau so, wie ich es ausgesandt habe.

In unserem Zusammenhang jedoch wollen wir den Begriff Karma nicht im Sinne des Gesetzes von Aktion und Reaktion betrachten, sondern einfach nur in seiner Bedeutung als Handlung. Und wie ich bereits sagte, gibt es gemäß der Bhagavad-gītā drei verschiedene Arten von Karma, also drei verschiedene Arten von Handlungen. Sie heißen: (1) Karma, (2) Vikarma und (3) Akarma.

Hierbei bezieht sich «Karma» auf das gute, fromme Handeln im Einklang mit den für den Menschen geltenden Naturgesetzen, also beispielsweise: nicht lügen, nicht töten, nicht stehlen, nicht betrügen – all die Prinzipien der Ethik und der Moral, die zeigen, wie man richtig handeln soll. Dies empfehlen in der Regel alle Religionen übereinstimmend.

Das Gegenteil davon heißt im Sanskrit «Vikarma». Vikarma bedeutet zu versuchen, diese Prinzipien zu unterwandern, also eben doch zu lügen, doch zu töten, doch zu stehlen, doch zu betrügen.

Die Folge von Karma, also von gutem Handeln, ist gutes Karma, kurz gesagt Glück oder Zufriedenheit. Das heißt: Menschen, denen es im jetzigen Leben gut geht, haben in der Vergangenheit Dinge getan, die im Einklang mit kosmischen Gesetzen standen. Aufgrund dessen haben sie jetzt eine relativ angenehme Geburt bekommen, beispielsweise hier in der Schweiz, wo sie nicht so sehr von den Leiden des materiellen Daseins, mindestens nicht von den grobstofflichen, gequält werden.

Vikarma hingegen, also schlechtes, sündhaftes Handeln – wobei «sündhaft» hier im kirchlichen Sinne zu verstehen ist, nicht im esoterischen, wie wir es vorhin ausführten, also: daß man mordet und gewalttätig ist und Haß und Zorn und Neid und Lust und Gier und all diese Dinge auslebt –, solches Handeln führt zu schlechtem Karma, führt zu Leid. Wir benützen dafür ja sogar das Wort «Leiden-schaft»: Diese Dinge schaffen Leid, im gegenwärtigen oder in einem späteren Leben.

Würde es nun aber nur diese beiden Dinge geben, entweder frommes Handeln (Karma) oder schlechtes Handeln (Vikarma), wo wäre dann die Möglichkeit, aus dem Kreislauf der Wiedergeburt hinauszukommen? Wo wäre die Möglichkeit, die Dualität zu überwinden? Sie wäre nicht gegeben.

Denn auch der noch so fromme Mensch, auch der noch so geflissentliche Befolger aller ethischen und religiösen Prinzipien würde als Folge seines Tuns einfach nur derart viel gutes Karma ernten, daß er im nächsten Leben in Saus und Braus genießen könnte, sei es auf diesem Planeten oder, wenn er sehr fleißig war, sogar auf höheren Planeten, wo der materielle Genuß noch größer ist.

Ich möchte Ihnen gar nicht erst schildern, wie es dort aussieht, so daß Sie nicht in Versuchung kommen, auch einmal dorthin zu wollen, denn das ist ja nicht das Ziel. Aber es gibt tatsächlich Ebenen im Universum, auf denen der physische und der feinstoffliche materielle Genuß, nach dem wir uns so sehr sehnen, noch viel höher ist als hier auf der Erde, wo jedem Genuß immer wieder auch Leid folgt. Das also ist das Ergebnis von gutem Karma.

Das Ergebnis von schlechtem Karma hingegen ist sehr großes Leid. Menschen, die im jetzigen Leben, vielleicht sogar schon von Geburt an und ohne daß man in diesem Leben eine Ursache dafür findet, sehr leiden, sind solche, die in vergangenen Leben Vikarma gesät haben, die versucht haben, gegen kosmische Prinzipien zu verstoßen.

Noch einmal: Würde es nur Karma und Vikarma geben, dann wären wir in dieser Welt für immer verloren, für immer verdammt, hier zu sein – mal oben, mal unten, mal glücklich, mal unglücklich. Es gäbe aber kein Aufheben der Dualität, kein Entrinnen.

Deswegen, so sagt die Bhagavad-gītā an der erwähnten Stelle im vierten Kapitel, gibt es noch etwas Drittes: *Akarma*. Die Vorsilbe «a» bedeutet im Sanskrit eine Verneinung, wie übrigens auch noch im Griechischen, im Lateinischen und sogar im Deutschen erhalten. Akarma heißt also wörtlich «Nichthandeln». Aber das geht ja gar nicht, wir können nicht nicht handeln, weil wir aktive Wesen sind. Nur schon, um Körper und Seele zusammenzuhalten, müssen wir irgendwie arbeiten, müssen wir Handlungen ausführen. Was also heißt Akarma?

Akarma heißt, solche Handlungen auszuführen, die keine karmische Reaktion nach sich ziehen, Handlungen also, die uns befreien aus der Dualität, nicht Handlungen, die uns an die Dualität binden. Akarma bedeutet, wenn wir so wollen, Handlungen, die jenseits von Gut und Böse stehen.

Und dies wiederum ist auf grundsätzlich zwei verschiedene Arten möglich: Entweder dadurch, daß man sowohl das Gute als auch das Schlechte durchlebt und sich allmählich über diese Zusammenhänge bewußt wird. Diesen Pfad gehen übrigens die meisten Menschen, zumindest jene, die sich für Esoterik interessieren. Wir alle gehen mehr oder weniger diesen Pfad, auf dem wir zwar noch immer mal von dem einen Pol und mal von dem anderen Pol angezogen werden, während wir jedoch allmählich anfangen, das Schlechte nicht mehr zu verdrängen oder zu vertuschen oder zu verteufeln. Vielmehr versuchen wir auf diesem Pfad, allmählich Distanz vom Schlechten (und auch vom Guten!) zu gewinnen.

In der Psychologie würde man dem wohl sagen: die Schattenbereiche angliedern. Dies ist in meinen Augen allerdings keine wirklich treffende Formulierung, denn es geht im Grunde nicht darum, daß wir die Schattenbereiche angliedern und uns dann sowohl mit den Licht- als auch mit den Schattenbereichen identifizieren, sondern es geht darum, beide loszulassen. Aber um sie loszulassen, müssen wir sie uns erst einmal eingestehen.

Wenn wir also unser Schuldig*sein* eingestehen (und damit die beengende Angst vor dem Schuldig*werden* verlieren), dann sind wir schon auf halbem Weg. Dann brauchen wir nur noch einen Schritt weiterzugehen, um dieses Schuldigsein loszulassen. Wir sollten unser Schuldigsein, unser In-der-Welt-Sein, nicht verteufeln, denn so verstricken wir uns nur weiter in die Dualität. Vielmehr sollten wir mit uns selbst ehrlich sein und lernen, es allmählich aus einer gewissen Distanz zu betrachten, um es dann loszulassen.

Dies funktioniert beim Schlechten manchmal besser als beim Guten, manchmal ist es auch umgekehrt. Sie werden es in Ihrem Alltag auch schon erlebt haben: Manchmal fällt es Ihnen leicht, eine gute Handlung loszulassen, weil Sie denken: Ich möchte lieber selbstlos sein, ich möchte mir jetzt gar nicht unbedingt diesen Genuß verschaffen. Und manchmal fällt es Ihnen leichter, eine schlechte Handlung aufzugeben, indem Sie sich sagen: Damit möchte ich mich jetzt nicht verstricken, denn ich weiß genau, wenn ich jetzt dieses oder jenes tue, dann werde ich in der Zukunft dafür leiden. Wir kennen beides, und beides soll getan werden.

Dies also ist der allmähliche Weg, der zu Akarma führt: Durch das Durchleben und Entlarven der Dualität allmählich lernen, loszulassen. Der schnellere Weg wäre natürlich: Durch *Einsicht* sofort alles loszulassen, ohne daß man es erst durchleben muß. Aber ich glaube, dies ist nicht gerade der Weg, für den die meisten unter uns die geeigneten Kandidaten sind, denn wenn wir dies alles schon könnten, dann wären wir wohl heute abend gar nicht hier, auch ich nicht. Aber wir können zumindest versuchen, diesen Weg zur Ein-sicht zu beschleunigen.

Ich habe in diesem Zusammenhang ein kleines Schema gemacht, die dieses Thema veranschaulicht:

(Entweder:) **Zwei**-fel → Ver-**zwei**-flung

(Oder:)   **Zwei**-fel → Unter-scheidung
                          → Ent-scheidung
                          → **Ein**-sicht

Am Anfang steht immer der Zwei-fel, die Zwei-heit, in der man zwei-felt (diese Worte haben nicht umsonst eine solche etymologische Vergangenheit). Unser Leben ist gekennzeichnet von Zweifeln, wer könnte das verneinen? Wir alle haben offene Fragen und Zweifel, was richtig und was falsch ist. Auch hier nun gibt es grundsätzlich zwei Wege, wie wir damit umgehen können.

Wir können erstens aus dem Zwei-fel in die Ver-zweiflung gehen, das heißt, wir können den Schritt von der Dualität in die noch stärkere Dualität machen, wo wir dann zwangsläufig ver-zwei-feln. Leider ist es so, daß heutzutage viele Menschen diesen Weg gehen, und dies ist natürlich ganz im Sinne des dämonischen Weltbildes. Diejenigen, die das dämonische Weltbild vertreten und uns dazu bringen möchten, es ebenfalls zu vertreten – mit anderen Worten diejenigen, die in unserer Gesellschaft gegenwärtig an der Macht sind –, sehen es gerne, daß wir aus dem Zweifel in die Verzweiflung gehen, daß wir letzten Endes sagen: Jetzt ist mir alles egal, ich verstehe sowieso nichts mehr; jetzt schaue ich einfach nur noch für mich, und wenn alle über Leichen gehen, um ihr Ziele zu erreichen, dann mache ich es jetzt auch so; und wenn es nicht klappt, dann bringe ich mich einfach um. Das ist die bedauerliche Konsequenz unseres heutigen Lebensstils. Sie werden alle in Ihrem eigenen Leben oder zumindest im Leben von Menschen, die Sie kennen, die Bestätigung dafür finden.

Dies also ist der eine Weg: vom Zweifel in die Verzweiflung, indem man die Verstrickung in die Dualität vergrößert. Der andere ist: vom Zweifel zur Unter-scheidung, zur Ent-scheidung, zur Ein-sicht. Schauen wir diese Abfolge einmal genauer an:

Zunächst zweifeln wir; wir wissen nicht, was richtig und was falsch ist; wir wissen nicht, was göttlich und was dämonisch ist; wir sind voller Fragen und Zweifel. Dann schalten wir unsere Intelligenz ein. Wie ich schon erwähnte, heißt *inter-legere* «unterscheiden, auseinanderhalten». Mit anderen Worten, wir schauen die Dinge genauer an. Dies ist zugegebenermaßen der mühsamere Weg, denn die Verzweiflung ist verlockender, verlockend einfacher, aber fataler. Auf diesem anderen Weg aber unterscheiden wir, hinterfragen wir. Wir nehmen nicht alles blind an, wir bezweifeln aber auch nicht alles blind, sondern wir unterscheiden.

Der nächste Schritt nach der Unter-scheidung, also nachdem wir die Dinge zerpflückt und geschieden, unter-schieden haben, ist die Ent-scheidung. Das heißt, wir heben die Scheidung, das Auseinanderpflücken, wieder auf, indem wir eine der vielen Möglichkeiten ergreifen und uns für eines entscheiden, und zwar hoffentlich für das Richtige. Und was das Richtige ist, haben wir inzwischen ja unterschieden von dem Nichtrichtigen. Ansonsten können wir es in der Bhagavad-gītā oder in den anderen Schriften, die von solchen Themen handeln, nachlesen. Auf diesem Weg haben wir also die Möglichkeit, uns mit Hilfe unseres freien Willens freiwillig und bewußt für das Richtige zu entscheiden, was uns dann vom Zweifel befreien wird.

DER WEG NACH INNEN («Esoterik»)

Ich habe einmal einen Kalenderspruch von Karl Kraus gelesen, der mir gefallen hat. Er lautete: «In zweifelhaften Fällen entscheide man sich für das Richtige.» Das stimmt, nur: Vor der Ent-scheidung kommt die Unter-scheidung, kommt das Inter-legere, das Auseinanderpflücken. Und die Folge dieser Ent-scheidung ist – die Ein-sicht: vom *Zwei*-fel in die *Ein*-sicht, von der Dualität, von der Zweiheit wieder in die Einheit.

Wir können diesen Prozeß nicht abkürzen. Wir können die Einsicht in die Wahrheit der Dinge dieser Welt nicht erzwingen, nicht einfach «so 'mal schnell in einem Wochenendworkshop 'reinnehmen». Nein, es ist ein langwieriger und anstrengender und anspruchsvoller Vorgang, der einen Großteil unserer Zeit und Energie verlangt. Auch da müssen wir uns entscheiden.

Entscheiden wir uns für die Welt des Äußeren, für die materielle Karriere beispielsweise und dafür, möglichst viel Geld zu scheffeln oder innerhalb der Dualität möglichst viel Macht zu gewinnen, dann wird es uns schwerfallen, Einsicht zu gewinnen. Sie wird ganz einfach nicht zu uns kommen. Wir müssen uns entscheiden, und einer der möglichen Entscheide ist es, von der Welt des Äußeren zurückzutreten und den WEG NACH INNEN zu gehen. Der WEG NACH INNEN heißt im Griechischen: *esoterikos*, also *Esoterik*.

Esoterik hat nichts damit zu tun, daß Sie sich eine Pyramide auf den Kopf stellen, um weniger Kopfschmerzen zu haben, oder sich einen Heilstein um den Hals hängen oder Ihre Aura photographieren lassen, oder irgend etwas von diesem Humbug tun, der heutzutage unter dem Begriff «Esoterik» angeboten wird. Das ist Geschäftemacherei, das ist Verstrickung in die Polarität, das wollen wir in diesem Zusammenhang nicht. Wahre Esoterik ist, bewußt diese äußeren Dinge fallenzulassen und den WEG NACH INNEN zu gehen, sich für diesen Weg zu entscheiden.

Wenn wir Esoterik so verstehen, dann hat dieser Weg immer mit *Religio* zu tun. Manchen mag es vielleicht nicht gefallen, daß ich dieses Wort nun auch noch einführe, aber es ist unvermeidbar. Ich meine jedoch Religio nicht im Sinne eines Glaubensbekenntnisses zu einer bestimmten Konfession – wie wir schon gesehen haben, sind die meisten Konfessionen ja in der Dualität gefangen –, sondern Religio im Sinne des «Sich-Zurückbindens» (dies ist die wörtliche Bedeutung; aus dem Lateinischen *re-ligare*) an den Kern, an den göttlichen Ursprung unseres Daseins. Das ist Esoterik, das ist Religio.

Und übrigens auch: *Yoga*. Das Sanskritwort «Yoga» heißt nicht anderes als «sich zurückbinden», «sich wieder verbinden mit Gott». Es hat also nichts mit irgendwelchen Sitzstellungen zu tun, durch die man dann «fit» wird, um den Alltag besser zu bewältigen, oder mit irgendwelchen Atemtechniken, um seine Potenz zu steigern, oder mit irgend so etwas – dies wäre wieder der Weg ins Äußere. Richtig verstanden, bedeutet Yoga nichts anderes als Religio, als Esoterik, nämlich: der WEG NACH INNEN, der dann beginnt, wenn wir uns bewußt entscheiden für das Göttliche, das jenseits der Dualitäten liegt und uns somit aus der Dualität herausführen kann. Und diese göttliche Ein-sicht ist dann das Ergebnis davon.

Hier sehen wir einen sehr großen und sehr wichtigen Unterschied zwischen echter Religio und einfacher Sozialarbeit. Viele der heutigen «Religionen» sind verkümmert zu einer institutionalisierten «Nächstenliebe», zu einer institutionalisierten Form von Sozialarbeit. Man heilt vielleicht die Wunden der Verletzten, der physisch und psychisch Kranken, oder man deckt ihre Wunden zumindest ein wenig zu und tupft sie ein wenig ab, aber man beläßt die Menschen weiter in der Dualität.

Wahre Religio lehrt nie, daß wir in dieser Welt glücklich werden können. Wahre Religio lehrt nie, daß wir in dieser Welt das Böse ausrotten und dann hier das Paradies auf Erden schaffen können. Keine Religio lehrt das. Im Gegenteil fordert wahre Religio immer das Überwinden, das Verlassen der Dualität. Nicht: Ich möchte gerne hierbleiben, aber ich möchte ein bißchen weniger leiden.

Das ist nicht Esoterik, das ist nicht Religio, das ist nicht Yoga, wie immer Sie es nennen wollen. Das ist Polarität. Es wäre also angebracht, diese Dinge nicht miteinander zu verwechseln.

Jetzt stellen Sie mit Recht die Frage: Wie mache ich das? Wie kann ich die Gegensätze aufheben, wie kann ich Gegensatzüberwindung oder Gegensatzvereinigung erzielen? Und die Antwort ist ebenso einfach wie verblüffend, wie mißverständlich: *durch Liebe.*

Ich weiß, Liebe ist – neben Worten wie Freiheit und dergleichen – eines der mißbrauchtesten Worte, die wir in unserer Zeit überhaupt kennen. Da, wo wir heute Liebe sagen, ist meistens nicht Liebe gemeint, jedenfalls nicht in dem Sinne, um den es mir hier geht. Wenn Sie mich kennen, aus anderen Vorträgen etwa, dann wissen Sie, daß ich es stets vermeide, diese abgegriffenen und falsch verstandenen Begriffe meinerseits noch einmal zu beanspruchen. Aber heute abend muß ich den Begriff «Liebe» hier einführen, denn sie ist tatsächlich die Lösung.

Liebe – nicht im sentimentalen, alltäglichen Sinne, sondern in einem höheren, geistigen, göttlichen Sinne – ist das Überwinden der Dualität, ist das Vereinen der Gegensätze. Aber diese Liebe darf nicht auf die Dualität gerichtet sein, sondern sie muß auf etwas oder jemand gerichtet sein, der jenseits der Dualität liegt. Sonst befreit diese Liebe nicht von der Dualität; sonst ist es Karma, ist es frommes, gutes Handeln, ein guter Mitmensch sein, der aber weiterhin in die Dualität verstrickt ist.

Aber was gibt es denn, das sich jenseits der Dualität befindet und worauf wir unsere Liebe richten könnten? Nun, es sind zwei Dinge: erstens Gott und zweitens die Seele. Daß Gott jenseits der Dualität ist, haben wir bereits ausgeführt, und es ist ja auch die Definition Gottes. Aber auch wir, das heißt die Seele, unser wahres Selbst, unser wahres Ich, auch wir sind jenseits der Dualität. Sonst könnten wir diese Zusammenhänge, die wir hier darlegen, gar nicht erkennen, geschweige denn die Einheit erreichen, wenn wir nicht selbst außerhalb der Dualität stünden.

Das Weltbild, das hier zum Ausdruck kommt, ist, daß wir zum einen zwar *in* der Welt der Dualität sind, zum anderen aber nicht *von* dieser Welt sind. Wenn Ihnen diese Aussage bekannt vorkommt, so ist es kein Wunder, denn sie stammt aus dem Munde Jesu Christi: *Wir sind zwar in dieser Welt, aber nicht von dieser Welt.* Das heißt: Wir alle sind spirituelle Seelen, Teile Gottes, Funken Gottes und auch Diener Gottes. Aber wir sind gegenwärtig in der Polarität, in der Dualität gefangen, die sich durch unseren grobstofflichen, physischen Körper sowie durch unseren feinstofflichen, psychischen Körper äußert.

Wenn wir also unsere Liebe, die ja die Lösung des Problems wäre, nur auf den grobstofflichen und den feinstofflichen Körper richten, entweder bei anderen oder bei uns selbst, dann befreit uns diese Form der Liebe nicht von der Dualität. Wir müßten es also lernen, die Seele des anderen zu lieben, und zwar unabhängig vom Körper, vom Verstand und vom Intellekt des anderen. Das ist gar nicht einfach. Denken Sie bitte nicht: Das mache ich ja schon immer, das ist doch kein Problem, das habe ich längst begriffen. Nein, es ist sehr, sehr schwierig, und es bedarf eines sehr intensiven und langen WEGES NACH INNEN, bis wir endlich dahin kommen. Aber wenn einem dies gelingt, dann wird einem auch verständlich, was mit *Liebe zu Gott* gemeint ist.

Sie kennen vielleicht die folgende Bibelstelle, die in drei Evangelien vorkommt. Jesus Christus wird von den

Pharisäern gefragt: Was ist das erste und wichtigste Gebot? Die Pharisäer wollten ihn mit dieser Frage auf die Probe stellen, denn es gibt im Judentum ja sehr viele Gebote (und Jesus war, das dürfen wir nicht vergessen, ein Jude und kein Christ). Als er nun nach diesem wichtigsten Gebot gefragt wurde, antwortete Jesus: Es gibt eigentlich nur ein Gebot, welches das erste und wichtigste und zentralste Gesetz für den Menschen darstellt, und das ist: die Liebe zu Gott.

Jesus sagte, das wichtigste Gebot ist es, daß wir Gott, unseren Herrn, mit ganzem Herzen, mit ganzer Seele und mit all unseren Gedanken und Gefühlen, mit all unseren Wünschen lieben lernen. Und dann gibt es ein zweites, so sagte er, das im ersten enthalten ist: Du sollst deinen Nächsten lieben wie dich selbst (siehe Mt. 22,34-40 sowie Mk. 12,28-34 und Lk. 10,25-28).

«Wie *dich selbst.*» Das *Selbst* ist gemeint, also die Seele, nicht der Körper, nicht einfach nur Wohltätigkeit im Sinne von: Laßt uns dafür sorgen, daß der andere Mensch gesund und glücklich ist, und in der Dualität verstrickt bleibt. Nein. So, wie man sein eigenes Selbst liebt, so sollte man auch das Selbst, die Seele des anderen lieben. Jesus wußte, wovon er spricht. Heutzutage wird dies jedoch leider falsch verstanden, und dies hat, wie wir bereits ausgeführt haben, sehr fatale Folgen.

Gott also unterscheidet nicht zwischen Gut und Böse, für Ihn existiert die Dualität nicht. Das heißt jedoch nicht, daß sie auch für uns nicht existiert, denn wir sind gegenwärtig darin gefangen, wir müssen erst den beschriebenen Weg vom Zweifel über die Unterscheidung zur Entscheidung gehen, bis wir schließlich zur Einsicht gelangen, daß es die Dualität für uns gar nicht geben müßte. Aber weil Gott schon immer jenseits der Dualität ist, unterscheidet Er nicht, und deshalb sagt man ja auch: Gott *ist* die Liebe an sich.

Sie stellen, wie bereits gesagt, nun mit Recht die Frage: Wie mache ich das? Denn wenn wir dies alles zwar verstanden und vielleicht sogar akzeptiert haben, dann aber versuchen, es in unserem Alltag umzusetzen, werden wir feststellen, daß dies sehr schwer ist.

Konkret werden wir dabei insbesondere auf zwei Hindernisse stoßen. Das eine Hindernis ist unsere Unwissenheit, unsere Blindheit, daß wir uns immer wieder für das Falsche entscheiden, weil wir einfach nicht wissen, daß es das Falsche ist. Und das zweite Hindernis ist unsere Schwäche, daß wir selbst dann, wenn wir wissen und verstanden haben, was das Richtige ist, uns doch immer wieder dabei ertappen, wie wir uns irgendwie auf die Seite des Falschen schlagen oder ziehen oder verlocken lassen. Dies also sind die beiden Haupthindernisse: Unwissenheit und Schwäche.

Ich möchte Sie nicht aus dem heutigen Vortrag entlassen, ohne Ihnen mindestens ansatzweise zu sagen, was Sie dagegen tun könnten. Zwar kann ich es Ihnen nicht abnehmen, es dann auch wirklich zu tun, genauso, wie es auch mir niemand abgenommen hat und es auch jetzt niemand abnimmt. Wir alle können jedoch versuchen, diese Erfahrungen miteinander zu teilen, dann aber muß jeder für sich selbst entscheiden.

Was macht man gegen Unwissenheit? – Nun, das ist sehr einfach: Man verschafft sich Wissen. Was macht man gegen die Unfähigkeit zu unterscheiden? Man lernt zu unterscheiden. Seien Sie also bitte nicht blind, seien Sie nicht blindgläubig, sondern lernen Sie zu unterscheiden. Und wenn Sie nach Quellen suchen, aus denen Sie Wissen schöpfen können, so empfehle ich Ihnen folgendes: Gehen Sie in der Geschichte so weit wie möglich zurück.

Dies hat einen bestimmten Grund, denn die Geschichte unseres gegenwärtigen Zeitalters, das im Sanskrit Kali-Zeitalter («Zeitalter des Streites und der Heuchelei») heißt und vor rund 5000 Jahren begann, ist die Geschichte eines immer größeren Zerfalls der göttlichen Werte und eines immer stärkeren Aufkommens der dämonischen Werte. Das heißt, wenn wir an eine Religionsquelle oder eine Wissensquelle gehen, die erst zehn Jahre alt ist, sind wir wohl noch sehr weit von der Wahrheit entfernt. Wenn wir an eine Quelle gehen, die einhundert Jahre alt ist, sind wir schon näher, und wenn wir tausend Jahre zurückgehen, noch näher.

Wie Sie sehen, halte ich nicht viel von all den modernen, erfundenen «Religionen» und esoterischen Strömungen. Vielmehr empfehle ich Ihnen: Gehen Sie so weit wie möglich zurück, denn je weiter Sie in der Geschichte zurückgehen, um so näher kommen Sie dem wahren Ursprung. Wenn Sie Christ sein wollen, dann gehen Sie nicht in das Christentum des 20. Jahrhunderts, denn da finden Sie nicht viele Antworten, sondern gehen Sie ins Urchristentum. Und wenn Sie sich nicht auf eine bestimmte Glaubensform wie zum Beispiel die christliche begrenzen möchten – diese Begrenzung drängt sich ja nicht auf, denn Sie sind keine Christenseele; die Seelen sind keiner Konfession zugehörig, sondern einfach Seelen, Teile Gottes –, dann werden Sie sehen: Es gibt noch ältere Kulturen, ältere Glaubensformen, ältere Quellen des Wissens.

Ich persönlich bin am Ende bei der Bhagavad-gītā gelandet, das gebe ich offen zu. Ich habe ja zuvor schon daraus vorgelesen. Die Bhagavad-gītā ist rund 5000 Jahre alt und ist damit mit Sicherheit eines der ältesten Schriftwerke, die der Menschheit über esoterische und religiöse Themen überliefert sind. Die Bhagavad-gītā ist ein Teil des altindischen, des «vedischen» Wissens.

Dies hat übrigens nichts mit Hinduismus zu tun, denn das Wort «Hinduismus» ist eine Erfindung der Moslems aus dem 10. Jahrhundert, die alles, was jenseits des Sindhu-Flusses lag, pauschal als den «Hinduismus» bezeichneten. Bei vielen Dingen, die sich heute in Indien so tummeln, habe auch ich meine Mühe, doch was mich an Indien fasziniert, sind die alten, ursprünglichen Quellentexte, die seit geraumer Zeit auch in deutscher oder anderer Übersetzung vorliegen.

Das wäre beispielsweise etwas, das wir gegen unsere Unwissenheit, unsere Blindheit tun könnten: Die Quellen des Wissens ausfindig zu machen und sie anzuzapfen. Natürlich können wir diese Bücher ganz für uns alleine lesen, aber es ist auch nicht schlecht, wenn wir jemanden kennen, der sie ebenfalls bereits gelesen und verinnerlicht hat und der uns dann weiterhelfen kann. Ein weiteres Rezept gegen die Unwissenheit wäre also auch das Annehmen eines Meisters oder eines Lehrers.

Was aber tun wir gegen das andere Hindernis, gegen unsere Schwäche, die uns immer wieder davon abhält, uns für das Richtige zu entscheiden? Obwohl wir wüßten, was das Richtige ist, fällt es uns oft so schwer, danach zu handeln, und immer wieder tun wir es dann doch nicht. – Nun, da müßten wir die Quellen der Stärke anzapfen. Alle Kulturen, alle Religionen bieten Möglichkeiten, wie man durch verschiedene Praktiken, Übungen, Rituale oder Meditationsformen Stärke gewinnen kann, wie man aus den göttlichen Quellen von jenseits der Dualität schöpfen kann, um auf diese Weise mehr Kraft zu haben, um gegen die Dualität anzukommen, um sich nicht immer wieder in sie hineinsaugen zu lassen.

Meine beste Erfahrung ist die mit Mantren. Ein Mantra ist eine heilige Silbe oder Klangschwingung, die man ausspricht und über die man entweder leise oder laut meditiert; besser ist übrigens laut. Diese alte Wissenschaft, durch das Erzeugen von Klangschwingungen das Bewußtsein zu erheben, kennt man überall, heutzutage ist sie jedoch im Osten, in Asien bekannter als bei uns im Westen.

Doch welche Klangschwingungen soll man nehmen? – Sicherlich nicht solche, die sich in der Dualität befinden. Die Klangschwingungen, auf die man sein Bewußtsein richtet, über die man meditiert, auf die man sich konzentriert, müßten von jenseits der Dualität kommen. Und wir haben bereits gesagt, was sich jenseits der Dualität befindet, nämlich das Göttliche, Gott.

Mit anderen Worten: Die Namen Gottes sind die beste Form der Klangmeditation. Deswegen heißt es: «Geheiligt werde Dein Name!» oder «Lobet und preiset die Namen des Herrn!» Solche Verse kennen wir aus unserer Tradition, und in der indischen ist diese Wissenschaft noch sehr viel detaillierter ausformuliert.

Um also mehr und mehr von dieser Stärke zu bekommen, um den Kampf gegen die Dualität erfolgreich zu führen, ist das bewußte Aussprechen und Anrufen der Namen Gottes eine höchst empfohlene Form. Ich persönlich habe mit der Klangmeditation über den Namen «Krishna» seit vielen Jahren sehr gute Erfahrungen gemacht. Ich bin aber nicht hier, um zu missionieren, deswegen möchte ich dieses Thema auch nicht weiter vertiefen. Denn Sie können sich an allen Quellen des Wissens und an allen Quellen der Kraft laben, sofern es echte

Quellen sind, und dann werden Sie diese Erfahrung selbst machen können.

Ich möchte zum Schluß vielmehr noch den Punkt acht unseres Inhaltsverzeichnisses aufgreifen. Dieser Punkt bringt uns einen weiteren Schritt weiter. Wenn Sie bisher den Eindruck hatten, dies alles, was ich heute abend gesagt habe, schon einmal irgendwo in der Esoterik gehört zu haben, dann könnte es sein, daß dieser nächste Schritt sogar für Sie noch etwas Neues beinhaltet. Die Überschrift ist: Dualität, Einheit und Transzendenz.

8. Dualität, Einheit und Transzendenz

Die Dualität der materiellen Welt haben wir bereits definiert; wir haben sie betrachtet und analysiert und dabei gesehen, daß hinter dieser Dualität die Einheit stehen muß. Wir müssen vom *Zwei*-fel in die *Ein*-sicht kommen. Wir müssen die Dualität von Gut und Böse, von Mann und Frau, von Licht und Schatten, von Geburt und Tod sowie alle anderen Dualitäten überwinden, um die Einheit zu finden, um eins zu werden mit allem. Dies hört man ja oft.

Aber: Diese beiden Dinge, Dualität und Einheit, bilden zusammen wiederum – wen überrascht's? – eine eigene Polarität. Denn die Einheit ist nichts anderes als der Antipol zu der uns bekannten Dualität. Und nach dem Gesetz, das wir schon den ganzen Abend über immer wieder angesprochen haben, daß nämlich jede Dualität an sich wieder eine größere Einheit bildet, die dann wiederum ein Teil einer noch größeren Dualität ist, muß es ja wohl so sein, daß Dualität und Einheit als *ein* Pol zusammengenommen nun ihrerseits ihren entsprechenden Antipol, ihr entsprechendes Gegenüber finden müssen.

Und mit diesem Gedankengang gehen wir einen Schritt weiter als die gesamte monistische Esoterik, wie wir sie heutzutage kennen. Wir gehen damit einen Schritt weiter auch als die meisten Strömungen innerhalb der verschiedenen Glaubensrichtungen, übrigens auch der indischen, und wir begeben uns in einen Bereich, der uns im Grunde genommen sehr geläufig ist. Plötzlich erkennen wir es wieder, denn Jesus Christus hat es längst gesagt, und auch andere haben es gesagt, in Indien und überall sonst auf der Welt: die Transzendenz.

Was bedeutet «Transzendenz»? Der Begriff selbst stammt aus dem Lateinischen (*transcendere,* «überschreiten») und ist praktisch gleichbedeutend mit dem Begriff des «Absoluten» (von *absolvere,* «loslösen»). Er läßt sich übersetzen etwa mit: «dasjenige, das die Grenzen der sinnlichen, mentalen und rationalen Erfahrung überschreitet» oder «dasjenige, das völlig von der materiellen Dualität losgelöst ist».

Der nun folgende Gedankengang ist zugegebenermaßen etwas schwierig, aber es ist der letzte schwierige Gedankengang für den heutigen Abend. Versuchen Sie bitte, ihn nachzuvollziehen: Wenn man die Einheit, die hinter der materiellen Dualität steht, nur als die Überwindung der Dualität definiert, ist diese Einheit noch immer von der Dualität abhängig. Denn wenn wir eine Sache einfach als das Gegenteil einer anderen Sache definieren, machen wir dadurch diese neu definierte Sache von der ersten abhängig.

Das heißt: Die Einheit, die als Gegenteil der materiellen Dualität hinter der materiellen Welt steht, ist nicht absolut, ist nicht losgelöst, sondern sie ist noch bedingt durch die Dualität dieser Welt. Wenn wir uns also nur in die Einheit begeben, sind wir noch nicht bei der absoluten Wahrheit, noch nicht bei der Transzendenz angelangt. Wir müssen noch einen Schritt weitergehen, indem wir Einheit und materielle Dualität zusammengenommen als *einen* Pol verstehen und dann den anderen Pol suchen.

Mit anderen Worten: Wir sind nicht alle eins, obwohl wir sicher mehr «alle eins» sind als daß wir der materiellen Dualität angehören. Aber wir sind darüber hinaus noch einer anderen, einer transzendenten Sphäre zugehörig – einer Sphäre, die so absolut ist, die so losgelöst ist von dieser Welt, daß wir sie nicht mehr als das Gegenteil oder als die Aufhebung dieser Welt definieren können. Und diese andere Sphäre – Jesus Christus nennt sie das «Reich Gottes» – muß notwendigerweise auch wieder Vielfalt besitzen. Denn sonst gäbe es die Vielfalt auf dieser Seite der Polarität, in der materiellen Welt, nicht.

Es ist also einerseits zwar richtig, wenn wir in der zeitgenössischen Esoterik oder in der indischen Advaita-Philosophie oder wo auch immer hören, daß letzten Endes alles eins sei. Und doch ist diese Erkenntnis erst die Hälfte des Weges zur absoluten Wahrheit. Denn hinter dieser Einheit, die wir im Sinne der Aufhebung der materiellen Dualität alle anstreben sollten, steht die spirituelle, die transzendente, die absolute Vielfalt. Da ist das Reich Gottes. Da ist Gott.

Gott ist eine Person *und* eine Energie. Im traditionellen Christentum kennen wir Gott als Person, aber leider können wir uns eine Person nur als begrenzt vorstellen. Wir denken: Eine Person, das bin doch ich, und ich bin begrenzt und voller Fehler, also kann Gott doch nicht auch eine Person sein. So denkt man dann in der zeitgenössischen Esoterik und auch schon in gewissen Bereichen der christlichen Theologie. Man sagt daher, Gott sei keine Person, sondern Er sei nur eine Energie, eine Kraft; oder man sagt, wir alle seien letzten Endes Gott, wir alle hätten Teil an dieser einen Energie. So wird Gott als Person für uns undenkbar.

Aber wir machen dabei den Fehler, daß wir aus der Polarität heraus versuchen, das Absolute zu begreifen, was natürlich nicht möglich ist. Und doch können wir durch Logik verstehen und müssen wir schlußfolgern, *daß Gott sowohl eine Person als auch eine Energie sein muß.*

In der Transzendenz, im Absoluten, gibt es nicht entweder-oder. Es gibt nur sowohl-als-auch. Wenn also eine gewisse Weltanschauung besagt, alles sei eins und es gebe keinen persönlichen Aspekt Gottes oder wir alle seien letzten Endes Gott, dann ist dies keine absolute Ansicht. Wenn wir andererseits eine Philosophie hören, die besagt, Gott sei immer eine weit entfernte Person und wir seien niemals gleich wie Gott, sondern wir seien ewig getrennt von ihm, Gott sei immer transzendent und wir würden ewig hier im Jammertal verrotten und hätten nichts mit Ihm zu tun, hätten nicht teil an Seiner Göttlichkeit, dann ist auch dies wiederum nur eine Hälfte der Wahrheit.

Die ganze Wahrheit ist das Sowohl-als-auch. Und so werden alle Weltreligionen, werden alle Philosophien verständlich. Dann sieht man: Ach so, diese Philosophie hier nimmt diesen Aspekt wahr und betont vor allem diesen Aspekt, während jene Philosophie dort jenen Aspekt wahrnimmt und betont; und beide schließen sich gar nicht aus. So ergibt sich also einzig in diesem Verständnis des Absoluten, der Transzendenz, die angestrebte Toleranz, die ja eine der göttlichen Eigenschaften ist.

Niemand kann sagen: Nur ich habe recht, weil ich sage, daß Gott nur eine Person ist. Und ebenso kann niemand sagen: Nein, nur ich habe recht, weil ich sage, daß Gott nur eine Energie ist. Beide haben nur halb recht, doch wenn wir beide Aussagen zusammennehmen, haben wir die ganze Wahrheit. Darum also: Dualität, Einheit und Transzendenz. Es sind drei Schritte.

Aber leider können wir – so interessant die Transzendenz auch sein mag und selbst wenn wir jetzt mehr darüber hören möchten, nachdem wir mindestens theoretisch akzeptiert haben, daß es so etwas gibt – diese Transzendenz nicht empirisch erfahren. Wir können uns die Vielfalt im absoluten Reich Gottes nicht einmal vorstellen. Wir können uns auch die Person Gottes nicht vorstellen, weil unsere gegenwärtige Vorstellung an die Dualität gebunden ist, weil wir mit unserem Denkvermögen, mit unserem feinstofflichen Körper, in der Polarität verhaftet sind.

Das Göttliche als unpersönliche Energie können wir irgendwie noch nachvollziehen, weil dies in gewissem Sinne noch immer in der Polarität ist, nämlich einfach als Antipol zur Dualität. Aber Gott als Person können wir uns nicht vorstellen. Deswegen heißt es, wir sollen uns kein Bildnis machen, und diese Forderung ist auch durchaus richtig. Aber: Er kann sich offenbaren. Könnte Gott sich nicht offenbaren, wäre Er nicht Gott. Was wäre das für ein Gott, der es nicht einmal fertigbringt, sich einem suchenden Menschen zu offenbaren?

An dieser Stelle nun schließt sich der Kreis, und zwar bei etwas, das uns Abendländern eigentlich längst bekannt ist. Deswegen sage ich: Gehen wir in der Geschichte so weit wie möglich zurück, gehen wir durch all das Moderne und durch das Dazuerfundene und das Weggelassene hindurch, gehen wir zu den ursprünglichen Quellen. Und wir werden sehen: Was Jesus Christus sagt und was ein paar tausend Jahre vor Jesus Christus bereits Krishna in der Bhagavad-gītā sagt, ist die umfassendste Darstellung der Wahrheit. Später hat man diese Darstellung dann um verschiedene Aspekte beschnitten und dann nur noch den einen oder den anderen Teil betont.

Zusammenfassend also, und damit komme ich zum Schluß, können wir folgendes festhalten: Es stimmt, wir leben in der Welt der Dualität, zweifelsohne. Es stimmt ebenfalls, daß es sehr schwer ist, diese Dualität zu durchschauen und unsere Identifikation mit ihr zu überwinden. Wir werden von Blindheit und Unwissenheit sowie von Schwäche immer wieder zurückgehalten, und auch von all den dämonischen Mächten, die unsere Gesellschaft um uns aufgebaut hat. Es stimmt auch, daß es uns immer wieder sehr zu schaffen macht, daß dieser Kampf zwischen Gut und Böse nicht nur in der Gesellschaft, nicht nur im Kosmos, sondern auch Tag für Tag in unserem eigenen Innern ausgefochten wird und daß wir immer wieder Opfer sind, das zwischen beidem hin- und hergerissen wird. Und es stimmt ebenso, daß die Mächtigen unserer Zeit alles daran setzen, um uns, durch welchen Trick auch immer, in die Dualität zu verstricken – sei es, daß sie die Religio um jene Bereiche beschneiden, die transzendent sind, oder sei es, daß sie für diejenigen, die nichts mehr mit Religion zu tun haben wollen, als Alternative eine Esoterik präsentieren, die genau gleich in den Dualitäten verhaftet ist. Dies alles ist leider richtig.

Aber: *Es gibt eine Hoffnung.* Ich selbst bin trotz alledem Optimist geblieben, und ich wünsche Ihnen, daß Sie dies auch bleiben, oder werden. Es gibt nämlich die Hoffnung, daß wir selbst ja schon transzendent sind, daß wir nicht erst spirituell oder transzendent werden müssen. Nein, wir als ewige Seelen sind es schon, und wir müssen es nur erkennen, wir müssen nur danach handeln.

Denn es stimmt auch, daß die Transzendenz, das Licht, immer stärker ist als die Dualität, als das Dunkle. Dies ist sogar im Physikalischen so und auch im höheren Sinne. Wenn wir beispielsweise ein Zimmer haben, das innen dunkel ist, während sich draußen um das Zimmer herum ein heller Raum befindet, und wir öffnen die Fenster – was passiert? Das Licht dringt von außen in das Zimmer ein und erhellt den dunklen Raum. Es ist nicht so, daß die Dunkelheit aus dem Zimmer hinausströmt und den hellen Raum außerhalb verdunkelt.

Umgekehrt gilt dasselbe auch: Wenn wir ein helles Zimmer haben und darum herum einen dunklen Raum, und wir öffnen die Fenster – was passiert? Nicht, daß die Dunkelheit von außen in das helle Zimmer eindringt, sondern das Licht dringt durch die Öffnungen hinaus und erhellt das Dunkle.

Das ist die Hoffnung: Das Helle, die Transzendenz, Gott, ist immer stärker als das Dunkle, wobei in diesem Falle das Dunkle die Polarität ist, und zwar beide Pole der Polarität, Gut *und* Böse. Das ist unsere Hoffnung.

Und unsere Hoffnung ist es auch, daß das Göttliche nicht nur eine Energie ist, sondern auch eine Person, der wir uns anvertrauen und bei der wir Zuflucht suchen können, wo wir Hilfe erfahren. Eine Energie kann Ihnen nicht helfen. Eine Person aber kann ihre Hand ausstrekken und Sie aus der Dualität hinausbegleiten. Und Gott, die höchste Person, wird es tun, wenn wir es nur wollen.

Wir müssen es nur wollen. Denn vergessen wir nicht: Unser freier Wille, unser Wunsch, ist das Stärkste, das wir haben.

Fragen aus dem Publikum

R. Zürrer: Ich glaube, wir haben noch ein wenig Zeit, bevor hier auf dieser Bühne eine Operette beginnt. Falls Sie also noch Fragen oder Zweifel oder Anregungen haben, so können wir jetzt gerne darüber sprechen.

Frage: Ist es denn überhaupt möglich, daß wir im Hier und Jetzt, in dieser Welt, die Dualität überwinden können?

R. Zürrer: Ja, es ist möglich. Warum würde ich sonst einen Vortrag darüber geben?

Frage: Ja, schon, in mehreren Leben. Aber wie ist es mit jetzt, hier, zum Beispiel in den nächsten zehn Minuten?

R. Zürrer: Natürlich können wir in den nächsten zehn Minuten nicht die Dualität überwinden, aber wir können anfangen damit.

Frage: Ich meine nicht Dich und auch nicht mich, aber gibt es Menschen, die dies bereits getan haben?

R. Zürrer: Ja, die gibt es. Es gibt Beispiele in der Weltgeschichte. Es gab immer schon Menschen, und es gibt sie auch heute noch auf diesem Planeten, die das Ziel erreicht haben. Das sind dann die großen Meister oder Religionsstifter. Nicht alle gehören dazu, die man für gewöhnlich so aufzählt, aber manche. Sie sind da, um uns ein Beispiel zu geben.

Es gibt nicht nur die hoffnungslosen Fälle, auf die wir unser Augenmerk richten können, sondern es sind auch gute Beispiele da. Und wenn wir versuchen, diesen Beispielen nachzufolgen – dies können wir jetzt beginnen, heute oder morgen oder wann immer wir Lust dazu haben, wann immer wir es wollen –, dann können auch wir uns auf diesen Weg begeben. Dieser Weg hat die wunderschöne Eigenschaft, daß wir, bereits während wir den Weg gehen, ständig die Bestätigung bekommen, daß er funktioniert.

Wir werden also nicht vertröstet auf ein Jenseits, im Sinne von: Hier müssen wir einfach blind alles glauben und befolgen und bekommen keine Bestätigung, aber irgendwann einmal, wenn wir tot sind, wird sich dann plötzlich offenbaren, ob dies alles richtig war oder nicht. Nein, wenn wir einen echten esoterischen oder religiösen WEG NACH INNEN gehen, findet die Bestätigung mit jedem Schritt, den wir tun, statt, und wir erkennen: Es ist richtig, es ist wahr. Daraus schöpfen wir die Kraft weiterzugehen.

Den Anfang eines solchen Weges habe ich beschrieben: Erstens uns Wissen anzueignen und zweitens irgendeine praktische Meditation auszuführen (ich habe die Mantra-Meditation empfohlen), die uns die Kraft gibt, diesen Weg weiterzugehen. Wir müssen nicht unser ganzes Leben umkrempeln, wir müssen nicht die Kinder wegschicken oder die Eltern wegschicken und in ein Kloster einziehen; so radikal muß es nicht sein. Aber wenn wir einfach diese beiden Dinge zu unserem bisherigen Leben hinzunehmen, nämlich uns göttliches Wissen anzueignen und auch tatsächlich etwas Göttliches zu tun, dann ist dies schon einmal ein Anfang.

Dies äußert sich dann natürlich auch in praktischen Dingen. So beginnt man beispielsweise, gewaltlos zu leben, indem man sich vegetarisch ernährt. Das wäre für viele ein Anfang: aufzuhören, unnötige Gewalt zu erzeugen. Oder man beginnt, bewußter im Umgang mit den anderen Menschen zu sein, man berücksichtigt mehr den freien Willen der anderen. Und so weiter.

Frage: Aber dann ist man ja noch immer genauso in der Dualität drin.

R. Zürrer: Ja, es ist ein allmählicher Weg, aber wir brauchen ihn nicht in diesem Leben erst anzufangen. Wir alle haben ihn bereits angefangen, sonst wären wir heute abend nicht hier, sonst hätten wir heute abend etwas ganz anderes gemacht.

ESOTERIK UND REINKARNATION

Der Wert, die Grenzen und die
Gefahren der zeitgenössischen
Esoterik, am Beispiel der
Reinkarnationsforschung.

Dieser Vortrag wurde erstmals gehalten
am 16. Februar 1991
im Rahmen der Esoterischen Messe in Zürich.

Er wurde teilweise bereits in Ronald Zürrers Buch
«Reinkarnation» (ab 2. Auflage) veröffentlicht.

1. Was ist Esoterik? 95
2. Die Grenzen und Gefahren falscher «Esoterik» ... 98
3. Das Ziel echter Esoterik 102
4. Der ganzheitliche Mensch 105
5. Esoterik als Modeerscheinung? 108
   (am Beispiel der Reinkarnationsforschung)
6. Der dritte Schritt 117

1. Was ist Esoterik?

Esoterik: Dieses neuartige Wort ist seit einigen Jahren unüberhörbar in aller Munde. Was aber ist genau damit gemeint, und was nicht? Ist Esoterik nur eine kurzlebige Modeerscheinung unserer oberflächlichen Zeit, oder kann und muß es dabei auch um mehr, um Tieferes gehen?

Mit diesem Vortrag möchte ich Antwort auf diese Fragen geben und versuchen, Ihnen das unbedingt erforderliche Unterscheidungsvermögen zu vermitteln, welches vorübergehende Modeerscheinungen und gefährliche Scharlatanerie von echter, gelebter Esoterik zu trennen und abzugrenzen vermag.

Hierbei möchte ich als erste These folgendes an den Anfang stellen: *Das Interesse an Esoterik ist für jeden Menschen notwendig.* Dabei möchte ich Sie bitten, den Ausdruck «not-wendig» im wörtlichen Sinne zu verstehen: Das Interesse an esoterischen Themen, vielmehr dessen Nährung und Sättigung, kann unsere Not wenden, ist folglich not-wendig für jeden Menschen, insbesondere für denjenigen, der sich auf den esoterischen, das heißt den inneren Pfad der Erkenntnis begeben möchte oder bereits begeben hat.

Denn unsere Not besteht ja gerade darin, daß wir unser Interesse an solchen Themen verloren und dadurch vergessen haben, was wir eigentlich in unserem Innern wissen sollten, was wir schon immer wußten und immer wissen werden. Doch dieses vergessene, verdrängte Wissen kann, wie dies übrigens schon der griechische Philosoph Platon in den Dialogen des Sokrates beschrieb, durch Lernen, also durch intensive Beschäftigung mit diesem Thema, wiedererkannt, wiedererinnert, wieder dazugewonnen werden.

Und unsere zweite These lautet: Wir können durch die Beschäftigung mit dem esoterischen Gedankengut und mit all seinen vielfältigen, weitreichenden Implikationen und Konsequenzen die Not, das heißt die Unwissenheit unseres Daseins wenden und somit Erkenntnis gewinnen und durch diese Erkenntnis schließlich Gesundung und Heilung erlangen. Diese spirituelle Gesundung und Heilung des Menschen ist denn auch das Thema und das Ziel der Esoterik – und nicht etwa das bloße körperliche Gesundsein im Sinne von «fit sein», «leistungsfähig sein», «ein besserer Materialist sein».

Hier stellt sich eine erste und offensichtliche Frage: Was bedeutet überhaupt Esoterik? Wie läßt sich dieser Begriff definieren? Aber auch: Was bedeutet er *nicht*? Denn in der Tat fordert die Tatsache, daß «Esoterik» in den letzten Jahren eine in ihrem Ausmaß unerwartet breite Popularisierung erfahren hat, nicht nur eine klare Definition dieses Begriffes, sondern auch eine Abgrenzung gegen eindeutig nicht-esoterische Konzepte und Schlußfolgerungen. Je mehr der Begriff «Esoterik» seit den siebziger Jahren zu einem Allerweltswort geworden ist, desto mehr wurde er in zunehmendem Maße auch zu einem Gefäß, worin alles und jedes zu einem subjektiven und willkürlichen Einheitsbrei zusammengekocht zu werden droht und wo viele Menschen völlig unkritisch und ohne Unterscheidungsvermögen einfach alles konsumieren, was in dem «esoterischen Gemischtwarenladen» feilgeboten wird. Es ist daher erforderlich, daß wir zuerst diesen Begriff neu betrachten und auf seinen eigentlichen Inhalt hin überprüfen.

Die Frage also lautet: Was ist Esoterik? – Nun, ich kann

Ihnen in diesem Rahmen nur sagen, was «Esoterik» ursprünglich bedeutet, denn was man heute darunter versteht, auf diese Frage gibt es wohl die unterschiedlichsten Antworten, vielleicht ebenso viele Antworten wie es Menschen gibt, die sich mit Esoterik beschäftigen. Wörtlich aber wird der Begriff «Esoterik» von dem griechischen Wort *esoterikos* abgeleitet, was soviel bedeutet wie «nach innen gerichtet» oder «geheim».

In der Übersetzung dieses Begriffes sind nun mindestens zwei verschiedene Deutungen und Erklärungen möglich. Die wohl häufigere, wenn auch meiner Ansicht nach weniger zutreffende und weniger bedeutende, lautet: Esoterik heißt «Geheimwissen», «Verborgenes», also «etwas, was nur einem inneren Kreis von Eingeweihten zugänglich und nicht für die Öffentlichkeit bestimmt ist». Diese Definition trifft aber bei genauerer Untersuchung nicht einmal historisch gesehen exakt zu, und sie verliert gänzlich ihre Bedeutung im Falle des aktuellen «esoterischen Booms», wo Esoterik ja eben nicht mehr nur Eingeweihten zugänglich ist, wie entsprechende Massenveranstaltungen hinlänglich zeigen.

Schon eher verständlich scheint hier die andere mögliche Deutung des Begriffs «Esoterik», nämlich als «Beschäftigung mit den inneren, vor uns selbst verborgenen Werten und Wahrheiten unseres Daseins». Sich mit Esoterik zu beschäftigen würde dann heißen, daß wir uns auf den WEG NACH INNEN begeben, daß wir also bewußt den Pfad der inneren, der spirituellen Erkenntnis beschreiten und uns nicht allzu sehr in die Welt der Äußerlichkeiten, des Materiellen verstricken.

Das wörtliche Gegenteil von Esoterik ist ja «Exoterik», was nicht nur heißt «für Außenstehende, für die Allgemeinheit zugänglich», sondern eben auch «äußerlich», und zwar im Sinne von «oberflächlich», «ohne Tiefgang» oder auch «inhaltslos», ja sogar «sinnlos».

Der esoterische WEG NACH INNEN ist in diesem Lichte betrachtet sogar auch wieder «esoterisch» im erstgenannten Sinne: Esoterik als «Geheimwissen», das nur einem inneren Kreis von Menschen zugänglich ist. Der Unterschied besteht jedoch darin, daß jetzt dieses geheime Wissen nicht bloß für einen inneren Kreis von willkürlich «Auserwählten» zugänglich ist, sondern jedem, der sich ernsthaft für diese Themen interessiert und bereit ist zu lernen, der also bereit ist, vergessenes, verdrängtes oder verlorenes Wissen wiederzugewinnen. Diese Esoterik ist unabhängig von unserer äußeren Zugehörigkeit zu irgendeinem Zirkel, irgendeinem Bund oder irgendeiner geheimen Schule. Denn die Auswahl findet nicht mehr durch äußere Instanzen statt, sondern durch «Selbsterwählung», das heißt durch den bewußten Entscheid des einzelnen Menschen, sich auf den WEG NACH INNEN zu begeben. So kann grundsätzlich jeder in sinnvoller Weise an der Esoterik, an seiner eigenen inneren Esoterik, teilhaben.

2. Die Grenzen und Gefahren falscher «Esoterik»

In bezug auf die neue esoterische Welle läßt sich nunmehr folgern: Es ist sicherlich als erfreulich zu bewerten, daß wir Menschen im Abendland wieder vermehrt den Versuch wagen, diesen WEG NACH INNEN zu beschreiten, und uns mit Phänomenen des Daseins auseinanderzusetzen beginnen, die bis vor kurzem noch als «geheim» und damit als «fremd», als «unwichtig» oder gar als «unwirklich» galten. Es ist also sicher erfreulich, daß Themen wie Bewußtsein und verschiedene Bewußtseinsebenen, oder allgemein Feinstofflichkeit, die nicht mit den grobmechanistischen Mitteln der herkömmlichen Naturwissenschaft ergründbar ist, oder auch Reinkarnation und Karma jetzt wieder öffentliches Interesse gefunden haben und öffentlich diskutiert werden.

Und doch muß an dieser Stelle eine dringliche Warnung ausgesprochen werden: Denn der neue esoterische Boom birgt auch schwelende Gefahren in sich – Gefahren, über die wir uns besser schon zu Beginn unserer Beschäftigung mit Esoterik im klaren sein sollten. Es sind insbesondere zwei Gefahren-Komplexe, die ich nur kurz skizzieren möchte. Ich nenne sie:

1. Flucht (Weltflucht)
2. Überstürzung

Zum ersten: Ein Vorwurf, der aus dem Lager der Esoterik-Gegner immer wieder vorgebracht wird, ist der Vorwurf der Flucht, der Flucht vor der Wirklichkeit, vor der Realität, der Vorwurf der Weltflucht. Und dieser Vorwurf ist berechtigt, denn es ist tatsächlich eine Gefahr der Esoterik, daß sie in blinder Weltflucht endet. Aber wohlverstanden: Es ist dies eine *Gefahr* der Esoterik, nicht ihr Thema, nicht ihr eigentliches Anliegen, nicht ihr Ziel. Wenn Esoterik, also der WEG NACH INNEN, richtig verstanden und auch richtig angewendet wird, führt sie keineswegs zu einer kranken *Flucht aus* der Welt, sondern im Gegenteil zur gesunden, zur heilenden *Überwindung* der Welt. Zwischen diesen beiden, zwischen Flucht und Überwindung, besteht ein riesiger Unterschied – ein Unterschied, wie er größer kaum sein könnte.

Und zur zweiten Gefahr, der Gefahr der Überstürzung, die mir noch akuter scheint als die Gefahr der Weltflucht, läßt sich folgendes sagen: Wir Abendländer haben uns in den letzten Jahrzehnten die Tendenz angewöhnt, alles voreilig zu intellektualisieren, zu rationalisieren und damit zu materialisieren. Alles muß schnell gehen, muß rational sein, muß effektiv sein, muß funktional sein. Und so stürzt man sich allzu schnell, allzu rationell, allzu überstürzt auch in die Esoterik, nach dem Schema: «Das packen wir schon, das kriegen wir schon in den Griff. Wir besuchen ein paar Wochenend-Seminare, wir lesen zwei oder drei Bücher und Artikel, wir schreiben uns für ein paar Abendkurse und Workshops ein – und dann sind auch wir ‹esoterisch›, dann gehören auch wir dazu, dann liegen auch wir im Trend.»

Allzu schnell wird dann greifbarer, meßbarer, benutzbarer, in bare Münze umsetzbarer Erfolg gefordert, allzu schnell will man ein Ergebnis, einen Nutzen, einen Vorteil sehen, und da man noch nichts anderes kennt, muß dieser Nutzen zwangsläufig materiell sein. Durch diese voreilige Überstürzung, die schon ihrem Wesen nach der wahren Esoterik diametral entgegengesetzt ist, werden unwillkürlich Dinge übersprungen, gehen Zusammenhänge verloren, wird Esoterik letztlich inhaltlos und auch sinnlos. Die Frage also stellt sich uns: Wo liegt die Balance, wo der Mittelweg zwischen den beiden Gefahren, wie können wir diese Gefahren umgehen? Und daraus sich ergebend die Frage: Was ist denn überhaupt wahre Esoterik?

Zur Beantwortung dieser Fragen müssen wir erst einmal untersuchen, woher die beiden Gefahren überhaupt kommen, was ihr Hintergrund ist. Der Hintergrund, die Ursache liegt meiner Ansicht nach darin, daß die in anderen Kulturen und auch im Abendland früher so selbstverständlichen Grundlagen des esoterischen Verständnisses hier in Europa seit einigen Jahrhunderten schlichtweg fehlen. Unserem modernen Denken fehlen, pointiert gesagt, die erforderlichen Dimensionen, um wahre Esoterik überhaupt greifbar machen, be-greifen zu können.

Denn Esoterik kann und darf nicht heißen, daß wir mit demselben Ansatzpunkt wie früher und mit demselben Lebensstil wie früher uns nun einfach mit anderen Themen beschäftigen, um dieselben Ziele in unserem Leben zu erreichen wie früher. Das Ziel der Esoterik kann und darf es nicht sein, daß wir dadurch einfach mehr physische oder geistige Kraft, mehr Energie und mehr Fitneß für die Bewältigung unserer kleinen Alltagsprobleme gewinnen. Obwohl heutzutage häufig so angepriesen, ist es nämlich bei weitem *nicht* das Ziel der Esoterik, einfach besser schlafen zu können oder unsere Kopfschmerzen, unsere Süchte, unsere Ängste und unsere Depressionen loszuwerden. Das Ziel der Esoterik ist es *nicht*, weniger Geldsorgen zu haben, weniger gestreßt zu sein, selbstsicherer zu sein, mehr Erfolg im Beruf oder in der Liebe zu haben, usw. Das Ziel der Esoterik ist es nicht, sich einfach nur «besser zu fühlen».

Nein, denn wer nur möglichst billig seine Schlafstörungen, seine Kopfschmerzen, seine Ängste, seine Süchte oder seine Depressionen loswerden möchte, der braucht hierzu nicht das Anliegen der Esoterik zu mißbrauchen. Man kann ebensogut irgendeine Arznei nehmen oder sich meinetwegen auch einer Psychotherapie unterziehen. Oder er kann in den meisten Fällen auch einfach seinen unnatürlichen Lebensstil ändern, um somit physisch und psychisch gesund zu werden.

Es ist beispielsweise eine Tatsache, daß die Hauptursache für Streß nicht etwa in zu viel Arbeit, sondern in einer Fehl- und Überernährung liegt, vor allem im Konsum von Fleisch und von zu viel weißem Zucker oder Aufputschmitteln wie Koffein, Nikotin und Alkohol. Um also Streßprobleme und ähnliches zu lösen, ist es nicht erforderlich, die Esoterik zu mißbrauchen; wir müßten einfach nur unsere schlechten Gewohnheiten aufgeben, und alles weitere würde sich erübrigen.

Das gleiche gilt auch für Depressionen, die vor dreißig Jahren noch mit Elektroschocks behandelt wurden und gegen welche mittlerweile ein ganzes Arsenal an pharmazeutischen Medikamenten angeboten wird, die allesamt letztlich sinnlos sind. Denn diese Medikamente korrigieren ja lediglich die chemischen Veränderungen im Gehirn von Depressiven (in diesem Fall einen Mangel an Übertragungssubstanzen zwischen den Nervenenden), sind also eine bloße Symptom-Bekämpfung, da Medikamente lediglich Zustände verändern, nicht aber Probleme lösen können. Die Probleme, die beispielsweise zu Depressionen führen, haben ihre Ursache letztlich in einem krankhaften, unnatürlichen Bewußtseinszustand. Und diese tiefere Ursache läßt sich – soweit sind wir einverstanden – tatsächlich nur durch die rechte Beschäftigung mit esoterischen Wahrheiten beseitigen. Und dennoch sagen wir, daß die Lösung solcher Probleme bei weitem *nicht* das Ziel der Esoterik ist.

3. Das Ziel echter Esoterik

Wenn also nicht in alledem, worin denn besteht letztlich das Ziel der echten, wahren Esoterik? – Will ich nur einen

Begriff nennen, so würde ich sagen: in *Freiheit*, und zwar im Sinne von Freiheit von alledem, was eigentlich nicht nötig, nicht not-wendig ist, was also nicht unsere eigentliche Not, nicht unsere Unwissenheit wendet.

Das Ziel der Esoterik ist, mit anderen Worten, Freiheit von alledem, was wir nicht brauchen, was nicht zu uns gehört, was wir nicht sind: Freiheit von Illusion also. Denn erst wenn wir frei sind von Illusion, können wir teilhaben an der Wirklichkeit, an der Realität, und damit auch an unserem eigenen Selbst. So verstanden ist Esoterik eben gerade *nicht* eine Flucht *vor* der Realität, sondern eine Überwindung der Illusion und eine Befreiung *in* die Realität.

Unnötig zu sagen, daß sich die physische und psychische Gesundung und Heilung in diesem radikalen Prozeß, der die Probleme an ihrer wahren Wurzel (*radix*) angreift, als selbstverständliche Nebenprodukte einstellen, ohne daß wir uns gesondert darum bemühen müßten. Für einen Menschen, der auf dem WEG NACH INNEN sein wahres Selbst erkannt, erfahren und erlebt hat, sind Symptome wie Schlafstörungen, Kopfschmerzen, Depressionen oder Streß überflüssig geworden. Er bedarf ihres warnenden Fingerzeiges ebensowenig wie er einer Arznei oder einer Psychotherapie bedarf, denn er hat die Aufforderung, die diese Warnsignale an uns herantragen, bereits in seinem Dasein erfüllt.

Nach dem bisher Gesagten wird nun deutlich, daß hier *zwei grundsätzlich verschiedene Weltbilder* aufeinandertreffen: Auf der einen Seite das moderne abendländische Weltbild, das besagt, daß alles lediglich Materie ist und daß es nichts anderes als Materie gibt. Und wenn es etwas anderes gibt, zum Beispiel Bewußtsein, dann ist dies bestenfalls nur ein «Produkt» der Materie.

Dem steht ein anderes Weltbild gegenüber, nennen wir es einmal das «esoterische» Weltbild: Es ist das Weltbild, das davon ausgeht, daß Materie nur verdichtete Spiritualität ist. Daß die ganze materielle Welt, in der wir leben, nur von Illusion bedeckte spirituelle Natur ist und daß es das Ziel unseres Da-seins, unseres In-der-Materie-Seins ist, uns von ebendieser Illusion, von der Unwissenheit zu befreien und in die Realität der spirituellen Existenz zurückzugehen.

Der abendländische Mensch soll – und Esoterik kann ihm dabei helfen – seinen Gesichtskreis erweitern, er soll sein Weltbild um diejenigen Dimensionen ergänzen, die er irgendwann einmal, im Zuge der sogenannten «Wissenschaftlichkeit» und «Rationalität», verloren hat. Denn dieser Verlust der wesentlichen Dimensionen unseres Daseins hat zu einer beängstigenden *Orientierungslosigkeit* des modernen Menschen geführt – einer Orientierungslosigkeit, die äußerlich sichtbar wird zum Beispiel in Umweltzerstörung, in Kriminalität, in Krieg usw.

So soll der abendländische Mensch also lernen, sich in seiner hilflosen Not und Orientierungslosigkeit *neu zu orientieren*. Auch hier möchte ich Sie bitten, diesen Begriff wörtlich zu nehmen: Der abendländische Mensch soll sich neu orientieren, das heißt, er soll es wieder lernen, sich dem Ursprung, dem Orient, zuzuwenden. *Ex oriente lux* heißt es, «das Licht kommt aus dem Orient», aus dem Ursprung, kommt von dort, wo die Sonne aufsteigt.

Nur damit wir uns nicht mißverstehen, sei mir noch die folgende Anmerkung gestattet: Ich behaupte hier nicht, daß das abendländisch-materialistische Weltbild und die darauf aufbauenden modernen mechanistischen Wissenschaften, einschließlich der Psychologie und Parapsychologie, an sich falsch seien – sie sind nicht falsch, aber sie sind nicht ausreichend, sind letztlich inhaltslos und bedeutungslos, solange sie nicht esoterische Themen wie höheres Bewußtsein oder auch Reinkarnation in ihre Betrachtungen miteinbeziehen. Was in der westlichen Wissenschaft gemacht wird, ist nicht falsch und nicht voreilig zu verurteilen, aber es ist einseitig und blind, und es stellt sich die Frage: Warum machen wir es überhaupt? Oder pointierter gefragt: Warum beeilen wir uns so, beispielsweise mit dem technischen Fortschritt, warum rennen wir so schnell, wenn wir doch nicht wissen, wohin der Weg überhaupt führt, was das Ziel unserer Reise ist?

Der Wert der wahren Esoterik nun liegt darin, daß wir lernen, uns neu zu orientieren, daß wir also bereit sind, den WEG NACH INNEN anzutreten, daß wir bereit sind, unserem engen, äußerlichen, einseitigen, blinden Weltbild die verlorenen Dimensionen wieder anzugliedern – Dimensionen, die wir im anderen, im östlichen, im esoterischen Weltbild noch finden können. Und dieses Weltbild wird wohl am deutlichsten und klarsten von den altindischen, «vedischen» Schriften gezeichnet.

4. Der ganzheitliche Mensch

An dieser Stelle läßt sich zur Verdeutlichung dessen, was wir ausdrücken wollen, folgendes Bild aus der vedischen Nyāya-Literatur (Logik) verwenden: Das Bild vom Blinden und vom Lahmen (*andha-pangu-nyāya*). Der Blinde und der Lahme sind beide, solange jeder für sich gestellt bleibt, hilflos und außerstande, voranzukommen. Sobald sie sich aber zusammentun, das heißt, wenn der Blinde den Lahmen auf den Rücken nimmt, können sie gemeinsam ihre Ziele erlangen – mit der Sehkraft des Lahmen und dem Gehvermögen des Blinden.

In diesem Gleichnis steht der Blinde für uns Abendländer, die wir zwar sehr dynamisch und tatkräftig sind, doch aber blind und nicht fähig zu erkennen, wohin uns dieses Dynamischsein bringen wird. Der Lahme steht für die modernen Menschen im Osten, die in ihrer Kultur zwar eine tiefe Einsicht und Weisheit besitzen, es aber dennoch irgendwie nicht fertigbringen, diese immense Weisheit auch tatsächlich bis ins konkrete, praktische Leben hineinstrahlen zu lassen. Wenn es uns nun aber gelingt, diese beiden Komponenten, diese beiden Weltbilder – den dynamischen Tatendrang des Westens und die einsichtige Weisheit des Ostens – zu kombinieren, können beide, als ganzheitliche Menschen, das Ziel des Daseins, Freiheit, erlangen.

Und dieses scheinbar «andere» Weltbild, das wir Abendländer zu unserem bisherigen Wirklichkeitsverständnis hinzunehmen müssen, um ganzheitlich zu sein, ist, wie bereits des öfteren erwähnt, gar nicht «asiatisch» oder «orientalisch» – nicht mehr als es beispielsweise die Sonne ist (*ex oriente lux*). Dieses Weltbild beschreibt vielmehr eine Ebene des Daseins, die wir Abendländer einfach vergessen, verdrängt, verleugnet oder was auch immer haben. Denn der ganzheitliche, harmonische, erfüllte Mensch, der weder blind noch lahm ist, ist weder Asiate noch Europäer, sondern eben ein ganzheitlicher Mensch, einer, der die Herausforderung des Menschseins erkannt hat und ihr erfolgreich begegnet.

Erst mit diesem Erkennen und vor allem mit dem aktiven Begegnen der äußeren *und* inneren Herausforderungen, die das Leben an uns Menschen stellt, und erst damit, daß wir das so Erkannte auch konsequent in unser praktisches Handeln übersetzen, beginnt ein Prozess, der wirklich heilend ist – und zwar heilend sowohl im geistigen als auch im körperlichen Sinne, und auf die gesamte Menschheit bezogen heilend sogar im sozialen und ökologischen Sinne.

Genau hier, nämlich in der individuellen Praxis, liegt der wohl deutlichste und der entscheidende Unterschied zwischen dem modernen westlichen und dem östlichen Denken. Während die westliche Philosophie und Wissenschaft sich seit Jahrhunderten zumeist aufs Theoretisieren beschränkt und sich damit begnügt, für alle möglichen Probleme erst einmal irgendwelche Schuldigen zu finden und anzuklagen und über verschiedene Lösungsvorschläge im Rahmen einseitig-materieller Gesichtspunkte und wirtschaftlicher Sachzwänge zu disputieren, ist auf der anderen Seite die östliche, insbesondere die vedische Philosophie von Grund auf keine theoretische, sondern in erster Linie eine Lebensphilosophie, eine gelebte Philosophie.

Mit Hilfe dieser vedischen Philosophie kann es uns gelingen, sämtliche brennenden Probleme – auch die ganz handfesten, konkreten, äußeren Probleme der Menschheit (wie etwa das der Umweltzerstörung, der Nahrungsmittelknappheit, der Arbeitslosigkeit, des Krieges usw.) – in größere Zusammenhänge zu stellen und eine Brücke zu schlagen zwischen diesen äußeren Problemen in der Welt und den inneren Fehlvorstellungen und Unvollkommenheiten des einzelnen betroffenen Menschen. Denn die vedische Philosophie strebt nicht in erster Linie nach Information, sondern nach *Transformation*.

Und das, was uns heute am dringendsten fehlt, ist eben nicht bloße Information, ist nicht nur theoretisches Kopfwissen um die ökologischen und ökonomischen Zusammenhänge in der Welt, sondern was uns fehlt, ist ein praktischer und begehbarer Weg, wie wir die besagte Brücke schlagen können, indem wir unsere wahre spirituelle Identität kennenlernen und verwirklichen. Was uns fehlt, ist, kurz gesagt, ein WEG NACH INNEN.

Wie bereits dargelegt, ist dieser Weg, wenn er richtig begangen wird, keine blinde «Weltflucht», sondern eine aktive «Auseinander-setzung» und Überwindung der Welt. Einen solchen spirituellen Weg, den wir suchen und brauchen, bietet uns die vedische Lebensphilosophie an. Auf den ersten Blick vielleicht überraschend, bei genauerem Nachdenken aber durchaus verständlich und nur logisch ist dabei, daß sich dieser vermeintlich «östliche» Weg gar nicht unterscheidet von dem spirituellen, religiösen Weg, den auch das Abendland kennt (wenngleich heutzutage leider auch nur noch theoretisch): In Sanskrit heißt er *Bhakti-yoga*, in Deutsch «Liebe und Hingabe zu Gott», dem Schöpfer dieses Universums und dem Verfasser der offenbarten Schriften der Weltreligionen, die einer «Gebrauchsanleitung» zur richtigen Handhabung des Universums gleichen.

5. Esoterik als Modeerscheinung?
(am Beispiel der Reinkarnationsforschung)

Wir möchten uns an dieser Stelle die eingangs erwähnte berechtigte Frage stellen: Ist die Esoterik nur eine kurzlebige Modeerscheinung unserer Zeit, oder kann und muß sie auch mehr sein? – Die Antwort: Beides. Gewiß gehört die Beschäftigung mit Esoterik einerseits zu den Modeerscheinungen unserer Zeit, zum anderen aber geht es dabei auch um viel mehr.

Diese Antwort will so verstanden sein: Vieles von dem, was mit der esoterischen Welle seit rund dreißig Jahren an die Oberfläche und an die Oberflächlichkeit geschwemmt wird, muß – oder besser: darf glücklicherweise – als Modeerscheinung betrachtet werden. Anderes dagegen ist durchaus nicht an Modeerscheinungen gebunden und beruht auf Werten und führt in Richtungen, die von echtem esoterischen Streben zeugen und die uns berechtigterweise von einer «Wendezeit» und einem «Paradigmawechsel» sprechen lassen. Was in diesem Zusammenhang also einmal mehr unbedingt erforderlich ist, ist ein Unterscheidungsvermögen, das vorübergehende Modeerscheinungen von echter, gelebter Esoterik zu trennen und abzugrenzen vermag.

Um dies zu verdeutlichen, sei uns in der Folge eine kurze Betrachtung der esoterischen Modeerscheinungen der vergangenen drei Jahrzehnte gestattet. Dabei wollen wir unser besonderes Augenmerk auf die Beschäftigung mit dem Phänomen der Reinkarnation (Wiedergeburt) richten, da an diesem Beispiel die gesamte Entwicklung dessen aufgezeigt werden kann, was man heutzutage unter «Esoterik» versteht.

DIE ESOTERISCHEN MODEERSCHEINUNGEN DER SIEBZIGER JAHRE: Die esoterischen Modeerscheinungen der siebziger Jahre ließen sich wohl am treffendsten mit den folgenden drei Stichworten zusammenfassen:
• SENSATIONELLE PSI-PHÄNOMENE • NERVENKITZEL • WELTFLUCHT.

In dieser Anfangszeit der zeitgenössischen Esoterik begannen sich plötzlich Millionen von Menschen in Europa und Amerika für eine Vielzahl von nervenkitzelnden parapsychologischen Phänomenen zu interessieren, die man bald unter dem Sammelbegriff «Psi-Phänomene» zusammenfaßte. Es war eine Zeit der Suche nach billigen Sensationen und auch eine Zeit der Weltflucht, in der sich die neuen «Esoteriker» bewußt oder unbewußt vor der grobstofflichen Realität in zahlreiche feinstoffliche Scheinwelten zurückzogen.

Man beschäftigte sich mit Themenkomplexen wie etwa mit außersinnlichen Wahrnehmungen (Telepathie, Hellsehen, Hellhören, Klarträume usw.), außerkörperlichen Erfahrungen (Separationen, Autoskopie, Astralreisen usw.) oder «übernatürlichen» Kräften (Materialisationen, Psychokinese, Telekinese usw.) sowie mit Spiritismus und Exorzismus (Kontakte zu Verstorbenen, Kontakte zu «Außerirdischen» usw.) und sogar mit schwarzer Magie (Gewinnen von feinstofflicher und grobstofflicher Macht über andere Menschen).

Im Bereich der *Reinkarnationsforschung* waren es in dieser Zeit hauptsächlich die unzähligen Berichte über *Erfahrungen in Todesnähe* sowie über sensationelle *hypnotische Rückführungen*, die von sich reden machten. Auf dem Buchmarkt erschienen buchstäblich Tausende von entsprechenden Rückführungsprotokollen, doch beschränkte sich bei den meisten Lesern die Beschäftigung mit dem Thema der Reinkarnation vorerst fast ausschließlich auf Spekulationen über die eigenen vergangenen Leben.

In dieser ersten Phase der Beschäftigung mit dem Reinkarnationsphänomen stand also zunächst nur die Faszination über die Existenz früherer Leben sowie über die Möglichkeit hypnotischer Rückführungen in diese früheren Leben im Vordergrund. Dieses anfängliche Bewußtmachen und Erkennen der Wiedergeburt möchten wir als den «*ersten Schritt*» bezeichnen.

Der damals im deutschen Sprachraum wohl bekannteste und erfolgreichste Reinkarnationsforscher war der Münchner Thorwald Dethlefsen, der diesen «ersten Schritt», also das Aufzeigen früherer Inkarnationen mittels hypnotischer Rückführung, bereits gegen Ende der sechziger Jahre vollzogen hatte. Seine beiden ersten Bücher «Das Leben nach dem Leben» und «Das Erlebnis der Wiedergeburt», die diesen Schritt dokumentierten, erschienen 1974 und 1976.

DIE ESOTERISCHEN MODEERSCHEINUNGEN DER ACHTZIGER JAHRE: Zu den esoterischen Modeerscheinungen der achtziger Jahre gehören die folgenden drei Stichworte: • EGO-TRIPS • TECHNOLOGISIERUNG • VERMARKTUNG.

Als direkte Antwort auf die «Weltflucht» der siebziger Jahre stürzten sich die esoterisch interessierten Frauen und Männer nun immer mehr auf eine breite Palette von egozentrischen «Selbsterfahrungs»-Trips. Immer häufiger wurden irgendwelche Lebenshilfemethoden («Autogenes Training» durch Autosuggestion oder Selbsthypnose, «Positives Denken» usw.) mit eindeutig materialistischen Zielen – zum Beispiel für mehr Erfolg im Berufs- oder im Liebesleben – angeboten.

Oder man versuchte sich in einer Vielzahl alter fernöstlicher oder auch neu entwickelter Heil-, Entspannungs- und Therapiemethoden, die sich allesamt durch starke Betonung des Körpers und der eigenen Sinnlichkeit auszeichnen (verschiedene Massage- und Atemtechniken, Bioenergetik, Polarity, Rebirthing, Akupunktur, Akupressur, Shiatsu, Reiki, Rolfing, auch Geistheilungen, Channeling usw.).

Daneben war auch eine aufdringliche Technologisierung der Therapieformen (computergesteuerte Beruhigungsbrillen, «Mind- und Brain-Machines», «Samadhi-Tanks», «Bio-Feedback» usw.) sowie ein allgemeiner Trend zur skrupellosen kommerziellen Vermarktung der Esoterik zu beobachten.

Im Bereich der *Reinkarnationsforschung* begann nun die Zeit der sogenannten *Reinkarnationstherapie* oder *Regressionstherapie*, das heißt des Versuchs einer therapeutischen Auswertung der vergangenen Leben zur Bewältigung von persönlichen Konflikten. Nach dem «ersten Schritt» – dem Erkennen und Analysieren früherer Inkarnationen – stellte dies einen neuartigen, *«zweiten Schritt»* dar.

Wiederum war es Thorwald Dethlefsen, der im deutschen Sprachraum diesen «zweiten Schritt» einleitete. Er begnügte sich nicht damit, einfach nur Rückführungsprotokolle aneinanderzureihen und so «Beweise» für die Wiedergeburt zu sammeln. Vielmehr entdeckte er die große Chance, aus der hypnotischen Rückführung eine neue Therapieform zu entwickeln, um Menschen zu heilen. Gerade hier, im therapeutischen Aspekt seiner Arbeit, den er in seinem dritten und vierten Buch «Schicksal als Chance» (1979) und «Krankheit als Weg» (1983, mit Rüdiger Dahlke) darlegte, lag das Neue, das Dethlefsen als erster in die zeitgenössische Reinkarnationsforschung einbrachte. Doch sollte auch dieser zweite Schritt – der Schritt zur Reinkarnationstherapie – noch nicht der letzte sein.

DIE ESOTERISCHEN MODEERSCHEINUNGEN DER NEUZIGER JAHRE: Die esoterischen Modeerscheinungen der Gegenwart lassen sich wohl am besten mit den folgenden drei sich gegenseitig bedingenden Stichworten überschreiben: • PROPHETIE UND WAHRSAGEREI • BESCHÄFTIGUNG MIT HÖHEREN WESEN WIE «ENGELN» • UFOLOGIE.

Die Menschheit steht heute, am Ende des zweiten Jahrtausends, einer Vielzahl von sowohl unübersehbar als auch unüberschaubar gewordenen akuten Problemen gegenüber. Um nur einige Stichworte zu nennen: Umweltzerstörung, Arbeitslosigkeit, Hunger, Drogenmißbrauch, Konsumwahn, Sinnentfremdung, Sittenzerfall, Kriminalität, Gewalt, Rassismus, Krieg usw. Das Bewußtwerden dieser Gefahren und Bedrohungen hat bewirkt, daß man sich in den vergangenen Jahren auch innerhalb der Esoterik zunehmend mit Zukunftsfragen und mit verschiedenen Methoden der Wahrsagekunst zu beschäftigen beginnt.

Heute gehört das Forschen in der Zukunft zu den zukunftsträchtigsten Zweigen der Esoterik. Die Beschäftigung mit Prophetie und Wahrsagerei, die bei den einen eher pessimistisch-apokalyptische Züge angenommen hat (Weltuntergang, Endzeit usw.) und bei anderen eher optimistische (Hoffnung auf die Wendezeit und ein anbrechendes esoterisches Zeitalter), umfaßt sowohl den individuellen Bereich (durch Astrologie, Tarot, Numerologie, I Ging, Pendeln, Geomantie, Hand- und Gesichtslesen, Graphologie, Traumdeutung usw.) als auch den kollektiven (durch alte Orakel, Nostradamus usw.).

Daneben beschäftigt sich ein anderer, ebenfalls boomender Zweig der zeitgenössischen Esoterik intensiv mit Ufos, Außerirdischen, Engeln und allgemein mit der Kontaktaufnahme zu intelligenten, nicht-menschlichen «höheren Wesen» (durch «Channelings» u.a.). Allen diesen Gebieten liegt, so unterschiedlich sie in ihrem Ansatz und in ihrer Zielsetzung im einzelnen auch sein mögen, doch ein gemeinsames Weltbild zugrunde: daß der Kosmos, in den wir Menschen eingebettet sind, voller mysteriöser *Energien* ist; daß diese Energien allesamt von höherstehenden *Personen* beherrscht werden; daß sämtliche Energien und Personen innerhalb des Kosmos auf mysteriöse Weise miteinander verbunden sind, und daß auch wir, durch die Gunst der höherstehenden Personen, Zugang zu den entsprechenden Energien bekommen und diese nutzen können.

Wohin all diese Bestrebungen der zeitgenössischen Esoterik führen werden – zu neuen, zukunftsweisenden Erkenntnissen und Konsequenzen oder wieder zur regressiven Flucht in Scheinwelten und Ego-Trips –, werden wohl erst die kommenden Jahre zeigen.

Zumindest im Bereich der *Reinkarnationsforschung* zeichnen sich positive Entwicklungen ab. Erstens ist eine allmähliche Akzeptanz der Wiedergeburt in wissenschaftlichen und philosophischen (und sogar theologischen) Kreisen festzustellen. Das heißt, man streitet sowohl unter den Experten als auch in der Öffentlichkeit immer weniger über die Richtigkeit der Reinkarnationslehre, die immer mehr als allgemein gültig anerkannt wird. Vielmehr versucht man statt dessen, praktische weltanschauliche Konsequenzen aus ihren Erkenntnissen zu ziehen. Eine der großen noch anstehenden Herausforderungen ist in diesem Zusammenhang sicherlich die Einsicht in die Notwendigkeit, sich aus dem Kreislauf der wiederholten Geburten und Tode zu befreien.

Und zweitens eröffnete sich auch in der Regressionstherapie eine neue Perspektive. Denn nachdem Thorwald Dethlefsen zu Beginn der achtziger Jahre die Reinkarnationstherapie begründet und eingeführt hatte, fand er, wie schon bei seinem ersten Schritt, rasch zahlreiche Imitatoren, die auf dieser lukrativen Welle mitzureiten versuchten. So wurden in kürzester Zeit die verschiedensten Rückführungstechniken entwickelt, wobei manche mit und andere ohne Hypnose arbeiten.

Heute sind wir mit einer beinahe unüberschaubaren Fülle von Reinkarnationstherapeuten und ihren jeweiligen Methoden konfrontiert, was einerseits gewiß erfreulich ist, aber andererseits wiederum große Gefahren birgt. Denn leider ist es eine bedauernswerte Tatsache, daß viele sogenannte Reinkarnationstherapeuten heute über eine nur sehr oberflächliche, in manchen Fällen geradezu lächerliche Ausbildung verfügen. Es ist vergleichsweise leicht, die Techniken der Rückführung zu erlernen (manche lehren sie in einem einzigen Wochend-Workshop!); doch es ist ungleich viel schwerer, mit der immensen Verantwortung, die man als Mensch und als Therapeut auf sich nimmt, wenn man andere Menschen in frühere Leben zurückbegleitet, in qualifizierter Weise umzugehen.

Dem interessierten Zeitgenossen kann in dieser Situation nur geraten werden, sich frei von oberflächlicher Neugierde und Sensationslust und mit möglichst kritischem Unterscheidungsvermögen mit der Regressionsszene auseinanderzusetzen. Als Regel gilt: Es ist besser, keine Rückführung und keine Therapie zu machen, als sich in die Hände eines unqualifizierten, selbsternannten Therapeuten zu begeben. Denn der Schaden, den ein Kurpfuscher anrichten kann, ist meist schwerwiegender als das ursprüngliche Problem und ist überdies auch nur sehr schwer und nur mit sehr großem zeitlichen und finanziellen Aufwand wieder zu beheben.

Zudem haben fast alle Methoden der Reinkarnationstherapie *einen* gemeinsamen Nachteil, eine Grenze: Zwar vermögen sie in einem gewissen Sinne die Existenz früherer Leben zu «beweisen» (sofern es eines solchen Beweises überhaupt noch bedarf), wenn es aber um die Lösung konkreter psychischer oder physischer Probleme geht, so weisen sie entgegen den ursprünglichen Erwartungen eine enttäuschend geringe Erfolgsquote auf – eine etwa genauso geringe wie diejenige der herkömmlichen Psychotherapieformen.

So war es dann bezeichnenderweise wiederum Thorwald Dethlefsen, der die Reinkarnationstherapie, wie sie heute von seinen zahlreichen Imitatoren praktiziert wird, bereits gegen Ende der achtziger Jahre wieder in Frage zu stellen begann. Genauso, wie er einer der ersten Rückführer und der erste Reinkarnationstherapeut gewesen war, so war er wiederum der erste, der nun den unbedingt notwendigen nächsten, den *«dritten Schritt»* forderte.

Dethlefsen hat, selbst mit dem Risiko, dadurch einen Großteil seiner Stammleserschaft zu verlieren, in den vergangenen Jahren diesen «dritten Schritt» über die herkömmliche Reinkarnationstherapie hinaus nicht nur explizit gefordert, sondern auch begonnen, ihn auf seinem eigenen Lebensweg zu vollziehen. In seinem jüngsten Werk «Ödipus – der Rätsellöser» (1990) fordert er «einen kollektiven Schritt des Hineinwachsens in ein geistiges Weltbild und Weltverständnis». Es bleibt zu wünschen und zu hoffen, daß sich diese Forderung bald erfüllen möge.

6. Der dritte Schritt

Also: Die esoterische Herausforderung der Gegenwart besteht nicht in irgendwelchen Ego-Trips zur Verfeinstofflichung unseres materialistischen Denkens und Strebens, sondern darin, daß wir Menschen uns wieder klar über unsere Stellung innerhalb des Kosmos bewußt werden und bereit sind, diese in der erforderlichen Demut auch zu akzeptieren.

Wir müssen uns außerdem darüber bewußt werden, daß der Wert unserer Beschäftigung mit Reinkarnation und mit Reinkarnationstherapie offensichtlich nicht darin bestehen kann, sensationslüstern herauszufinden, wer wir in den letzten Leben waren, aber auch nicht darin, einfach nur regressiv alle möglichen vergangenen Traumata aus früheren Leben aufzuspüren, um so unsere oberflächlichen Alltagsprobleme lösen zu können (wie in den meisten Formen zeitgenössischer Reinkarnationstherapie).

Das Bewußtmachen vergangener Traumata mag in gewissen Ausnahmefällen vielleicht ein therapeutisch sinnvoller Schritt sein, um uns einen Zugang zu einem viel wesentlicheren Bereich zu schaffen, aber es ist an sich noch keine Therapie, und es bewirkt noch keine Heilung. Es kann dabei wohl sehr viel energetische Entladung stattfinden, es kann sogar zum Verschwinden von Symptomen führen – aber das bewirkt eine Antibiotika-Spritze auch –, und trotzdem würden wir niemals sagen, dies hätte etwas mit Heilung im eigentlichen Sinne zu tun. Wenn wir also einfach nur in der Regression traumatische Ereignisse aufspüren, ist Heilung noch längst nicht geschehen. In der Reinkarnationstherapie muß daher zwingend irgendwann der wesentliche «dritte Schritt» beginnen, der den ersten und zweiten sozusagen umpolt. Worin nun besteht dieser dritte Schritt?

Der «erste Schritt» war das anfängliche Erkennen, daß es so etwas wie frühere Leben überhaupt gibt. Der «zweite Schritt» war das Durchleben von Traumata in diesen früheren Leben. Aber diese Traumata, wie grauenhaft sie im einzelnen auch sein mögen, zeigen den betroffenen Patienten ja immer nur in der einen Situation des Opfers: Ich, der Arme, ich, der Gequälte, ich, der Erleidende. Um aber ganzheitliche Heilung zu erreichen, muß dieser Prozeß ergänzt werden durch seinen fehlenden Gegenpol.

Die neue Frage also lautet: *Warum* mußte ich alle diese traumatischen Situationen erleben? Erst jetzt beginnt der eigentliche therapeutische Prozeß, der Heilungsprozeß, denn wir finden uns nun auch vor als der Aktive, der Quälende, der Mörder, wir erleben uns auch in der Identifikation desjenigen, der anderen Leid zufügt, und wir müssen in diesem Moment die Verantwortung übernehmen für einen Bereich, den wir bisher stets zu verdrängen gesucht haben. Dadurch, daß wir uns nun plötzlich in allen möglichen Identifikationen, in allen möglichen Rollen wiederfinden – in der Rolle des Aktiven, des Wünschenden und Handelnden, sowie auch in der Rolle des Passiven, des Erleidenden und Gequälten –, stellt sich uns allmählich immer deutlicher die zentrale Frage: «Wer bin *ich* denn nun wirklich?»

Auf diese Frage gibt es nun zwei verschiedene Möglichkeiten der Antwort. Wenn wir oberflächlich nachdenken, werden wir antworten: «Ich bin beides, ich bin sowohl der Mörder als auch der Ermordete, sowohl der Gehenkte als auch der Henker.» Dringen wir jedoch weiter in die Tiefe vor, so werden wir erkennen, daß wir in

Wirklichkeit beides *nicht* sind. Wir erkennen, daß wir selbst im Grunde genommen gar nichts mit all diesen verschiedenen Persönlichkeiten, mit all diesen widersprüchlichen Identifikationen, mit all diesen unzähligen Inkarnationen zu tun haben, sondern daß sie alle nur Rollen sind, die wir irgendwann einmal gespielt haben oder noch immer spielen.

Die ernüchterndste und zugleich auch die bedeutendste Erkenntnis aber wird jene sein, daß auch unser *jetziges Leben* nichts weiter als eine vorübergehende Rolle ist, die wir aufgrund unserer früheren Wünsche und Handlungen (Karma) zu spielen gezwungen sind, und daß auch unsere jetzige Identifikation mit unseren momentanen Lebensumständen und Zielen eine falsche ist und noch nichts mit unserer eigentlichen, ewigen Existenz und Identität zu tun hat.

Abschließend möchte ich noch einmal diese letzten Betrachtungen zusammenfassen und so die Brücke schlagen zu unserem anfänglichen Ausgangspunkt, «Was ist wahre Esoterik?», wodurch sich der Kreis wieder schließt:

• Das zentrale Ziel der Esoterik, das nicht an vorübergehende Modeerscheinungen gebunden ist, stellt das Streben nach Ganzheitlichkeit und Freiheit von Illusionen dar.

• Statt einer blinden Welt-Flucht soll in der wahren Esoterik eine befreiende Welt-Überwindung durch aktive Auseinander-setzung mit und Loslösung von der materiellen Welt angestrebt werden.

• Statt sich in pseudo-esoterisch getarnten Ego-Trips zu ergehen, sollte der wahre Esoteriker bereit sein, einen konsequenten WEG NACH INNEN zu gehen, der gekennzeichnet ist durch das Streben nach individueller (und damit auch kollektiver) Bewußtseinstransformation, Selbstverwirklichung und Gotteserkenntnis.

• Die Voraussetzungen zur Erlangung dieser Ziele sind sowohl theoretisches Wissen als auch praktische Erkenntnis. Wissen erlangen wir beispielsweise aus den uralten spirituellen Quellen der vedischen Literatur, und Erkenntnis nur durch das eigene konsequente Anwenden dieses Wissens in unserem alltäglichen Leben.

DER ERSTE SCHRITT: Das Bewußtmachen und Erkennen der Richtigkeit der Reinkarnationslehre, also das An-erkennen der Realität unserer früheren Inkarnationen, ist zwar wichtig und erforderlich, aber es ist noch nicht genug.

DER ZWEITE SCHRITT: Auch das Aufspüren der Ursachen für physische und psychische Störungen und das Bewußtmachen früherer Traumata durch Regression mag in einigen Fällen vielleicht ein Hilfsmittel sein, aber es ist an sich noch keine Therapie, es führt noch nicht zur Heilung, noch nicht zur Freiheit. Die zentrale Erkenntnis hierbei ist das Bewußtmachen der Verantwortung für das eigene Schicksal und die Konfrontation mit dem eigenen Schattenbereich.

DER DRITTE SCHRITT: Doch erst die tatsächliche Veränderung des Bewußtseins, das tatsächliche Ablegen der illusionären Identifikationen mit diesem oder jenem früheren Trauma, mit diesem oder jenem früheren Körper, und auch das Ablegen der Identifikation mit dem gegenwärtigen Körper (!) – erst dies macht die Seele wirklich frei: frei von Illusion, frei von Unwissenheit und von Dunkelheit, frei von alledem, was wir eigentlich *nicht* sind, was wir nie waren und nie sein werden.

Erst dadurch, daß es uns gelingt, unsere Blindheit gegenüber der spirituellen Dimension unseres Daseins zu überwinden, erst dadurch, daß wir zu unserem inneren Selbst vordringen und gemäß dieser Erkenntnis zu handeln beginnen, erst dadurch lernen wir unsere wahre spirituelle Verantwortung uns selbst gegenüber erkennen, lernen damit auch unsere Verantwortung allen anderen Menschen, ja allen anderen Geschöpfen Gottes und der gesamten geschaffenen Mitwelt gegenüber erkennen. Erst dieser not-wendige «dritte Schritt» macht uns endlich frei von dem für uns als ewige spirituelle Seelen unnatürlichen Kreislauf der wiederholten Geburten und Tode innerhalb der vergänglichen materiellen Welt.

Unsere Beschäftigung mit der Reinkarnation beschränkt sich dann nicht mehr bloß auf eine vergangenheitsorientierte Rückschau auf unsere früheren Leben und unsere früheren Traumata. Eine solche *regressive Rückschau* ist letzlich völlig überflüssig und sinnlos, weil sie passiv – ohne jede Möglichkeit der Veränderung und Entwicklung – ist. Erst wenn wir beginnen, uns in einer zukunftsorientierten Weise mit der Reinkarnation zu beschäftigen, führt uns diese aktive, *progressive Auseinander-setzung* mit unserem Dasein einen Schritt weiter.

Und nur so, nur mit diesem dritten Schritt in die Freiheit von Illusionen, und nur mit dem Blick nach vorne hat Esoterik, hat Reinkarnationsforschung einen Sinn und ein Ziel.

REINKARNATION: EIN NATURGESETZ

Ein Interview.

Dieses Interview erschien
im September 1990
in der Zeitschrift «Die Andere Realität».

1. Die Kardinalfrage der Menschheit 125
2. Reinkarnation als Wissenschaft 127
3. Das Gesetz des Karma 129
4. Reinkarnation ist kein östlicher Gedanke 130
5. Das Ende der Reinkarnation 134

1. Die Kardinalfrage der Menschheit

FRAGE: Herr Zürrer, was ist Reinkarnation?

ANTWORT: Unter dem Begriff «Reinkarnation», oder auch «Wiedergeburt» oder «Seelenwanderung», versteht man eine mögliche Antwort auf eine der zentralsten Fragen unserer menschlichen Existenz, nämlich die Frage: Was geschieht nach dem Tod, der ja für uns alle unvermeidlich und unumgänglich ist?

Mit anderen Worten: Gibt es ein Leben nach dem Tod, oder ist mit dem Tod alles aus? Leben wir nur zum Sterben, oder hat unser Leben einen höheren Sinn? Ist der Tod das Ende unserer Existenz, oder öffnet er uns nur die Tür für ein neues Leben, neue Dimensionen, neue Welten? Diese Frage hat schon immer das menschliche Denken beschäftigt und bestimmt, ja man könnte sie geradezu als die ewige Kardinalfrage der Menschheit bezeichnen.

Diese Frage läßt sich aber auf unterschiedliche Weise beantworten.

Ja, Reinkarnation ist nur eine von vielen möglichen Antworten. Man könnte auch sagen, daß der Tod das Ende von allem sei, daß wir also mit dem Tod für immer aufhören zu existieren. Dies ist zum Beispiel eine der am weitesten verbreiteten Erklärungsmöglichkeiten, nämlich jene, die von der modernen, mechanistischen Naturwissenschaft vertreten wird.

Nach dieser Theorie ist der Mensch mitsamt all seinen Gedanken, Gefühlen und Wünschen nichts weiter als eine zeitweilige Kombination aus biochemischen materiellen Bestandteilen, aus Atomen, Molekülen und verschiedenen Arten von Energie. Im Moment des Todes lösen wir uns wieder in die elementaren Bestandteile auf, aus denen wir zusammengesetzt sind. Nichts bleibt übrig – der physische Körper verfault, wird verbrannt oder gefressen, die Gedanken und Ideen leben bestenfalls in Form von Anregungen oder Erinnerungen für die Nachwelt weiter, und so etwas wie eine unsterbliche Seele gibt es nicht.

Eine andere Antwort liefert uns beispielsweise die dogmatische christliche Lehre, die nach wie vor auf die Einmaligkeit des menschlichen Lebens pocht. Gemäß ihrer Theorie wird jedem Menschen von Gott ein einziges, einmaliges Leben auf dieser Erde gegeben, mit dem er mehr oder weniger tun und lassen kann, was er will. Im Anschluß an den Tod des Körpers folgt dann ein Gericht mit Belohnung und Bestrafung gemäß den frommen und sündigen Taten, die man in diesem einen Leben begangen hat. Dieses Gericht entscheidet unwiderruflich, ob die unsterbliche menschliche Seele in den ewigen Himmel, das Reich Gottes, kommt oder zu ewigen Höllenstrafen verdammt wird.

Und dann bietet sich eben noch eine dritte Antwort an, diejenige der Seelenwanderung. Die grundlegenden Gedanken dieser Lehre sind: Unser jetziges Menschenleben ist nicht einmalig, sondern nur ein einzelnes Glied in einer unüberschaubar langen Kette vieler Leben (Inkarnationen).

Mit anderen Worten, wir haben bereits vor unserer Geburt in anderen Körpern gelebt, und nach dem Tode kommen wir in anderer Gestalt, mit einem neuen materiellen Körper, wieder zurück. Welche Art von Körper dies sein wird und unter welchen Umständen und gemäß welchen Gesetzen dieser Körperwechsel stattfindet – diesen Fragen müßte man dann in wissenschaftlicher Weise nachgehen, und dies versuche ich in meinem Buch zu tun.

2. Reinkarnation als Wissenschaft

Aber Sie persönlich glauben an die Reinkarnationslehre?

Nein, ich glaube gar nichts. Es geht hier nicht darum, irgend etwas zu glauben oder nicht zu glauben, sondern es handelt sich um eine Frage des Wissens, um eine Frage, die man – wie gesagt – wissenschaftlich untersuchen muß. Denn unabhängig von den verschiedenen Theorien, die der Mensch über den Tod und das Leben danach aufstellen kann, gibt es doch eine Realität, und diese Realität ist für alle Menschen gültig, ungeachtet ihrer verschiedenen Theorien und Erklärungen.

Lassen Sie mich diesen wichtigen Punkt mit dem folgenden einfachen logischen Gedankengang veranschaulichen: Angenommen, die Lehre der Reinkarnation stimmt – das heißt, wenn es tatsächlich so ist, daß wir vor diesem gegenwärtigen Leben schon einmal gelebt haben und daß die Seele nach dem physischen Tod in einen anderen Körper weiterwandert –, dann stimmt sie überall und zu jeder Zeit, auch bei uns im christlichen Abendland, auch im 20. Jahrhundert der Technik und der empirischen Wissenschaft und auch für diejenigen, die nicht daran glauben. Dann ist – mit anderen Worten – die Reinkarnation ein Naturgesetz.

Wenn die Reinkarnationslehre hingegen nicht stimmt, dann stimmt sie auch in Indien nicht, dann hat sie weder dort noch anderswo je gestimmt und gilt auch nicht für diejenigen, die daran glauben und von ihrer Richtigkeit überzeugt sind.

Aus dieser einfachen Überlegung geht deutlich hervor, daß es nicht eine Frage des Glaubens sein kann, ob es die Reinkarnation gibt oder nicht; vielmehr handelt es sich um die Untersuchung eines Naturgesetzes, um eine exakte Wissenschaft.

Die «Wissenschaft der Seelenwanderung», wie Sie Ihr Buch im Untertitel nennen?

Ja, genau. Es verhält sich bei der Frage nach dem Leben nach dem Tode ebenso wie mit jedem anderen Naturgesetz: Es ist, wie es ist, und es funktioniert genau gleich, ob man nun daran glaubt oder nicht. Zum Beispiel funktioniert auch das Naturgesetz der Gravitation oder das Gesetz des Alterns genau gleich, ob Sie nun daran glauben oder nicht. Sie können nicht einfach von einem Dach springen und erklären, daß Sie nicht an die Gravitation glauben, und dann erwarten, daß Sie nicht fallen werden. Und Sie können das Naturgesetz des Alterns nicht einfach dadurch umgehen, daß Sie sich weigern, daran zu glauben. Ob Sie es glauben oder nicht, Sie werden trotzdem altern.

Genauso ist es mit dem Tod: Sie können glauben, was immer Sie wollen, aber das heißt nicht, daß Sie dadurch die Realität beeinflussen können oder die Naturgesetze umgehen können, die das menschliche Sterben lenken. Und diese subtilen Naturgesetze in wissenschaftlicher Weise zu untersuchen ist das Ziel meiner Forschungen. Daher der Untertitel «Die umfassende Wissenschaft der Seelenwanderung».

Und zu welchen Schlüssen sind Sie gekommen?

Daß die Wiedergeburt, also die Reinkarnation, ein durchaus wissenschaftlich ergründbares und erklärbares Phänomen des menschlichen Daseins darstellt. Daß es sich bei der Lehre der Reinkarnation also keineswegs um eine Sache des Glaubens handelt, wie uns manche vielleicht gerne glauben ließen.

3. Das Gesetz des Karma

Eine andere Frage: Gehört zu diesen subtilen Naturgesetzen, die das menschliche Sterben lenken, auch der Begriff «Karma»?

Ja, unbedingt. Ohne den Begriff des Karma würde die gesamte Lehre der Reinkarnation keinen Sinn ergeben. Das heißt nun aber nicht, daß man einfach sagen kann: «Ich glaube nicht an das Karma-Gesetz», und daß man damit die Reinkarnation widerlegt hätte. Dann würde man denselben Denkfehler machen, über den wir schon gesprochen haben.

Was bedeutet denn Karma genau?

Das Sanskritwort «Karma» stammt ursprünglich aus den vedischen Schriften des alten Indien und bedeutet wörtlich «Tat, Handlung, Wirken». Da es eigentlich kein exaktes Synonym und kein Ersatzwort dafür gibt, wurde es seit seinem Bekanntwerden im Abendland als stehender Begriff in den westlichen Wortschatz übernommen.

Einfach gesagt bezeichnet man mit dem Begriff Karma das Naturgesetz des Gleichgewichtes von Ursache und Wirkung. Dieses Gesetz von *actio = reactio* ist als Drittes Newton'sches Axiom auch in der klassischen Physik bekannt, aber es besitzt auch seine Gültigkeit im feinstofflichen Bereich.

Das Kausalgesetz des Karma teilt jeder Handlung, jeder positiven oder negativen Aktion, die der Mensch ausführt, gemäß kosmischen Gesetzen eine entsprechende positive oder negative Reaktion zu, die sich sowohl in diesem als auch in einem kommenden Leben auswirken kann. Es ist aber kein unpersönliches, vernunftloses, willkürliches Schicksal, als das es hier im Westen fälschlich dargestellt und verurteilt wird. Karma ist ganz einfach Gottes Gesetz des Ausgleichs und der kosmischen Gerechtigkeit, und es läßt auch Raum für den freien Willen des Menschen.

4. Reinkarnation ist kein östlicher Gedanke

In diesem Zusammenhang könnte man fragen, ob Karma und Reinkarnation nicht einfach östliche Gedanken seien, die uns Europäer im Grunde nichts angehen?

Ich habe bereits erklärt, daß es sich bei diesen Dingen nicht um «Gedanken» handelt, die man geographisch oder historisch einordnen kann. Der Schweizer Psychoanalytiker C.G. Jung spricht in diesem Zusammenhang sogar von einem «Archetypus der Wiedergeburt», das heißt, das Wissen um die Gesetzmäßigkeiten von Karma und Wiedergeburt gehört zu den Uraussagen, zu dem Urwissen der Menschheit schlechthin.

Übrigens ist das Gesetz des Karma auch im europäischen Abendland gar nichts Neues, wenngleich es hier sicherlich nie in der umfassenden Ausführlichkeit formuliert, analysiert und begriffen wurde wie in der indischen

Tradition. Aber schon lange kennt unser Volksmund Redensarten, die auf ein vages Verständnis der Gesetzmäßigkeiten von Aktion und Reaktion hinweisen.

Um nur zwei Beispiele anzuführen: «Wie man in den Wald hineinruft, so schallt es wieder heraus» oder «Jeder ist seines Glückes Schmied». Oder wie es der romantische Dichter Novalis in einem seiner Fragmente ausdrückt: «Wähl ich nicht alle meine Schicksale seit Ewigkeiten selbst?»

Sogar in der Bibel finden wir vielerlei Hinweise auf das Karma-Gesetz, so zum Beispiel in dem Satz des Apostels Paulus: «Täuscht euch nicht: Gott läßt keinen Spott mit sich treiben; was der Mensch sät, wird er ernten.» (Gal. 6,7).

Wollen Sie damit sagen, daß die Reinkarnationslehre auch schon in früheren Epochen der europäischen Geistesgeschichte bekannt war?

Ja, durchaus. In meinem Buch habe ich diesen Sachverhalt im längsten und von meiner Seite her auch aufwendigsten Kapitel bewiesen. Dieses Kapitel, «Die Geschichte des Reinkarnationsgedankens», beinhaltet die vollständigste Übersicht über die Entwicklung des Reinkarnationsgedankens, die in der bisherigen deutschsprachigen Fachliteratur zu finden ist.

Auf über 150 Seiten werden zunächst die verschiedenen außereuropäischen Kulturen und Religionen und anschließend im Detail sämtliche Epochen der europäischen Geistesgeschichte in chronologischer Reihenfolge behandelt, wobei auch das jeweilige religiöse, kulturelle und politische Milieu umrissen wird, in dem der Reinkarnationsgedanke auftauchte.

Dadurch wird historisch und inhaltlich veranschaulicht, daß das universelle Wissen um die Reinkarnation und um das Weiterleben nach dem Tode nicht den Begrenzungen verschiedener kultureller, philosophischer oder religiöser Anschauungen unterliegt. Und es wird deutlich, daß es auch bei uns in Europa keine Zeitepoche gegeben hat, in der die Lehre der Reinkarnation nicht von einem überwiegenden Teil der Dichter, Denker und Philosophen, welche die abendländische Philosophie geprägt haben, diskutiert und häufig auch angenommen und gelehrt wurde.

In diesem Zusammenhang tauchen Namen auf wie etwa Pythagoras, Sokrates, Platon, Leibniz, Lessing, Goethe, Schiller, Heine, Schopenhauer, Nietzsche, Hauptmann, Morgenstern, Rilke oder auch Hermann Hesse, dem ich ein ausführliches Kapitel gewidmet habe.

Wir können also davon ausgehen, daß der Glaube an, besser das Wissen über die Reinkarnation eine der ältesten und weitverbreitetsten Überzeugungen der Menschheitsgeschichte darstellt und in der einen oder anderen Form ausnahmslos in jeder Zeitepoche, in jeder Kultur auf jedem Kontinent sowie auch in jeder großen Religion auftaucht. Der Seelenwanderungsgedanke bildet vielleicht sogar die fundamentalste verbindende Gemeinsamkeit aller Kulturen und Religionen – zusammen mit dem Glauben an eine dem Menschen übergeordnete höhere Macht, einen Schöpfer, einen Gott.

Auch im Christentum?

Nun, dies ist eine sehr komplexe und kontroverse Frage, die ich nicht so kurz beantworten möchte. Ich habe auch dieser Frage in meinem Buch ein eigenes Kapitel mit fast vierzig Seiten gewidmet, auf denen ich versuche, alle verfügbaren historischen und theologischen Fakten zusammenzutragen.

Nur eine kurze Schlußfolgerung in einem Satz?

Nun gut, in einem Satz möchte ich soviel sagen: Es spricht einiges dafür, daß das Verständnis von Karma und Reinkarnation in den ersten Jahrhunderten auch im Christentum ein grundlegender Glaubenssatz war und erst später bei verschiedenen Konzilien und unter fragwürdigen Umständen unter Kirchenbann gestellt und beseitigt wurde. Es ist aber nicht meine Absicht, sinnlos zu polemisieren und die eine Lehre gegen die andere auszuspielen, als wären sie nicht miteinander vereinbar.

Denn in diesem Zusammenhang ist es mir stets wichtig festzuhalten, daß – unabhängig von den endlosen kleinlichen theologischen Interpretations-Streitigkeiten – die Lehre von Karma und Reinkarnation auf jeden Fall *nicht* das zentrale Thema der Botschaft Jesu Christi und des christlichen Glaubens ausmacht.

Überraschend mag nun aber die Feststellung sein, daß diese gleiche Aussage auch in bezug auf die Botschaft der indischen Religionen Gültigkeit besitzt. Denn sowohl im Falle der vedischen Tradition als auch im Falle des Christentums besteht die Essenz aller Unterweisungen und das empfohlene Ziel allen menschlichen Strebens gerade darin, *nicht* in dieser vergänglichen Welt wiedergeboren werden zu müssen, sondern sich – durch liebende Hingabe an Gott – allmählich zu läutern, um so durch die Gnade Gottes letztlich aus dem Kreislauf der wiederholten Geburten und Tode befreit zu werden und nach Hause, zu Gott, zurückkehren zu können.

5. Das Ende der Reinkarnation

Könnten Sie abschließend noch etwas zu diesem Thema sagen, das Sie in Ihrem Buch als «Das Ende der Reinkarnation» bezeichnen?

Gerne. Denn selbst wenn man die Naturgesetze von Karma und Reinkarnation verstanden und akzeptiert hat, ist letztlich die Frage des Menschseins damit noch nicht beantwortet. Man fragt sich: Nun gut, es gibt so etwas wie ein Leben vor der Geburt und ein Leben nach dem Tode, aber was soll ich nun konkret mit dieser Erkenntnis anfangen, welche praktische Konsequenz soll ich aus ihr ziehen? Soll ich einfach so weiterleben wie bisher, oder muß ich mein Leben oder meine Lebenseinstellung nach dieser Erkenntnis in irgendeiner Form verändern?

Spätestens an dieser Stelle, mit diesen unbeantworteten Fragen, endet leider meist die bisherige Auseinandersetzung mit dem Reinkarnationsgedanken. An dieser Stelle aber beginnt meiner Meinung nach erst die eigentliche Fragestellung. Es ist jetzt nicht mehr die bloße Frage nach dem «Ob» oder dem «Wie» der Reinkarnation, sondern es ist eine Frage nach dem «Warum»:

Warum bin ich als spirituelle Seele gezwungen, innerhalb der materiellen Welt fortgesetzt von einem Körper zum nächsten zu wandern? Worin liegt der Sinn, wo das Ziel dieser endlos scheinenden Wanderung? Und: Gibt es ein Entrinnen aus dem Gesetz des Karma und aus dem Kreislauf von Geburt und Tod – gibt es ein Ende der Reinkarnation?

Und Ihre Antwort?

Meine Antwort lautet: Ja, das Ziel unserer Reise durch alle

möglichen Lebensformen besteht darin, daß wir allmählich unsere Unwissenheit überwinden und uns auf immer höhere Ebenen des Bewußtseins erheben, so daß wir letztlich das materielle Dasein vollständig und endgültig beenden und so unsere ursprüngliche Unabhängigkeit und spirituelle Freiheit wiederherstellen können.

Wie soll dies möglich sein?

Einzig durch Liebe – Liebe zu Gott. Wir alle besitzen als ewige spirituelle Seelen ursprünglich eine eigene, individuelle Beziehung zu Gott, doch im materiell verkörperten Zustand haben wir diese Beziehung vergessen. Doch solange wir uns in der materiellen Welt aufhalten, die nur ein Schatten, eine Reflexion der ersehnten spirituellen Realität ist, werden wir nicht die grenzenlose spirituelle Freude finden können, die uns eigentlich von Natur aus zusteht.

Erst dadurch, daß wir uns wieder mit Gott, unserem Ursprung, von dem wir uns aus freiem Willen einst gelöst haben, ebenfalls aus freiem Willen wieder verbinden, können wir wirklich frei und glücklich werden. Diesen Verbindungsvorgang nennt man im Sanskrit «Bhaktiyoga». Das Wort «Yoga» bedeutet wörtlich «sich verbinden», und «Bhakti» heißt soviel wie «Verehrung», «Dienst» oder eben «Liebe», Liebe zu Gott und zu Seiner Schöpfung.

Der entscheidende Faktor auf dem Weg zu unserer Befreiung ist also die Liebe und die Gnade Gottes. Es ist dem Menschen nicht möglich, aus eigener Kraft aus dem Kreislauf der Wiedergeburt auszubrechen. Allein durch die Gnade Gottes ist es möglich, daß wir unser Bewußtsein reinigen und erheben können, um so dem Gesetz des Karma zu entwachsen und aufzusteigen in das ewige Königreich Gottes.

Gott ist nicht Hindu, nicht Christ, nicht Jude, sondern Gott ist Gott, und Er wird es immer bleiben. Die Tatsache, daß Er in den verschiedenen offenbarten Religionen und Schriften mit unterschiedlichen Namen – wie Jahwe, Allah, Adonai, Buddha, Krischna oder Rama – angesprochen und in unterschiedlicher Weise verehrt wird, zeugt nicht von Seiner Widersprüchlichkeit, sondern ist Beweis für Seine unendliche Größe und Mannigfaltigkeit.

KARMA: SCHICKSAL ODER BESTIMMUNG?

Über das Gesetz,
das den Kosmos ordnet.

Dieser Vortrag wurde gehalten
am 13. März 1994
im Bernhard-Theater Zürich.

Er ist im Govinda-Verlag
auch als Vortragskassette erhältlich.

1. Karma als kosmisches Gesetz 140
2. Vier Phasen des Karma 143
3. Karma bewirkt unser Schicksal 149
4. Kollektives Karma 151
5. Kosmische Ethik 153
6. Du kannst alles erreichen! 158
7. Karma und Reinkarnation 161
8. Akarma: Der Ausweg aus der
   karmischen Verstrickung 164
Fragen aus dem Publikum 170

Begrüßung

Wir haben uns heute abend ein sehr interessantes Thema vorgenommen, und ich möchte zu Beginn noch einmal den Ankündigungstext lesen, den Sie vielleicht bereits gesehen haben. Darin wird der Inhalt umrissen, um den es uns heute abend unter dem Titel «KARMA: SCHICKSAL ODER BESTIMMUNG? – Über das Gesetz, das den Kosmos ordnet» gehen soll:

> Es gibt ein kosmisches Gesetz, dem alle Lebewesen und alle Ereignisse auf allen Planeten in unserem Universum unterworfen sind. Dieses verborgene Gesetz von Aktion und Reaktion ordnet mit stiller Hand jeder einzelnen unserer Handlungen eine gerechte Konsequenz zu. Es bewirkt unser Schicksal, unser persönliches Glück und Leid in unserem Leben und die Zukunft der Menschheit. Es hilft uns, zwischen Gut und Böse unterscheiden zu lernen und uns für das Richtige zu entscheiden. Dieses Gesetz ist das Gesetz der ausgleichenden kosmischen Gerechtigkeit. Wer es kennt und es anzuwenden weiß, kann alles erreichen. Es heißt: Karma.

In diesen sechs Sätzen ist eigentlich alles gesagt, was ich mit Ihnen heute zu unserem Thema besprechen möchte. Ich werde diese Sätze nun einen nach dem anderen noch einmal durchgehen, und anschließend werden wir noch ausreichend Zeit für Ihre Fragen haben. Denn es ist mir bei solchen Veranstaltungen, die ein derart breites Thema behandeln, daß man Tage oder zumindest Stunden darüber sprechen könnte, immer ein besonderes Anliegen, daß Sie die Fragen, die Sie mitgebracht haben und aufgrund derer Sie vielleicht überhaupt hierher gekommen sind, auch wirklich beantwortet bekommen, so daß Sie zufrieden nach Hause gehen können.

1. Karma als kosmisches Gesetz

«Es gibt ein kosmisches Gesetz», so beginnt der erste Satz. In dieser Aussage ist bereits sehr viel enthalten. Zunächst einmal geht es um ein *Gesetz*, über das wir heute abend sprechen möchten, um ein Naturgesetz. Ich lege unserer heutigen Betrachtung also die Annahme zugrunde, daß wir hier nicht über eine Glaubensfrage sprechen.

Ich werde oft gefragt: «Glaubst du denn an Karma? Glaubst du denn an Reinkarnation?» Und meine Antwort ist dann immer, manchmal zur Verblüffung des Fragestellers: «Nein, ich glaube nicht daran. Weil es keine Glaubenssache ist.» Wenn das Karma-Gesetz, so wie wir es heute abend betrachten und gemeinsam erarbeiten möchten, gültig ist, dann ist es ein Naturgesetz und als solches völlig unabhängig davon, ob der einzelne nun daran glaubt oder nicht. Genausowenig spielt es ja auch bei den anderen Naturgesetzen eine Rolle, ob wir an sie glauben oder nicht.

Nehmen wir zum Beispiel das Gesetz der Gravitation: Wenn ich jetzt diese gefüllte Wasserflasche in die Luft halte und sie dann loslasse, dann wird durch die Gravitation die Flasche unweigerlich zu Boden fallen und dort wahrscheinlich sogar zerbrechen. Nun ist es diesem Naturgesetz völlig egal, ob ich daran glaube oder nicht. Es ist nicht so, daß die Flasche nur bei denen nach unten fliegt, die an die Gravitation glauben, und daß sie bei all denjenigen, die nicht daran glauben, etwa in der Luft stehenbliebe oder nach oben flöge. Naturgesetz ist Naturgesetz; aber ob wir daran glauben oder nicht, ist eine zweite Frage.

In gleicher Weise steht es mit den Begriffen Karma und Reinkarnation (Reinkarnation ist ein Thema, das wir heute immer wieder am Rande streifen werden, weil die beiden zusammengehören): Wenn diese Dinge wirklich gültig sind, dann sind sie für alle Menschen gültig. Wenn sie aber nicht gültig sind – auch diese Möglichkeit müssen wir fairerweise in Betracht ziehen –, dann sind sie ebenfalls für alle nicht gültig. In beiden Fällen also ist es egal, ob wir daran glauben oder nicht. Es ist nicht so, daß nur die Hindus wiedergeboren werden und die Christen nicht; dies würde keinen Sinn ergeben. Es ist nicht so, daß alle Asiaten dem Karma-Gesetz unterstehen und alle Europäer nicht, einfach weil sie nicht daran glauben oder weil sie es nicht kennen.

Fragen Sie also bitte nicht: «Glaubst du an Karma, glaubst du an Reinkarnation?» Fragen Sie, wenn schon: «Weißt du etwas darüber?» Soviel zunächst einmal zum Thema Naturgesetz.

«Es gibt ein *kosmisches* Gesetz», so lautet die erste Hälfte unseres ersten Satzes. Der Begriff «Kosmos» ist in diesem Zusammenhang sehr wichtig. Kosmos ist ein griechisches Wort, und es heißt soviel wie «ein geordnetes, intelligentes System». In der altgriechischen Sprache ist das polare Gegenstück zu Kosmos «Chaos». Und es gibt immer nur entweder das eine oder das andere.

Unser Universum ist ein Kosmos, ein geordnetes System; über diesen Punkt brauchen wir, glaube ich, nicht zu diskutieren. Dies wird jedem klar, wenn er nur die Planetenbahnen betrachtet oder die Abläufe in einem menschlichen Körper oder überhaupt alles in der Natur. Alles hat Ordnung, alles hat Sinn, alles hat Logik. So auch das Karma-Gesetz.

Der vollständige erste Satz lautet: «Es gibt ein kosmisches Gesetz, dem alle Lebewesen und alle Ereignisse auf allen Planeten in unserem Universum unterworfen sind.»

Alle Lebewesen und alle Ereignisse – das ist eine sehr hochtrabende Aussage: Alles im ganzen Universum, und sogar noch auf allen Planeten, soll diesem Gesetz unterworfen sein? Ja. Denn wenn wir über Karma sprechen, ergibt dies nur dann einen Sinn, wenn wir es auch in diesem großen Rahmen betrachten.

Wir haben heute nicht die Zeit, und es ist auch nicht unser Thema, über die anderen Planeten zu sprechen. Nur so viel: Gemäß den alten indischen Schriften, in denen die Karmalehre ursprünglich beschrieben wird («Karma» ist ein Sanskritbegriff), ist es so, daß alle Planeten in unserem Kosmos bewohnt sind. Die Planeten sind bewohnt mit den verschiedensten Formen von Lebewesen, die natürlich zuweilen derart andersgestaltig sind, daß wir als Menschen sie nicht wahrnehmen können, da wir gar nicht die Fähigkeit und auch nicht die Mittel haben, sie wahrzunehmen. Aber theoretisch kann man überall «wiedergeboren» werden, auf jedem Planeten. Und auch auf unserem Planeten Erde kann man in jedem Lebensbereich, in jeder Lebensform wiedergeboren werden: als Mensch, Tier, Pflanze, Geistwesen und was es sonst noch alles gibt.

Jedes dieser Lebewesen untersteht dem Gesetz des Karma; und nicht nur jedes Lebewesen, sondern auch jedes Ereignis. Was immer also passiert, und zwar sowohl kosmisch gesehen (z.B. die riesigen Dinge, die passieren, wenn Planeten erschaffen und zerstört werden) als auch in bezug auf die kleineren Dinge unseres Alltags (z.B. wenn wir auf einer Bananenschale ausrutschen) – alles gehört in dieses System des Karma.

Nochmals also: Es hat nur dann einen Sinn, über Karma zu sprechen, wenn man ihm auch tatsächlich diese Dimensionen verleiht: Wenn es keine Glaubenssache ist und wenn es nicht etwas ist, das nur ein paar wenige Menschen angeht, während andere davon nicht betroffen sind.

2. Vier Phasen des Karma

Ein nächster Satz lautet: «Es bewirkt unser Schicksal, unser persönliches Glück und Leid in unserem Leben und die Zukunft der Menschheit.» Hier haben wir wiederum viele Aussagen in einem Satz. Zunächst einmal der Begriff «Schicksal»: Welch großes Wort! Wieviel könnte man darüber sagen!

Schicksal im Sinne von etwas, das einem zu-fällt, das also ein «Zufall» ist – dies gibt es im Weltbild des Karma nicht, jedenfalls nicht als etwas Willkürliches, nicht als ein «Zufall» im üblichen Sinne.

Im Philosophiestudium hat uns unser Professor erklärt, daß sich die ganze abendländische Philosophie praktisch in zwei Lager aufteilen läßt: Auf der einen Seite sind die Vertreter der Prädestinations- oder Schicksalslehre, und auf der anderen sind die Anhänger der Lehre des freien Willens. Diese beiden Lager haben schon immer miteinander gestritten, und sie konnten sich nie einig werden, welche Ansicht denn nun wirklich stimmt. Durch Kenntnis der karmischen Gesetze wird das Problem jedoch gelöst, indem man nämlich sagt: Beides ist richtig.

Es ist sicherlich eine Tatsache, daß dann, wenn uns etwas geschieht, wenn uns etwas zu-fällt, daß dies dann eine Sache ist, die wir nicht mehr einfach so abwenden können. Wenn es unser Schicksal ist, daß dieses und jenes eintreten soll, oder wenn es bereits eingetreten ist – was sollen wir dann noch machen? Da ist offensichtlich unser freier Wille machtlos. Wir können uns ein Leid, wenn es uns befällt, nicht einfach wegdenken; wir können einen Zustand nicht einfach wegzaubern, sondern wir müssen uns damit abfinden. Aber dies heißt nicht, daß wir keinen freien Willen haben.

Ich muß an dieser Stelle die karmischen Gesetze noch etwas genauer auseinanderpflücken und möchte Sie um Verzeihung bitten, wenn ich dabei ein wenig technisch werde. Aber diese Analyse ist sehr wichtig, und es ist gewiß auch für diejenigen, die sich bereits mit Karma beschäftigt haben, sehr interessant, diese Details einmal zu hören.

In den Sanskritschriften Indiens wird Karma als vierphasig beschrieben, wobei das, was wir im alltäglichen esoterischen Sprachgebrauch als Karma kennen, nur ein Teil von vieren ist, nämlich der letzte: Karma im Sinne von einer Gegebenheit, die bereits da ist, als eine Wirkung, die einem bereits zugefallen ist. Zum Beispiel ist es mein Karma, daß ich diesen Körper bekommen habe. Es ist mein Karma, daß ich in der Schweiz geboren wurde, daß ich 1961 geboren wurde, daß ich genau diese Eltern habe und nicht etwa andere, daß ich einen männlichen Körper habe und nicht etwa einen weiblichen, daß ich eine Brille tragen muß und daß ich, wenn ich hier eine Stunde lang stehe, Rückenschmerzen bekomme – dies alles ist mein Karma, dies alles läßt sich nicht so schnell abwenden. Ich kann nicht einfach sagen: Ich wäre doch lieber im letzten Jahrhundert oder in Afrika oder Indien geboren worden; nein, diese Gegebenheiten sind jetzt unabwendbar da. Dies nennt man im Sanskrit *Prārabdha-Karma*, das Karma, das bereits geerntet ist.

Nun ist dieses Prārabdha-Karma aber nur der vierte und letzte Teil einer vierstufigen, vierphasigen Karma-Entwicklung. Alle vier Stufen heißen:

1. Bīja
2. Kūṭa-stha
3. Phalonmukha
4. Prārabdha

Bīja, die erste Phase des Karma, heißt wörtlich «Same»; Karma in Samenform also. Hier wird ein Bild aus der Natur verwendet: Wenn wir einen Samen in die Erde stecken, dann ist es von den Naturgesetzen schon vorausbestimmt, wie die Entwicklung weiterverlaufen wird – vorausgesetzt, es herrschen die richtigen Umstände, das heißt, wenn das richtige Licht, das richtige Wasser und alles andere, was dazugehört, stimmt. Dann wird aus diesem Samen im Laufe der Zeit ein Keim entstehen, dann ein Sprößling, und so wird schließlich eine Pflanze entstehen, die dann letzten Endes Früchte tragen wird. Aber vom Samenzustand bis zur Frucht ist noch ein weiter Weg, und es können unterwegs viele Dinge geschehen.

Das Bīja-Karma nun, das Karma in Samenform, sind unsere Wünsche. Wir alle haben Wünsche. Ja, unsere Wünsche sind eigentlich das aktive Prinzip, das uns durch unser Leben treibt. Egal, was es im einzelnen auch sei – seien es materielle Wünsche («ich möchte mit 40 endlich meine erste Million haben; ich möchte nochmals heiraten; ich möchte doch noch Kinder haben; ich möchte einmal im Fernsehen kommen», oder was auch immer), oder seien es spirituelle Wünsche («ich möchte mehr Wissen über meine Beziehung zu Gott; ich möchte am Ende meines Lebens nicht noch einmal wiedergeboren werden müssen», oder was auch immer) –, diese Wünsche bewirken, daß wir zu bestimmten Entschlüssen kommen, daß wir uns also entschließen, dem einen oder anderen Wunsch nachzugeben und auf ihn hinzuarbeiten, während wir andere Wünsche herausfiltern, indem wir sagen: Nein, das ist mir die Mühe nicht wert.

Diese zweite Phase des Karma heißt *Kūṭa-stha*, die Phase des Entschließens. Das heißt, unsere Wünsche tauchen zunächst einmal aus unserem Unterbewußtsein auf und werden von uns wahrgenommen (alle Wünsche sind zuerst im Unterbewußtsein, dann erst werden sie bewußt), und dann können wir entscheiden, wie wir mit ihnen umgehen wollen. Wenn ich beispielsweise jetzt den Wunsch habe, mit 40 Millionär zu sein, dann habe ich noch acht Jahre Zeit und ich müßte mir nun ausrechnen, welche Kompromisse ich in diesem Fall machen müßte. Vielleicht sage ich dann: Nein, das muß nicht sein, ich lasse es lieber. Und damit entlasse ich diesen Wunsch wieder aus meinen Gedanken. Oder wenn ich jetzt den Wunsch habe, noch Olympiasieger zu werden, dann müßte ich mir einmal die Disziplinen anschauen, in denen man in diesem Alter noch etwas erreichen kann. Vielleicht wäre auch dies ein Wunsch, bei dem ich einsehen müßte, daß es besser ist, ihn fallenzulassen.

Habe ich jetzt aber den Wunsch – und ich wähle nun

mit Absicht ein ganz plumpes Beispiel –, dieser Dame hier eine Ohrfeige zu geben (keine Angst, ich werde es nicht tun), und fälle ich nun tatsächlich den Entschluß, diesem Wunsch nachzugeben, dann bin ich mit diesem Fällen des Entschlusses in der karmischen Kettenreaktion bereits eine Stufe weiter. Ich beginne nun, die Handlung vorzubereiten, ich gehe zum Beispiel auf die Dame zu, ich krempele die Ärmel hoch, ich hole aus – dies sind immer noch Phasen, wo ich stoppen könnte, wo ich mir sagen könnte: Moment mal! Was soll denn das? Wieso soll ich jetzt der Dame eine Ohrfeige geben? Sie hat viel Geld bezahlt und viel Zeit geopfert, um hierher zu kommen, und dann wird sie hier einfach nur verhauen?

Aber ich kann mich auch so weit gehen lassen, bis ich die Tat vollbringe und der Dame tatsächlich eine Ohrfeige gebe. Damit komme ich in die dritte Phase des Karma: *Phalonmukha*, die Phase, nachdem die Handlung bereits vollbracht ist. Jetzt kann ich die Reaktion nicht mehr stoppen, jetzt läuft das Schicksalsrad, jetzt läuft eine Kettenreaktion durch alle möglichen kosmischen Gefilde, die ich nicht mehr überblicken kann. Aber sicher ist: Am Ende dieser Kettenreaktion stehe wieder ich. Sicher ist: Das, was ich durch meine Handlung ausgelöst habe, wird auf mich zurückkommen. Dies ist das Gesetz von Aktion und Reaktion.

Damit sind wir übrigens beim zweiten Satz: «Dieses verborgene Gesetz von Aktion und Reaktion ordnet mit stiller Hand jeder einzelnen unserer Handlungen eine gerechte Konsequenz zu.»

Die gerechte Konsequenz, die sich aus dieser Handlung ergibt, ist, daß auch ich dieselbe Erfahrung machen darf oder machen muß. Ich benütze hier mit Absicht den

Begriff «Erfahrung», obwohl Sie in der Beschäftigung mit dem Thema Karma sonst vielleicht eher Wörter wie «Strafe», «Schuld», «Sühne» oder «Buße» gehört haben. Diese häufige Art, Karma zu betrachten, ist allerdings nur *eine* mögliche Art, und zwar die oberflächlichere. Sie ist nicht falsch, aber es ist einseitig, wenn man im Zusammenhang mit Karma immer nur von Schuld und von Strafe spricht.

Denn es geht bei diesen Dingen in erster Linie um einen Lernprozeß. Wenn ich der Dame eine Ohrfeige gebe, dann bin ich ja offensichtlich der Ansicht, dies sei etwas Sinnvolles. Mit anderen Worten, ich bin mir nicht wirklich darüber bewußt, daß es eigentlich weh tut, wenn man gehauen wird. Da mir also diese Erfahrung fehlt, sagt dann das karmische Naturgesetz: Gut, diese Erfahrung, die dir noch fehlt, darfst du gerne nachholen. Und darum steht am Ende der Kettenreaktion irgend jemand, der mir eine Ohrfeige gibt, wodurch dann mein Karma erfüllt ist, zumindest dieses eine Karma in bezug auf die Ohrfeige.

Damit kommen wir zurück zu unserem Anfangsgedanken, und wir sehen: Schicksal oder Bestimmung einerseits und freier Wille andererseits gehen Hand in Hand. An diesem Beispiel können wir dies sehr schön erkennen: Nachdem ich die Ohrfeige ausgeteilt habe, bin ich nicht mehr frei. Die karmische Kettenreaktion ist ausgelöst, und es ist nur noch eine Frage der Zeit, bis die vierte Phase des Karma, nämlich *Prārabdha*, die Ernte, eintritt. Diese Ernte ist in unserem Beispiel die Ohrfeige, die ich selbst bekomme, oder irgend etwas Vergleichbares (vielleicht sticht mich eine Wespe in die Wange, so daß ich auf diese Weise diesen Schmerz erfahre, oder irgend etwas ähnliches).

Vorher aber, in der Phase des Bīja (Wunsch) und in der Phase des Kūṭa-stha (Entschluß), habe ich immer noch den freien Willen zu sagen: Nein, ich mache es nicht. Bis zur Handlung selbst, die die karmische Kettenreaktion in Gang setzt, bin ich also frei zu tun und zu lassen, was ich will; hier redet mir kein Naturgesetz rein. Habe ich aber die Handlung ausgeführt, dann bin ich nicht mehr frei.

Dieses Karma-Gesetz ist, wie unser zweiter Satz beinhaltet, verborgen; es ist nicht so offensichtlich wie das Gravitationsgesetz. Doch obwohl es verborgen ist, funktioniert es trotzdem. Wenn wir mit den Augen des Karma durchs Leben gehen – mit anderen Worten, wenn wir bei den Dingen, die in der Welt oder um uns selbst passieren, uns immer wieder in Erinnerung rufen, daß da ein Karma-Gesetz existiert –, dann werden wir sehen, daß es funktioniert. Wir werden es bei uns selbst erkennen können, wie es läuft. Das Karma-Gesetz ist also nichts Geheimes, es ist nur etwas, was unter der Oberfläche verborgen ist und «mit stiller Hand» die Konsequenzen zuordnet.

3. Karma bewirkt unser Schicksal

«Es bewirkt unser Schicksal», heißt es in unserem dritten Satz, den wir bereits angesprochen haben. Das, was wir «Schicksal» nennen, ist folglich nichts anderes als eine Wirkung, die uns die karmischen Naturgesetze zugespielt haben. Und die Ursache dieser Wirkung sind immer wir selbst. Wenn wir also ein Schicksal erleiden oder uns eines Schicksals erfreuen, dann ernten wir damit immer nur die Frucht einer Saat, die wir in der Vergangenheit selbst gesät haben.

Dies steht sogar in den biblischen Paulusbriefen: «Was der Mensch sät, wird er ernten». Das Karma-Gesetz ist somit ein Konzept, das auch dem Christentum nicht fremd ist, obwohl der eigentliche Begriff «Karma» in Europa erst in diesem Jahrhundert bekannt wurde – übrigens durch Rudolf Steiner; er war meines Wissens der erste, der diesen Begriff in die deutsche Sprache eingeführt hat.

Jedes Glück, das wir erfahren, ist die Frucht einer positiven Handlung, die wir irgendwann einmal ausgeführt haben; jedes Leid, das wir erfahren, ist die Frucht einer negativen Handlung, die wir ebenfalls selbst ausgesät haben. Es nützt also nichts und es ist müßig und überflüssig, für unser Glück und Leid Verantwortliche zu suchen. Wir tun dies meistens ohnehin nur dann, wenn uns gerade etwas Negatives widerfährt. Denn wenn es uns gut geht, wenn wir also gerade eine positive Frucht ernten, beispielsweise wenn wir in irgend etwas sehr erfolgreich sind, dann sind wir sofort bereit zu sagen: Das habe ich gut gemacht; seht nur, was ich gemacht habe! Sofort sind wir bereit, das Verdienst für uns zu beanspruchen – manchmal sogar selbst dann, wenn jemand anderes etwas Gutes gemacht hat.

Aber wenn uns etwas Schlechtes widerfährt, etwas, das uns Leid zufügt und das uns Mühe macht – wie schnell sind wir dann bereit zu sagen: Könnte nicht bitte jemand hier die Verantwortung übernehmen? Vielleicht Sie, oder vielleicht Sie, vielleicht die Welt, vielleicht Gott, vielleicht meine böse Schwiegermutter oder die Eltern in der Kindheit oder der Henker im letzten Leben – irgend jemand muß doch schuld an meinem Leid sein.

So zeigen wir mit dem Finger auf jeden, der uns über den Weg läuft, um ihm die Schuld zu geben. Ein indisches

Sprichwort aber sagt: «Wenn ich mit einem Finger auf dich zeige, dann zeigen drei Finger auf mich zurück.» Ist Ihnen das schon einmal aufgefallen? Ich kann mit dem Zeigefinger zwar auf Sie zeigen und sagen: Du bist schuld; aber diese drei anderen Finger sagen zu mir: Nein, du bist selbst schuld.

Diese Frage nach der Schuld für unser Schicksal ist ein großes Thema, und man könnte hier noch viel mehr in die Tiefe gehen. Wir können dies auch gerne bei anderer Gelegenheit oder privat einmal tun, aber in unserem heutigen Rahmen müssen wir diese Erkenntnis einfach so stehen lassen: Was immer uns widerfährt, wir tun gut daran, zuerst einmal die Ursache dafür in uns selbst zu suchen.

4. Kollektives Karma

Der letzte Teil unseres dritten Satzes lautet: «Karma bewirkt die Zukunft der Menschheit.» Soll nun auch noch die Zukunft der Menscheit mit dem Karma zu tun haben? Ja. Man nennt dies kollektives Karma.

Kollekives Karma bedeutet nichts anderes als die Summe des individuellen Karma all jener Leute, die ein bestimmtes Kollektiv bilden; so einfach ist das. Kollektives Karma ist also nicht etwas Getrenntes. Es ist nicht so, daß ich einerseits mein individuelles Karma habe, das ich mit mir umherschleppe, und andererseits auch noch das kollektive; nein, es ist dasselbe. Aber wenn mehrere Menschen zusammen sind, die das gleiche erleben und erfahren, dann nennt man dies ihr kollektives Karma. Mit anderen Worten: Jeder einzelne, der ein Teil einer bestimmten Gesellschaft oder einer Zusammenkunft ist, bringt sein eigenes Karma mit, und das individuelle Karma aller Mitglieder zusammen ergibt dann das kollektive Karma der entsprechenden Gruppe.

Zum Beispiel ist es im Moment unser aller kollektives Karma, hier im Bernhard-Theater sein zu dürfen. Und es ist unser gemeinsames kollektives Karma, daß wir, wenn wir hinausgehen, vielleicht verregnet werden, denn wir sind nun einmal alle zusammen an diesem Ort, an dem es gerade regnet. Dies ist jedoch kein Zufall, sondern eben unser kollektives Karma. Das kollektive Karma kann also durchaus auch unspektakulär sein.

Es kann aber auch sehr spektakulär sein. Nämlich dann, wenn plötzlich eine Gruppe von Menschen gemeinsam etwas sehr Einschneidendes erlebt. Ein Regenguß ist ja nicht so einschneidend, so etwas erleben wir auch in anderer kollektiver Zusammensetzung immer wieder. Aber wenn wir beispielsweise in ein Flugzeug steigen und dieses Flugzeug dann abstürzt, so bedeutet dies: All diejenigen Menschen, die sich in dem Flugzeug befanden, müssen nach den karmischen Gesetzmäßigkeiten dieses eine, gemeinsame Karma gehabt haben, nämlich einen Flugzeugabsturz zu erleben. Hätten sie dieses Karma nicht gehabt, dann wären sie nicht in dem Flugzeug gewesen.

Wie gesagt: Wenn wir Karma als ein kosmisches Gesetz akzeptieren, dann gilt es überall und zu jeder Zeit, dann gibt es auch in Flugzeugen keine Ausnahmen. Es kann ja nicht sein, daß gerade in einem solchen Fall das Karma-Gesetz nicht gilt, daß man gerade dort nur zufällig drin ist. Nein. Es gibt viele Beispiele von Flugzeugabstürzen, bei denen einige Menschen überleben und andere nicht. Es gibt auch Beispiele von solchen, die unbedingt einen bestimmten Flug erwischen wollten, aber in letzter Sekunde verhindert waren, vielleicht weil sie am Flughafen keinen Parkplatz gefunden haben, weil sie das Ticket verloren haben oder weil ihnen sonst irgend etwas dazwischengekommen ist. Sie verpaßten den Flug, und das Flugzeug stürzte ab. Das sind dann solche Menschen, deren Karma es nicht gewesen ist, den Absturz zu erleben. Diejenigen aber, die ihn erleben, hatten das entsprechende Karma. Dies also nennt man kollektives Karma.

Kollektives Karma heißt aber auch, daß wir, wenn wir als Kollektiv – beispielsweise wir als Mitteleuropäer – alle dieselben Handlungen ausführen oder in der einen oder anderen Form an denselben Handlungen teilhaben, daß wir alle dann auch an der Ernte dieser Handlungen teilhaben. Deswegen sage ich: Das Karma-Gesetz bewirkt auch die Zukunft der Menscheit.

So, wie wir jetzt als Individuum handeln, so wird die Zukunft auf uns zurückkommen. Und so, wie wir jetzt als Kollektiv, als Gesellschaft handeln, so wird die Zukunft auch auf diese Gesellschaft zurückkommen. Dies wäre ebenfalls ein sehr interessanter Punkt, den wir sehr viel weiter ausführen könnten. Aber auch hier möchte ich ihn nur anklingen lassen und weitergehen; wir können allenfalls im Anschluß noch eingehender darüber sprechen, wenn Sie möchten.

5. Kosmische Ethik

Unser vierter Satz lautet: «Es hilft uns, zwischen Gut und Böse unterscheiden zu lernen und uns für das Richtige zu entscheiden.»

Hier werden erneut große Wörter benutzt: Gut und Böse – als ob dies etwas Absolutes wäre, als ob es nicht so wäre, daß jeder für sich selbst definieren könne, was gut und was böse sei. So mögen Sie vielleicht gedacht haben, als Sie den Text lasen oder hörten. Und diese Einwände sind berechtigt.

Sicherlich ist richtig: Des einen Menschen Nahrung ist des anderen Menschen Gift. Sicherlich ist richtig: Was ich für mich als gut empfinde, mögen Sie für sich nicht als gut empfinden; was ich für mich als schlecht empfinde, mögen Sie für sich als nicht so schlecht oder vielleicht sogar als gut, ja als das Ziel ihres Lebens betrachten. Dies sind die *relativen* Unterteilungen in Gut und Böse. Und diese bleiben auch trotz Karma-Gesetz gültig, denn wir haben, wie zuvor ausgeführt, immer unseren freien Willen, der uns immer die Freiheit läßt zu sagen: Das möchte ich, weil ich denke, es ist gut für mich. Dieser freie Wille ist immer da.

Aber: Wenn wir von «Kosmos», also von einem geordneten System sprechen, in das wir alle eingebettet sind, dann muß es doch wohl auch so etwas wie einen kosmischen Maßstab für Gut und Schlecht, für Richtig und Falsch geben, sonst würde das System ja nicht aufgehen. Und diesen kosmischen Maßstab gibt es tatsächlich, und er wird in den entsprechenden Karma-Lehrbüchern, hauptsächlich in den Sanskritschriften Indiens, sehr ausführlich beschrieben.

Es gibt also Handlungen, die von einem kosmischen Standpunkt aus betrachtet für den Menschen richtig und gut und wünschenswert sind. Ja der Mensch wird sogar dazu aufgefordert: Mach' diese Handlungen! Einige dieser Handlungen sind offensichtlich, und wir können sie von jeder Religion lernen. Zum Beispiel ist Nächstenliebe sicherlich eine der bekanntesten Aufforderungen an den Menschen, denn darüber ist sich wohl jeder einig: Es ist gut, anderen Menschen, die vielleicht in Not und Leid sind, zu helfen; es ist gut zu versuchen, andere irgendwie weiterzubringen. Dies gilt kosmisch gesehen als gute Handlung.

Andererseits gibt es Handlungen, die kosmisch gesehen nicht sehr gut sind. Auch darüber sind wir uns wohl alle einig, denn auch hier erklärt es uns schon unser gesunde Menschenverstand. Es ist zum Beispiel schlecht, jemanden umzubringen oder unnötigerweise Gewalt auszuüben.

Doch neben diesen ganz offensichtlichen Dingen muß es – wenn es so etwas wie eine kosmische Ordnung gibt – doch wohl so sein, daß eine solche Einteilung grundsätzlich in jeder Situation möglich ist, und zwar auch dann, wenn es manchmal unserer subjektiven Wahrnehmung oder dem, wie wir persönlich es gerne hätten, widersprechen mag. Diesen absoluten, allgemeingültigen Maßstab setzt die Karmalehre voraus. Sie besagt, daß es tatsächlich so etwas wie eine kosmische Ethik (Lehre von Richtig und Falsch) gibt.

Durch unsere Beschäftigung mit dem Karma-Gesetz können wir nun lernen, das eine von dem anderen zu unterscheiden. Ich gebe Ihnen hierfür ein ganz praktisches Beispiel: Nach alledem, was bisher gesagt wurde, wissen wir inzwischen, daß unser Leid immer die Folge einer Handlung ist, die wir selbst gewollt und gewünscht, zu der wir uns entschlossen und die wir dann auch ausgeführt haben. Wir haben alle diese Phasen des Karma durchgemacht, und jetzt ernten wir eben das entsprechende Leid.

Wenn ich Sie jetzt aber fragen würde: «Wer leidet denn

gerne?», würden Sie sich dann melden? Wenn ich zu Ihnen sagen würde: «Schauen Sie, hier habe ich eine Pille. Wenn Sie diese Pille nehmen, dann garantiere ich Ihnen, daß Sie so sehr leiden werden wie noch nie zuvor. Sie werden Kopfschmerzen bekommen, sie werden Bauchschmerzen bekommen, Ihnen werden die Beine wehtun, Sie werden Schweißausbrüche bekommen, Sie werden Hautausschläge bekommen, Sie werden tagelang erbrechen, Sie werden kaum mehr aus den Augen schauen können, usw. All dies wird durch diese Pille geschehen. Wer also hätte gern eine solche Pille? Wir verteilen sie heute kostenlos ...»

Niemand würde diese Pille einnehmen wollen, denn niemand will bewußt leiden. Aber wer von Ihnen kann sagen, daß er oder sie noch nie gelitten habe, weder grobstofflich noch feinstofflich? Offensichtlich ist es also nicht so, daß wir einfach nur etwas wollen, etwas wünschen können und daß dies dann automatisch geschieht. Offensichtlich unterstehen wir höheren Gesetzmäßigkeiten, die uns manchmal Dinge aufzwingen, die wir in dem Moment gar nicht wollen. Unsere einzige Erklärung hierfür ist dann meistens: Ich habe es nicht gewußt. Ich wußte einfach nicht, daß diese Handlung eine solche Konsequenz hat. Das hat mir keiner gesagt.

Doch wenn wir so reagieren, projizieren wir bereits wieder die Schuld, indem wir sagen: Ihr seid schuld, denn ihr habt es mir nicht gesagt. Ich habe einfach nur eine bestimmte Handlung ausgeführt, beispielsweise habe ich jemandem Leid zugefügt, und ich dachte, das merkt doch keiner, das fällt doch nicht auf. Oder ich habe gelogen und betrogen. Aber es hat mir keiner gesagt, daß mir diese gleichen Dinge dann auch widerfahren werden, daß auch ich darunter werde leiden müssen.

Wer so argumentiert, erkennt immerhin schon die karmischen Kausalzusammenhänge; aber noch besser wäre es natürlich, wenn er darüber hinaus auch auf die Schuldzuweisung verzichten und sich sagen würde: Nun, ich wollte es wohl einfach nicht wissen. Aber dadurch, daß mir diese Dinge nun wieder zu-fallen, habe ich jetzt die Chance, die Lektion nachzuholen und zu lernen.

Damit sind wir wieder beim Lernprozeß des Karma. Karmische Reaktionen sind immer eine Aufforderung, etwas zu lernen. Jedes Leid, das wir erfahren, jedes Schicksal, das uns ereilt – dies gilt natürlich in erster Linie für die schmerzhaften Schicksale – ist eine Chance für uns, etwas zu lernen, eine Lektion nachzuholen, die wir verpaßt haben, und uns im Hier und Jetzt für das Richtige zu entscheiden.

Durch die Beschäftigung mit diesen Themen lernen wir also unterscheiden: Ach so, dies ist eine schlechte Handlung. Das wußte ich gar nicht; gut, daß ich es jetzt weiß. So werde ich versuchen, diese Handlung in Zukunft nicht mehr auszuführen und diese Wünsche nicht mehr zu pflegen. Und: Ach so, dies ist eine gute Handlung, die dazu führen wird, daß ich meine Ziele erreichen kann. So werde ich versuchen, mich auf solche Handlungen zu konzentrieren.

Auf diese Weise können wir lernen, uns für das Richtige zu entscheiden, wobei es natürlich letzten Endes auch immer subjektiv ist, was wir als das Richtige betrachten. Hier reden uns die absoluten Gesetze nicht hinein. Wenn wir denken, es sei richtig für uns, dieses oder jenes zu erleben, dann werden uns die karmischen Gesetze nicht davon abhalten, sondern sie sagen nur: Auf diese Weise mußt du es machen.

6. Du kannst alles erreichen!

Damit kommen wir bereits zu unseren letzten beiden Sätzen: «Dieses Gesetz ist das Gesetz der ausgleichenden kosmischen Gerechtigkeit. Wer es kennt und es anzuwenden weiß, kann alles erreichen.»

Schon wieder eine große Aussage: Wir können alles erreichen! Ja, was immer wir uns wünschen, wir können es erreichen. Ich meine dies allerdings nicht nur auf der Ebene von «Positiv denken» oder von Autosuggestion, sondern das ganze geht noch ein wenig tiefer. Zwar mag die Erfüllung unserer Wünsche nicht in diesem Leben eintreten; zwar mag es viele Wünsche geben, die sich in diesem Leben nicht verwirklichen lassen, weil wir vielleicht einfach nicht den Körper dazu haben. Aber wenn wir etwas wirklich wünschen und wenn wir die Gesetzmäßigkeiten, die diesen Kosmos ordnen, kennen, dann können wir es erreichen. Wenn wir nur wollen.

Die karmischen Gesetze können wir in diesem Zusammenhang wie einen Reisekatalog verstehen. Jetzt kommt ja allmählich die Sommerzeit wieder, und wir machen uns Gedanken, wohin wir im Urlaub fahren wollen. Wir besorgen uns also von einem Reisebüro einen entsprechenden Katalog und blättern diesen nun durch: Da werden beispielsweise die Philippinen angeboten oder Amerika oder Australien oder Schweden oder die Schweizer Alpen oder die Bahamas oder was auch immer. Während wir nun diesen Katalog durchblättern, spricht uns das eine Reiseziel mehr an und das andere weniger, und irgendwann entscheiden wir: Hier möchte ich gerne hinfahren, diese vier Wochen Florida interessieren mich. Dann schauen wir unten nach, wo der Preis für diese Reise steht; und dann schauen wir in unserer Tasche nach und sagen: Nun ja, vielleicht nehme ich doch lieber die Schweizer Alpen. Mit anderen Worten: Es sind immer zwei Faktoren, die darüber entscheiden, welchen Urlaub wir bekommen, nämlich erstens unser Wunsch und zweitens unser Vermögen, das heißt – wenn wir das Beispiel wieder zurückübersetzen – unser Karma.

So können wir uns innerhalb dieses Kosmos alles nur Erdenkliche wünschen, und alle unsere Wünsche können auch in Erfüllung gehen. Es gibt nur einen einzigen Wunsch, den wir nicht erfüllt haben können, und das ist der Wunsch, selbst Gott zu sein. Dieser Posten ist bereits belegt; dieser Wunsch ist unmöglich erfüllbar. Aber alle anderen Wünsche können wir uns erfüllen.

Wenn wir zum Beispiel jemand sein wollen, der einen Planeten erschaffen kann (man nennt diese Wesen im Sanskrit «Devas», zu Deutsch «Halbgötter»), dann können wir dies werden. In den vedischen Schriften Indiens steht der Preis dafür drin; es steht drin, was wir tun müssen, um dieses Ziel zu erreichen. Oder wenn wir Olympiasieger, wenn wir Nobelpreisträger, wenn wir Millionär werden wollen, oder wenn wir einfach nur ein glückliches Leben mit einer schönen Familie führen möchten – es steht beschrieben, wie wir solche Ziele erreichen können.

Es steht allerdings immer auch der entsprechende Preis dabei, und die Frage, die wir uns selbst stellen müssen, ist stets: Bin ich bereit, diesen Preis zu bezahlen? Denn der Preis mag manchmal ein wenig unerwartet sein, und wir hätten es manchmal lieber etwas billiger. Doch wir können nicht einfach in ein Reisebüro gehen und sagen: Ich habe zwar nur zwanzig Franken, aber dürfte ich vielleicht trotzdem die vierwöchige Floridareise bekommen? Natürlich können wir es versuchen, aber wir sollten auch nicht allzusehr enttäuscht sein, wenn es heißt: Nein, es tut uns leid, das liegt nicht drin.

Wer also die Karma-Gesetze kennt, wer sie anzuwenden weiß und wer auch bereit ist, den jeweiligen Preis zu bezahlen, der kann alles erreichen. Konkret: Sie können im nächsten Leben Millionär sein, kein Problem; ich kann Ihnen erklären, wie das geht. Aber wenn Sie die Erklärung hören, werden Sie vielleicht sagen: O nein, das ist mir dann doch ein wenig zu mühsam; gibt es nicht etwas Einfacheres?

Sie können auch auf höhere Planeten gehen, wo die materiellen Genüsse tausendmal größer sind als auf der Erde. Auch dies ist möglich, und ich kann Ihnen auch hier erklären, wie es geht. Aber Sie werden wahrscheinlich sagen: O nein, doch lieber nicht. Oder Sie werden sagen: O.k., das mache ich; ich brauche dafür vielleicht zehn oder fünfzehn Menschenleben voller Entsagung, aber ich will es erreichen. Und es wird funktionieren.

Aus diesem Grunde sollten wir uns gut überlegen: Was will ich eigentlich? Was erwarte ich eigentlich von meinem Leben? Ich bin jetzt zwar hier als Mensch auf der Erde, und ich kenne auch diese Gesetzmäßigkeiten ein wenig, aber was wünsche ich mir eigentlich? Ist es erstrebenswert, Olympiasieger zu werden? Ist es erstrebenswert, zu Planeten zu reisen, auf denen Halbgötter leben? Ist es erstrebenswert zu lernen, wie man ohne mechanische Hilfsmittel fliegen kann (auch dies ist eine der Fähigkeiten, die man sich erarbeiten kann)?

Solche Fragen können und sollen wir uns stellen. Und wenn wir dann zu dem Schluß kommen: Nein, alle diese Dinge sind nicht erstrebenswert, es muß doch noch etwas Höheres und Wichtigeres in meinem Leben geben – dann können wir bei diesen höheren Instanzen nachfragen, was es für uns zu tun gibt.

Nochmals: «Wer diese Gesetzmäßigkeiten kennt und sie anzuwenden weiß, kann alles erreichen.» Die Frage aber, die sich – jedenfalls für mich – nach diesen Betrachtungen immer deutlicher ergibt, lautet: Was ist denn das wirklich Sinnvolle? Gibt es in den Schriften auch Angaben darüber, was wir mit unserem Menschenleben überhaupt tun sollen? Der Katalog zeigt uns zwar alle möglichen Destinationen auf, und wir können alles mögliche wünschen und auch tun – aber gibt es vielleicht auch eine Empfehlung? Wird von irgendeiner Sache auch gesagt, daß sie die beste sei, die man tun könne?

Die Antwort: Es gibt tatsächlich eine solche Empfehlung. Diese Empfehlung wird Sie vielleicht überraschen, und Sie werden vielleicht sagen: Nein, das will ich nicht. Doch die Empfehlung lautet: Wir sollten versuchen, diesen Kreislauf zu durchbrechen.

7. Karma und Reinkarnation

An dieser Stelle kommen wir nun nicht mehr darum herum, auch das Thema Reinkarnation miteinzubeziehen. Denn Karma ohne Reinkarnation ergibt keinen Sinn. Viele karmische Reaktionen, die wir jetzt ernten, haben wir nicht in unserem gegenwärtigen Leben gesät; und viele karmische Reaktionen, die wir jetzt streuen, werden wir nicht mehr in diesem Leben ernten. Es muß also vor und hinter diesem einen Leben noch mehr geben als nur gerade diesen kleinen Ausschnitt.

Umgekehrt gilt dasselbe: Die Reinkarnationslehre ergibt nur dann einen Sinn, wenn es auch karmische Gesetze gibt, die die Wanderung der Seele steuern, wenn es also nicht einfach nur Willkür oder Zufall ist, wo und als was und mit welchen Fähigkeiten wir wiedergeboren werden.

Was aber besagt der Begriff «Reinkarnation» genau? – Ich möchte Ihnen diesen Begriff an einem einfachen Beispiel erläutern: Angenommen, wir hätten hier ein Fenster, und vor diesem Fenster flöge ein Vogel vorüber. Dieser Vogel erscheint in dem Moment, wo er die linke Fensterseite überfliegt, in unserem Blickfeld, und wir können den Flug des Vogels eine Zeitlang beobachten, nämlich solange, bis er auf der rechten Fensterseite wieder unserem Blick entschwindet.

Wir sehen also nur diesen einen Ausschnitt aus dem Leben, aus dem Fluge des Vogels. Wir können keine konkreten Angaben darüber machen, was vorher war, woher er gekommen ist und was er voher, bevor er an unserem Fenster vorbeiflog, so alles erlebt hat. Wir können auch keine konkreten Angaben darüber machen, was er tun wird oder wohin er gehen wird, wenn er unserem Blick wieder entschwindet. Aber wir können dennoch zumindest davon ausgehen, daß der Vogel bereits vorher existiert hat und daß er sich nicht in dem Moment, wo der den rechten Fensterrand überfliegt, in nichts auflösen wird, nur weil wir ihn nicht mehr sehen können.

An diesem Beispiel wird die Reinkarnationslehre verständlich. Sie besagt nämlich nichts anderes als daß das, was wir *ein* Leben nennen – das mit der Zeugung beginnt und mit dem sogenannten Tode endet – nur ein Ausschnitt aus einer viel größeren Existenzphase der betreffenden Seele ist. Mit anderen Worten: Die Seele kommt zunächst von irgendwoher – wir mögen nicht wissen oder nicht erkennen können, woher – in unsere Gemeinschaft, beispielsweise als unser Kind oder als sonst irgendein Verwandter oder Bekannter. So können wir im Moment der Geburt feststellen: Jetzt ist die Seele da, jetzt ist sie angekommen. Dann durchfliegt diese Seele sozusagen unser «Fenster», das heißt, sie durchlebt einen Lebenslauf, den wir mitverfolgen und an dem wir vielleicht auch Anteil haben können. Und irgendwann verläßt diese Seele unser Blickfeld wieder – wir nennen dies dann «Tod» –, und wir werden nicht mehr wissen, wohin sie gegangen ist.

Es wäre töricht zu behaupten, daß die Seele im Moment der Geburt aus dem Nichts erschaffen wurde und daß sie im Moment des Todes wieder in nichts zerfiele. Es wäre ziemlich kurzsichtig, so zu denken. Vielmehr müssen wir uns eingestehen: Ich weiß zwar vielleicht nichts darüber, woher die Seele gekommen ist und wohin sie gehen wird, aber mein gesunder Menschenverstand sagt mir, daß vorher wohl etwas gewesen sein muß und daß auch nachher etwas sein wird.

Wir können es aber auch herausfinden. Wir können ja unseren Kopf ein wenig aus dem Fenster strecken und auf diese Weise den Vogel schon von weitem erkennen, wenn er kommt; wir können ihm auch nachschauen, wenn er wieder wegfliegt. Mit anderen Worten: Wir können unser Blickfeld erweitern; das liegt in unserer Macht, wenn wir es wollen.

Durch Kenntnisnahme der Gesetzmäßigkeiten von Karma und Reinkarnation können wir uns also sozusagen über ein einzelnes Leben hinauslehnen und schauen, was mit der betreffenden Seele wohl vorher geschehen ist. Hierfür gibt es verschiedene Methoden (wie zum

Beispiel die Astrologie, wenn man sie seriös betreibt), mit deren Hilfe wir etwas über den Werdegang erfahren können, den eine Seele hinter sich hat, bevor sie in das gegenwärtige Leben kommt.

In gleicher Weise können wir uns auch auf der anderen Seite hinauslehnen und schauen, was mit der betreffenden Seele wohl nach dem Tode weiter geschehen wird. Auch hier gibt es Wissenschaften, die sich mit solchen Fragen beschäftigen; auch hier gibt es karmische Gesetzmäßigkeiten, die diese Vorgänge steuern und durch deren Kenntnis wir entsprechende Aussagen machen können. Wenn wir beispielsweise genau beobachten, wie ein Mensch gelebt hat, können wir bereits grobe Angaben darüber machen, wie es mit diesem Menschen nach seinem Tode wohl weitergehen wird. Dies sind alles existente, funktionierende Gesetze, denn nichts in diesem Kosmos ist dem Zufall überlassen.

Seelenwanderung oder Wiedergeburt oder Reinkarnation (diese Begriffe bezeichnen alle denselben Sachverhalt) ist also neben der Karmalehre das zweite Thema, mit dem wir uns unbedingt beschäftigen müssen, um solchen Lebensfragen auf die Spur zu kommen, denn Karma und Reinkarnation gehören zusammen.

8. Akarma: Der Ausweg aus der karmischen Verstrickung

Wenn wir nun diese beiden Themen – Karma und Reinkarnation – zusammennehmen, dann drängt sich uns die Frage auf: Was ist eigentlich das Ziel dieses scheinbar endlosen Kreislaufs von Geburten und Toden, in dem wir immer wieder handeln und immer wieder durch unsere Handlungen aufs neue gebunden werden?

Manchmal führen wir gute Handlungen aus und werden dafür mit materiellem Glück und mit Zufriedenheit und Freude belohnt – sei es auf diesem oder auf anderen Planeten, sei es in diesem oder in einem anderen Körper. Und manchmal handeln wir schlecht, aus Unwissenheit oder einfach weil wir gerade keine Lust haben, uns zusammenzureißen, und werden dafür mit leidvollen, schmerzlichen Erfahrungen belohnt. Die zentrale Frage jedoch lautet: Hat dies alles auch irgendwann einmal ein Ende?

Diese Frage möchte ich abschließend aufgreifen, denn ohne daß wir diese Frage behandeln, bleibt unser Thema, zumindest für mich, irgendwie unbefriedigend: Gibt es so etwas wie ein Ende dieses Zyklus, gibt es ein Ende des Kreislaufes der Wiedergeburt?

Ein solches Ende zu finden scheint gar nicht so einfach zu sein. Denn alle Handlungen, die wir ausführen – auch die guten, auch die frommen, auch diejenigen, die wir aus Nächstenliebe tun – haben Konsequenzen, die uns an die Welt binden. Wenn Sie ein guter Mensch sind, dann haben Sie sich dadurch das Karma verdient, es im nächsten Leben ebenfalls gut zu haben. Aber Sie müssen in dieses nächste Leben kommen, um Ihr Karma zu ernten und es gut zu haben. Allein durch materiell gute Handlungen können wir also nicht befreit werden. Wenn dem aber so ist, wie sollen wir dem Kreislauf jemals entkommen?

Glücklicherweise gibt es einen Ausweg. Die Bhagavad-gītā, eine uralte Sanskritschrift, beschreibt in diesem Zusammenhang drei Arten des Karma. Neben dem Begriff «Karma» im Sinne von positivem Handeln (das positive Reaktionen, also Freude und Glück, nach sich zieht) und neben dem Begriff «Vikarma», der negatives Handeln bezeichnet (das negative Reaktionen, also Leid, nach sich zieht), gibt es als dritte Möglichkeit «Akarma». Die Vorsilbe «a» dreht im Sanskrit eine Bedeutung in ihr Gegenteil um; Akarma heißt also «Nichthandeln».

Aber wie soll das gehen? Es ist unmöglich, nicht zu handeln. Nur schon, weil wir einen physischen Körper haben, den wir erhalten müssen, und auch weil wir von Natur aus aktive Wesen sind, sind wir gezwungen zu handeln. Wir können nicht einfach nichts tun. Und selbst wenn wir einmal sogenannt nichts tun, dann handeln wir vielleicht in Gedanken, und diese Gedanken wiederum werden uns früher oder später zu physischen Handlungen zwingen. Was also ist mit Akarma gemeint?

Akarma bedeutet, daß wir Handlungen ausführen, die in dieser Welt keine Reaktionen tragen, Handlungen also, die nicht von dieser Welt sind. Wir können sie transzendentale Handlungen nennen, und zwar im wörtlichen Sinne von *transcendere*, «überscheiten»: Handlungen, die die Grenzen der Karma-Gesetze in dieser Welt überschreiten. Oder wir können sie ganz einfach religiöse Handlungen nennen, und zwar auch hier im wörtlichen Sinne von *religare*, «sich zurückbinden an Gott». Wir kommen also bei dieser Frage nicht mehr darum herum, Religion und Gott miteinzubeziehen.

Hier in der Welt der Dualität durchlaufen wir alle unsere jeweiligen Lernprozesse. Ein Leben reiht sich an das nächste, eine Erfahrung an die nächste, bis wir so viele Erfahrungen gemacht haben, daß wir schließlich sagen: Jetzt habe ich genug, jetzt will ich einmal etwas ganz anderes. Ich will nicht einfach nur nochmals auf diesem oder auf jenem Planeten und nochmals in dieser oder in jener Lebensform immer wieder dasselbe erfahren, sondern ich will jetzt die wirkliche Alternative, das ganz andere erfahren. Und dieses ganz andere sind nun eben die Akarma-Handlungen, sind die religiösen Handlungen im Dienste Gottes.

Ich möchte hier allerdings nicht auf die Details eingehen, weil Sie dies vielleicht gar nicht wollen und weil es auch gar nicht das Thema des heutigen Vortrages ist. Ich wollte es nur angedeutet haben: Wer aus der karmischen Verstrickung einen Ausweg sucht, für den gibt es eine Antwort. Auch dieses Ziel können wir erreichen. Gewiß ist es ein wenig anspruchsvoller und schwieriger zu tun, aber das ist ja auch richtig so.

Vielmehr möchte ich diesen Vortrag, wie ich es oft und sehr gerne tue, mit einem Gedicht von Hermann Hesse abschließen. Ich werde dieses Gedicht kurz rezitieren und anschließend noch einige Worte dazu sagen. Das Gedicht heißt bezeichnenderweise «Glück»:

Solang du nach dem Glücke jagst,
Bist du nicht reif zum Glücklichsein,
Und wäre alles Liebste dein.

Solang du um Verlornes klagst
Und Ziele hast und rastlos bist,
Weißt du noch nicht, was Friede ist.

Erst wenn du jedem Wunsch entsagst,
Nicht Ziel mehr noch Begehren kennst,
Das Glück nicht mehr mit Namen nennst,

Dann reicht dir des Geschehens Flut
Nicht mehr ans Herz, und deine Seele ruht.

Schauen wir uns dieses Gedicht noch einmal Zeile für Zeile an. *«Solang du nach dem Glücke jagst, bist du nicht reif zum Glücklichsein»* – eine interessante Aussage! Wie oft ertappen wir uns dabei, daß wir dem Glücke hinterherjagen, indem wir sagen: Wenn ich dieses oder jenes noch erreiche, dann werde ich glücklich sein; nur dieses eine Erlebnis fehlt mir noch zum Glück, diese Partnerschaft, dieses Geld, dieser Urlaub, diese Karriere oder was auch immer es sei; wenn ich dieses eine Ding noch habe, dann werde ich glücklich sein.

Aber Hesse sagt hier: Solang du nach dem Glücke *jagst*, bist du nicht reif zum Glücklichsein, denn dies ist offensichtlich nicht der Weg, wie man glücklich wird. Wir erreichen das Glück nicht, indem wir ihm hinterherjagen, denn dadurch rennen wir sozusagen dem Glück davon.

«Und wäre alles Liebste dein»: Selbst wenn es uns gelänge, alle Dinge zu erlangen, in die hinein wir unsere Glücksvorstellungen projizieren, selbst wenn alles Liebste, alles Ersehnte unser würde, wären wir immer noch nicht reif zum Glücklichsein. Denn dies ist ganz einfach nicht die Art und Weise, wie man glücklich wird. Diese Tatsache können Ihnen all diejenigen bestätigen, die beispielsweise in ihrer Jugend oder in den sogenannten «besten Jahren» gewissen Dingen nachgejagt sind und diese Dinge im Alter dann auch tatsächlich erreichten, aber erkennen mußten: Eigentlich hatte ich ein wenig mehr davon erwartet; obwohl ich meine äußeren Ziele erreicht habe, habe ich immer noch so viele unerfüllte Wünsche, und ich bin immer noch nicht richtig glücklich, wie ich es mir gedacht hatte. Hierfür gibt es ja genügend Beispiele.

Die zweite Strophe lautet: *«Solang du um Verlornes klagst und Ziele hast und rastlos bist, weißt du noch nicht, was Friede ist».* Um Verlornenes klagen heißt: Dinge, die wir einmal besessen haben; Personen, die wir einmal vermeinten zu besitzen, oder Zustände, die wir einmal erlebt und dann verloren haben, zu beklagen: Oh, früher war alles viel schöner! Oh, könnte ich doch wieder jung sein! Oh, könnte es doch noch einmal so sein wie im Jahre 1947 (oder wann immer wir auch unseren ersten Frühling hatten)! Um Verlorenes klagen heißt: Jetzt ist alles so schlecht, jetzt ist alles so anders. Oh, könnte ich doch das, was ich früher einmal hatte, wieder haben! – Solches Klagen macht innerlich sehr unruhig.

Das Gegenstück dazu ist: Ziele haben und rastlos sein. Das heißt, daß wir rastlos irgendwelchen äußeren Zielen in der äußeren Welt, also exoterischen Dingen nachjagen. Solange also wissen wir noch nicht, was Friede ist.

Die dritte Strophe offenbart uns die Lösung: *«Erst wenn du jedem Wunsch entsagst»*: E r s t wenn wir unseren brennenden Wünschen (wir erinnern uns: Bīja heißt «Wunsch») nach materiellen Genüssen und nach materiellen Zielen ent-sagen, indem wir zu ihnen sagen: Nein, ich möchte euch nicht mehr, ich entlasse euch jetzt, ihr Wünsche ...

«Nicht Ziel mehr noch Begehren kennst»: E r s t wenn wir keine Ziele, keine Begehren in dieser Welt mehr haben (man muß hier natürlich immer beifügen, daß sich dies nicht auf religiöse, transzendentale Zielsetzungen bezieht, also nicht darauf, daß man beispielsweise den Wunsch hat, zurück zu Gott zu gehen, denn dies ist sicherlich ein Wunsch, der nicht in diese Kategorie gehört) ...

«Das Glück nicht mehr mit Namen nennst»: E r s t wenn wir nicht mehr auf materielle Dinge zeigen und diese mit dem Namen «Glück» bezeichnen, indem wir

sagen: Dieses hier ist Glück und jenes dort ist Glück, dieses muß ich noch haben und jenes muß ich noch haben ...

«D a n n reicht dir des Geschehens Flut nicht mehr ans Herz ...» – welch schöner poetischer Ausdruck! – *«... und deine Seele ruht».*

Fragen aus dem Publikum

R. Zürrer: Wir machen heute keine Pause, sondern wir wollen gleich zum Frageteil übergehen. Wenn sie also etwas sagen möchten, wenn Sie Fragen oder Zweifel haben, dann besteht jetzt die Gelegenheit, sich zu äußern.

Frage: Gibt es auch beim kollektiven Karma die Möglichkeit, durch seinen freien Willen etwas zu stoppen, so, wie dies im individuellen Karma während der Phase des Wünschens und des Entschließens möglich ist?

R. Zürrer: Ja, aber beim kollektiven Karma ist es natürlich etwas schwieriger, denn letzten Endes können wir nur für uns selbst entscheiden. Mit anderen Worten: Wir können niemanden zwingen, eine Handlung, zu der sich diese Person entschlossen hat, nicht durchzuführen. Was also Handlungen betrifft, so können wir immer nur entscheiden, welche Handlungen *wir* ausführen oder nicht ausführen.

Aber wir können natürlich versuchen, andere Menschen in der Phase, bevor sie tatsächlich handeln – in der Phase des Wünschens und des Entschließens also –, auf gewisse Dinge aufmerksam zu machen und sie zu überzeugen (nicht zu bekehren), so daß sie wenigstens die erforderlichen Informationen bekommen. Dann denken sie vielleicht: Ach so, wenn dem so ist, dann mache ich das lieber nicht.

Mit anderen Worten können wir nicht einfach dadurch, daß wir uns einer gewissen karmischen Handlung entziehen, automatisch den Rest der Menschheit miteinschließen. Diese Macht haben wir nicht. Aber wir haben die Macht, durch unser Beispiel zu leuchten und andere zu inspirieren. Dies ist auch unsere Aufgabe. Dies ist die Grundregel der Kommunikation: Daß wir mit anderen Menschen austauschen, was wir in unserem Leben für richtig und für gut halten.

Wenn Sie beispielsweise die Erfahrung gemacht haben, daß es Ihnen durch eine gewisse Handlungsweise oder durch das Unterlassen einer gewissen Handlungsweise besser ergeht, dann können Sie zu anderen sagen: Schaut mal, ich habe diese oder jene Erfahrung gemacht; vielleicht möchtet ihr es auch einmal ausprobieren. Und die anderen antworten dann vielleicht: Ja, wenn das so ist, wenn du mir dies so erklärst, dann klingt das gut, dann mache ich es auch so. Auf diese Weise können wir eine Art Schneeballeffekt erzeugen, so daß dann plötzlich ein Großteil der Bevölkerung sagt: Wir machen hier nicht mehr mit; wir haben jetzt eingesehen, daß dies nicht gut ist. Dann kann sich auch kollektiv etwas bewegen.

Natürlich dürfen wir unser eigenes Beispiel nicht nur als Lippenbekenntnis geben; vielmehr strahlen nur diejenigen Dinge auf andere ab, die wir auch tatsächlich vorleben. Wenn ich Wasser predige und Wein trinke, dann funktioniert es nicht. Aber wenn ich das, was ich als richtig erkenne, auch vorlebe und es anderen erkläre, dann kann dies bewirken, daß andere aufgrund ihres freien Willens sagen: Das klingt vernünftig, das mache ich auch. Und wenn es Hunderte und Tausende und Zehntausende so machen, dann ändert sich auch ganz massiv das kollektive Karma. Beantwortet dies Ihre Frage?

Frage: Ja, aber wie ist das im Falle eines Krieges, wenn alle hingehen müssen?

R. Zürrer: Nun, ich weiß, dies ist ein sehr schwerer Entscheid. Ich persönlich hatte es damals vorgezogen, ins Gefängnis zu gehen statt in die Armee. Dies war ein Entscheid, den ich für mich gefällt habe, und andere mögen für sich anders entscheiden. Aber letzten Endes können wir auch hier die Schuld nicht projizieren.

Natürlich erlegt uns die Gesellschaft ganz bestimmte Dinge auf, und wir werden zu gewissen Dingen gezwungen. Aber wir werden immer nur gezwungen im Sinne von: Wenn du das nicht machst, dann bekommst du jenes. Ich wurde zum Beispiel gezwungen, zur Armee zu gehen, und die einzige Alternative, die ich hatte, war das Gefängnis (damals gab es noch keinen zivilen Ersatzdienst).

Frage: Was nun aber, wenn bereits Krieg herrscht?

R. Zürrer: Wenn Krieg herrscht, ist es natürlich schwierig, das muß ich zugeben. Sie merken, ich kann bei diesem Thema nicht einfach eine Theorie aus der Tasche ziehen und zu Ihnen sagen: Hier ist die Theorie, seien Sie zufrieden damit. Denn hier kommen wir in Bereiche, die davon zeugen, daß wir in einer Gesellschaft leben, welche derart an allen Ecken und Enden gegen die höheren Naturgesetze verstößt und in welcher ein derartiges Durcheinander herrscht, daß wir manchmal zwangsläufig einfach mitgezogen werden, obwohl wir gar nicht wollen. Das ist sehr unglückselig.

Natürlich kann man in einer solchen Situation diesen Fragen nicht gerecht werden, indem man einfach nur einen einzelnen Soldaten herausgreift und zu ihm sagt: Du könntest ja auch nicht in den Krieg ziehen. Denn die Alternative wäre für diesen Soldaten vielleicht, daß er wegen Befehlsverweigerung einfach außerhalb des Schlachtfeldes erschossen würde. Es ist also eine sehr schwierige Frage, und ich kann Ihnen kein Patentrezept geben. Vielleicht hilft Beten. Das hilft immer, aber vielleicht nicht sofort.

Interessant wird es allerdings, wenn wir die Ursachen genauer anschauen und uns die Frage stellen: Warum leben wir überhaupt in einer Gesellschaft, die ständig im Krieg ist? Denn hierzu tragen auch wir unseren kleinen Teil bei. Wir können zwar sagen: Ich war es nicht, der jenem anderen Land den Krieg erklärt hat, sondern es waren andere, und ich werde einfach mit hineingezogen. Aber an der Tatsache, daß wir uns in einer Gesellschaft befinden, die derart voller Haß und Krieg und Streit ist, tragen auch wir unseren Anteil bei. Hier können wir uns nicht ausklammern, indem wir sagen: Ich bin der Gute, und alle anderen sind die Schlechten.

Leo Tolstoi hat einmal gesagt: «Solange es Schlachthäuser gibt, wird es auch Schlachtfelder geben.» Ich weiß, daß Vegetarismus ist nicht das Thema des heutigen Abends ist, aber an diesem Beispiel sehen wir einen Ansatzpunkt: Solange wir durch unseren Lebensstil – und der fängt auch bei der Ernährung an – Gewalt bejahen, indem wir unser Einverständnis zum Ausdruck bringen, daß um unsertwillen Kühe und Schweine im Schlachthaus brutal ermordet werden, nur weil wir sie essen wollen, solange dürfen wir uns nicht wundern, wenn wir dadurch eine Kettenreaktion in Gang setzen, die dann unter anderem dazu führt, daß es auch Schlachtfelder gibt. In einer Gesellschaft, in der es als normal gilt, Tiere zu töten, ist es nicht mehr weit, bis es auch als normal gilt, Menschen zu töten. Dies sind karmische Verflechtungen, vor denen wir uns nicht drücken können.

Ich will Sie hier nicht zum Vegetarismus überreden, denn dies muß jeder für sich selbst entscheiden, aber der Vegetarismus wäre sicherlich ein Ansatzpunkt, wie wir bei uns selbst anfangen können, Gewalt und Krieg und Mord und Totschlag zu verhindern. Ich kann nicht verhindern, daß im ehemaligen Jugoslawien derzeit Krieg herrscht; ich habe keine Macht, dort direkt einzugreifen, denn keiner würde auf mich hören. Aber ich kann in meinem Leben anfangen, im Umgang mit meinen Mitmenschen und allen Mitgeschöpfen, zu denen auch die Tiere gehören, unnötige Gewalt zu reduzieren. Und wenn mehrere so handeln, dann wird sich auch der Gewaltpegel in der Gesellschaft senken. Das ist meine Überzeugung.

Frage: Gibt es auch Prüfungen im Leben, und wie sollen wir mit ihnen umgehen?

R. Zürrer: Ich muß, um diese Frage einigermaßen zufriedenstellend beantworten zu können, an dieser Stelle noch ein weiteres Konzept einführen, und ich hoffe, Sie haben noch genügend Ausdauer, es nachzuvollziehen. Es gibt nämlich nicht nur Karma, obwohl ich heute hauptsächlich über Karma gesprochen habe, sondern auch *Dharma*.

Es sind zwei Dinge, die wir bei der Wiedergeburt in unser neues Leben mitnehmen: Karma und Dharma. Hierbei ist Karma, wie ich bereits erklärt habe, das, was unsere Vergangenheit uns mitgegeben hat wie ausgesäte Pflanzen, deren Früchte wir dann im Verlaufe unseres Lebens ernten werden. Mit anderen Worten: Karma sind diejenigen Dinge, die sich aus unseren vergangenen Handlungen ergeben und die wir dann in ein neues Leben mit hineinnehmen. Das ist Karma.

Daneben gibt es Dharma. Dharma bedeutet soviel wie «Lebensaufgabe», und es ist mehr in die Zukunft gerichtet. Jeder von uns hat sein individuelles Dharma, auch wenn uns unsere heutige Gesellschaft nicht gerade dazu anregt, unser Dharma herauszufinden, geschweige denn, es zu erfüllen. Das Dharma ist die Aufgabe, die jeder einzelnen Seele für ein bestimmtes Leben mitgegeben ist.

Es ist also nicht nur so, daß wir auf dem Rad des Karma einfach nur herumfahren wie auf einem Riesenrad und nichts weiter zu tun haben als unser Karma zu erdulden. Nein, wir bekommen für jedes Leben auch eine individuelle Aufgabe gestellt, an uns zu arbeiten oder etwas in der Welt zu bewirken. Und damit wir unsere Lebensaufgabe erkennen und vielleicht sogar anfangen, sie zu lösen, gibt es Prüfungen. Wenn Sie also nach Prüfungen im Leben fragen, dann müssen wir Ihre Frage in diesen Rahmen stellen.

Es ist, so sagt die Bhagavad-gītā, sogar das Ziel unseres Lebens, daß wir unser Dharma herausfinden und erfüllen. Nicht, daß wir nur unser Karma ableben im Sinne von: Nun gut, es steht mir soundso viel Glück und soundso viel Leid zu, also lebe ich das alles einfach durch und versuche, das Beste daraus zu machen. Sondern, daß wir herausfinden: Was ist mir in diesem Leben innerhalb dieses Rahmens als Aufgabe gestellt? Was soll ich eigentlich tun? Was wird von mir erwartet? Was soll ich mit diesem mir geschenkten Leben anfangen?

Denn im Moment des Todes werden wir gefragt werden: Was hast du mit deinem Leben gemacht? Und dann können wir nicht aufzählen: Ich habe soundso viel Kuchen gegessen, ich habe soundso viele Kinder zur Welt gebracht, ich habe soundso viel Geld auf der Bank, usw. Im Moment des Todes wissen wir ganz genau, daß dies nicht die erwünschte Antwort ist. Die Frage nämlich lautet: Was hast du mit diesem Leben gemacht? Bist du auf deinem Werdegang, der sich über viele Leben hinweg erstreckt, weiter vorangekommen? Hast du die Aufgaben, die dir gestellt worden sind, angepackt oder nicht, hast du sie vielleicht sogar gelöst?

Wenn wir in unserem Leben also Prüfungen erfahren, dann ist dies immer ein Hinweis darauf oder eine Chance dafür, herauszufinden, was unsere Aufgabe ist, was unser Dharma ist.

Frage: Haben wir uns das Dharma selbst ausgesucht?

R. Zürrer: Nein. Das Karma haben wir uns durch unsere vergangenen Handlungen selbst ausgesucht, aber das Dharma haben wir bekommen. Die jeweiligen Lebensaufgaben werden uns von höherer Instanz gestellt. Wenn Sie ein Weltbild haben, in das Gott hineinpaßt, dann wäre Er hier zu nennen. Das Dharma wird uns von jemandem gegeben, der unseren gesamten Werdegang überblickt. Wir selbst haben nicht den Überblick, wir können uns ja kaum an das letzte Leben erinnern, geschweige denn an die letzten fünfzig Leben und an den Werdegang, den wir dort angefangen haben.

Uns also fehlt die Übersicht. Aber jemand, der diese Übersicht hat, kann uns die jeweiligen Lebensaufgaben stellen und sagen: Schau, im letzten Leben bist du auf deinem inneren, auf dem esoterischen oder religiösen Pfad soundso weit gekommen, und jetzt stehen diese nächsten Schritte für das gegenwärtige Leben an. Auf diese Weise werden wir in unserem Leben auch von innen her immer wieder in bestimmte Situationen geführt, um gewisse Dinge zu lernen.

Vielleicht ist Ihnen dies auch schon aufgefallen: Manchmal kommen wir in unserem Leben in regelmäßigen Abständen von Monaten, von Jahren oder vielleicht auch von Jahrzehnten immer wieder an denselben Punkt. Wir machen vielleicht große Umwege mal hierhin und mal dorthin, aber immer wieder ertappen wir uns, daß wir an demselben Punkt, vor derselben Herausforderung stehen, beispielsweise etwas Bestimmtes einzusehen oder in eine bestimmte Richtung zu gehen. Kennen Sie das in Ihrem Leben? Dies sind Hinweise darauf, daß hier etwas ist, das im gegenwärtigen Leben zu unserem Dharma gehört.

Wir können uns davor drücken und sagen: Nein, das ist nicht mein Dharma; könnte dies nicht jemand anders übernehmen bitte? Aber dann kommt es nach einer Weile wieder, vielleicht nach einer Woche oder nach einem Jahr oder nach zehn Jahren. Es ist immer noch da, weil es zu unserer Lebensaufgabe gehört, weil es genau die Prüfung ist, die wir als nächstes bestehen sollen. Diese Dinge werden uns gegeben. Wir suchen sie uns nicht so bewußt aus, wie wenn wir in einem Supermarkt einkaufen gehen.

Frage: Ich habe eine Frage zum Tod: Kann man sagen, daß der Zeitpunkt des Todes dann eintritt, wenn man entweder sein Dharma erfüllt hat oder nichts mehr lernt aus seinem Karma?

R. Zürrer: Nein, man stirbt nicht unbedingt erst dann, wenn man sein Dharma erfüllt hat. Man kann sich in der Tat ein ganzes Leben lang vor seinem Dharma drücken.

Frage: Oder eben die andere Variante, daß die Seele aus irgendeinem Grund nicht mehr lernfähig ist?

R. Zürrer: Das schon eher. Vielleicht haben wir uns immer mit allen möglichen Ausreden vor unserem Dharma gedrückt. Vielleicht haben diejenigen, die uns durch ein Leben führen, bereits auf zwanzig verschiedene Arten versucht, uns mit unserer Lebensaufgabe zu konfrontieren, aber wir wollten einfach nicht lernen. Vielleicht sagen sie dann irgendwann einmal: Nun gut, beenden wir dieses Kapitel, ein neues Kapitel ist notwendig, «demnächst in diesem Theater». Dann werden wir in ein neues Leben geschickt, in welchem wir genau die gleichen Prüfungen erneut vorgesetzt bekommen, bis wir endlich ja zu ihnen sagen.

Natürlich gibt es noch viele weitere Faktoren, die hier mitspielen, und man kann in der Antwort auf die Frage nach dem Zeitpunkt des Todes nicht alles über einen Kamm scheren. Eigentlich ist es sogar so, daß der Zeitpunkt des Todes in einer gewissen Weise bereits vorausbestimmt ist, wenn man ein Leben betritt – allerdings nicht nach Jahren, sondern physisch gesehen nach Atemzügen und psychisch gesehen nach Erkenntnissen.

Es wird also bei der Geburt nicht gesagt: Im Jahre soundso stirbt dieser Mensch; dies ist nicht festgelegt. Sondern: Wenn er diese oder jene Erfahrungen gesammelt hat oder wenn er soundso viele Atemzüge getätigt hat, dann kommt der Zeitpunkt des Todes. So wird es in den Yoga-Schriften beschrieben. Deswegen können Yogīs, die die Kunst des Prāṇāyāma (yogisches Atmen) beherrschen, ihr Leben verlängern. Ich kenne Yogīs in Indien, die 250 Jahre alt sind. Man kann also durch diese Kunst sein Leben verlängern. Aber einfach nur ein langes Leben ist an sich noch nicht sinnvoll, denn es kommt auch darauf an, was man damit macht.

Frage: Haben wir auch Einfluß auf die Art und Weise, *wie* wir in diesem Leben sterben?

R. Zürrer: Ja, das ist etwas Karmisches. Es gibt nicht nur Karma, das wir erst im nächsten Leben ernten; es gibt auch Karma, das sofort kommt. John Lennon hat einmal einen Song mit dem Titel «Instant Karma» gemacht, also Karma im Sinne von: «Umrühren, fertig». Mit anderen Worten, wir tätigen eine Handlung, und eine sofortige («instant») Reaktion stellt sich ein.

Wir kennen dies aus unserem Alltag: Wenn wir manchmal etwas Blödes tun oder sagen und kurz darauf irgendwie stolpern und uns den Kopf anstoßen, dann sagen wir: Gott straft sofort. Es gibt also einerseits karmische Reaktionen, die wir innerhalb kürzerer Zeit – in ein paar Jahren oder Monaten oder in einem Leben – ernten, und andererseits solche, die über das gegenwärtige Leben in zukünftige Leben hinausreichen.

Die Todesart ist also abhängig von der Art und Weise, wie wir gelebt haben. Ein deutsches Sprichwort sagt in diesem Zusammenhang: «Du wirst im Tode nicht besser sein, als du im Leben geworden bist». Das heißt: Die Art, *wie* wir den Tod erleben, hängt davon ab, *was* wir vorher getan haben. Diese Dinge sind karmisch miteinander verknüpft.

Frage: Wenn ein Paar in einer ausgesprochen problematischen Beziehung lebt, in der man sogar seine Selbstachtung verliert, darf man dann irgendwann einmal sagen: Jetzt reicht's, jetzt steige ich aus und breche diese Beziehung ab, oder muß man ausharren bis zum bitteren Ende? Und lädt man, wenn man aussteigt, neues Karma auf sich?

R. Zürrer: Das ist nun wieder so eine Frage, bei der es sehr schwierig ist, eine Patentlösung anzubieten. Ich möchte meine Antwort etwas allgemeiner fassen, und vielleicht können Sie dann aus dieser allgemeinen Antwort eine für Sie gültige Schlußfolgerung herauslesen.

Allgemein ist es so, daß wir mit *den* Menschen zusammenkommen, mit denen wir zusammenkommen sollen. Das heißt, zu den Menschen, die uns in einem Leben umgeben und die uns begegnen, bestehen oftmals karmische Verflechtungen von früher – übrigens öfter, als wir denken. Dies gilt einerseits für die Menschen, von denen wir sagen können, wir hätten sie uns nicht ausgesucht – das sind in erster Linie die nächsten Verwandten wie Eltern, Kinder und Geschwister –, also für unsere Nicht-Wahlverwandtschaften, für unsere Zwangsverwandtschaften. Andererseits gilt dies auch im Falle von Wahlverwandtschaften, also im Falle von erwählten Beziehungen, die wir scheinbar aus freiem Willen eingegangen sind.

Wir mögen zum Beispiel denken: Ich habe mir diese bestimmte Person als meine Partnerin oder als meinen Partner selbst ausgesucht, dazu hat mich niemand gezwungen. Oftmals trifft eine solche Annahme gar nicht zu, denn oftmals war es bereits karmisch festgelegt, daß wir uns für diese Person entscheiden. Wenn wir nämlich begründen müßten, was es denn sei, das uns an unserem Partner so fasziniert hat, dann können wir vielleicht ein paar äußerliche Dinge aufzählen, wie zum Beispiel: Sie hat schöne grüne Augen, sie kann gut kochen, sie versteht mich irgendwie, usw. Aber es gibt auf der Welt viele Frauen, die schöne grüne Augen haben und die kochen können und die mich auch verstehen könnten. Warum also mußte es gerade diese Person sein, die ich sogenannt frei erwählt habe?

Diese Frage läßt sich schwer beantworten. Denn oft

sind wir uns selbst gar nicht über die Gründe bewußt, warum wir gerade mit dieser bestimmten Person eine Beziehung eingegangen sind. Wir mögen es wie gesagt mit Äußerlichkeiten zu erklären versuchen, aber nur an diesen Äußerlichkeiten gemessen wäre diese Person nicht die einzige Möglichkeit gewesen. Hier also müssen wir davon ausgehen, daß eine karmische Verknüpfung von früheren Leben besteht. Übrigens bin ich dieser Frage in der entsprechenden Fachliteratur einmal nachgegangen und habe dabei herausgefunden, daß es fast die Regel ist, daß wir angefangene und nicht gelöste Beziehungen über mehrere Leben hinweg pflegen.

Es gibt auch in der klassischen Literatur Beispiele hierfür. In meinem Buch habe ich den Fall von Johann Wolfgang von Goethe und seiner unerfüllten Liebesbeziehung zu Frau Charlotte von Stein angeführt. Diese Frau übte auf ihn eine derart große Faszination aus, daß er selbst sagte und auch in einem Brief an seinen Dichterfreund Wieland schrieb: «Ich kann mir die Bedeutsamkeit, die Macht, die diese Frau über mich hat, anders nicht erklären als durch die Seelenwanderung. Ja, wir waren einst Mann und Weib!»

Später schrieb Goethe ein Gedicht mit dem Titel «Geheimnis der Reminiszenz», das Charlotte von Stein gewidmet war. Darin heißt es: «Sag, was will das Schicksal uns bereiten? Sag, wie band es uns so rein genau? Ach, du warst in abgelebten Zeiten meine Schwester oder meine Frau.» Es war ihm klar: Diese Person, die auf ihn derart faszinierend wirkte, mußte in einem früheren Leben die Schwester oder die Frau gewesen sein.

Beziehungen nimmt man also über verschiedene Leben hinweg mit. Dies gilt übrigens sowohl für Freund als auch – und danach haben Sie ja gefragt – für Feind. Wir nehmen nicht nur die früheren Freunde oder Ehepartner mit in unser nächstes Leben, mit denen wir gut ausgekommen sind. Auch wenn wir in einem Leben eine Beziehung der Feindschaft oder des Hasses ungelöst hinterlassen haben, kann dies durchaus dazu führen, daß wir im nächsten Leben wieder in der einen oder anderen Konstellation mit derselben Person zusammenkommen, um diesen Knoten zu lösen.

Frage: Die konkrete Frage war auch: Darf man aus einer solchen Beziehung aussteigen, oder muß man bis zum bitteren Ende ausharren?

R. Zürrer: Ich kann Ihnen diese Frage nicht beantworten, weil ich die konkrete Situation nicht genügend kenne. Es gibt sicherlich einen Zeitpunkt, in dem man sagen kann: Jetzt habe ich meine Lektion gelernt und meinen Beitrag geleistet; wenn mein Partner jedoch immer noch stur und uneinsichtig bleibt und nicht verzeihen kann, dann ziehe ich mich jetzt zurück.

Diesen Zeitpunkt gibt es sicherlich, aber ob dies in dem Fall, den Sie jetzt ansprechen, bereits zutrifft, weiß ich nicht zu sagen, denn ich kenne den Fall nicht. Aber irgendwann mag man zu dem Punkt kommen, an dem man sagt: Jetzt haben wir uns zehn oder zwanzig Jahre lang gegenseitig das Leben schwer gemacht, jetzt mache ich einfach nicht mehr mit.

Doch bevor wir einen solchen Schritt tun, sollten wir uns sicher sein, ob wir wirklich alle Lektionen, die wir haben lernen müssen, gelernt haben. Das heißt, wir sollten ehrlich mit uns selbst sein und uns fragen: Will ich nur vor der Lektion fliehen, zu lernen, tolerant zu sein oder dieses oder jenes einzustecken, oder ist jetzt wirklich der Zeitpunkt gekommen, wo mich diese Beziehung existentiell bedroht und kaputt macht? In einem solchen Fall müßte man die Beziehung dann wohl beenden.

Frage: Habe ich Sie vorhin richtig verstanden: Kann man auch als Tier oder Pflanze wieder auf die Welt kommen?

R. Zürrer: Ja, das ist richtig.

Frage: Wie steht es dann aber mit der Entwicklung des Menschen? Wo ist dann meine Chance, daß ich einmal nicht mehr wiederkommen muß?

R. Zürrer: Als Tier kann man den Kreislauf von Geburt und Tod natürlich nicht verlassen. Tiere schaffen sich aber auch kein Karma; Tiere tragen nur Karma ab. Der Mensch ist das einzige Geschöpf auf der Erde, das sich Karma macht, das also durch sein Tun karmische Kettenreaktionen in Gang setzt. Die anderen Lebensformen sind dafür da, Karma wieder abzutragen.

Die Frage also lautet: Wie wird man wieder ein Tier? Ich bin mir darüber bewußt, daß manche sagen, dies sei nicht möglich. Aber warum sollte die Natur so grausam sein und einen Menschen zwingen, wieder Mensch zu werden, wenn er dies gar nicht will, wenn er sich in einem Tierkörper viel wohler fühlen würde? Wohlverstanden, es ist nicht natürlich und es ist auch nicht empfohlen und es hilft nicht der spirituellen Entwicklung einer Seele, in einen Tierkörper zurückzugehen, aber es ist auch nicht ausgeschlossen.

Ich gebe Ihnen ein Beispiel. Nehmen wir an, wir sagen zu einem Menschen: Du kannst den ganzen Tag lang schlafen; du kannst essen, wann und was immer du willst; du brauchst keine Steuern zu zahlen; du brauchst nicht zu arbeiten, und du kannst so oft und mit wem immer du willst Sex haben. Ich kenne einige Menschen, die dann antworten würden: O ja, das ist genau das Leben, das ich mir wünsche; was muß ich dafür tun? – Wenn aber jemand ausschließlich solche Wünsche hat und sie zu seinem zentralen Lebensinhalt macht, dann ist diese Person beispielsweise in einem Hundekörper viel besser bedient. Da kann man dies alles tun und braucht sich dafür nicht einmal Schuldkomplexe zu machen. Man braucht sich auch nicht um Gott oder um Religion, um Moral oder um Ethik zu kümmern.

Nochmals: Es ist nicht empfohlen, als Tier wiedergeboren zu werden; ich sage gewiß nicht, daß dies ein erstrebenswertes Ziel sei. Aber wenn jemand dies will, warum sollte die Natur so grausam sein und ihn zwingen, als Mensch wiederzukommen? Und wenn man heute so schaut, welchen Lebensstil die meisten Menschen führen, dann ist dies sehr erschreckend, denn man erkennt: Viele sind tatsächlich unterwegs in diese Richtung.

Frage: [...] (nicht hörbar)

R. Zürrer: Niemand hat gesagt, es sei leicht, aus der Karmaverstrickung hinauszugelangen. Im Gegenteil, es ist sehr schwer. Unsere gesellschaftlichen Zustände werden immer schlimmer, weil wir uns als Gesellschaft nicht über diese Dinge bewußt sind.

Warum stehe ich wohl hier und halte einen Vortrag über Karma? Offensichtlich ist es mir ein Anliegen, dieses Gedankengut weiterzutragen, und zwar deshalb, weil ich davon überzeugt bin, daß es letzten Endes das Wissen um diese Gesetzmäßigkeiten ist, das unserer Welt weiterhelfen kann. Deswegen tue ich das. Ich gebe zu, daß ich ein Idealist bin und daß ich denke, ich könne dadurch etwas Positives bewirken. Aber in Wirklichkeit kann ich Ihnen nur den Ball weitergeben, und was Sie dann damit machen, kann ich nicht mehr beeinflussen.

Ich persönlich leide, wenn ich den Zustand sehe, in dem sich unsere Welt gegenwärtig befindet. Und wenn ich auf diese Weise leide, dann habe ich ja nur die Möglichkeit zu versuchen, zunächst in meinem eigenen Leben und dann auch im Leben derer, die mich umgeben, etwas zu verändern. Ich kann nicht die ganze Welt retten, das steht mir nicht zu. Ich kann aber meinen kleinen Beitrag leisten. Und wenn auch Sie dasselbe tun und wenn einige andere dies ebenfalls tun, dann können wir gemeinsam vielleicht den karmischen Kurs, auf dem die Menschheit gegenwärtig bergab stürzt, aufhalten.

Frage: Was aber ist mit den Altlasten, die wir alle von früher mit uns tragen?

R. Zürrer: Die werden uns in dem Moment abgenommen, in dem wir wirklich ernsthaft versuchen, den Weg des Akarma, das heißt den spirituellen WEG NACH INNEN zu gehen. Wir können unsere karmischen Reaktionen nicht selbst tilgen, denn wie ich bereits sagte: Wenn wir einmal gehandelt haben, können wir die Kettenreaktion nicht mehr aufhalten. Aber derjenige, der die Karma-Gesetze gemacht hat, der Spielleiter dieses ganzen Karmaspieles, kann sie natürlich jederzeit stoppen.

Wenn wir also bei Gott Zuflucht suchen und ernsthaft bereuen und willig sind, in unserem Leben etwas zu verändern, dann kann durch Seine Gnade diese Last von uns genommen werden. Aber wir haben keinen Anspruch darauf; vielmehr ist es Sein freier Wille, ob Er dies tun möchte oder nicht, wobei wir uns natürlich Seine Segnung wünschen und auch etwas dafür tun können. Gott spielt also immer die wichtigste Rolle, auch in unserem Leben.

Frage: Ich habe den Eindruck, daß noch sehr viele Fragen

im Raum sind, deshalb lautet meine Frage: Wo kann man mehr über diese Philosophie des Akarma erfahren?

R. Zürrer: Zunächst kann man natürlich in allen Religionen etwas darüber erfahren. Und wenn es Sie interessiert, was ich persönlich dazu zu sagen habe, dann möchte ich auf mein Buch «Reinkarnation» verweisen, in dem ein ganzes Kapitel (das achte) dem Thema «Akarma» und «Das Ende der Reinkarnation» gewidmet ist.

Mit anderen Worten: Wer sucht, der findet. Wenn Sie Bücher suchen, in denen diese Themen ausgeführt werden, dann möchte ich Ihnen jene Bücher empfehlen, die auch in meinem Leben am meisten ausgelöst haben, nämlich die alten Sanskritschriften Indiens, die «vedischen Schriften», allen voran die Bhagavad-gītā. Ich würde Ihnen allerdings die Bhagavad-gītā nicht in der Übersetzung eines Indologen empfehlen, der im Westen aufgewachsen ist, sondern ich empfehle die Übersetzung eines indischen Meisters, der ein Leben lang nach der Bhagavad-gītā gelebt hat und dessen Übersetzung dementsprechend kraftvoll ist. Auch diese Angaben finden Sie in meinem Buch. Wer sucht, der findet: Das ist die letztliche Antwort.

Frage: Nicht immer.

R. Zürrer: Nicht immer? Dann muß man ernsthafter suchen.

LESEN IN DER ZUKUNFT

Über Prophetie,
Wahrsagerei und Astrologie.

Dieser Vortrag wurde erstmals gehalten
am 8. Juni 1994
im Glasperlenspiel zu Asperg.

1. Definitionen: Prophetie, Mantik, Divination 189
2. Esoterik und Wahrsagerei: Humbug oder Heil?. . 194
3. Warum Wahrsagerei funktioniert.............. 198
   (am Beispiel der Astrologie)
4. Praktische Anwendungen der Astrologie 204
5. Dharma: Wie erkenne ich meine Lebensaufgabe? 210
6. Der freie Wille und die Rückkehr zu Gott 218

1. Definitionen: Prophetie, Mantik, Divination

Die Menschheit steht heute, am Ende des zweiten Jahrtausends, einer Vielzahl von sowohl unübersehbar als auch unüberschaubar gewordenen akuten Problemen gegenüber. Um nur einige Stichworte zu nennen: Umweltzerstörung, Arbeitslosigkeit, Hunger, Drogenmißbrauch, Konsumwahn, Sinnentfremdung, Sittenzerfall, Kriminalität, Gewalt, Rassismus, Krieg usw. Das Bewußtwerden dieser Gefahren und Bedrohungen hat bewirkt, daß man sich in den vergangenen Jahren auch innerhalb der Esoterik zunehmend mit Zukunftsfragen und mit verschiedenen Methoden der Wahrsagekunst zu beschäftigen beginnt.

Heute gehört das Forschen in der Zukunft – zusammen mit der ebenfalls boomenden Ufologie – zu den zukunftsträchtigsten Zweigen der Esoterik. Hierbei werden Begriffe wie «Prophetie» und «Wahrsagerei», «Mantik» und «Divination» oft synonym und ohne Unterscheidung verwendet. Wir möchten, um dieser Verwirrung entgegenzuwirken, zu Beginn unseres heutigen Vortrages zunächst einmal die einzelnen Begriffe definieren und wo nötig auch gegeneinander abgrenzen.

PROPHETIE: Dieser Begriff geht zurück auf das altgriechische Wort *propheteia*, was «Verkündigung» oder «Vorhersage» bedeutet. Unter «Prophetie» versteht man die Vorhersage zukünftiger Entwicklungen und Ereignisse durch einen Propheten (griech. *prophetes*, «Verkünder, Seher, Vorhersager»).

Wichtig ist, daß eine solche Vorhersage stets auf göttliches Geheiß oder durch direkte göttliche Eingebung erfolgen muß. Prophetie hat daher immer mit einer echten religiösen Erfahrung und mit einer göttlichen Berufung und Ermächtigung zu tun. So findet der Begriff «Prophetie» streng genommen allein in einem theistischen Weltbild Platz, in einem Weltbild also, das davon ausgeht, daß Gott als die absolute höchste Person existiert und daß Er den Kosmos nach exakten Gesetzen erschaffen hat und regiert.

Echte Prophezeiungen treten immer ein, da sie gemäß göttlicher Bestimmung unabänderlich sind und nicht dem Willen des Menschen oder anderer Geschöpfe unterliegen. Mit anderen Worten, Prophezeiungen enthüllen die durch höhere Fügung bereits festgelegte Zukunft und werden nicht durch menschliche Deutung und Auslegung und auch nicht durch menschliches Karma beeinflußt.

In allen Religionen spielen Prophezeiungen eine wichtige Rolle. In der jüdischen und christlichen Tradition bilden sie einen wichtigen Bestandteil des religiösen Lehrgebäudes, und auch der Islam kennt Propheten, von denen Mohammed als der letzte und endgültige betrachtet wird.

In der vedischen Kultur Indiens gibt es ebenfalls eine Vielzahl von göttlichen Prophezeiungen, die beispielsweise Vorhersagen über den zyklischen Wandel der vier Zeitalter geben. Dort finden sich unter anderem höchst aufschlußreiche Angaben über den weiteren Verlauf des gegenwärtigen Zeitalters, das in der Sanskritsprache als Kali-yuga, als das «Zeitalter des Streites und der Heuchelei», bezeichnet wird.

Im deutlichen Gegensatz zur Prophetie steht nun die sogenannte Mantik (auch: Divination), die keine unmittelbare göttliche Eingebung oder Ermächtigung und auch nicht zwingend ein theistisches Weltbild voraussetzt. Sie sollte mit Prophetie nicht verwechselt werden.

MANTIK oder DIVINATION: Diese beiden Begriffe sind gleichbedeutend (Mantik stammt aus dem Griechischen, Divination aus dem Lateinischen) und lassen sich wohl am treffendsten mit «Wahrsagekunst» übersetzen. Darunter versteht man eine Voraussage auf zukünftige Entwicklungen und Ereignisse durch einen Wahrsager oder Hellseher (griech. *mantis*, «Seher, Wahrsager»).

Im Gegensatz zur Prophetie handelt es sich bei der Mantik bzw. der Divination um eine Wahrsage-*Kunst*, zu der manche Menschen veranlagt sind und die man in gewissem Maße auch erlernen kann, und nicht um eine göttliche Ermächtigung.

Der Wahrsager stützt sich bei seinen Voraussagen entweder a) auf seine Beobachtung gewisser Gesetze, Omen oder Symbole in der Natur, die er gemäß seinen Kenntnissen und Erfahrungen deutet und auslegt; oder b) auf gewisse gefühlsmäßige Ahnungen, oder c) auf feinstoffliche Eingebungen, die von höherstehenden, dem Menschen an materieller Macht übergeordneten Wesen stammen.

Bei der Deutung von Naturphänomenen dienen dem Wahrsager eine Vielzahl von verschiedenen Hilfsmitteln und Riten, so daß ein breites Spektrum von mantischen bzw. divinatorischen Disziplinen entsteht. In altertümlichen und mittelalterlichen Lexika unterscheidet man zuweilen über hundert Arten (!) der Mantik, von denen heute nur noch wenige gebräuchlich sind.

Es folgt eine kurze Aufstellung einiger mantischer Disziplinen, deren man sich auch in der zeitgenössischen Esoterik bedient:

- *Astrologie* : Wahrsagen durch Deutung der Planetenstellungen. (Darauf werden wir im Verlaufe unseres Vortrages noch spezifisch eingehen.)

- *Kartomantie* («Kartenschau»): Wahrsagen durch Deutung von Kartensymbolen (z.B. im *Tarot*); umgangssprachlich auch als «Kartenlesen» bezeichnet.

- *Arithomantie* («Zahlenschau»): Wahrsagen durch Deutung von Zahlensymbolen; entwickelte sich später zu dem, was heute als «Numerologie» bezeichnet wird (z.B. in der *Kabbala*).

- *Onomantie* («Namenschau»): Wahrsagen durch Deutung der Buchstaben eines Namens. Als Unterdisziplin der Numerologie werden hier entweder die Zahlenwerte der Vokale oder die Quersumme der den Buchstaben entsprechenden Zahlen gedeutet.

- *Chiromantie* («Handschau»): Wahrsagen durch Deutung der Handform sowie der Linien und Zeichen in der Handwurzel, in der Handfläche, in den Fingern und in den Fingernägeln (Lebenslinie, Kopflinie, Herzlinie, Schicksalslinie u.a.); umgangssprachlich auch als «Handlesen» bezeichnet.

- *Oneiromantie* («Traumschau»): Wahrsagen durch Deutung der Symbolik von Träumen (in jüngster Zeit besonders angewandt durch C.G. Jung).

- *Geomantie* («Erdschau»): a) Wahrsagen durch Deutung der Muster von auf die Erde oder auf Sand geworfenen Gegenständen wie Kieseln, Steinchen, Stöckchen, Samenkörnern, Knöchelchen oder auch Edelsteinen. Dazu gehört auch das populär gewordene Wahrsagen durch Deutung von geworfenen Schafgarbenstengeln oder von Münzen (im *I Ging*). – b) In der zeitgenössischen Esoterik versteht man unter Geomantie auch die Beschäftigung mit den Kraftlinien oder Kraftorten der Erde, welche wie ein lebendiger Organismus von diesen Linien als ihren Nervenbahnen durchzogen sein soll. Die geomantischen Linien sollen sich mit Hilfe der *Radiästhesie* («Strahlenempfindlichkeit», verstärkt beispielsweise durch Pendel oder Wünschelruten) aufspüren lassen; das Wahrsagen mit Hilfe einer Wünschelrute wird als *Rhabdomantie* bezeichnet.

• *Kristallomantie* («Kristallschau»): Wahrsagen mit Hilfe einer Kristallkugel oder anderer spiegelnder oder glänzender Gegenstände, die den Wahrsager in einen tranceähnlichen Zustand versetzen können, wodurch dessen Hellsichtigkeit ermöglicht wird. Hieraus entwickelte sich die verbreitete Klischee-Vorstellung der wahrsagenden Zigeunerin mit der Kristallkugel.

• *Katoptromantie* («Spiegelschau»): Wahrsagen mit Hilfe «magischer» Spiegel, die auf den Wahrsager eine ähnliche Wirkung wie die oben erwähnten Kristalle haben können. Verwandt ist auch die *Lekanomantie*, bei der zur Erzeugung des Trancezustandes Gold- und Silberplättchen in ein mit Wasser gefülltes Becken gelegt werden; nach einer anderen Methode werden Öltropfen auf den Wasserspiegel gegossen und die sich daraus bildenden Formen gedeutet.

• *Hydromantie* («Wasserschau»): Wahrsagen durch Deutung der Farbspiele und Wellenmuster fließenden Wassers, manchmal auch durch Zählen der Wellenkreise nach einem Steinwurf in stehendes Wasser.

• *«Channeling»* («Kanalisieren»): Wahrsagen durch mediale Eingebungen und Botschaften von (meist nicht genauer identifizierten) außermenschlichen Geistwesen.

Gerade diese Disziplin erfreut sich, wohl aufgrund ihrer Unbestimmtheit und Unverbindlichkeit, innerhalb der zeitgenössichen Esoterik großer Beliebtheit.

2. Esoterik und Wahrsagerei: Humbug oder Heil?

Ist die Wahrsagerei und die gesamte Esoterik nicht nur ein blödsinniger Humbug, ein großer Schwindel und eine gefährliche Scharlatanerie? Ist sie nicht nur eine Grille von irgendwelchen leichtgläubigen Spinnern und Phantasten, die sich vor der harten Realität in irgendwelche abgehobenen Scheinwelten flüchten wollen? Ist sie nicht einfach nur eine willkommene Abwechslung für das öde Leben von übersättigten und gelangweilten Opfern einer moralisch zugrunde gehenden Wohlstandsgesellschaft? Und ist denn gerade die ganze Wahrsagerei nicht völlig irrational und mit den modernen wissenschaftlichen Erkenntnissen unvereinbar?

Solchen Fragen und Zweifeln begegne ich immer wieder, wenn ich Themen wie Astrologie, Tarot oder Handlesen ins Gespräch bringe. Und sie sind durchaus berechtigt. Denn es ist insbesondere heutzutage nicht von der Hand zu weisen, daß wir gerade im Rahmen der zeitgenössischen Esoterik einen riesigen Schattenbereich vorfinden, in dem sich allerlei gefährliche Scharlatane und Kurpfuscher, skrupellose Geschäftemacher, ehrgeizige Hochstapler, oberflächliche Ignoranten und desorientierte Verkünder von Halbwahrheiten tummeln.

Und doch sollten wir meiner Ansicht nach nicht den Fehler begehen, das Kind mit dem Bade auszuschütten. Denn neben den egozentrischen Scharlatanen und Ignoranten, die wohl leider in der Mehrheit sind, gibt es in der Esoterik ohne Zweifel auch Menschen mit tatsächlich erstaunlichen seherischen Gaben und medialen Fähigkeiten, die sich nicht so leicht wegdiskutieren lassen. Und es gibt auch aufrichtige und wohlmeinende Menschen mit außergewöhnlichen heilenden Kräften, die bereit sind, diese uneigennützig in den Dienst ihrer Mitmenschen zu stellen. Diese echten Esoteriker sehen sich selbst als Mittler einer positiven, höheren Macht und ihre Arbeit als einen demütigen Beitrag zum dringend nötigen geistigen Fortschritt der Menschheit und als Hilfe zum längst fälligen Umdenken und Umschwenken.

Nicht zuletzt finden sich gerade in der Esoterik oftmals noch jene letzten Optimisten und Idealisten, die unserer einseitig materialistischen, selbstzerstörerischen Gesellschaftsstruktur noch nicht vollständig zum Opfer gefallen sind. Denn nachdem die zunächst hoffnungsvollen Ideale beispielsweise der 68er-Generation oder später jene der Grünen und Ökologen inzwischen längst vereinnahmt und zum Instrument des herrschenden Machtgefüges umfunktioniert wurden, bleibt die Esoterik noch eine der wenigen nichtmaterialistischen Nischen der Gegenwart. Doch auch hier lassen sich mit erschreckend zunehmender Geschwindigkeit Tendenzen und Symptome des Vereinnahmtwerdens beobachten. Auch in der Esoterik hat sich, wenn auch etwas besser kaschiert als anderswo, längst das materialistische, atheistische, egozentrische Denken breitgemacht.

Leider ist es wahr: Es wird in der zeitgenössischen Esoterik mit billigster Jahrmarkthoroskopie, mit unqualifizierter und spekulativer Psychoanalyse und mit allerlei dubiosen Heil- und Therapiemethoden inzwischen allzuviel Unfug und Mißbrauch betrieben. Leider ist es wahr:

Die Menschen werden durch die Esoterik allzuoft dazu verleitet, in einem unwissenschaftlichen Nebelbereich umherzuirren und ihre Augen vor der oftmals sehr ernüchternden «Realität» zu verschließen. Und leider ist es auch wahr: Viele Menschen werden auch in der Esoterik zuweilen mit Absicht und mit kalter Berechnung hinters Licht geführt und belogen.

Aber trotz alledem sind wir gut beraten, wenn wir eine Sache nicht an ihrem Mißbrauch messen und beurteilen. Denn sonst machen wir uns desselben unwissenschaftlichen Vorurteils schuldig, deren man gerne die Esoterik anklagt. Vielmehr sollten wir, wenn wir tatsächlich daran interessiert sind, hinter die Fassade der scheinbaren Wirklichkeit zu blicken und in die Geheimnisse des Kosmos vorzudringen, uns zunächst unsere eigene Hilflosigkeit und Begrenztheit eingestehen. Wir sollten uns, bevor wir den Vorurteilen unserer eigenen Ignoranz zum Opfer fallen, ernsthaft die Frage stellen:

Welches Weltverständnis steht hinter den verschiedenen Disziplinen der Esoterik, in unserem heutigen Zusammenhang insbesondere der Mantik bzw. der Divination und auch der Prophetie? Gibt es etwa wissenschaftlich ergründbare feinstoffliche Naturgesetze, die diese Phänomene steuern und die wir bisher noch nicht wahrgenommen haben? Haben wir die Grenzen dessen, was wir als wissenschaftlich und als wahr akzeptieren, vielleicht zu eng gesteckt?

Mit Sicherheit sollten wir nicht alles, was uns die zeitgenössische Esoterik und die verschiedenen Disziplinen der Wahrsagerei vorsetzen, einfach nur blind glauben und schlucken, ohne unseren kritischen Verstand einzuschalten und das Angebotene ernsthaft zu prüfen. Aber genauso, wie es einen blinden Glauben gibt, gibt es auch einen blinden Zweifel, und es ist schwer zu sagen, welcher von den beiden fataler ist und welcher uns in unserer Wahrnehmung der eigentlichen Realität mehr beschränkt.

Während der naive, blinde Glaube uns jeden pseudoesoterischen Unsinn und Betrug kritiklos glauben und konsumieren läßt, bewirkt der stolze, blinde Zweifel, daß wir auch das wirklich Zutreffende und Wissenswerte bezweifeln und ablehnen. Beide aber sind blind, beide sind unzulänglich, beide gefährlich.

Wir sollten also, bevor wir etwas vorschnell als wahr annehmen, stets gründlich nachfragen, wir sollten hinterfragen, und wir sollten in Frage stellen. Aber wir sollten, bevor wir etwas vorschnell als unwahr ablehnen, auch bereit sein, unser bisheriges Weltbild zu erweitern, und uns vor neuen Erkenntnissen und Einsichten nicht verschließen. Auf diese Weise, und nur auf diese Weise, wird es uns gelingen, Licht und Schatten der Esoterik auseinanderzuhalten. Nur so werden wir uns vor den Gefahren der Esoterik schützen können; nur so werden wir die Erkenntnisse der Esoterik nützen können.

Nochmals also die bereits erwähnte Frage: Welches Weltverständnis steht hinter den verschiedenen Disziplinen der Esoterik, in unserem heutigen Zusammenhang insbesondere der Mantik?

Oder anders gefragt: Warum funktioniert Wahrsagerei überhaupt? – Wir wollen im folgenden diese Frage am Beispiel der Astrologie erörtern.

3. Warum Wahrsagerei funktioniert (am Beispiel der Astrologie)

Die Astrologie gilt unter allen mantischen Disziplinen als die herausragendste und am weitesten verbreitete. Sie ist sozusagen die «Königsdisziplin» der Wahrsagekunst. Und dies nicht zu unrecht, ist sie doch nicht nur die umfassendste und ausführlichste, sondern wohl auch die älteste Form der Zukunftsschau.

Die astrologische Wissenschaft wurde in praktisch allen bekannten Kulturen seit Beginn der Menschheitsgeschichte betrieben, und es haben sich im Laufe der Zeit die verschiedensten Ausprägungen entwickelt. So gibt es neben der altindischen und der chinesischen Astrologie auch die altamerikanische Astrologie der Indianer, die ägyptische Astrologie, die griechische Astrologie, die kabbalistische Astrologie usw. Neuerdings spricht man auch von der esoterischen und von der karmischen Astrologie – moderne Abwandlungen, die meist aus einem Gemisch von verschiedenen klassischen Astrologieformen bestehen.

Allerdings haben wir heute nicht den Rahmen zur Verfügung, um auf die unterschiedlichen astrologischen Systeme im einzelnen einzugehen. Vielmehr wollen wir versuchen, ohne verwirrende Ablenkungen unserer eigentlichen Fragestellung treu zu bleiben: Warum funktioniert die Astrologie?

Die meines Wissens klarste und ausführlichste Antwort auf diese Frage vermitteln uns die vedischen Schriften Indiens. In der Sanskritsprache wird die astrologische Wissenschaft als *Jyotirveda* bezeichnet, was wörtlich die «Wissenschaft der Helligkeit» bedeutet (da die Helligkeit im Universum von den verschiedenen Sternen und Planeten herrührt). Durch die Berechnungen des «Jyoti» kann ein kundiger vedischer Astrologe anhand des Geburtshoroskops unser in dieses Leben mitgebrachtes Prārabdha-Karma ablesen. (Unter *Prārabdha-Karma* versteht man diejenigen karmischen Reaktionen, die bereits Früchte getragen haben oder die gerade dabei sind, im gegenwärtigen Leben Früchte zu tragen.)

Das Geburtshoroskop kann uns also Aufschluß geben über unsere Charaktereigenschaften, Anlagen und Fähigkeiten, die wir durch unsere früheren Handlungen aus früheren Leben in die jetzige Inkarnation mitgebracht haben. Es stellt sozusagen das Spiegelbild unseres gesamten Karma dar, das wir in früheren Leben durch unsere Handlungen angesammelt haben.

Das Geburtshoroskop gibt uns zudem auch Aufschluß darüber, welche karmischen Reaktionen uns im gegenwärtigen Leben erwarten. So besteht die astrologische Wissenschaft gleichsam in der Hochrechnung unseres in seinen groben Zügen bereits feststehenden Karma, von dessen Ernte uns nur noch die Zeit trennt. Insofern ist die Astrologie durchaus imstande, Prognosen für unsere nähere Zukunft zu erstellen (das heißt, mindestens für die Zeitdauer unseres gegenwärtigen Lebens).

Es ist jedoch wichtig, an dieser Stelle einschränkend zu betonen, daß alle astrologischen Hochrechnungen niemals hundertprozentig fehlerfrei sein können. Astrologie ist – im Unterschied etwa zur Physik, zur Chemie und zu anderen modernen naturwissenschaftlichen Disziplinen – zwar eine feinstoffliche und daher exaktere Wissenschaft, dennoch aber bleibt sie eine materielle Wissenschaft, die wie alles Materielle immer gewissen Begrenzungen unterworfen ist.

Astrologie ist also *keine* zuverlässige Prophetie in dem Sinne, wie wir es zu Beginn unserer heutigen Betrachtungen definiert haben. Dasselbe gilt in noch stärkerem Ausmaße selbstverständlich auch für sämtliche anderen genannten Disziplinen der Wahrsagekunst. Ein Astrologe ist kein Prophet, und seine Aussagen über zukünftige Entwicklungen und Ereignisse sind nie völlig perfekt und unabänderlich. Er ist auch kein Verkünder göttlicher Wahrheiten, genausowenig, wie die Astrologie selbst einen direkten Bezug zum Göttlichen herstellen kann. Dieser wichtige Unterschied muß immer wieder herausgestrichen werden, denn Mißverständnisse und Verwechslungen in dieser Hinsicht können schwerwiegende Folgen für die geistige und spirituelle Entwicklung des betreffenden Menschen haben.

Alle mantischen Disziplinen sind, wenn auch in unterschiedlichem Ausmaß, zwar imstande, einen bestimmten Bereich des materiellen Lebens eines Menschen zu entschlüsseln und Hinweise auf seine kosmischen Bezüge zu geben. (Die Astrologie unterscheidet sich von den anderen Wahrsageformen einzig dadurch, daß sie wohl die meisten grob- und feinstofflichen Bereiche des materiellen Lebens berücksichtigt.) Aber keine der mantischen Disziplinen ist imstande, den seelischen, spirituellen, göttlichen Bereich des menschlichen Lebens zu erfassen. Hierfür kennt die Menschheit andere Wege und Methoden, die im Sanskrit «Yoga» und in Deutsch «Religion» genannt werden.

Um zu verstehen, warum und wie die Astrologie funktioniert, ist es erforderlich, daß wir uns über die folgenden zwei Grundvoraussetzungen bewußt sind:

(1) *Alles ist persönlich*: Das heißt, hinter jedem Gesetz und hinter jedem Phänomen in der Natur, hinter jedem

Ereignis im Kosmos steht letzten Endes ein bewußtes Wesen, eine bewußte Persönlichkeit. Anders ausgedrückt: Alles, was im gesamten Universum geschieht, wurde von irgendeiner bestimmten Person gewollt und dann von einer bestimmten Person bewirkt.

Es sind also keine unpersönlichen, mechanischen Gesetze, die den Kosmos steuern («Kosmos» heißt: ein geordnetes System, im Gegensatz zu «Chaos»). Vielmehr sind es höhere, dem Menschen übergeordnete Wesen, also Personen, die beispielsweise die Naturelemente und Naturkräfte beherrschen, die die Planeten (und damit das «Schicksal», sprich Karma, des Menschen) lenken und die ganz allgemein für die Aufrechterhaltung der kosmischen Ordnung verantwortlich sind. Nochmals also: Alles, was geschieht, hat eine bestimmte persönliche Ursache und auch eine bestimmte persönliche Wirkung.

Dieses persönliche Weltbild mag für den modernen Menschen unserer Zeit ungewohnt sein, doch wenn wir die Menschheitsgeschichte in ihrer Gesamtheit betrachten, werden wir feststellen, daß es das Weltbild ist, zu dem sich die Mehrheit der Menschen schon immer bekannt hat. Es ist zunächst einmal kennzeichnend für sämtliche östlichen und sonstigen außereuropäischen Glaubensformen, doch auch im europäischen Abendland war es noch bis vor kurzem gültig – um genau zu sein, bis ins Zeitalter der sogenannten «Aufklärung» und der daran anschließenden materialistisch-industriellen Revolution.

Und dieses persönliche Weltbild ergibt bei genauerem, vorurteilsfreiem Betrachten auch viel mehr Sinn als das unpersönlich-physikalische, an das wir uns, aus welchen Gründen auch immer, in unserem dunklen Jahrhundert gewöhnt haben. Dies also ist die erste Grundvoraussetzung zum Verständnis der Astrologie. Die zweite ist die folgende:

(2) *Es gibt «höhere Welten»*: Das Wissen der alten Kulturen, wie beispielsweise das vedische Wissen Indiens, besagt, daß der Planet Erde, auf dem wir Menschen leben, nur einer von Tausenden, ja von Millionen verschiedener Planeten in unserem Universum ist, und zwar ein vergleichsweise kleiner und schwacher. Und – dies ist für unsere heutige Betrachtung von Bedeutung – die Erde ist auch bei weitem nicht der einzige belebte Planet im Kosmos.

Außer den uns bekannten Lebensformen existiert sowohl in der feinstofflichen Parallelwelt der irdischen Geister und Geistwesen als auch auf anderen Planeten eine Vielzahl von außer- und innerirdischen (!) Lebensformen, die oft auch anderen Naturgesetzen unterliegen. Nicht alle Wesen sind an dieselben physikalischen Gesetze wie der Mensch gebunden, was es für uns umso schwieriger macht, andere Wesen wahrzunehmen und zu verstehen. (Zum Beispiel besitzen nur schon gewisse Yogīs für uns unvorstellbare, «übermenschliche» Kräfte, auf die wir in diesem Zusammenhang nicht eingehen möchten, ganz zu schweigen also von übermenschlichen Wesen.)

Hinzu kommt, daß die meisten dieser nicht-menschlichen Lebensformen dem Menschen an materieller Macht und an Einfluß übergeordnet sind. Genauso, wie der Mensch sogenannt «niederen» Lebensformen wie den Steinen, Pflanzen und (kleineren) Tieren gegenüber praktisch uneingeschränkte Macht und Kontrolle besitzt und diese mehr oder weniger nach Belieben manipulieren kann (was leider heutzutage oft mißbraucht wird), so gibt es im Universum zahlreiche andere, höher entwickelte Lebensformen, die in gleicher Weise uns Menschen gegenüber praktisch uneingeschränkte Macht und Kontrolle besitzen und die uns nach Belieben manipulien können – und dies zum Teil auch tun.

Die für das menschliche Leben auf der Erde wichtigsten positiven außerirdischen Lebensformen sind die sogenannten *Devas*, in Deutsch «Halbgötter». Sie bewohnen die höheren Planeten unseres Sonnensystems, und ihre Aufgabe besteht unter anderem darin, jedem einzelnen Menschen das ihm zustehende Karma zukommen zu lassen. Sie sind dank ihrer für uns Menschen unvorstellbaren Kräfte und Einflußmöglichkeiten bestens ausgerüstet, diesen Dienst in vollkommener Weise zu verrichten.

Kommen wir nun zurück zu unserer Fragestellung, so können wir schlußfolgern: Astrologie funktioniert, weil wir in einem Kosmos, das heißt in einem geordneten universalen System leben und weil innerhalb dieses Kosmos feinstoffliche Wechselwirkungen zwischen den irdischen Organismen (Menschen) und den höheren Planetensystemen (Halbgötter) bestehen.

Mit anderen Worten: Wenn wir in der Astrologie davon sprechen, daß dieser oder jener Planet seinen Einfluß auf uns ausübt, so meinen wir damit im Grunde genommen nichts anderes, als daß der entsprechende Halbgott, der diesen Planeten bewohnt und beherrscht, seiner kosmischen Pflicht nachkommt und uns das uns zustehende Karma vermittelt.

Doch genauso, wie der Mensch innerhalb des kosmischen Gefüges nur einen winzigen Bestandteil ausmacht und der Kontrolle durch höhere Mächte unterstellt ist, so sind auch die Halbgötter ihrerseits nicht völlig frei zu tun und zu lassen, was ihnen beliebt. Vielmehr sind sie – ebenfalls auf Geheiß und durch Ermächtigung einer noch höheren Macht – verpflichtet, sich gemäß einer ganz bestimmten festgelegten Ordnung zu verhalten. Diese übergeordnete Macht, die sowohl alle Halbgötter als auch die Menschen lenkt, wird im Sanskrit *Parameśvara* genannt, «Höchster Herrscher». Im Deutschen sagt man dazu: Gott.

Und eben weil sämtliche Geschehnisse innerhalb des materiellen Kosmos einer exakten Ordnung unterliegen, müssen wir von der Astrologie als von einer *materiellen Wissenschaft* sprechen, denn sie tut nichts anderes, als dem Menschen ein wenig Transparenz und einen kleinen Einblick in diese materiellen kosmischen Gesetzmäßigkeiten zu ermöglichen. Die seelische oder göttliche Dimension des menschlichen Daseins kann von der Astrologie nicht erfaßt werden. Ich möchte an dieser Stelle noch einmal betonen, daß es sehr wichtig ist, sich über diesen Unterschied bewußt zu sein.

4. Praktische Anwendungen der Astrologie

Wenn die Astrologie, als eine materielle Wissenschaft, nicht imstande ist, dem Menschen Aufschluß über die seelische oder die göttliche Dimension seines Daseins zu geben – welche Anwendungsmöglichkeiten bieten sich ihr dann im praktischen Leben des Menschen? Und ist sie für die spirituelle Entwicklung eines Menschen, der sich für den esoterischen, religiösen WEG NACH INNEN entschieden hat, überhaupt noch von Bedeutung? Wir möchten im folgenden auf diese berechtigten Fragen eingehen.

Wie wir bereits angedeutet haben, untersucht und erklärt die Astrologie die karmischen Prārabdha-Reaktionen sowohl in bezug auf unseren äußerlich sichtbaren, grobstofflichen Körper (also: unser körperliches Aussehen, unsere physischen Vorzüge und Gebrechen usw.) als auch in bezug auf die verborgene Beschaffenheit unseres feinstofflichen Körpers (also: unsere charakterlichen Anlagen und latenten Fähigkeiten, unsere Stärken und Schwächen usw.). Das Wissen um diese Anlagen und Zukunftsperspektiven ist für unser Leben sicherlich sinnvoll und wertvoll; und doch kann das Ziel der Astrologie nicht darin bestehen, diese physischen und psychischen Gegebenheiten einfach nur als Selbstzweck zu untersuchen und zu erklären, denn aus esoterischer und religiöser Sicht ist damit unsere eigentliche Lebensaufgabe als Mensch (im Sanskrit: Dharma) noch nicht erfüllt.

Durch unsere Beschäftigung mit Astrologie können wir zwar ausreichend Kenntnisse über unsere eigenen körperlichen und charakterlichen Bedingtheiten sowie über die uns bevorstehenden karmischen Reaktionen erwerben, und doch sollten wir mit Hilfe dieser Kenntnisse nicht einfach nur versuchen, intensiver und erfolgreicher ein materielles Leben zu führen. Vielmehr, so machen es gerade die vedischen Schriften sehr deutlich, sollten uns diese Kenntnisse dabei unterstützen, uns möglichst *wenig* in das äußere, materielle Leben zu verstricken und uns mit möglichst geringem Aufwand um die materiellen Aspekte unseres Daseins zu kümmern. Auf diese Weise gewinnen wir die notwendige innere Ruhe und auch die erforderliche Zeit, uns der eigentlichen Herausforderung, nämlich dem spirituellen Leben, dem WEG NACH INNEN, zuzuwenden.

Wer gegen seine materielle Natur (wenn wir so wollen: gegen sein Horoskop) lebt, wird in seinem Leben immer unzufrieden und frustriert sein. Und wer ohne höhere

Einsicht unzufrieden und frustriert ist, kann sich nicht mit Entschlossenheit dem WEG NACH INNEN zuwenden, da er noch nicht mit der äußeren Welt abgeschlossen hat. Er muß wiedergeboren werden, um erneut zu versuchen, seine noch nicht erfüllten materiellen Wünsche und Verlangen zu befriedigen.

Der Zusammenhang zwischen der Reinkarnation und der Astrologie (also dem Geburtshoroskop) ist somit der folgende: Die Wiedergeburt eines Menschen findet stets in genau dem Augenblick statt, in dem die erforderlichen astrologischen Voraussetzungen der entsprechenden Planeten erfüllt sind, damit sich das Karma desjenigen, der geboren wird, erfüllen kann.

In einem Kommentar zur vedischen Schrift *Śrīmad-Bhāgavatam* heißt es hierzu:

Astronomische Berechnungen der Sterneneinflüsse auf ein Lebewesen sind keine Vermutungen, sondern Tatsachen. Jedes Lebewesen wird in jedem Augenblick durch die Gesetze der Natur beherrscht, so, wie ein Bürger durch den Einfluß des Staates beherrscht wird. Die Staatsgesetze werden grobstofflich wahrgenommen, aber die Gesetze der materiellen Natur lassen sich, da sie für unser grobes Verständnis zu fein sind, nicht grobstofflich wahrnehmen. [...]
Das Gesetz der Natur wirkt so feinstofflich, daß jeder Teil unseres Körpers von den entsprechenden Sternen beeinflußt wird, und das Lebewesen bekommt unter der Einwirkung solch astronomischer Einflüsse einen Körper, um Tätigkeiten auszuführen und seine Zeit in der materiellen Gefangenschaft abzubüßen.

Das Schicksal eines Menschen läßt sich somit anhand der Konstellation der Sterne zur Zeit seiner Geburt feststellen, und ein gelehrter Astrologe weiß ein echtes Horoskop zu erstellen. Dies ist eine bedeutende Wissenschaft, und die Tatsache, daß diese Wissenschaft mißbraucht wird, macht sie durchaus nicht nutzlos. (*)

Es ist also nicht so, daß das Horoskop uns unsere charakterlichen Veranlagungen, unseren Körperbau, unsere Fähigkeiten oder unser «Schicksal» *aufzwingt*. Vielmehr verhält es sich gerade umgekehrt: Gerade *weil* wir, das heißt unsere Wünsche, in einer bestimmten Weise beschaffen waren und sind, haben wir im gegenwärtigen Leben ebendiesen Charakter, ebendiesen Körper und auch ebendieses Horoskop erhalten.

Dasselbe Prinzip gilt übrigens nicht nur für die Astrologie, sondern auch für andere mantische Disziplinen, mittels derer wir unser Prārabdha-Karma erkennen können, wie zum Beispiel die Phrenologie (Charakterkunde gemäß der Schädelform), die Chirologie (Handlinienkunde) oder die Graphologie (Handschriftenkunde). Obwohl all diese interessanten Wissensgebiete heutzutage meist entweder von der akademischen Wissenschaft nicht ernst genommen oder aber von der Pseudo-Esoterik mißbraucht werden, macht sie dies, wie es in dem zitierten Bhāgavatam-Kommentar heißt, «durchaus nicht nutzlos».

---

* Aus der Erläuterung zum Śrīmad-Bhāgavatam (Vers 1.12.12) von A.C. Bhaktivedanta Swami Prabhupāda; Bhaktivedanta Book Trust 1983.

In einer spirituellen Kultur werden also die Grenzen, aber auch der Nutzen der astrologischen Wissenschaft erkannt. Dabei werden ihr insbesondere die folgenden vier Anwendungsmöglichkeiten im praktischen Leben des Menschen zugeteilt:

(1) *Erziehung*: Die genaue Kenntnis der aus früheren Inkarnationen in das gegenwärtige Leben mitgebrachten Eigenschaften und charakterlichen Anlagen eines Kindes ermöglicht es den Eltern, ihrem Kind von Anfang an eine individuell abgestimmte, optimale Erziehung anzubieten. Daher sollte sofort nach der Geburt eines Kindes stets ein Geburtshoroskop erstellt werden, um zu verhindern, daß dem Kind in seiner Jugend aufgrund von sozialem Druck oder von einer übersteigerten Erwartungshaltung seitens der Eltern ein Lebensstil aufgezwungen wird, durch den es in dieser Inkarnation nicht glücklich werden kann.

(2) *Partnerschaft*: Das Partnerschaftshoroskop, das vor jeder Verlobung erstellt werden sollte, gibt Aufschluß über die karmischen Gemeinsamkeiten und Unterschiede der beiden Partner sowie auch über die zu erwartenden Konflikte des Paares. Dadurch hat das Paar rechtzeitig die Möglichkeit, sich auf bevorstehende und absehbare Entwicklungen einzustellen oder gar sich dafür zu entschließen, von einer Ehe abzusehen.

(3) *Günstiger Zeitpunkt*: Ein weiterer Zweig der Astrologie beschäftigt sich mit der Berechnung eines möglichst günstigen Zeitpunktes für bedeutsame Ereignisse wie beispielsweise eine Heirat, eine geschäftliche Unternehmung oder eine Geldanlage, der Kauf eines besonderen Gegenstandes wie eines Hauses, eine längere Reise usw. Wer bei solchen Vorhaben die günstigen und ungünsti-

gen astrologischen Einflüsse berücksichtigt, wird in seinen Bemühungen mit Sicherheit mehr Erfolg haben.

(4) *Prognosen*: Wie erwähnt ist die astrologische Wissenschaft imstande, aufgrund des bereits feststehenden, aber noch nicht eingetroffenen Karma eines Menschen Vorhersagen über zukünftige Ereignisse in dessen Leben zu machen, mit anderen Worten, das sogenannte «Schicksal» zu erkennen. Nochmals sei jedoch betont, daß es sich dabei nicht um göttliche Prophetie, sondern um materielle Berechnungen handelt, die der kundige Astrologe aufgrund seiner Kenntnisse über die herrschenden feinstofflichen Naturgesetze anstellt.

Ein Astrologe könnte in diesem Sinne mit einem Meteorologen verglichen werden, mit dem Unterschied freilich, daß sich seine Kenntnisse nicht nur auf den grobstofflich-physikalischen Bereich dieser Welt beschränken. Und wesentlich mehr als bei einem Meteorologen oder bei irgend einem anderen grobstofflichen Wissenschaftler ist es beim Astrologen und Wahrsager von Bedeutung, daß er nicht nur über die erforderlichen technischen Kenntnisse und Fähigkeiten verfügt, sondern daß er darüber hinaus auch ausreichend spirituelle Verwirklichungen vorzuweisen hat.

Im Idealfall geht der Astrologe oder Wahrsager in seinem eigenen Leben selbst einen konsequenten religiösen WEG NACH INNEN und ist in seiner äußeren Lebensführung beispielhaft rein und tugendhaft. Denn die astrologische Deutung eines Horoskopes ist genauso gut oder genauso schlecht, wie es das Bewußtsein des Astrologen in dem Moment, da er das Horoskop liest, zuläßt. Ist er in einem klaren, ungestörten Bewußtsein, so ist auch seine Sicht für das Horoskop klar und ungetrübt, und dann sind auch seine Deutungen aus dem Horoskop klar und zutreffend. Und umgekehrt.

Denn das «Schicksal» eines Menschen ist keine willkürlich interpretierbare Größe, kein unbegründeter «Zufall», sondern nichts anderes als die Hochrechnung der vorhandenen Potentiale und karmischen Reaktionen. Das Schicksal eines Menschen ist durch die karmischen Naturgesetze vorherbestimmt, und die verschiedenen Disziplinen der Mantik, allen voran die Astrologie, können dieses Schicksal enthüllen, sofern sie von qualifizierten Wahrsagern in der richtigen Weise angewandt werden. Was sie allerdings nicht können, ist, dieses Schicksal zu beeinflussen, denn dies tut jeder Mensch für sich ganz alleine. Arthur Schopenhauer sagte einmal: «Das Schicksal mischt die Karten, und wir spielen.»

5. Dharma: Wie erkenne ich meine Lebensaufgabe?

Ich höre, wenn ich über esoterische oder psychologische Themen spreche, oft die Frage: *Warum bin ich eigentlich so, wie ich bin?* Oder auch: *Was ist eigentlich meine Lebensaufgabe?* – Meine Antworten auf diese höchst interessanten Fragen bedürfen einer etwas genaueren Darlegung kosmischer Zusammenhänge, und ich bitte Sie mir zu erlauben, zu diesem Zweck ein wenig auszuholen.

Wie bereits dargestellt, gehen sowohl die Astrologie als auch die anderen mantischen Disziplinen davon aus, daß die meisten äußeren Umstände und Ereignisse, die unser Leben prägen – sowie auch das Ausmaß unseres Glücks und Unglücks, unseres Erfolgs und Mißerfolgs usw. – durch unser in früheren Inkarnationen angesammeltes Karma bereits bei der Geburt vorausbestimmt sind. Innerhalb des Rahmens dieser bereits festgelegten, unabänderlichen Gegebenheiten besitzen wir jedoch auch einen gewissen Freiraum für die Entfaltung unserer freien Entscheide im Hier und Jetzt. Und die karmischen Folgen dieser Entscheide bestimmen dann ihrerseits wiederum die festgelegten Gegebenheiten in einer zukünftigen Inkarnation.

Dies heißt aber auch, daß wir durch unsere Leben *geführt* werden, und zwar sogar in vielen jener Bereiche, bei denen wir meinen und überzeugt sind, unabhängig und selbstständig entscheiden zu können. Ich möchte diese vielleicht zunächst ernüchternde Aussage anhand des folgenden Gedankenganges erläutern:

Stellen wir uns beispielsweise einmal die folgenden einfachen Fragen: Warum bin ich eigentlich so, wie ich bin? Warum bin ich gerade in diesen Umständen gelandet und nicht in anderen? Warum bin ich gerade in dieser Familie, in diesem Land, in dieser Zeit geboren worden? Warum besitze ich gerade diese körperlichen und geistigen Eigenschaften und Fähigkeiten?

Bei solchen Fragestellungen fällt es uns in der Regel noch einigermaßen leicht zu akzeptieren, daß hier, um es ganz allgemein auszudrücken, «höhere Mächte» im Spiel sind, mögen wir diese nun Prädestination, Schicksal, Vorsehung, Bestimmung, Zufall oder auch Karma nennen. Denn all diese feststehenden Gegebenheiten, die uns in dieses gegenwärtige Leben sozusagen mitgeliefert wurden und die wir jetzt nicht mehr ändern können, haben sich tatsächlich unserer bewußten Entscheidungsfreiheit entzogen – zumindest scheinbar.

Wir haben uns unsere Eltern nicht selbst aussuchen

können, ebensowenig wie wir uns unsere Nationalität, unsere Hautfarbe, unsere angeborenen Gebrechen oder unseren Charakter selbst ausgesucht haben. Oder etwa doch?

Hätte man uns gefragt, dann hätten wir vermutlich einiges ganz anders gewählt; wir wären dann wohl reicher, mächtiger, berühmter, schöner und intelligenter als wir es jetzt sind. Wir wären dann vielleicht als Königssohn oder als Prinzessin geboren worden, wir hätten den Körper eines Olympiasiegers und das Gehirn eines Nobelpreisträgers, oder was auch immer. Auf keinen Fall aber wären wir das, was wir jetzt sind: Mittelmaß nämlich, nichts Besonderes, ein durchschnittlicher Mensch mit den alltäglichen Problemen und Sorgen eines Durchschnittsmenschen.

Warum also sind wir so, wie wir sind? Die Antwort «liegt auf der Hand» (oder «steht in den Sternen»): Weil dies unserem Karma entspricht, weil wir es uns so verdient haben. Wir mögen uns diese Gegebenheiten zwar im einzelnen nicht direkt und auch nicht bewußt so ausgesucht haben, wie sie jetzt sind, aber indirekt haben wir sie dennoch durch unsere karmischen Handlungen in früheren Leben selbst verursacht. Das in ein Leben mitgebrachte Prārabdha-Karma ist ja, wie zuvor ausgeführt, nichts anderes als die gerechte Reaktion auf unser eigenes Tun in der Vergangenheit, zu dem wir uns mit Hilfe unseres freien Willens selbst entschlossen haben.

Diese Argumentationsweise kennen Sie vielleicht bereits aus meinen Vorträgen über Karma und Reinkarnation; so pflege ich zuweilen den Karmabegriff einzuleiten und zu erklären. Denn wollen wir einmal von den törichten und widersinnigen Thesen eines blinden Zufalls oder eines parteiischen Gottes absehen, bleibt uns auf die

Fragestellung nach dem «Warum bin ich so, wie ich bin?» tatsächlich keine andere Antwort mehr als Karma.

Soweit haben wir diese Zusammenhänge bereits des öfteren erklärt. Mit der heutigen Antwort wollen wir jedoch einen Schritt weiter in die Tiefe gehen. Denn schwieriger wird es, wenn wir uns beispielsweise die folgenden Fragen stellen:

Warum habe ich gerade diesen Beruf gewählt? Warum habe ich gerade diesen Partner (diese Partnerin) gewählt? Warum habe ich gerade diesen Wohnort gewählt? Und so weiter, und so fort.

Und die Antwort? – Zufall? Nein, den gibt es ja nicht. Freie Wahl also? Nein, eben auch nicht, jedenfalls nicht uneingeschränkt. Dies ist die neue, weiterführende Erkenntnis unserer heutigen Betrachtung: Es gibt viele Berufe, die auch dieses oder jenes beinhalten, das mich an meinem Beruf faszinieren mag; es hätte nicht unbedingt dieser spezifische Beruf sein müssen, den ich jetzt ausübe. Es gibt viele andere Menschen, viele andere mögliche Partner, die auch schöne Augen haben und die auch intelligent und künstlerisch begabt sind, usw.; es hätte nicht unbedingt dieser spezifische Partner sein müssen, mit dem ich jetzt zusammenlebe. Und es gibt viele Orte auf der Welt, die auch an einem See gelegen sind und die auch eine romantische Altstadt haben, und so weiter; es hätte nicht unbedingt diese spezifische Stadt sein müssen, in der ich jetzt lebe. (Sie können dieses Prinzip beliebig mit Ihren eigenen Lebensbeispielen anfüllen, und Sie werden nachvollziehen können, worauf ich hinaus will.)

Wenn es also weder Zufall noch uneingeschränkte freie Wahl ist, die uns zu den Personen, Dingen, Tätigkeiten und Ereignissen in unserem Leben hinführt, was bleibt dann noch übrig? – Die Sanskritsprache kennt als Antwort auf diese Frage den Begriff «Dharma», den wir in diesem Zusammenhang wohl am besten mit «Lebensaufgabe» übersetzen können.

Diese Entscheidungen mußte ich so fällen, weil dies alles eben mein Dharma, meine gegenwärtige Lebensaufgabe ist; weil auch dies für mich vorausbestimmt war; weil ich folglich gar nicht anders konnte als so zu wählen, als so zu handeln, wie ich es getan habe; weil es auch in diesen Dingen (karmische) Verbindungen zu meinen früheren Leben, zu meinen früheren Wünschen gibt; weil es auch in diesen Dingen für mich innere Entwicklungsprozesse zu durchlaufen gibt, die mich Leben für Leben begleiten und erheben sollen; weil ich auch in diesen Dingen nicht unabhängig bin, sondern von höheren Instanzen geführt werde.

Unsere individuelle Dharma-Lebensaufgabe müssen wir alle früher oder später erfüllen, allerdings nicht bloß als Selbstzweck, sondern um uns dadurch allmählich zu *entstricken* und uns frei zu machen für den spirituellen, den religiösen WEG NACH INNEN, der uns letzten Endes aus dem Kreislauf der Wiedergeburten befreien kann und wird.

Wenn wir genau auf diese subtilen Zusammenhänge achten, werden wir feststellen: So viele Entscheide in unserem Leben, von denen wir überzeugt sind, daß wir sie völlig frei gefällt haben, mußten wir im Grunde genommen genau so fällen, weil es unser Dharma so verlangte, weil wir geführt und von innen her immer wieder aufgefordert werden, unser Dharma zu erfüllen.

Die Psychologie würde wohl sagen, daß wir so entscheiden und so wählen mußten, weil wir bei diesen Entscheiden von unserem «Unterbewußten» gesteuert waren. Und die Astrologie würde sagen, daß diese Anlagen bereits in unserem Geburtshoroskop zu finden sind, daß es also die Sterne waren, die uns gelenkt haben, und daß wir aus diesem Grunde gar nicht anders handeln konnten. Und beide haben sie recht, doch beide übersehen sie dabei den wesentlichen Punkt.

Was, so müssen wir nämlich weiterfragen, ist denn dieses «Unterbewußte»? Oder treffender gefragt: *Wer* ist dieser unterbewußte Führer, der uns bei unseren Entscheidungen hilft? Und wer bestimmte denn unser Horoskop? Wer sagt denn den Sternen, daß sie uns auf diese oder jene Weise beeinflussen sollen?

Psychologie und Astrologie sind, im besten Falle, doch bloß Werkzeuge und Verständnishilfen, die uns diese Vorgänge näherbringen und sichtbar machen können. Sie sind aber noch nicht die Erklärung dafür, *warum* diese Vorgänge stattfinden und unter wessen Führung dies alles geschieht.

Hier geht die vedische Psychologie, die vedische Astrologie oder meinetwegen die vedische Theologie um diesen entscheidenden Schritt weiter. Sie erklärt nämlich, daß es niemand geringerer als Gott persönlich ist, der uns in Seinem allgegenwärtigen Aspekt als *Paramātmā* (wörtlich: die «Überseele») durch alle unsere Leben begleitet. Gott ist derjenige, der uns von innen her in die erforderlichen Lebensumstände und in die Gemeinschaft der passenden Menschen führt, in die wir gelangen müssen, um uns weiterzuentwickeln. Er ist derjenige, der alle äußeren und inneren Arrangierungen in unserem Leben trifft, so daß alles so geschieht, wie es geschehen muß, damit wir auf unserem individuellen Weg vorankommen können. Gott ist der Dharma-Geber, und Er ist auch derjenige, der uns hilft, unser Dharma zu erkennen und zu erfüllen. Wir könnten sagen: «Die Sterne lenken den Menschen, aber Gott lenkt die Sterne.»

Ein guter Astrologe ist imstande, aufgrund des Geburtshoroskops eines Menschen dessen Karma und auch dessen Dharma bis zu einem gewissen Grad sichtbar zu machen. Und trotzdem scheint es nur so, als ob Karma und Dharma «Vorausbestimmungen» seien, die von außen kommen. Denn in Wirklichkeit bedeutet Dharma die für jeden einzelnen von uns ganz persönlich und individuell zugeschnittenen, unsere eigenen (un)bewußten Wünsche erfüllenden Lebensrichtlinien. Dank unseres freien Willens haben wir jedoch die Wahl, uns zu entscheiden, wie wir mit diesen unseren Lebensrichtlinien umgehen wollen.

Ich möchte insbesondere drei verschiedene Möglichkeiten erwähnen, wie wir mit unserem Dharma umgehen können:

(1) Wir können bewußt versuchen, unser Dharma herauszufinden (beispielsweise mit Hilfe der Astrologie oder einer anderen mantischen Disziplin, besser aber durch einen echten spirituellen Lehrer), um es dann zu erfüllen. Diese Entwicklung vollzieht sich in der Regel über die drei Schritte Erkennen (also: Wahrnehmen) / An-erkennen (also: Annehmen) / Erfüllen. Diese Möglichkeit ist mit Sicherheit die beste Art und Weise, wie wir mit den uns gestellten Lebensaufgaben umgehen können, und sie entspricht auch den Empfehlungen der Religion und der Esoterik.

(2) Es ist in einzelnen Fällen auch möglich, daß ein Mensch sein Lebensdharma zwar noch nicht bewußt erkannt und angenommen hat, es aber trotzdem bereits unbewußt erfüllt. Wir können daraus schließen, daß dieser Mensch nicht übermäßig viele konkrete persönliche

Wünsche und Bedürfnisse in seinem Innern pflegt, so daß er eine unbelastete, ungestörte, jedoch auch unbewußte Beziehung zur Überseele, seinem göttlichen Begleiter im Innern, hat, der ihn stets an die richtigen Lebenssituationen heranführt. Der Nachteil dieser Möglichkeit ist allerdings, daß der Betreffende, gerade weil die Erfüllung seines Dharma noch unbewußt geschieht, nicht wirklich aus den Begebenheiten und Erfahrungen seines Lebens lernt und auf diese Weise Gefahr läuft, aus Unwissenheit Fehler zu begehen und dadurch seine Verbindung zur Überseele zu trüben.

(3) Wir haben aber auch die Möglichkeit, unser Dharma immer wieder von uns zu schieben, wenn es sich im Verlaufe unseres Lebens bemerkbar macht. Wir haben die Möglichkeit, es zurückzuweisen und uns damit vor unserer eigentlichen Lebensaufgabe in irgendwelche eingebildete oder von anderen aufgedrängte Pflichten zu flüchten, die gar nicht die unsrigen sind. Dies allerdings wird uns nicht davor bewahren, unser Dharma zu einem späteren Zeitpunkt zu erkennen, anzuerkennen und zu erfüllen. In manchen Fällen kann man auf diese Weise seinen nächsten Schritt Leben für Leben hinauszögern, ohne in der inneren Entwicklung wirklich voranzukommen.

Mit anderen Worten, wer sein Dharma nicht erkennt oder nicht anerkennen will, mag vielleicht 10, 20, 30 Jahre oder auch ein ganzes Leben lang (ja sogar mehrere Leben lang) aufgrund seiner Unwissenheit oder Unwilligkeit entgegen der eigenen Bestimmung und Lebensaufgabe (Dharma) zu leben versuchen. Es ist allerdings nicht schwierig nachzuvollziehen, daß ein solcher Mensch in seinem Leben immer das Gefühl der Unzulänglichkeit, des Unerfülltseins und der Unzufriedenheit haben wird, ohne zu wissen, warum. Solche Menschen neigen bald dazu, die Schuld für diese Unzufriedenheit auf irgend jemand anders oder auf irgend etwas anderes zu projizieren – auf die Gesellschaft, auf die Familienmitglieder, auf die Politiker, auf die schlechte Welt usw. Solche Schuldprojektion aber hat noch niemals irgendwem geholfen.

Besser wäre es, die individuellen Herausforderungen des Dharma zu erkennen, sie anzuerkennen und vor allem sie auch zu erfüllen, selbst dann, wenn dies zuweilen unbequem und schmerzhaft ist. Dadurch kann jeder Mensch zumindest die vordergründigen, akuten Lebensprobleme zu lösen beginnen.

Eben hier hat die Astrologie, wenn sie richtig verstanden und betrieben wird, eine große Berechtigung und einen wertvollen Nutzen für den Menschen. Ihre Grenzen liegen jedoch dort, wo es darum geht, die eigentlichen Lebensprobleme zu lösen, nämlich – wie es die Bhagavad-gītā ausdrückt – Geburt, Alter, Krankheit und Tod. Mit anderen Worten, wenn es darum geht, unser sogenanntes *Sanātana-dharma* zu erfüllen, unsere «ewige Aufgabe», wenn es also darum geht, nach Hause, zu Gott, zurückzukehren, dann reicht die Astrologie, dann reichen alle Arten der Wahrsagerei nicht mehr aus. Dann hilft nur echte Religion. Dann hilft nur echte Esoterik.

6. Der freie Wille und die Rückkehr zu Gott

Die nächste, offensichtliche Frage lautet nun aber: Wer oder was bestimmt denn eigentlich, welche Lebensumstände für uns die richtigen sind, welche Bekanntschaften, welche Erlebnisse, welche Erfahrungen wir machen sollen? Wer bestimmt, mit anderen Worten, was unser Dharma ist, was unsere Lebensaufgabe für eine bestimmte Inkarnation ist? – Nun, letzten Endes sind wir es selbst, oder genauer gesagt, es sind unsere eigenen Wünsche, seien diese nun bewußt oder unbewußt (oder wie es die vedischen Schriften sagen: manifestiert oder noch nicht manifestiert).

Tatsächlich ist dies das einzige, was wir, die verkörperten spirituellen Seelen, innerhalb der materiellen Welt wirklich tun können: *wünschen* – nicht mehr, aber auch nicht weniger. Wir können uns als spirituelle Seelen, die wir gefangen sind in unserem grobstofflichen und feinstofflichen materiellen Körper, nur Dinge wünschen; wir können nicht handeln, wie es uns beliebt, denn wir sind bei all unseren Handlungen den selbstauferlegten Begrenzungen unseres eigenen Körpers sowie auch den karmischen Naturgesetzen unterworfen. Wir können nicht direkt Einfluß nehmen auf die äußeren Geschehnisse in unserem Leben; wir können nicht entscheiden, ob etwas geschehen soll oder nicht oder wie es geschehen soll, denn wir sind nicht die Beherrscher und nicht die Besitzer dieser Welt, nicht einmal unseres eigenen Körpers.

Ganz praktisch: Ich kann nicht entscheiden, ob ich morgen noch leben werde oder nicht. Ich kann nicht entscheiden, ob ich krank werde, ob ich berühmt werde, ob ich reich werde, ob sich meine Pläne und Wünsche erfüllen werden oder nicht. Ich kann nicht entscheiden, ob ich morgen einen angenehmen oder einen unangenehmen Tag erleben werde; ob es morgen regnen wird oder nicht. Und ich kann – und dies ist gerade für unseren heutigen Zusammenhang wichtig – auch nicht entscheiden, ob die Welt morgen oder irgendwann sonst untergehen wird oder nicht, ob die Menscheit aussterben wird oder nicht, ob es zur erwarteten, erhofften oder befürchteten Apokalypse kommen wird oder nicht. Ich kann, mit anderen Worten, im Grunde genommen gar nichts entscheiden.

Ich kann mir aber dank meines freien Willens (der mein höchstes Gut ist) sehr wohl gewisse Dinge wünschen; ich kann mich auch bemühen und mich dafür einsetzen, sie zu erreichen; ich kann die äußeren Umstände nach meinem Verständnis optimal einzurichten versuchen; ich kann den nach meinem Verständnis geeigneten Ort und die geeignete Zeit dafür auswählen – aber ich kann nicht darüber entscheiden, ob mein Vorhaben auch tatsächlich gelingen wird oder nicht.

In der Bhagavad-gītā wird dies in wunderschöner Weise beschrieben. Es heißt dort im letzten Kapitel:

> Es gibt fünf Ursachen für die Ausführung [das Gelingen] einer jeden Tätigkeit: (1) Der Ort der Handlung [der Körper], (2) der Ausführende [die bedingte Seele], (3) die verschiedenen Werkzeuge [die grob- und feinstofflichen Sinne], (4) die verschiedenen Arten von Bemühungen und schließlich (5) die Überseele.
> Jede richtige oder falsche Handlung, die ein Mensch mit Körper, Geist oder Worten ausführt, wird von diesen fünf Faktoren verursacht. Daher ist jemand, der sich für den alleinigen Handelnden hält und diese fünf Faktoren nicht in Betracht zieht, gewiß nicht sehr intelligent und kann die Dinge nicht so sehen, wie sie sind. (Bg. 18.13-16)

Die Entscheidung darüber, ob unsere Wünsche auch tatsächlich in Erfüllung gehen oder nicht, liegt also nicht allein bei uns, sondern letztlich bei der Überseele, bei der Persönlichkeit Gottes. Gott ist sich in Seinem Aspekt als die Überseele über unsere vergangenen Wünsche und Tätigkeiten bewußt, und Er kennt auch unsere gegenwärtigen Wünsche und Tätigkeiten. Indem Er uns an unsere Wünsche erinnert, führt Er uns von einem Körper zum anderen durch unsere Leben, wo wir immer wieder mit Gut und Schlecht, mit Glück und Leid zusammentreffen und auf diese Weise unsere Erfahrungen sammeln.

So sind alle unsere Tätigkeiten letzten Endes vom Willen der Überseele abhängig, die als wohlmeinender Freund in unserem Herzen weilt und uns auf unserer Wanderschaft durch den Kosmos begleitet. Stets sorgt Er dafür, daß wir früher oder später immer das bekommen, was wir uns aus freiem Willen gewünscht und was wir uns durch unsere Taten verdient haben. Denn die materielle Natur fertigt uns nach der Anweisung Gottes für jedes unserer Leben einen jeweils individuell zugeschnittenen neuen Körper an und läßt uns in diesem Körper Geburt nehmen, so daß wir unseren vergangenen Wünschen gemäß handeln können.

Auf diese Weise können wir allmählich die zwei wichtigsten Dinge verstehen: daß wir niemals unabhängig von Gott sind und daß wir deshalb auf unserer Wanderschaft durch das Universum auch niemals alleine und hilflos sind. Wenn wir diese freudvolle Tatsache nach vielen Geburten und Toden erkannt und auch anerkannt haben, sind wir endlich reif und bereit für den ganz großen Wunsch, für den ganz großen, letztendlichen Schritt: den Schritt aus dem Rad der wiederholten Geburten und Tode hinaus in die Freiheit des spirituellen Lebens!

Dies ist es, wozu uns alle echten Religionen auffordern, und dies ist auch das erklärte und letztlich das einzige Ziel echter Esoterik: Das Verlassen der Welt der Dualiäten und die Rückkehr in die transzendente Liebe Gottes.

Denn wenn dieser liebende Gott als Überseele (als unser «Überbewußsein») alle unsere materiellen Wünsche kennt und sie uns erfüllt; wenn Er die Fäden unseres Lebensweges in Händen hält und den Sternen (Halbgöttern) sagt, wie sie uns zu lenken haben; wenn Er uns immer wieder einen passenden Körper schenkt und uns zu unseren jeweiligen Eltern, zu unserem Partner, an unseren Wohnort und in unsere jeweilige Berufung führt; wenn Er uns also immer wieder all diese zeitweiligen Dharmas zuteilt – wird Er dann nicht auch imstande sein, uns unser ewiges Dharma zu geben, uns unsere ewige Sehnsucht zu erfüllen? Bestimmt!

Ja, Gott wartet eigentlich schon seit unvordenklichen Zeiten nur darauf, daß wir uns nicht nur unbewußt von Ihm lenken und uns von Ihm unsere Wünsche erfüllen lassen, sondern daß wir uns bewußt Ihm zuwenden, daß wir uns bewußt Ihm anvertrauen.

Sobald wir dies tun, wird Er uns unser ewiges Dharma (*Sanātana-dharma*) offenbaren, daß heißt, Er wird uns zurückführen nach Hause, in unsere spirituelle Heimat, in Sein zeitloses und unvergängliches transzendentales Reich, wo wir ewiglich in einem glückseligen Austausch der Liebe mit Ihm verbunden sein werden.

Warum also zögern wir noch?

UFOS: BEDROHUNG ODER BEREICHERUNG?

Das Ufo-Phänomen einmal anders.

Dieser Vortrag wurde erstmals gehalten
am 7. September 1994
im Glasperlenspiel zu Asperg.

1. Die Faszination des Außergewöhnlichen 225
2. Das Problem der Beweisbarkeit 228
3. Die Häufigkeit von Ufo-Sichtungen 233
4. Die vier Arten von «Close Encounters» 235
5. Hypothesen zur Erklärung des Ufo-Phänomens 239
6. Plädoyer für einen erweiterten Horizont 247
7. Ufos im vedischen Weltbild 253
8. Die Macht des freien Willens 260
Fragen aus dem Publikum 263

1. Die Faszination des Außergewöhnlichen

Ein Zweig innerhalb der zeitgenössischen Esoterik, der in den vergangenen Jahren immer mehr an Bedeutung gewonnen hat und immer mehr Menschen in seinen Bann zieht, beschäftigt sich mit Ufos, Außerirdischen, Engeln, Marien-Erscheinungen, «Channelings», Geisterkontakten sowie ganz allgemein mit der Kontaktaufnahme zu intelligenten, nicht-menschlichen «höheren Wesen».

Allen diesen Gebieten liegt, so unterschiedlich sie in ihrem Ansatz und in ihrer Zielsetzung auch sein mögen, doch ein gemeinsames Weltbild zugrunde: daß der Kosmos, in den wir Menschen eingebettet sind, voller mysteriöser *Energien* ist; daß diese Energien allesamt von höherstehenden *Personen* beherrscht werden; daß sämtliche Energien und Personen innerhalb des Kosmos auf mysteriöse Weise miteinander verbunden sind, und daß auch wir, durch die Gunst der höherstehenden Personen, Zugang zu den entsprechenden Energien bekommen und diese nutzen können.

Heute abend möchten wir versuchen, diesen vielfältigen Phänomenen und den hinter ihnen stehenden Energien und Personen ein wenig auf die Spur zu kommen. Unser Hauptaugenmerk soll dabei den sogenannten UFOs (Unidentifizierte Fliegende Objekte) gelten, die gerade in jüngster Zeit vermehrt von sich reden machen.

Ufos und «Außerirdische» tauchen, wie wir sehen werden, nicht erst in den vergangenen Jahren und Jahrzehnten, sondern buchstäblich schon seit Jahrtausenden immer wieder auf und beschäftigten seit jeher die Gedanken der Menschen. Und doch fügen sich die zahlreichen überlieferten Beobachtungen und Berichte der Gegenwart zu einem nur unvollständigen und oft auch verwirrenden Bild zusammen. Grundlegende Fragen bleiben meist offen:

- Wer sind sie?
- Woher kommen sie?
- Was wollen sie von uns?
- Bringen sie uns Gefahr oder Hilfe?
- Wie sollen wir uns ihnen gegenüber verhalten?

Heute abend möchten wir nicht nur irgendwelche sensationellen Fallberichte vorlegen (deren es mittlerweile Tausende gibt), nur um einmal mehr nachzuweisen, daß das Ufo-Phänomen überhaupt existiert. Vielmehr möchten wir einen Schritt weitergehen und uns insbesondere mit diesen grundlegenden Fragen beschäftigen, die leider selten gestellt und noch seltener beantwortet werden. Dabei werden uns, wie so oft, die vedischen Schriften des alten Indien eine höchst verläßliche und aufschlußreiche Wissensquelle sein.

In der vorgeschichtlichen Zeit der vedischen Hochkultur nämlich waren Kontakte zu außer- und überirdischen Wesen durchaus an der Tagesordnung. So sind die vedischen Schriften voller Beschreibungen von Ufos verschiedenster Art, von dem Leben auf anderen Planeten und von entsprechenden außerirdischen sowie auch von irdischen, nicht-menschlichen Völkern. Die vedischen Texte diskutieren also nicht die Frage: «Gibt es Ufos?», sondern die Ufos sind einfach da und sind nicht einmal etwas Außergewöhnliches.

Als Beispiel sei nur eine von unzähligen Textstellen angeführt; sie stammt aus einer Geschichte in der Sanskritschrift *Śrīmad-Bhāgavatam*:

Aber da war immer noch das mysteriöse Luftfahrzeug, mit dem Śālva seine Angriffe führte. Es war so mysteriös, daß man manchmal meinte, es flögen mehrere Flugzeuge am Himmel, und manchmal, es sei überhaupt keines vorhanden. Manchmal war es sichtbar und ein anderes Mal wieder unsichtbar. Manchmal stand es am Boden, dann flog es am Himmel, dann wieder verharrte es kurz auf dem Gipfel eines Berges, um gleich darauf wieder auf der Oberfläche des Wassers zu erscheinen. Das wundersame Gefährt bewegte sich am Himmel wie ein Glühwürmchen im Wind – es blieb keine Sekunde lang am gleichen Ort. (*)

Dieser rund fünftausend (!) Jahre alte Bericht deckt sich in bemerkenswerter Weise mit den Zeugenaussagen, die uns aus der heutigen Zeit über Ufos vorliegen. Die erstaunlichen Manövrierfähigkeiten und Geschwindigkeiten, die sich mit unserer bisherigen Physik nicht erklären lassen; die Fähigkeit, von einem Moment zum anderen in der Luft stillzustehen und dann sofort wieder weiterzufliegen; die Fähigkeit, sich sowohl in der Luft als auch an Land, als auch im Wasser fortzubewegen und zwischen diesen Elementen beliebig zu wechseln; die Fähigkeit, sich unsichtbar zu machen oder sich scheinbar zu vervielfältigen – all dies kommt uns, wenn wir mit der zeitgenössischen Ufo-Literatur vertraut sind, sehr bekannt vor.

---

* aus: «Kṛṣṇa, die Quelle aller Freude» (Zusammenfassung des Zehnten Cantos des Śrīmad-Bhāgavatam), aus dem Sanskrit übersetzt von A.C. Bhaktivedanta Swami Prabhupāda, Band 2, Kapitel 75; Bhaktivedanta Book Trust 1987.

Solche Aussagen finden sich immer wieder in den entsprechenden Augenzeugenberichten. So außergewöhnlich und für uns unerklärlich diese Berichte auch sein mögen, und ob wir ihnen im einzelnen Glauben schenken mögen oder nicht – ihre Existenz ist jedenfalls nicht von der Hand zu weisen, ebensowenig wie ihre Faszination.

2. Das Problem der Beweisbarkeit

Die häufigste Frage im Zusammenhang mit Ufos ist und bleibt stets die Frage nach der Beweisbarkeit dieser Phänomene: Kann man die Existenz von außerirdischen Wesen und von Ufos beweisen?

Es lohnt sich, daß wir uns an dieser Stelle grundsätzlich mit der Problematik der Beweisbarkeit von irgend etwas beschäftigen. Was ist eigentlich beweisbar? Welche Beweise akzeptieren wir normalerweise? Wovon können wir im Grunde sagen, es sei wirklich bewiesen?

Wenn wir uns diesen Fragen stellen, werden wir erkennen, daß die Beweisbarkeit einer Sache immer mindestens von den folgenden zwei Faktoren abhängig ist:

(1) Die Bereitschaft der Zuhörer, etwas zu «glauben», also etwas für wahr anzuerkennen: Wenn ich etwas nicht glaube oder nicht glauben will, dann wird mir niemand diese Sache beweisen können, egal, wieviel Mühe er sich dabei auch geben mag. Ich werde alles, was er sagt, sofort in Zweifel ziehen, einfach weil ich nicht daran glauben *will*. Auch die besten «Beweise» werden mich also nicht überzeugen können.

(2) Das Wissen, besser die Erfahrungen der Zuhörer:

Dinge, von denen ich bereits weiß oder die ich sogar bereits selbst erfahren habe, lassen sich mir viel leichter beweisen.

Zum Beispiel: Wenn ich Ihnen erzähle, daß ich vergangenen Sommer auf Teneriffa gewesen bin, um dort ein einwöchiges Sterbeseminar zu geben, dann wird es mir voraussichtlich nicht sehr schwerfallen, es Ihnen glaubwürdig zu beweisen. Zunächst einmal kennen die meisten unter Ihnen mich schon seit einigen Jahren, und so haben Sie keinen Grund, mir nicht zu vertrauen. Warum sollte ich mein Sterbeseminar, das ja alljährlich mehrmals stattfindet, nicht auch auf Teneriffa geben, wenn ich dazu eingeladen werde? Darüber hinaus haben die meisten von Ihnen auch bereits die persönliche Erfahrung gemacht, daß ich über dergleichen Themen zu sprechen pflege.

Wollte ich Sie also davon überzeugen, daß ich tatsächlich auf Teneriffa gewesen bin, so würde bei den meisten von Ihnen wohl schon alleine mein Erzählen genügen. Und wer dann noch einen stichhaltigen Beweis fordern wollte, dem könnte ich beispielsweise meinen Vertrag mit dem Veranstalter zeigen oder auch mein Flugticket nach Teneriffa. Oder Sie könnten sich mit den Teilnehmern des Sterbeseminars in Verbindung setzen, die Ihnen ihre Erlebnisse und Eindrücke aus erster Hand schildern könnten.

Und wer es mir dann immer noch nicht glauben würde, dem könnte ich schließlich die Photos zeigen, die wir während des Seminars gemacht haben: wie wir vor dem Seminarhaus stehen, wie wir gemeinsam den Vulkan Teide besuchen, usw. Diese Bilder würden wohl jeden überzeugen. Oder könnten Sie sich vorstellen, daß jemand trotz all dieser Beweise noch immer im vollen Ernst behaupten würde, ich sei gar nicht auf Teneriffa gewesen, ich hätte mir diese Reise bloß ausgedacht, ich würde Sie belügen, ich hätte die Zeugen bestochen und die Photos mit Absicht gefälscht?

Wie nun aber steht es mit den Ufos? Was, wenn ich Ihnen erzähle, daß ich auf Teneriffa zum ersten Mal in meinem Leben Ufos gesehen habe? Was, wenn ich Ihnen erzähle, daß Außerirdische zu uns ins Seminar gekommen sind und uns ihre Botschaft an die Menschheit übermittelt haben; daß ich von ihnen in ihrem Raumschiff entführt worden bin? Könnten Sie meinen Schilderungen dieser außergewöhnlichen Vorfälle dann ebenso Glauben schenken? Würden Sie den Schilderungen der anderen Seminarteilnehmer glauben, die dies alles auch erlebt haben und es bestätigen können? Würden Sie die verwackelten Schnappschüsse, die wir von dem Ufo und den Außerirdischen machen konnten, als echt anerkennen? Oder würden Sie dies alles kopfschüttelnd von sich weisen und behaupten, ich würde Sie belügen, ich hätte die Zeugen bestochen und meine «Beweise» seien gefälscht?

Dieses Beispiel verdeutlicht die Problematik der Beweisbarkeit: Wenn es unter Ihnen jemanden gibt, der tatsächlich schon einmal mit Ufos und mit fremden Wesen in direkten Kontakt gekommen ist, dann wird diese Person mir wohl am ehesten glauben, denn sie hat es selbst erfahren, daß diese Dinge möglich sind; welche Beweise auch immer ich anführe oder vorlege, man wird sie akzeptieren. Und diejenigen unter Ihnen, in deren Weltbild die Existenz von nicht-menschlichen Hochkulturen zumindest theoretisch einen Platz hat, werden mir vielleicht ebenfalls glauben und meine «Beweise» fasziniert anerkennen. Wer aber a priori ausschließt, daß es

Ufos gibt, den werden keinerlei «Beweise» überzeugen können; vielmehr wird er stets versuchen, irgendwo den Fehler oder den Betrug nachzuweisen.

Soviel zum Thema der Beweisbarkeit von außergewöhnlichen Phänomenen. Wir sollten uns gerade in der Esoterik und gerade bei Themen, die ins Ungewöhnliche und Unvorstellbare reichen, immer über diese Problematik bewußt sein. Zusammenfassend also nochmals: Die beiden Faktoren, von denen die Glaubwürdigkeit und die Beweisbarkeit einer Sache abhängen, sind erstens die Bereitschaft der Zuhörer, überhaupt etwas Unglaubliches zu glauben, also etwas Außergewöhnliches für wahr anzuerkennen und dadurch gegebenenfalls ihr Weltbild zu revidieren und zu erweitern, und zweitens das Wissen und die Erfahrungen, über die die Zuhörer verfügen.

Anders ausgedrückt heißt dies jedoch auch: Wenn wir von einer Sache weder Wissen noch eigene Erfahrungen haben, können wir dann mit Recht behaupten, sie existiere *nicht?* Kann man beweisen, daß es keine Ufos gibt? Kann man ihre Existenz leugnen, nur weil man noch keine gesehen hat oder weil man einfach nicht daran glauben will?

Wir sollten uns also stets beide Seiten vor Augen halten: Wie wissenschaftlich und wie zuverlässig sind die zahlreichen «Beweise», die von den eifrigen Befürwortern für die Existenz von Ufos oder von höheren Wesen vorgebracht werden? Aber auch: Wie wissenschaftlich und wie zuverlässig sind die «Gegenbeweise», mit denen die Ufo-Gegner zu Felde ziehen?

Einmal mehr möchte ich Ihnen an dieser Stelle raten, ein gesundes, fundiertes Unterscheidungsvermögen zu entwickeln und sich nicht vorschnell auf die eine oder die andere Weise festzulegen. Denn es gibt in der Esoterik-Szene gewiß so etwas wie einen blinden, unkritischen Glauben, der alles Ausgefallene bedenkenlos als wahr akzeptiert, nur weil es eine Abwechslung und Fluchtmöglichkeit aus gewohnten Denkschemen bietet. Dieser blinde, kritiklose Glaube ist mit Sicherheit nicht sinnvoll und wird uns nicht helfen können, Illusion und Wahrheit voneinander zu unterscheiden.

Andererseits aber gibt es – gerade in den etablierten Schulwissenschaften sowie in den Kirchen – auch so etwas wie eine blinde Skepsis, einen blinden Zweifel, ein stures Nicht-Wissenwollen. Dieser engstirnige blinde Zweifel ist natürlich ebensowenig sinnvoll und räumt uns ebensowenig Möglichkeiten ein, den Geheimnissen des Kosmos auf die Spur zu kommen.

Beiden zum Trotz wage ich zu behaupten, daß es Ufos und Außerirdische tatsächlich gibt. Ja, ich behaupte sogar, daß ich dies beweisen kann. Nur gilt hier eine alte Esoterikerregel: «Außergewöhnliche Phänomene brauchen außergewöhnliche Beweise». Was ich Ihnen allerdings nicht garantieren kann, ist, ob ich Sie mit meinen Ausführungen von der Existenz von Ufos und von außerirdischen Kulturen werde überzeugen können, denn dies ist letzten Endes von Ihrem freien Willen und von Ihrer Bereitschaft abhängig, Ihr bisheriges Weltbild zu hinterfragen und gegebenenfalls zu erweitern.

Ich möchte Sie jedoch heute abend auf eine außergewöhnliche Reise einladen, auf eine Gedankenreise in einen Bereich der uns umgebenden Wirklichkeit, vor dem wir uns für gewöhnlich verschließen, den wir nicht wahrnehmen oder nicht wahrhaben wollen, der aber dennoch da ist und seinen Einfluß auf uns ausübt. Ich möchte Sie einladen, wenigstens für den heutigen Abend Ihre vielleicht vorgefaßten Meinungen und Ansichten und Ihr bisheriges Wissen in Frage zu stellen und einen vielleicht ungewohnten, neuen Blickwinkel auf unser Leben innerhalb unseres Kosmos einzunehmen. Lassen Sie heute abend für einmal auch das Schwerverständliche, das Unglaubwürdige, das Unerklärliche, eben das Außergewöhnliche zu.

3. Die Häufigkeit von Ufo-Sichtungen

Zunächst wollen wir einen kurzen Blick auf die zahlreichen Berichte von Ufo-Sichtungen werfen, die in den letzten Jahren und Jahrzehnten weltweit gesammelt wurden. Allerdings ist es weder möglich noch meine Absicht, Ihnen heute abend eine auch nur annähernd vollständige Übersicht über diese Fallbeispiele zu geben, und zwar ganz einfach deshalb, weil ihre Anzahl mittlerweile derart immens geworden ist, daß es wohl mehrere Leben brauchen würde, um sie alle in gebührender Weise zu sichten und auszuwerten. Aus diesem Grunde muß ich mich darauf beschränken, Ihnen einige Zahlen zu nennen; damit möchte ich Ihnen in erster Linie verdeutlichen, daß es sich beim Ufo-Phänomen längst nicht mehr um eine seltene Ausnahmeerscheinung handelt.

Wenn Sie Interesse haben, das eine oder andere Fallbeispiel genauer zu untersuchen, dann rate ich Ihnen, sich in der entsprechenden Fachliteratur umzuschauen. Sie werden vermutlich genauso überrascht sein wie ich, wie viele Bücher zu diesem Thema bereits auf dem Markt sind. (Freilich sind meiner Ansicht nach die meisten davon nicht zu empfehlen, denn auch hier sind die wirklich guten Arbeiten in der Minderzahl.)

- Die U.S. Air Force sammelte alleine in den USA zwischen 1947 und 1965 (also in 18 Jahren) 10'147 Berichte von Ufo-Sichtungen; das sind rund 560 im Jahr oder 1,5 pro Tag.
- Das «Center for UFO Studies» in Illinois/USA registrierte in den Jahren 1967 bis 1981 (also in 14 Jahren) insgesamt rund 60'000 Meldungen über Ufo-Sichtungen aus 113 Ländern (ohne Asien und Afrika); das sind durchschnittlich 4285 im Jahr oder fast 12 pro Tag. Natürlich haben die entsprechenden Untersuchungen ergeben, daß es sich bei einer Großzahl dieser Berichte um Falschmeldungen handelte, das heißt, daß die vermeintlichen Ufos sich anderweitig erklären ließen. Und doch befinden sich unter diesen Fällen immerhin rund 2000 sogenannte «Close Encounters» (nahe Begegnungen) der dritten Art und rund 200 der vierten Art, die eine andere Erklärungsmöglichkeit nur sehr schwer zulassen. (Ich werde im Anschluß auf diese verschiedenen Arten von «Close Encounters» eingehen.)
- In seinem Buch «Enthüllungen» schätzt Jacques Vallée, der als einer der führenden Ufo-Wissenschaftler der Gegenwart gilt, daß die Zahl der erfaßten nahen Begegnungen mit Ufos weltweit zwischen 3'000 und 10'000 schwankt, je nach angewendeten Kriterien. Er argumentiert weiter:

> Auch die Zahl 5000 ist keine gute Schätzung. Vieles spricht dafür, daß nur einer von zehn Fällen tatsächlich berichtet wird. Deshalb liegt die Zahl von nahen Begegnungen, die wir erklären müssen, wahrscheinlich eher in der Größenordnung von 50'000. Dabei ist noch nicht berücksichtigt, daß unsere Quellen vor allem in Europa, auf dem amerikani-

schen Kontinent und in Australien beheimatet sind. Es ist logisch anzunehmen, daß es sich hier um ein weltweites Phänomen handelt. So müßte die wirkliche Größenordnung des Phänomens um den Faktor 2 größer sein. Damit kämen wir zu einer Zahl von 100'000 Ereignissen. (*)

Wenn wir diesen Schätzungen Glauben schenken dürfen, müssen wir also davon ausgehen, daß in den vergangenen fünfzig Jahren weltweit an die 100'000 nahe Begegnungen mit Ufos bzw. mit Ufonauten stattgefunden haben; das sind immerhin über *fünf nahe Begegnungen täglich!*

Die eingangs erwähnten Fragen bleiben trotz dieser beeindruckenden Zahlen freilich vorerst noch offen: Wer sind diese Ufonauten? Woher kommen sie? Was wollen sie von uns?

Diesen Fragen möchten wir im folgenden nachgehen. Zunächst aber seien zur Begriffsklärung die vier Arten von nahen Begegnungen erwähnt.

4. Die vier Arten von «Close Encounters»

In der zeitgenössischen Ufologie unterteilt man die direkten, nahen Begegnungen mit Ufos und Ufonauten (engl. Fachbegriff: *close encounters*) in die folgenden vier Kategorien:

---

* aus: Jacques Vallée, «Enthüllungen. Begegnungen mit Außerirdischen und menschlichen Manipulationen», Anhang 1; Verlag Zweitausendeins 1994.

(1) «Close Encounters» der ersten Art: Gewisse unbekannte fliegende Objekte werden von mindestens einer Person aus näherer Distanz gesichtet, meist jedoch von einer größeren Anzahl von Zeugen. Dabei muß die Distanz so gering sein, daß sich «natürliche» oder «menschliche» Erklärungsmöglichkeiten (zum Beispiel irdische Flugzeuge, Meteore, Himmelslichter, Feuerwerk usw.) ausschließen lassen.

(2) «Close Encounters» der zweiten Art: Die fliegenden Objekte werden nicht nur gesehen und verschwinden dann wieder, sondern sie hinterlassen auch eine deutliche Wirkung auf die Umgebung, auf die Beobachter oder auf gewisse Meßinstrumente und Apparaturen. Zum Beispiel sind am Boden oder an der Vegetation nachträglich Brandspuren sichtbar, oder bei den Augenzeugen treten vorübergehende Lähmungserscheinungen oder Gedächtnisschwund auf, oder elektrische und elektronische Geräte weisen unerklärliche Funktionsstörungen auf, usw.

(3) «Close Encounters» der dritten Art: Es werden nicht nur Ufos gesichtet, sondern auch fremde, offensichtlich nicht-menschliche Wesen, die entweder alleine auftauchen oder im Zusammenhang mit Ufos, denen sie entsteigen. Bei den beschriebenen Wesen handelt es sich übrigens selten um «kleine grüne Männchen mit Antennen», obwohl es andererseits bestimmt kein Zufall ist, daß sich in unserem Sprachgebrauch gerade diese Formulierung durchgesetzt hat.

Eine Sorte von Ufonauten werden nach übereinstimmenden Augenzeugenberichten in der Tat oft als menschenähnliche Wesen («Humanoide») von etwa 120cm Größe beschrieben. Ihre Haut ist blaß, glatt und gräulich, ähnlich der eines Reptils, und sie besitzen weder Kopf-

noch Körperhaare. Nach menschlichem Geschmack sind sie also eher häßlich, dazu noch mit überdimensional großen Köpfen und undurchsichtigen schwarzen Augen. Ebenfalls wird oft beschrieben, daß sie über die Kraft verfügen, die Physis und die Psyche der Menschen zu beeinflussen, ihn beispielsweise zu lähmen oder zu hypnotisieren oder mit ihm auf telepathischem Wege zu kommunizieren. Auch andere «übermenschliche» Kräfte werden ihnen nachgesagt.

Bei diesen Beschreibungen kommt man nicht umhin, an Steven Spielbergs «E.T.» zu denken, allerdings mit dem Unterschied, daß den «echten» Humanoiden in den allerwenigsten Fällen dieselbe niedliche und mitleiderregende Tolpatschigkeit und Liebenswürdigkeit attestiert wird. Im Gegenteil herrschen bei den Augenzeugen mehrheitlich Empfindungen wie Angst und Verunsicherung und das unangenehme Gefühl des hilflos Ausgeliefertseins vor.

Nach meinen Informationen muß es sich bei diesen Humanoiden übrigens nicht immer um beseelte Lebewesen handeln, sondern es können auch hochentwickelte Bioroboter sein, die von außerirdischen Wesen hergestellt und von diesen sozusagen mit «Fernsteuerung» eingesetzt werden.

(4) «Close Encounters» der vierten Art: Die fremden Wesen zeigen sich den Augenzeugen nicht nur oder treten in telepathische Verbindung zu ihnen, sondern sie nehmen diese tatsächlich auch physisch mit in ihr Fluggefährt, um an ihnen gewisse Experimente oder gar operative Eingriffe durchzuführen. Meistens wird dies von den Betroffenen als sehr unangenehm und beängstigend empfunden, und nicht selten bleiben Narben oder schwere psychische Traumata zurück.

Solche Entführungen sind keine Seltenheit, sondern sie kommen erstaunlich oft vor, viel öfter jedenfalls, als wir es uns vorstellen und erklären können. Gerade in der jüngsten Zeit ist eine deutliche Zunahme von Entführungsberichten festzustellen. Hierzu nochmals Jacques Vallée:

> Den Ufo-Zeitschriften und entsprechenden Büchern können wir entnehmen, daß die Anzahl der gemeldeten und dokumentierten Entführungen mittlerweile in die Tausende geht. Typisch für diese Berichte ist, daß die Zeugen erklären, sie seien in hohle, kugelförmige oder halbkugelförmige Räume gebracht worden, wo man sie medizinischen Untersuchungen unterzog. Oft (aber nicht immer) werden dabei Blutproben genommen, es kommt zu verschiedenen sexuellen Handlungen, und die Zeugen verlieren ihr Zeitgefühl. Die ganze Episode wird oft aus der bewußten Erinnerung gelöscht und läßt sich nur unter Hypnose wieder herstellen.

Was trotz der inzwischen zahlreich dokumentierten Berichte sowie auch der nachfolgenden psychiatrischen Untersuchungen freilich noch immer ungeklärt ist, sind die Motive, aus denen heraus die Ufonauten solche Entführungen vornehmen. Die beschönigende Erklärung, es handle sich um harmlose wissenschaftliche Untersuchungen mit der Absicht, aus reiner Neugier den menschlichen Organismus zu erforschen (etwa so, wie wir Menschen in der Verhaltensforschung Tiere beobachten), kann nicht befriedigen. Warum sollten die Außerirdischen, denen man eine übermenschliche Intelligenz und einen hohen Stand an technischer und medizinischer

Fertigkeit nachsagt, in tausendfachen Entführungen immer wieder dieselben «harmlosen» Beobachtungen machen wollen?

Andere Erklärungen sind bereits weniger optimistisch, aber noch immer aus dem Verständnis und der Erfahrung des Menschen abgeleitet. Zum Beispiel, daß es sich bei den Entführungen um rücksichtslose chirurgische Eingriffe, um «Menschenversuche» handle (etwa so, wie wir Menschen in der Vivisektion für unsere Zwecke Versuchstiere gebrauchen). Manche sprechen sogar von gezielten Manipulationen an der genetischen Struktur der menschlichen Rasse, etwa mit der Absicht, diese zu klonen oder allmählich zu mutieren (etwa so, wie wir Menschen in der Gentechnik Pflanzen und Tiere manipulieren).

Wenn wir die uns zugänglichen Entführungsberichte in Betracht ziehen, so müssen wir schlußfolgern, daß wahrscheinlich alle genannten Motive zutreffen und daß die Ufonauten bzw. diejenigen, die sie geschickt haben, darüber hinaus auch weitere Ziele verfolgen, die für uns nicht ersichtlich sind und vermutlich auch nicht ersichtlich sein sollen.

5. Hypothesen zur Erklärung des Ufo-Phänomens

Im folgenden möchten wir einige geläufige Hypothesen anführen, die in der modernen Ufo-Forschung zur Erklärung des Ufo-Phänomens angeboten werden. Wir gliedern dabei insgesamt zwölf verschiedene Hypothesen in zwei Gruppen: erstens die Hypothesen «Es gibt keine

Außerirdischen» und zweitens die Hypothesen «Es gibt Außerirdische».

Sechs Hypothesen «Es gibt keine Außerirdischen»

Diese erste Gruppe von Hypothesen geht davon aus, daß es sich bei dem Ufo-Phänomen um alles mögliche handelt, nur nicht um die Existenz außerirdischer, nichtmenschlicher Intelligenzen, welche die Erde besuchen.

(1) *Hypothese der natürlichen Phänomene*: Gemäß dieser Hypothese handelt es sich bei den vermeintlichen Ufos um natürliche Himmelserscheinungen, die aufgrund von Sinnestäuschungen, Illusionen oder Halluzinationen (auch unter dem Einfluß von Drogen und Alkohol) oder durch bewußte Manipulation fälschlicherweise für Ufos gehalten bzw. ausgegeben werden: Erdlichter, Planeten, Meteore, riesige Vögel, auch Wetterballons, Modellflugzeuge, Feuerwerk usw. – Diese Hypothese trifft nachweislich für zahlreiche vermeintliche Ufo-Sichtungen zu, vor allem natürlich für solche, die in keine der vier Kategorien der «Close Encounters» gehören. Sie erklärt jedoch offensichtlich nicht solche, bei denen die fliegenden Objekte von nahem deutlich zu sehen waren oder bei denen angeblich direkte Kontakte zu den Ufonauten zustande kamen.

(2) *Hypothese der Geisteskrankheit*: Gemäß dieser Hypothese handelt es sich bei den vermeintlichen Ufo-Augenzeugen um eine Art kollektiver Geistesgestörtheit, die bewirkt, daß gewisse Menschen in krankhafter Weise plötzlich über Ufo-Erfahrungen zu berichten beginnen, obwohl diese nicht wirklich sind. – Auch diese Erklärung mag für manche Ufo-Zeugen zutreffen, aber längst nicht für alle. Denn Ufo-Berichte stammen nicht nur von psy-

chisch labilen oder geisteskranken Menschen, sondern oft auch von anerkannten, ernstzunehmenden Personen und Personengruppen (Regierungsmitglieder, hohe Militärs, Flugkapitäne, Wissenschaftler usw.). Außerdem ließen sich die vielen Parallelen und Übereinstimmungen der Berichte so nicht erklären.

(3) *Hypothese des kollektiven Unterbewußten*: Gemäß dieser Hypothese handelt es sich, im Sinne C.G. Jungs, um eigenartige Projektionen des kollektiven Unterbewußten, welche bei den Menschen aus noch nicht geklärten Gründen hin und wieder Bilder von außerirdischen Existenzen erzeugt. – Diese Hypothese würde zwar die Parallelen erklären, läßt aber dennoch viele andere Fragen offen, namentlich wiederum in Fällen mit direkten Kontakten.

(4) *Hypothese der Unehrlichkeit und Lüge*: Gemäß dieser Hypothese sind sämtliche sogenannten Ufo-Berichte von den «Zeugen» ganz einfach erfunden und erlogen worden. – Diese Möglichkeit ist natürlich niemals ganz auszuschließen. Aber lassen sich auf diese Weise wirklich all die Tausenden und Abertausenden von Sichtungen vom Tisch wischen?

(5) *Hypothese der fortschrittlichen Technologie*: Gemäß dieser Hypothese handelt es sich bei den Ufo-Sichtungen um Versuche mit geheimen Prototypen einer fortschrittlichen (allerdings menschlichen) Technologie, die aus wirtschaftlichen und vor allem militärischen Gründen der Öffentlichkeit nicht offenbart werden sollen. – Diese Hypothese mag in gewissen Fällen tatsächlich zutreffen. Wer sich mit solchen Themen befaßt, weiß, daß die Regierungen und Militärs aller Länder sehr häufig heimlich experimentieren und ihren Bürgern sehr viel verschweigen.

(6) *Hypothese der weltweiten geheimen Verschwörung*: Gemäß dieser Hypothese versucht irgend jemand bzw. irgend eine Gruppe oder Geheimgesellschaft, die über sehr viel Geld und Macht verfügt, mit Hilfe von hochtechnisierten und aufwendigen (Hollywood-)Tricks, die Menschheit von der Existenz der Ufos und Außerirdischen zu überzeugen. Diesen Machenschaften könnte, so die These, die Absicht zugrundeliegen, mit den Menschen geheime psychologische und soziologische Experimente durchzuführen. – Selbst diese auf den ersten Blick sehr weit hergeholt scheinende These läßt sich bei genauerer Untersuchung nicht ganz von der Hand weisen. Solche Dinge geschehen weltweit tatsächlich immer wieder und wurden auch schon des öfteren aufgedeckt. Die Frage allerdings bleibt offen: Warum sollte jemand ausgerechnet Ufos erfinden, um solche Experimente zu machen, wenn es gar keine Ufos gäbe?

Sechs Hypothesen «Es gibt Außerirdische»

Gewiß gibt es in unserer modernen Welt viele Betrüger, Manipulatoren, Lügner, Hochstapler, Spinner und Verrückte, die sich – wie überall – auch im dem Feld der Ufologie tummeln. Dennoch geht diese zweite Gruppe von Hypothesen davon aus, daß trotz alledem tatsächlich intelligente, hochtechnisierte außerirdische Wesen existieren, die mit ihren «Unidentifizierten Flug-Objekten» immer wieder die Erde besuchen. (Denn warum sollte es in einer derart verrückten Welt von irdischen Lügnern und Spinnern nicht auch Außerirdische geben?)

Aber: Innerhalb dieser heterogenen Gruppe, der gemäß jüngsten Umfragen inzwischen bereits die Mehrheit der Bevölkerung sowie praktisch alle Ufo-Forscher angehören, herrschen die unterschiedlichsten Auffassungen und Erklärungen des Ufo-Phänomens. Es ist also bei weitem nicht so, daß sich alle Ufologen darüber einig sind, was es denn nun mit den Außerirdischen genau auf sich hat. Es folgt daher eine kurze Übersicht über die wichtigsten Hypothesen; es sind wiederum sechs an der Zahl:

(7) *Präastronautische Hypothese*: Gemäß dieser Hypothese wurden die verschiedenen Rassen der Menschen, insbesondere ihre früheren Hochkulturen, vor langer Zeit von Außerirdischen erschaffen, die von weit entfernten Sternen und Planetensystemen auf die Erde gekommen waren, um diese zu bevölkern. Diese «Götter» haben die menschliche Spezies damals vielleicht sogar durch gentechnologische Manipulation «geklont», das heißt «nach ihrem Ebenbilde geschaffen».

Nach Ansicht einiger Vertreter dieser Hypothese kümmern sich die Außerirdischen jetzt allerdings nicht mehr allzu sehr um unsere Gegenwart und um die jetzigen Geschicke der Erde, da sie ihren Auftrag mit der Erschaffung der menschlichen Kulturen bereits erfüllt haben.

(8) *Hypothese der Beaufsichtigung*: Gemäß dieser Hypothese herrscht im Kosmos ein System von gegenseitiger Kontrolle und Abhängigkeit, in dem jede Lebensform von einer ihr übergeordneten Macht beaufsichtigt wird (manche nennen dieses System «Intergalaktische Bruderschaft» oder dergleichen).

Im Falle der Menschen gibt es ein oder mehrere hochentwickelte außerirdische Völker, deren Aufgabe darin besteht, den Werdegang der menschlichen Rasse zu beobachten und uns in unserer Entwicklung hilfreich zur Seite zu stehen. Sie gehören nicht-menschlichen Kulturen von anderen Planeten an, die in ihrer Evolution der menschlichen um Jahrmillionen voraus und dieser daher bei weitem überlegen sind. Aufgrund der Erfahrungen ihrer eigenen Entwicklungsgeschichte sind sie in der Lage, den Menschen zu helfen und sie vor drohenden Gefahren zu warnen.

Nach dieser Hypothese sind also alle Außerirdischen und Ufonauten grundsätzlich von edlem Charakter und meinen es nur gut mit uns Menschen. Auch wenn wir ihre Handlungen nicht immer verstehen können (beispielsweise bei Entführungen oder gewaltsamen chirurgischen Eingriffen), sind sie doch letzen Endes nur zu unserem Wohl bestimmt.

(9) *Hypothese der Evakuation*: Anlehnend an die obengenannte Hypothese der Beaufsichtigung wird hier die weiterführende Ansicht vertreten, daß unsere außerirdischen «Freunde» in naher Zukunft die Menschheit (oder zumindest einen auserwählten Teil der Menschheit) von der durch die Umweltverschmutzung und durch das schlechte kollektive Bewußtsein verseuchten Erde evakuieren werden. Danach soll die Erde von den wohlmeinenden Außerirdischen gründlich gesäubert werden, so daß die evakuierten Menschen, wenn sie es wollen, schließlich wieder auf ihren Heimatplaneten zurückgebracht werden und noch einmal von vorne beginnen können.

Auf der Grundlage solcher Hypothesen entstehen die verschiedensten Ufo-Sekten mit einer regelrechten, teilweise bis ins Detail ausgeklügelten «Ufo-Religion», wonach uns das Heil und die Erlösung im wahrsten Sinne des Wortes von oben zuteil werden wird – nämlich dann, wenn die außerirdischen Engel mit ihren großen Ufos landen und den auserwählten Teil der (Ufo-)gläubigen Menschheit abholen und erretten werden. Bis es allerdings soweit ist, können wir durch «Channelings» bereits jetzt mit unseren Rettern in Kontakt treten und so die wichtigsten Informationen erhalten, um uns auf ihre Ankunft vorzubereiten. (Vertreter dieser Hypothese sind z.B. die Gruppe Fiat Lux, die Raël-Bewegung oder die Ummo-Sekte.)

(10) *Hypothese der Invasion und Kolonisation*: Ganz anders, und viel düsterer als die beiden letztgenannten, erklären die Vertreter dieser Hypothese das Ufo-Phänomen. Sie gehen davon aus, daß feindliche außerirdische Mächte die dämonische Absicht hegen, die Erde zu kolonialisieren, und daß sie zu diesem Zwecke mit ihren Ufos Erkundigungs-, Entführungs- und Manipulationsflüge unternehmen. Diese geschehen entweder heimlich oder sogar unter Mitwissen und in Zusammenarbeit mit den irdischen Regierungen und Militärs, und dies bereits seit Jahrzehnten.

Das Ziel der Außerirdischen ist es, sich zunächst durch vermeintliche Hilfe bei Problemlösungen das Vertrauen der Menschen zu erschleichen, um anschließend die Menschheit zu unterwerfen und die Erde mit ihrer eigenen Rasse zu bevölkern, wobei die Menschen entweder ganz vernichtet oder durch Genmanipulation in geklonte Roboter verwandelt und versklavt werden sollen.

(11) *Hypothese der inner- oder unterirdischen Herkunft*: Gemäß dieser Hypothese kommen die vermeintlichen «Außerirdischen» und ihre Ufos gar nicht von außen oder von anderen, weit entfernten Planetensystemen. Vielmehr handelt es sich um Überlebende früherer irdischer Hochkulturen (z.B. von Atlantis), die sich seit Jahrtausenden inner- oder unterirdisch versteckt gehalten haben und die jetzt allmählich wieder auftauchen. Im Zusammenhang mit solchen Erklärungen wird seit eini-

ger Zeit auch immer wieder die Hypothese der «hohlen Erde» angeführt.

(12) *Wissenschaftliche Untersuchungen des Ufo-Phänomens:* Neben all den genannten Erklärungsversuchen und Hypothesen gibt es auch Untersuchungen von ausgebildeten Astronomen und Physikern, die sich in streng wissenschaftlicher Weise mit dem Ufo-Phänomen beschäftigen, ohne konkrete anthropologische, politische oder pseudo-religiöse Schlüsse ziehen zu wollen. Sie sind in den Augen vieler die einzig «seriösen» Vertreter der Ufologie.

Da sie sich jedoch auf die herkömmliche mechanistische, dreidimensionale Physik und auf die (nicht bewiesene) Evolutionshypothese stützen, begrenzen auch sie unbeabsichtigt ihre eigenen Forschungen in einem fatalen Ausmaß. Denn sollte es tatsächlich höherdimensionale Welten und außerirdische Intelligenzen geben, die – aus welchen Motiven auch immer – mit den Menschen in Kontakt stehen oder treten wollen, so werden die herkömmlichen Theorien und Methoden der mechanistischen Wissenschaft nicht ausreichen, um diesem Phänomen tatsächlich auf den Grund zu gehen.

Höhere, dem Menschen an Macht und Intelligenz übergeordnete Wesen lassen sich, eben weil sie höher sind, durch den Menschen nicht gegen ihren Willen oder gegen ihr Einverständnis zwangsweise erforschen, etwa so, wie wir es gewohnt sind, daß wir Tiere und Pflanzen erforschen können. Sind denn Tiere und Pflanzen imstande, uns Menschen zu erforschen?

Mit anderen Worten: Wir können höhere Wesen, ihre Absichten und ihre Vorgehensweisen nur dann verstehen, wenn wir erstens bereit sind, unser bisheriges dreidimensionales, unpersönliches Weltbild zu erweitern und uns auf ihre höheren Schwingungen und Wahrnehmungsdimensionen einzulassen; und zweitens sind wir auch hierfür nur in dem Maße imstande, wie sich diese höheren Wesen bereiterklären, uns sich und ihre Welt zu offenbaren. In diesem Sinne sind wir in unserem Verständnis der höheren Wesen vollständig von deren Gunst und Ehrlichkeit (!) abhängig. Dies ist ein sehr wichtiger Faktor, den es in der Ufo-Diskussion stets zu beachten gilt.

6. Plädoyer für einen erweiterten Horizont

Nachdem wir nun zwölf verschiedene zeitgenössische Modelle kennengelernt haben, die allesamt versuchen, dasselbe Phänomen zu erklären, stellt sich uns zwangsläufig die Frage: Wie sollen wir mit diesen verschiedenen Hypothesen umgehen? Welche unter ihnen ist die richtige? Wem sollen wir glauben?

Oder anders gefragt: Gibt es nun Außerirdische oder nicht? Und wenn ja, wer sind sie? Woher kommen sie, wer hat sie geschickt und was wollen sie von uns? Meinen sie es gut mit uns oder nicht? Bringen sie uns Gefahr oder Hilfe? Wie sollen wir uns ihnen gegenüber verhalten? Wer beobachtet eigentlich wen: wir sie, oder sie uns? Werden wir von unseren Regierungen in Sachen Ufos belogen und gezielt desinformiert?

Meine Antwort auf all diese Fragen lautet: Es geht auch hier (wie fast überall) nicht um ein Entweder-oder, sondern einmal mehr um ein Sowohl-als-auch. Es kann nicht sein, daß nur gerade eine der genannten zwölf Hypothesen die richtige, die einzig richtige ist, denn wir finden in der Tat für fast alle Thesen ausreichend Beispiele, Belege und oft sogar Beweise. Wer sich auf nur ein einziges Erklärungsmodell begrenzt und die anderen vernachlässigt oder sogar leugnet, betrügt sich selbst und verpaßt dadurch die Chance, eine diesem höchst komplexen Phänomen gebührende vielschichtige Erkenntnis zu gewinnen.

Was also auch hier einmal mehr gefordert ist, ist unsere Fähigkeit des vorurteilsfreien, kritischen und intelligenten Unter-scheidens (*inter-legere*). Doch um dieses notwendige Unterscheidungsvermögen zu entwickeln und anzuwenden, bedürfen wir zunächst eines neuen, erweiterten Welt- und Selbstverständnisses, so daß wir nicht in festgefahrenen Denkschemen und Verhaltensmustern steckenbleiben.

Was wir also brauchen, ist ein holistischer («ganzheitlicher») und verbindender Ansatz ohne weltanschauliche Begrenzungen jedwelcher Art – ein Ansatz, der demzufolge sowohl wissenschaftlich als auch esoterisch, als auch religiös sein muß. Erst wenn wir auf diese Weise forschen, haben wir die Chance, ein Verständnis des Ufo-Phänomens sowie zahlreicher weiterer verwandter Phänomene zu gewinnen.

Ich möchte an dieser Stelle also für einen erweiterten Horizont und für ein neues, multidimensionales Weltbild plädieren, wobei ich wie gesagt sowohl die Wissenschaft anspreche als auch die Esoterik und die Theologie, denn diese drei Bereiche dürfen sich nicht mehr länger gegenseitig ausschließen.

In seinem Buch «Der multidimensionale Kosmos» schreibt Armin Risi in diesem Zusammenhang:

Wissenschaft, Esoterik und Theologie dürfen sich nicht ausschließen, was in den vergangenen Jahrhunderten auf immer verhängnisvollere Weise geschehen ist. Wissenschaft, Esoterik und Theologie müssen sich zu einem Dreieck der Erkenntnis *ergänzen*, das heißt sich gegenseitig bereichern, aber auch sich stützen und sich gegenseitig *kontrollieren (!).*
Dieses multidimensionale Weltbild verringert die Spekulation zugunsten höherer Erkenntnis, denn es bringt holistische Kriterien und Kritikpunkte in die Diskussion, was die Wahrheitssuche in allen Sparten vertieft und vorantreibt. Damit betreten wir die Ebene der spirituellen Forschung, und diese wendet sich zuallererst gegen wissenschaftliche Einseitigkeit, esoterische Halbwahrheit und religiösem Dogmatismus, die drei größten Anker der menschlichen Entwicklung. (*)

Das heißt, für das angestrebte ganzheitliche Weltverständnis brauchen wir erstens eine neue Form der *Wissenschaft* – eine nicht-materialistische Wissenschaft, die höhere Maßstäbe kennt als nur die menschliche Vernunft und die experimentelle Nachprüfbarkeit der empirischen Beobachtungen.

---

* aus: Armin Risi, «Der multidimensionale Kosmos, Band 1: Gott und die Götter. Das vedische Weltbild revolutioniert die moderne Wissenschaft, Esoterik und Theologie», Prolog; Govinda-Verlag 1995.

Wir brauchen eine mutige Wissenschaft, welche sich nicht durch einseitiges Ausgerichtetsein auf den grobstofflich-materiellen Bereich selbst im Wege steht und welche dreidimensional unerklärliche Phänomene (wie zum Beispiel Ufos und Außerirdische) nicht vorschnell als inexistent aussortiert. Wir brauchen eine unabhängige Wissenschaft, der es tatsächlich wieder um die Erforschung der Wirklichkeit geht und die nicht bloß Sklave einer zerstörerischen technologischen Industrie ist. Und wir brauchen eine persönliche Wissenschaft, die imstande ist, alle beobachtbaren Vorgänge im Kosmos in ein schlüssiges Weltbild zu stellen, das nicht auf leblosen mathematisch-mechanischen Gesetzen beruht, sondern auf intelligenten, miteinander vernetzten Energien und Personen.

Erfreuliche Ansätze für eine solche neue Wissenschaft sind seit einigen Jahren insbesondere im Bereich der theoretischen Physik und der Biologie festzustellen. Dort werden neuerdings Weltbilder präsentiert, die dem der Esoterik sehr nahe stehen (Stichworte: Implizite Ordnung, morphogenetische Felder, holographisches Universum, Synchronizität usw.). Wenn dies auch vielversprechende Ansätze sind, so reichen sie für ein umfassendes Verständnis doch noch nicht aus. Hierfür wäre der angestammten Naturwissenschaft zu empfehlen, auch bisher unangetastete fragwürdige Axiome wie die Hypothese des Urknalls oder die Evolutionshypothese neu zu hinterfragen und sie nochmals auf ihre Haltbarkeit hin zu überprüfen.

Die Aufgabe einer neuen, holistischen Wissenschaft muß letzten Endes darin bestehen, mit wissenschaftlichen Mitteln die Gültigkeit der in den religiösen und esoterischen Traditionen der Menschheit überlieferten

Wahrheiten nachzuweisen und zu untermauern. Wenn sie diese Aufgabe nicht wahrnimmt, wird der wissenschaftsgläubige Mensch des ausgehenden 20. Jahrhunderts große Schwierigkeiten haben, sich ernsthaft auf den WEG NACH INNEN zu begeben, der ja die Konsequenz jeden Suchens nach Wahrheit ist.

Zweitens brauchen wir für das angestrebte ganzheitliche Weltverständnis auch eine neue Form der *Theologie* – eine mutige, unabhängige und lebendige Theologie, die nicht aus weltlichem Machtstreben Kompromisse mit den Vertretern materialistischer Weltanschauungen eingeht, die sich nicht aus Bequemlichkeit an längst widerlegten, unsinnigen Dogmen festhält und die sich auch nicht davor scheut, unpopuläre Wahrheiten auszusprechen.

Wir brauchen überdies ein religiöses Leben, das nicht trocken und einseitig-kopflastig ist, sondern in dem das Geheimnis religiöser Rituale und Exerzitien wieder erlebbar und die persönliche Berührung mit dem Mystischen und Heiligen wieder möglich wird. Die vordringlichste Aufgabe der Theologen besteht nicht darin, materielle Güter und Positionen zu verwalten, sondern die Menschen auf ihren WEG NACH INNEN zu geleiten und ihnen so eine direkte Gotteserfahrung und einen individuellen Zugang zur Transzendenz zu vermitteln. Doch um diese Aufgabe erfüllen zu können, müssen sie natürlich in ihrem eigenen Leben erst selbst diesen WEG NACH INNEN gehen.

Freie spirituelle Menschen, die auf diese Weise einen eigenen Zugang zur göttlichen Ebene gefunden haben, lassen sich freilich weder bedrohen noch erpressen, noch sonst irgendwie manipulieren. Aber es sollte auch nicht das Anliegen einer echten religiösen Institution sein, ihre

Mitglieder wahlweise entweder mit Hilfe von sozialem oder intellektuellem Druck, durch die Verlockungen eines materiell angenehmen Lebens oder gar unter Androhung von Höllenstrafen bei der Stange zu halten. Solche theologischen Zweige, die weder den freien Willen des Individuums respektieren noch seine innere Sehnsucht nach Transzendenzerfahrungen stillen können, haben sich bereits selbst von dem Lebensbaum abgetrennt, der sie nähren könnte, und werden daher früher oder später absterben müssen.

Obwohl es in sämtlichen großen religiösen Traditionen durch alle Zeiten hindurch immer auch esoterische Randgruppen gegeben hat und obwohl es gerade in der jüngsten Zeit vermehrt erfreuliche Ansätze für eine Öffnung und Lockerung der erstarrten Dogmen zu beobachten gibt, steht den institutionalisierten Religionssystemen die große Herausforderung erst noch bevor. Sie wird in Zukunft nicht mehr nur von der Naturwissenschaft, sondern namentlich auch von der Esoterik an sie herangetragen werden.

So brauchen wir für das angestrebte ganzheitliche Weltverständnis schließlich – und drittens – eine neue Form der *Esoterik* – eine authentische Esoterik, die sich nicht von der glitzernden, spektakulären Fassade exoterischer Phänomene blenden und verwirren läßt, sondern bereit ist, tatsächlich in die tiefen Inhalte esoterischer Weisheitslehren einzudringen.

Eine solche Esoterik wäre allerdings nichts neues. Im Gegenteil, diese zeitlose Form authentischer Esoterik bildet seit jeher den Kern der Religio im Sinne einer Rückverbindung zum Urgrund; sie war der Ausgangspunkt der Philosophie, und sie ist die Erfüllung der menschlichen Suche nach Wissen und Erkenntnis.

Je mehr ernsthaften Wahrheitssuchenden es gelingt, ihren Horizont zu erweitern, ihr Verständnis über die verwässerten Randbereiche der zeitgenössischen Esoterik-Welle zu erheben und in ihrem eigenen Leben tatsächlich konsequent den WEG NACH INNEN zu gehen, desto mehr Hoffnung besteht für die dringend notwendige Synthese von Wissenschaft, Philosophie und Religion.

7. Ufos im vedischen Weltbild

Kehren wir nun zurück zum Thema des heutigen Abends und stellen wir uns die Frage: Welchen Stellenwert hat das Ufo-Phänomen und die Existenz von außerirdischen Zivilisationen in einem holistischen Weltbild, in welchem Wissenschaft, Esoterik und Theologie in einer harmonischen Synthese zusammenwirken?

Auf meiner Suche nach einem solchen Weltbild mußte ich in der Geschichte der Menschheit weit zurückgehen. Offensichtlich war es nicht zu finden in der modernen Naturwissenschaft, doch auch die überlieferten religiösen Traditionen der vergangenen zwei-, dreitausend Jahre vermochten diesen Anspruch nicht befriedigend zu erfüllen, ganz zu schweigen von der zeitgenössischen Esoterik.

Schließlich landete ich einmal mehr bei der vedischen Hochkultur des alten Indien, deren Schriften eine Erklärung des Kosmos anbieten, die in ihrer Vielschichtigkeit und Klarheit ihresgleichen sucht. Wie aus dem Śrīmad-Bhāgavatam-Zitat hervorgeht, welches ich ganz zu Beginn unserer heutigen Betrachtung angeführt habe, waren in der vedischen Kultur Ufos und Kontakte zu höheren Wesen durchaus keine Seltenheit. Doch beschränken sich die vedischen Schriften nicht nur darauf, zusammenhangslos über heimliche und unheimliche Begegnungen mit Außerirdischen zu berichten, sondern – und dies macht das vedische Wissen so einzigartig – wir finden dieses Phänomen dort eingebettet in ein schlüssiges, ganzheitliches Weltbild.

Mit Hilfe der umfassenden Erklärungen, die uns die vedischen Schriften über die Beschaffenheit des Kosmos vermitteln, können wir nicht nur die zahlreichen höherdimensionalen Phänomene besser verstehen lernen, sondern letzten Endes auch unsere eigene Stellung und Aufgabe innerhalb unseres Kosmos – wenn wir dies wollen.

Die vedischen Texte sind in dieser Hinsicht eine sehr dankbare Lektüre, da sie uns nicht einfach mit ungeordneten Informationen überfluten, sondern – durch das Offenlegen der kosmischen Ordnung und der interdimensionalen Zusammenhänge – uns auch ein kritisches Unterscheidungsvermögen ermöglichen bzw. uns helfen, dieses zu entwickeln. Im vedischen Weltbild brauchen wir weder alles blind zu glauben (wie so oft in der Religion und in der Esoterik), noch müssen wir alles blind bezweifeln (wie so oft in der Wissenschaft).

Es steht uns hier weder die Zeit noch der Rahmen zur Verfügung, um das vedische Weltbild detailliert vorzustellen. Daher möchte ich mich an dieser Stelle darauf beschränken, in wenigen Punkten seine für unser heutiges Thema wichtigen Inhalte zu skizzieren, und verweise im übrigen auf das bereits erwähnte Buch von Armin Risi «Der multidimensionale Kosmos», in welchem diese Zusammenhänge ausführlich behandelt werden.

Die für unser heutiges Thema wichtigen Grundsätze des vedischen Weltbildes sind:

(1) *Wir leben in einem multidimensionalen Kosmos*, das heißt in einem geordneten Weltsystem, welches jedoch viel komplexer ist, als wir Menschen dies mit unseren beschränkten Sinnesorganen wahrzunehmen und mit unserem Verstand uns vorzustellen vermögen.

(2) *Dieser multidimensionale Kosmos ist eine Schöpfung Gottes.* Er ist nicht das zufällige Produkt eines «Urknalls» und einer ziellosen «Evolution». Vielmehr steht hinter allem kosmischen Geschehen ein bewußter Wille und Plan. Es ist kein Zufall, daß der Kosmos existiert, und es ist auch kein Zufall, daß er genau so aufgebaut und eingerichtet ist, wie er ist.

(3) *Auch der Mensch ist eine Schöpfung Gottes*, und so folgt nicht nur der immense Makrokosmos, sondern auch der Mikrokosmos eines einzelnen menschlichen Lebens diesem gleichen Prinzip eines bewußten Willens und Planes. Durch seine Wünsche, Gedanken und Handlungen erschafft sich jeder Mensch gemäß göttlichen Gesetzen sein eigenes Schicksal, also sein Glück und Leid, selbst (Stichwort: Karma). Daneben gibt es für jedes Menschenleben auch einen höheren, göttlichen Plan, und es gehört zur jeweiligen Lebensaufgabe, diesen Plan zu erkennen und zu erfüllen (Stichwort: Dharma).

(4) *Von dem gesamten Spektrum der kosmischen Wirklichkeit erfahren wir Menschen nur einen winzigen Ausschnitt.* Mit anderen Worten: Es gibt mehr als nur drei Dimensionen; es gibt weit mehr zu sehen, als wir gegenwärtig sehen, und es gibt weit mehr zu hören, als wir gegenwärtig hören. Wir erkennen die Realität mit unseren Sinnen und mit unserem Denken niemals so, wie sie wirklich ist.

(5) *Wir Menschen sind in diesem multidimensionalen Kosmos nicht alleine*, sondern umgeben von unzählbaren subtilen Energien und beseelten, intelligenten Wesenheiten, die in einer kosmischen Pyramide hierarchisch angeordnet sind, wobei die jeweils oberen Wesen sich über die unteren bewußt sind und diese teilweise auch beeinflussen – nicht jedoch umgekehrt.

(6) *In der kosmischen Hierarchie steht der Mensch vergleichsweise weit unten.* Dem Menschen übergeordnet existiert eine für uns unüberschaubere Anzahl verschiedenster außer- und inneridischer Völker, mit denen wir vernetzt sind. Diese Völker waren schon immer da, und sie standen auch schon immer in Kontakt mit den Menschen. Insofern ist das Ufo-Phänomen genauso alt wie die Menschheit.

(7) *Die höherdimensionalen Wesen lassen sich grundsätzlich in zwei Kategorien unterteilen – in göttliche und dämonische.* Diese Unterteilung in Gut und Böse erfolgt aufgrund der Gesinnung und der Motivation der betreffenden Wesen. Diese Gesinnung ist allerdings frei gewählt und daher, je nach der entsprechenden geistigen Entwicklungsstufe der betreffenden Seele, auch veränderbar. Das heißt, keine Seele ist für immer göttlich oder dämonisch, sondern alle Seelen sind in ihrer ursprünglichen, wesensgemäßen Natur losgelöst von der Dualität von Gut und Böse.

(8) *Es gibt zwei einfache Kriterien, anhand derer man die göttlichen und dämonischen Wesen voneinander unterscheiden kann.* Erstens: Respektiert das betreffende Lebewesen unseren freien Willen oder nicht? Drängt es sich uns auf, oder bietet es uns einfach unaufdringlich seine Hilfe an? Und zweitens: Anerkennt das betreffende Lebewesen die Existenz einer höchsten persönlichen

Gottheit, der alle anderen untergeordnet sind, oder leugnet es deren Existenz und versucht, selbst diese Stellung zu beanspruchen?

(9) In bezug auf das Ufo-Phänomen gilt also festzuhalten: *Nicht alle Ufos kommen vom selben Ort innerhalb des Kosmos, und nicht alle Außerirdischen verfolgen die gleichen Absichten,* wenn sie die Erde besuchen oder auf andere Weise mit den Menschen Kontakt aufnehmen. Manche von ihnen sind gut und manche böse, das heißt, manche sind uns Menschen wohlgesonnen und manche betrachten uns als Feinde oder als niedere Wesen, die man sich untertan machen, die man mißbrauchen und die man versklaven kann.

(10) *Die bösartigen, dämonischen Wesen der höheren Dimensionen sind sehr an der Erde interessiert.* Ihre Absicht ist es, den im kosmischen Gefüge wichtigen Erdplaneten und insbesondere die menschliche Rasse in ihren Besitz zu nehmen und sie unbarmherzig für ihre selbstischen Zwecke zu benutzen und auszubeuten. Um dieses Ziel zu erreichen, setzen sie die verschiedensten Mittel ein:

Manche werden direkt als Menschen auf der Erde geboren und reißen hier unerkannt Macht und Reichtum an sich. Andere handeln durch einzelne Menschen, die sie mit Hilfe telepathischer oder mechanischer Manipulation unter ihre Kontrolle gebracht haben. Wieder andere beschränken sich darauf, unter den Menschen dämonisches Gedankengut zu verbreiten und sie mit allerlei materiellen Verlockungen zu verführen, die sich jedoch früher oder später allesamt als leere Versprechungen herausstellen.

In der vedischen Literatur wird beschrieben, daß die Existenzdimensionen der dämonischen Wesen unvorstellbare Möglichkeiten für materiellen Genuß und für Sinnesreize bieten. Es wird außerdem beschrieben, daß die Dämonen über eine hochentwickelte mechanische Technik verfügen, die allerdings, da sie auf der negativen Nutzung kosmischer Kräfte beruht, stets zerstörerische Auswirkungen hat (z.B. Atom-, Laser-, Computer- oder Unterhaltungstechnologie). Es ist gewiß kein Zufall, daß gerade diese Technologie im gegenwärtigen Jahrhundert so plötzlich und so rasant auf der Erde eingeführt wurde. Dieser vermeintliche «Fortschritt» ist mit den Augen des vedischen Weltbildes betrachtet nichts anderes als das Merk- und Mahnmal dafür, daß die dunklen Mächte in ihrem Bestreben entschlossen und auch erfolgreich sind.

Um solche Machenschaften über einen längeren Zeitraum unentdeckt aufrechtzuerhalten, sind selbstverständlich eine gute Organisationsstruktur, ein skrupelloses, effektives Management sowie ein ausgeklügeltes Überwachungs- und Sicherheitssystem erforderlich. Über all diese Dinge, so beschreiben die vedischen Schriften, verfügen die dämonischen Völker. Man kann sich leicht ausrechnen, daß in diesem Zusammenhang auch die zahlreichen Kontroll- und Experimentierflüge mit Ufos eine wichtige Rolle spielen.

Wir wollen jedoch dieses zugegebenermaßen ernüchternde, ja für manche vielleicht sogar erschreckende und beängstigende Thema an dieser Stelle nicht weiter ausführen. Man sollte den dämonischen Mächten nicht mehr Aufmerksamkeit widmen, als unbedingt erforderlich ist, um sie zu entlarven und sich von ihnen zu distanzieren.

Statt dessen sei zur Beruhigung und Freude all jener Menschen, die sich mehr der göttlichen Seite verbunden fühlen, ausdrücklich betont, daß die dunklen Kräfte weder die einzigen noch die mächtigsten im Kosmos sind.

Nein, da wir in einer polaren Welt leben, gibt es auch immer die helle Seite, und genauso, wie Licht stets stärker ist als Dunkelheit, so ist auch das göttliche Prinzip stets stärker als das dämonische.

Mit anderen Worten: Wir sind den Angriffen und Manipulationen der negativen Außerirdischen nicht hilflos ausgeliefert, und wenn wir uns nicht aus Unwissenheit, aus Angst oder aus Egoismus vor Gott und Seinen göttlichen Vertretern verschließen, können jene uns nichts anhaben. Denn:

(11) *Die tugendhaften, göttlichen Wesen der höheren Dimensionen verfolgen mit Besorgnis den gegenwärtigen Kurs der Menschheit.* Sie sind sich über die fatalen, selbstzerstörerischen Tendenzen unserer heutigen Zivilisation bewußt (Stichworte: Umweltverschmutzung, Genmanipulation, Atomexperimente, Kriege, Irreligiosität usw.), und sie sind sich auch über die Anwesenheit und die Ziele der dämonischen außerirdischen Völker bewußt.

Aus Mitgefühl und Anteilnahme versuchen sie daher immer wieder, uns Menschen auf diese Zusammenhänge aufmerksam zu machen und uns ihren Rat und ihre Hilfe anzubieten. Da sie jedoch unseren freien Willen respektieren, ist ihr Wirken wesentlich unaufdringlicher und unauffälliger als das der Gegenseite.

Auch sie inkarnieren sich zuweilen als Menschen auf der Erde, um Gutes zu tun und Schlimmeres zu verhindern. Meist jedoch halten sie sich im Hintergrund und senden ihre Ratschläge und ihre Unterstützung insbesondere jenen Menschen, die sich freiwillig zu einem göttlichen Weltbild bekennen und sich aktiv um diese Hilfe und Unterstützung bemühen – beispielsweise durch aufrichtige Gebete oder durch andere Methoden der religiösen Kommunikation.

Und noch ein Hinweis: Da die göttlichen Lichtwesen über eine viel höhere, positive Technologie verfügen, haben sie es nicht nötig, in grobstofflichen Ufos aus Metall zu reisen. Vielmehr bewegen sie sich mittels feinstofflicher Energie durch die verschiedenen Dimensionen von Raum und Zeit. Sie schockieren, verängstigen und entführen auch keine Menschen, und sie zwingen niemanden, an ihre Existenz zu glauben oder ihre Grundsätze zu teilen. Mit anderen Worten müssen wir davon ausgehen, daß praktisch alle Ufo-Phänomene der dunklen, gottabgewandten Seite des Kosmos entstammen.

8. Die Macht des freien Willens

Man könnte an dieser Stelle einwenden: Wenn sich die Götter (besser: Halbgötter, denn Gott gibt es nur einen) doch über dies alles bewußt sind, warum lassen sie es dann zu, daß die Dämonen heutzutage ihr schamloses Unwesen treiben? Wenn sie doch stärker sind und über höhere Fähigkeiten verfügen, warum bekämpfen sie die Dämonen nicht und vertreiben sie von der Erde?

Die Antwort: Die göttlichen Wesen halten den Grundsatz des Respektes vor dem freien Willen des anderen derart hoch, daß sie sich selbst denjenigen Mächten, die für das Böse und Zerstörerische arbeiten, nicht in den Weg stellen wollen. Wo sonst, wenn nicht hier in der dualen Welt, sollten Wesen mit dämonischen Wünschen und Neigungen ihre perverse (im wahrsten Sinne des Wortes: verdrehte) Natur ausleben können?

Und doch hat die Geduld der Halbgötter auch ihre Grenze. Diese ist dann erreicht, wenn die Zustände auf der Erde derart unerträglich werden, daß eine Mehrheit der Menschen sich freiwillig von den zerstörerischen dämonischen Grundsätzen abwendet und bewußt die göttliche Alternative wünscht. So um Hilfe gebeten, werden die Halbgötter einschreiten und der Zerstörung ein Ende bereiten. Bis dahin aber muß jeder von uns sich entschieden haben, auf welcher Seite er oder sie steht.

Hier liegt die große Verantwortung und Chance der Menschheit insgesamt wie auch jedes einzelnen Menschen: Die interplanetarischen Auseinandersetzungen zwischen Gut und Böse mögen im All wüten oder nicht, die Erde mag derzeit von außerirdischen Wesen kolonialisiert werden oder nicht, die Regierungen und Militärs mögen an der globalen Verschwörung beteiligt sein oder nicht – dennoch können wir unsere Verantwortung für unser eigenes Wünschen, Denken und Handeln in keinem Fall abschieben. Dennoch muß jeder von uns für sein eigenes Leben selbst entscheiden und früher oder später zwischen der göttlichen und der dämonischen Gesinnung wählen.

Mit anderen Worten: Wir müssen bei der Zerstörung nicht mitmachen! Es ist ein kosmisches Gesetz, daß die dunklen Mächte nur so lange ihre Machenschaften vorantreiben können, wie wir ihren glitzernden Verlockungen erliegen und ihre einseitige Weltsicht kritiklos übernehmen. Einseitig ist die Weltsicht der Dämonen deshalb, weil diese, im Unterschied zu den Halbgöttern, die Existenz der Gegenseite leugnen oder zumindest verheimlichen und damit dem Menschen keine freie Wahl lassen.

Sobald wir diese Zusammenhänge begriffen haben, können wir uns nicht mehr hinter der Fassade der Unwissenheit verstecken. Nein, wir alle haben jetzt die freie Wahl, und wir werden uns entscheiden müssen, ob wir in dem grausamen Spiel der Dämonen, das auf Atheismus, Egoismus und Faustrecht beruht, mitmischen wollen oder nicht.

Die göttlichen Wesen sind jederzeit willens und bereit, sofort einzuschreiten und uns zu helfen, sobald wir uns entschließen, uns mit allen Konsequenzen auf ihre Seite zu stellen. Auch hier haben wir stets die freie Wahl, ob wir die Existenz Gottes und der Halbgötter sowie Seine Spielregeln anerkennen wollen oder nicht.

Dergestalt ist die Macht des freien Willens, und jeder Mensch ist aufgefordert, sehr bewußt und behutsam mit diesem Geschenk umzugehen. Der freie Wille ist das mächtigste Instrument, das wir besitzen.

Daher möchte ich Sie alle bitten, dieses kostbare göttliche Geschenk mit größter Sorgfalt zu pflegen. Bitte lassen Sie sich unter keinen Umständen Ihren freien Willen beschneiden oder gar abkaufen, weder von anderen Menschen noch von irgendwelchen Institutionen – und schon gar nicht von Wesen, die mit einem Ufo zu uns kommen.

Zum Abschluß möchte ich noch die Frage beantworten, die im Titel unserer heutigen Betrachtung aufgeworfen wird: Für einen Menschen, der sich freiwillig auf die Seite Gottes stellt und der den WEG NACH INNEN geht, sind Ufos weder eine Bedrohung noch eine Bereicherung. Er mag von ihrer Existenz Kenntnis haben, aber er ist sich auch darüber bewußt, daß sie nicht von Bedeutung sind für seine eigentliche Lebensaufgabe, für seinen Weg zu Gott.

Fragen aus dem Publikum

Frage: Wenn dies doch alles stimmt und es diese außerirdischen Wesen tatsächlich gibt, warum zeigen sie sich dann nicht offen, so daß alle Menschen sie wahrnehmen können? Warum landen beispielsweise sie nicht einfach auf dem Rasen einer großen Universität, an der gerade ein Ufo-Kongreß aller führenden Experten stattfindet, und sagen: «Hier sind wir, es gibt uns, ihr könnt uns jetzt untersuchen»?

R. Zürrer: Ich möchte Ihnen hierauf zwei Antworten geben: Erstens, weil sie dies gar nicht wollen und es auch nicht dürfen. Sie wollen sich nicht offenbaren, weil ihre Absichten mit der Menschheit wie gesagt durchaus nicht die besten sind. Sie ziehen es vor, vorläufig noch im Verborgenen zu operieren, bis sie sich ihres Erfolges sicher fühlen. Sie wollen ja nicht von uns beobachtet oder untersucht werden; im Gegenteil, es ist ihr Bestreben, *uns* zu beobachten und zu untersuchen. Ihr Plan ist, sich der Menschheit erst dann zu offenbaren, wenn es für uns zu spät für eine Gegenwehr sein wird.

Natürlich wird dieser Plan scheitern, denn die Dämonen vergessen dabei eines: Auch wenn sie gerne die höchsten und mächtigsten Wesen im Kosmos wären, ist dies nicht die Wahrheit. Wie gesagt, die Geduld und die Toleranz der Halbgötter hat auch ihre Grenzen, und die Dämonen können nicht einfach tun und lassen, was immer ihnen beliebt. Letzen Endes ist und bleibt alles unter der Kontrolle Gottes und Seiner Helfer, der Halbgötter. Und diese gestatten es den dunklen Mächten nicht, mehr Einfluß zu nehmen, als ihnen zusteht.

Die zweite Antwort auf Ihre Frage ist eine philosophische: In der kosmischen Schöpfung herrscht, wie dargelegt, als unumstößliches Gesetz das Gesetz des freien Willens, wonach alle Lebewesen im Rahmen der Naturgesetze eine gewisse Willensfreiheit besitzen. Mit Hilfe dieser Willensfreiheit können wir unter anderem auch entscheiden, was wir wissen oder nicht wissen wollen, was wir glauben oder nicht glauben wollen.

Wir Menschen haben, als untergeordnete Wesen innerhalb der kosmischen Hierarchie, somit die Freiheit und auch die Möglichkeit, entweder die höherdimensionalen Ebenen der Wirklichkeit anzuerkennen oder aber uns vor ihnen zu verschließen. Wir werden nicht gezwungen, uns mit diesen Themen zu konfrontieren oder darüber etwas zu erfahren, wenn wir dies nicht wollen. Wir haben das *Recht auf Unwissenheit*.

Aus diesem Grunde wird es in esoterischen Fragen auf der Ebene der Argumentation und der empirischen Beweisbarkeit niemals eindeutige Schlußfolgerungen geben, die von keinem Menschen mehr angezweifelt werden können. Dies gilt nicht nur für das Ufo-Phänomen, sondern beispielsweise auch in bezug auf die Frage nach der Existenz Gottes oder des Lebens nach dem Tode.

In unserem Zusammenhang heißt das: Für diejenigen Menschen, die an Ufos glauben wollen oder die etwas über Ufos erfahren wollen, wird es immer genügend Hinweise und auch Beweise geben, denn Ufos existieren tatsächlich. Doch für diejenigen, die nicht daran glauben und nichts darüber wissen wollen, wird es immer genügend Gegenargumente geben. Wer in Unkenntnis über Ufos sein will, dem wird dies gestattet.

Das bedeutet natürlich nicht, daß es in diesen Fragen keine gültige Wahrheit gibt. Nur weil man alles glauben kann und darf, muß deswegen noch längst nicht alles wahr sein. Es ist durchaus keine Frage des Glaubens, ob es Gott gibt, ob es ein Leben nach dem Tod gibt, ob es Ufos gibt, usw. Diese Dinge sind wie sie sind, egal, ob der einzelne Mensch nun daran glaubt oder nicht.

Aber wir alle haben das Recht auf Unwissenheit und Illusion. Wer von diesem Recht Gebrauch machen will, darf denken, es gäbe keinen Gott und keine Halbgötter und keine Dämonen und keine Ufos. Keiner hat das Recht, anderen Menschen gegen ihren Willen diese Unwissenheit zu zerstören.

Umgekehrt haben wir alle natürlich auch das Recht auf Wissen und Erkenntnis. Wer von diesem Recht Gebrauch machen will, kann sich zu den verschiedenen Quellen des Wissens begeben (ich empfehle die vedischen Schriften) und dort seinen Wissensdurst stillen. Auch hier hat keiner das Recht, andere Menschen zu hindern, zu Wissen und Erkenntnis zu gelangen. So sind die kosmischen Gesetze.

Frage: Eine Frage aus dem Vortrag ist noch offengeblieben: Wie sollen wir uns den Ufonauten gegenüber verhalten? Was sollten wir tun, wenn heute abend hier plötzlich ein Ufo landen würde?

R. Zürrer: Das wichtigste ist: Wir sollten uns von Ufonauten, von ihren übermenschlichen Fähigkeiten und ihrer schillernden Technologie auf keinen Fall verwirren oder verängstigen lassen. Es mag zwar unwahrscheinlich sein, daß gerade heute abend bei uns ein Ufo landet, aber wir müssen uns wohl oder übel mit dem Gedanken anfreunden, daß in näherer Zukunft tatsächlich Ufos mit Außerirdischen vor unserer Haustüre landen könnten.

Wie wir inzwischen wissen, wird es sich dabei mit höchster Wahrscheinlichkeit um Vertreter der dämonischen Gesinnung handeln, doch dürfen wir natürlich nicht erwarten, daß sie dies auch zugeben werden. Auch die Bösen sagen, sie seien die «Guten». Sie werden sich uns also zunächst als vermeintliche «Helfer» anbieten, und es wird ihnen vielleicht sogar gelingen, das eine oder andere materielle Problem der Menschheit zu lösen, und trotzdem sollten wir uns nicht von ihnen beeindrucken, geschweige denn manipulieren lassen.

Unter keinen Umständen sollten wir uns in irgendeiner Form in ihre Abhängigkeit begeben, selbst wenn sie uns scheinbare Hilfe bei den akuten Weltproblemen anbieten, mit denen wir Menschen heutzutage überfordert sind. Denn wir sollten wissen, daß sie nur imstande sind, uns bei der Lösung solcher Probleme zu helfen, die sie uns zuvor selbst geschaffen haben, um uns auf diese Weise geschickt in ihre Abhängigkeit zu treiben (wie gewisse Virenerkrankungen, Atom- oder Gentechnologie usw.).

Wichtig ist auch, daß wir versuchen, *keine Angst* vor ihnen zu haben. Denn die dämonischen Wesen leben und ernähren sich von unserer Angst. Unsere Angst ist ihre Nahrung, und je mehr Angst wir haben, desto stärker werden sie. Doch wie kann man Angst überwinden? – Durch Wissen und durch Vertrauen in Gott.

Wir wissen ja, daß diese Wesen zwar mächtiger sind als wir, daß sie aber, wenn es darauf ankommt, gegen die Macht der Halbgötter keine Chance haben, ganz zu schweigen von Gottes Macht. Warum also sollten wir uns fürchten?

Wir wissen auch, welche Gesinnung diese Wesen besitzen und daß wir von ihnen nichts Wertvolles zu lernen haben, das uns auf unserem WEG NACH INNEN voranbringen könnte. Denn auf diesem Gebiet sind sie noch weniger kundig als wir.

Ich persönlich würde, wenn mich ein Ufo besucht, sofort bei den noch höheren Autoritäten im Kosmos Zuflucht suchen, nicht nur bei den uns wohlgesonnenen Halbgöttern, sondern in erster Linie natürlich gleich bei der höchsten, absoluten Autorität, der höchsten Persönlichkeit Gottes, der im Sanskrit Krishna heißt. Ich würde Ihn mit Gebeten und Schutzmantras sofort um Hilfe anrufen, und ich vertraue darauf, daß Er mir helfen und mich beschützen wird.

Denn bei aller Faszination, die von gewissen esoterischen Einzelphänomenen und von höherdimensionalen Wesen und Welten ausgeht, sollten wir niemals das eigentliche Ziel unseres Daseins aus den Augen verlieren. Das wichtigste von allem ist und bleibt unter allen Umständen immer dieses: unser WEG NACH INNEN.

Von diesem unserem Pfad nach Hause zu Gott sollten wir uns auf keinen Fall abbringen lassen, egal, wer uns dazu auffordert – selbst wenn er aus einem Ufo aussteigt.

HEILSEIN IN EINER UNHEILEN WELT

Auswege aus dem Labyrinth.
Eine kurze Betrachtung in 10 Thesen.

Dieser Vortrag wurde gehalten
am 15. November 1992
anläßlich des «Weltkongresses für geistiges Heilen»
(im Rahmen der 10. Basler Psi-Tage).

Er ist im Govinda-Verlag
auch als Vortragskassette erhältlich.

DIE 10 THESEN:

1. Diese Welt ist ein heilloses Labyrinth. 272
2. Jeder Mensch, der in dieser Welt lebt, ist unheil. 274
3. Dieses Unheilsein betrifft Körper,
   Geist und Seele. 275
4. Jede körperliche Erkrankung hat eine
   geistige Ursache. 280
5. Jede geistige Erkrankung hat eine
   seelische Ursache. 281
6. Jeder Mensch hat ein natürliches Recht
   auf das Heilsein. 282
7. Dieses Heilsein betrifft in erster Linie die Seele. . 284
8. Körperliche Erkrankungen können mit geistigen
   Methoden geheilt werden. 285
9. Geistige Erkrankungen können mit spirituellen
   Methoden geheilt werden. 291
10. Der Ausweg aus dem Labyrinth ist
    spirituelles Leben. 293

Fragen aus dem Publikum 296

Vorbemerkung

Guten Nachmittag, sehr verehrte Damen und Herren, und vielen Dank, daß Sie zu unserer heutigen Betrachtung gekommen sind. Ich werde mit diesem Vortrag bewußt den Rahmen, den sich dieser Kongreß gesteckt hat, etwas erweitern.

Dieser viertägige Kongreß geht ja in wenigen Stunden zu Ende, und so möchte ich zum Abschluß nicht noch einmal dasselbe wiederholen, das Sie während der vergangenen Tage aus verschiedenen Blickwinkeln bereits immer wieder gehört haben. Vielmehr möchte ich den Versuch wagen, aus dem Besprochenen einige konkrete Schlußfolgerungen zu ziehen. Dabei werde ich versuchen, eine neue Perspektive einzunehmen. Diese Perspektive gründet sich in den Erkenntnissen der alten indischen Literatur, die man unter dem Begriff «vedische Literatur» kennt und die rund 5000 Jahre alt ist. Ich werde also versuchen, aus diesem Blickwinkel etwas zu unserem Kongreßthema «Geistiges Heilen» zu sagen.

In einem Satz vorweg: Das Anliegen, welches das Kongreßthema zum Ausdruck bringt, nämlich das Heilen von Menschen auf eine unorthodoxe Art und Weise, ist meiner Ansicht nach zwar berechtigt, wertvoll, wichtig und unterstützenswert, aber – und hier wird mein Vortrag ansetzen – es ist nicht ausreichend. Diese Aussage wird verdeutlicht durch den Titel des Vortrages: «Heilsein in einer unheilen Welt», und im Untertitel: «Auswege aus dem Labyrinth».

Noch eine Vorbemerkung zur Form dieses kurzen Referates: Es steht uns für unsere Betrachtung ja nur etwa eine dreiviertel Stunde zur Verfügung; so stand ich also vor der Aufgabe, in dieser kurzen Zeit dieses doch sehr weitläufige Thema zusammenzufassen. Ich habe daher eine Form gewählt, die auch in den Sanskritschriften Indiens immer wieder zu finden ist, nämlich die Form von Sūtras. Das Sanskritwort «Sūtra» läßt sich in Deutsch etwa mit dem Begriff «These» übersetzen, das heißt, es handelt sich dabei um kurze, aphoristische Merkverse.

Ich habe für den heutigen Vortrag zehn solche Thesen formuliert. Über diese Thesen könnten wir sicherlich vier, fünf Stunden oder auch ein paar Tage lang sprechen. Da uns dafür jedoch die Zeit fehlt, werde ich die Thesen einfach nur eine nach der anderen durchgehen und zu jeder einige wenige Sätze sagen, in der Hoffnung, daß Sie imstande sein werden, die Lücken, die so zwangsläufig hinterlassen werden, zu füllen und auf diese Weise den gesamten Gedankenfluß, der in diesen zehn Thesen steckt, sowie letzten Endes auch die Schlußfolgerung nachzuvollziehen.

1. These: Diese Welt ist ein heilloses Labyrinth.

Die erste These, die ich an den Anfang stellen möchte, lautet: «Diese Welt ist ein heilloses Labyrinth.» Hier werden drei Begriffe angesprochen, die wir zunächst einmal definieren müssen: Labyrinth, Welt und heillos.

DAS LABYRINTH: Was ist ein Labyrinth? – Ein Labyrinth ist ein undurchschaubarer, unentrinnbarer Irrgarten, ein Wirrsal, ein Durcheinander; etwas, aus dem wir, wenn wir uns einmal hineinbegeben haben, aus eigener Kraft nicht wieder entkommen können. Um aus einem Labyrinth zu entkommen, sind wir auf die Hilfe eines kundigen Labyrinthenkenners angewiesen, also von jemandem, der den Ausweg kennt und der uns aus dem Labyrinth hinausführen kann. Soweit die Wörterbuchdefinitionen des Begriffs «Labyrinth».

DIESE WELT: Der zweite Begriff, der in dieser These auffällt, ist «diese Welt». Wenn ich hier «diese Welt» sage, dann meine ich damit die Welt, in der wir jetzt leben, nämlich die materielle Welt. Diese Welt umfaßt übrigens, wie wir noch sehen werden, sowohl die grobstofflich-physikalische Welt, in der wir uns gegenwärtig aufhalten, als auch die sogenannt «jenseitige», feinstoffliche Welt der Geistwesen. Nach der Definition, die wir hier gebrauchen möchten, gehört also auch der feinstoffliche Bereich noch zur materiellen Welt. Diese Welt ist die Welt der Dualitäten, die Welt der undurchschaubaren Widersprüche, die Welt der unentrinnbaren Widerhaken.

Eine weitere philosophische Grundlage, auf der unsere Betrachtungen beruhen, ist: Obwohl wir uns hier in der materiellen Welt der Dualitäten aufhalten, sind wir doch alle von unserer ewigen Natur her spirituelle Seelen. Aus welchen Gründen auch immer wir hierhergekommen sind – wir sind nun in dieser Welt gefangen, geradeso, wie man in einem Labyrinth gefangen ist. Oder um es mit einem anderen Beispiel auszudrücken: Wir gleichen in dieser Welt einem Fisch an Land, der sich nicht in seiner natürlichen Umgebung befindet.

DIE HEILLOSIGKEIT: Das dritte Wort, das in dieser ersten These anklingt, ist «heillos». (Ich habe mir erlaubt, mit den Begriffen «heil», «heilen», «unheil», «heillos» usw. einige Wortspiele zu machen, denn diese Begriffe bilden ja das Thema dieses Kongresses.)

Das Labyrinth dieser Welt ist heillos, das heißt, in dem Labyrinth dieser Welt gibt es für uns kein Heil zu finden.

Erst wenn wir die Widernatürlichkeit und Heillosigkeit dieser Welt erkannt haben, können wir den Wunsch entwickeln und den Entschluß fassen, den Ausweg aus dem Labyrinth zu suchen und zu finden, und so dem Labrinth entkommen. Dies möchte ich Ihnen im folgenden vermitteln.

2. These: Jeder Mensch, der in dieser Welt lebt, ist unheil.

Damit kommen wir zur zweiten These. Sie lautet: «Jeder Mensch, der in dieser Welt lebt, ist unheil.» Was aber heißt das? – Auch hier habe ich das Wörterbuch zu Rate gezogen und nachgeschaut, was denn die Begriffe «Heil» und «Unheil» eigentlich bedeuten und was demnach «heilen» bedeutet.

DAS HEIL: Heil heißt: Gesundheit, Ganzheit, Glück. Dies alles sind Umschreibungen des deutschen Wortes «Heil». Heilsein also heißt: gesund sein, unverletzt sein, unversehrt sein, intakt sein, ganzheitlich sein, glücklich sein. Übrigens ist das Adjektiv «heil» verwandt mit dem englischen *whole*, das ebenfalls «ganz» oder «ganzheitlich» bedeutet. Wir finden diese Verbindung auch in der deutschen Sprache noch. Wenn wir zum Beispiel sagen: «Ich bin heilfroh», dann meinen wir damit: «Ich bin ganz und gar froh».

DAS UNHEIL: Auf der anderen Seite ist das «Unheil». Unheil heißt: Krankheit, Verderben, Entzwei-Sein, Unglück. Unheil ist das Gegenteil von Heil. Unheilsein also heißt: krank sein, verletzt sein, beschädigt sein, defekt sein, entzwei sein, unglücklich sein.

DAS HEILEN: Heilen – der Begriff, der diesen Kongreß prägt – heißt also: das Überführen aus dem widernatürlichen, kranken Zustand des Unheilseins in den gesunden, natürlichen Zustand des Heilseins. Heilen heißt: gesund machen, die Ganzheit wiederherstellen. Alles andere macht nicht glücklich, denn heilen heißt glücklich machen, und zwar im umfassendsten Sinne, den dieses Wort haben kann. Alles andere, was nicht dazu führt, daß die Ganzheit wiederhergestellt wird, daß der Mensch glücklich wird, ist nicht heilen, sondern bedeutet das Gegenteil, nämlich das Belassen in einem unheilen Zustand oder das Überführen in einen unheilen Zustand, also: schaden, verletzen, Gewalt antun. Soviel zur zweiten These.

3. These: Dieses Unheilsein betrifft Körper, Geist und Seele.

Das Unheilsein, in dem jeder Mensch gefangen ist, der in dieser Welt der Dualitäten, in diesem Labyrinth lebt, betrifft nun drei Dinge, nämlich: Körper, Geist und Seele. So lautet auch die dritte These.

Laut Aussage der alten Sanskritschriften Indiens besteht das, was wir als Mensch bezeichnen – mit anderen Worten so, wie ich jetzt vor Ihnen stehe oder wie Sie vor mir sitzen – aus drei Komponenten, nämlich eben aus Körper, Geist und Seele.

DER KÖRPER: Der physische Körper ist die äußere, grobstofflich-materielle Hülle, mit anderen Worten das, was Sie jetzt von mir sehen. Gemäß der vedischen Philosophie besteht dieser Körper aus den fünf Elementen

Erde, Wasser, Feuer, Luft und Äther (die Elemententafel in unserer Chemie umfaßt dieselben Elemente, die hier auf diese fünf Begriffe reduziert sind). Wenn wir es ayurvedisch betrachten, so ergeben die Elemente Erde und Wasser zusammen das ayurvedische Grundelement «Kapha», die Elemente Wasser und Feuer ergeben «Pitta», und die Elemente Luft und Äther ergeben «Vāta».

Ich weiß nicht, wie sehr Sie mit den Grundlagen des Ayurveda, der alten indischen Medizin und Heilkunst, vertraut sind, und ich möchte daher darauf verzichten, hier im Detail auf diese Begriffe einzugehen. Jedenfalls wird im Ayurveda gesagt, daß sich Gesundheit definiert als die Harmonie zwischen den drei Grundelementen Kapha, Pitta und Vāta, aus denen unser physischer Körper besteht. Harmonie bedeutet Gesundsein, während physisches Kranksein dann entsteht, wenn eine Disharmonie herrscht, wenn also die drei Grundbestandteile unseres Körpers in Unordnung geraten, wenn eines überwiegt oder wenn eines zu schwach ist. Dann werden wir krank.

Im Ayurveda beruht nun jede Art der physischen Heilung in erster Linie darauf, daß man versucht, die Harmonie zwischen diesen drei Bestandteilen wiederherzustellen. Egal, welche Krankheit man hat, egal, welche Symptome sichtbar sind – die Heilung besteht immer darin, die Harmonie wiederherzustellen. Soviel zum ersten Drittel dessen, was wir als «Mensch» bezeichnen.

DER GEIST: Neben dem grobstofflichen Körper haben wir auch einen Geist, einen Verstand oder wie auch immer wir dem sagen möchten; im Englischen würde man *mind* sagen. Der Geist besteht aus den Gedanken, den Gefühlen, den Wünschen, dem Unterscheidungsvermögen, der Erinnerungskraft usw. – mit anderen Worten aus alledem, was einen Menschen in seinem Charakter ausmacht, was wir aber nicht mit unseren Augen sehen können. Ich sehe Ihre Gedanken nicht und auch nicht Ihre verborgenen Wünsche, die Sie im Herzen tragen, oder Ihre Intelligenz oder Ihre Erinnerungen usw. – dies alles bleibt in der Regel dem Auge verschlossen. Aber dennoch sind es gerade diese Dinge, die einen Menschen grundsätzlich prägen und ausmachen. Man kann diesen Geist auch als den «feinstofflichen Körper» oder als «die innere Hülle» bezeichnen.

DIE SEELE: Doch jenseits von Körper und Geist nun – und hier setzt die vedische Philosophie an – befindet sich die Seele. Die Seele ist im Gegensatz zum grob- und feinstofflichen Körper nicht materiell, sondern spirituell. (Natürlich könnten wir diese Begriffe auch anders definieren; ich weiß beispielsweise, daß man in der Anthroposophie die beiden Begriffe «Seele» und «Geist» vertauscht behandelt, aber das ist nur eine willkürliche Begriffsdefinition und besagt nichts grundsätzlich anderes.)

Die Seele, das wahre Selbst also, das sind wir. Wir sind der spirituelle Wesenskern, die Lebenskraft, die im grob- und im feinstofflichen Körper weilt. Wenn ich zuvor sagte, daß das, was Sie von mir sehen, nur der grobstoffliche Körper ist, dann heißt das auch: Sie sehen mich jetzt eigentlich nicht, und auch ich sehe Sie nicht. Denn Sie sind die Seele, die im Innern Ihres Körpers weilt und die von diesem umschlossen ist.

Die Seele wandelt sich nicht wie der grobstoffliche Körper, der alt wird und stirbt und den man verläßt, um in einem neuen grobstofflichen Körper wiedergeboren zu werden. Sie wandelt sich auch nicht wie der feinstoffliche Körper, der ebenfalls einem fortwährenden Wandel unterworfen ist. Im Unterschied dazu bleibt die Seele stets dieselbe Identität. Deshalb sprechen wir von «spiritueller Identität» im Gegensatz zur «materiellen Identifikation».

Obwohl sich diese beiden Begriffe – Identität und Identifikation – vom Wortlaut her sehr ähnlich sind, sind sie von ihrem Inhalt her doch grundverschieden, so grundverschieden, wie etwas in dieser Welt nur sein kann. Das eine ist nämlich das, was wir wirklich sind: die Identität; und das andere ist das, was wir nur zu sein glauben, womit wir uns nur identifizieren, beispielsweise mit dem grobstofflichen oder dem feinstofflichen Körper. Diese Hüllen wandeln sich, spätestens im Moment des Todes, ohnehin; sie sind also nicht identisch mit unserem Selbst.

Soweit in aller Kürze zu den Grundlagen dessen, was die vedische Literatur zum Thema Menschsein sagt. Wenn wir diese Erkenntnisse nun wieder zurückversetzen in das Thema des heutigen Vortrages, dann heißt dies:

DAS UNHEILSEIN DES KÖRPERS: Das Unheilsein des Körpers bedeutet nichts anderes als daß die materiellen Elemente, aus denen unser grobstofflicher Körper beschaffen ist, in Unordnung geraten sind. Wie gesagt bedeutet körperliche Gesundheit, daß alle Elemente in einem harmonischen Gleichgewicht zueinander stehen; doch sobald ein Element zu sehr überwiegt oder unterliegt, fällt diese Harmonie aus dem Gleichgewicht und wir werden physisch krank und damit unheil.

DAS UNHEILSEIN DES GEISTES: Ähnlich verhält es sich mit dem feinstofflichen Körper. Das Unheilsein des Geistes bedeutet, daß die Funktionen unseres feinstofflichen Körpers – unser Denken, Fühlen und Wollen – in Unordnung geraten sind. Geistige Gesundheit bedeutet, daß diese Funktionen in völligem Einklang mit der Seele sind, daß wir vollständige innere Ausgeglichenheit und Ruhe besitzen und uns von nichts aus diesem inneren Gleichgewicht bringen lassen. Doch sobald wir diese Ausgeglichenheit verlieren, werden wir psychisch krank und damit unheil.

Man würde in diesem Zusammenhang davon sprechen, daß die Funktionen des Geistes «bedeckt» sind, daß also die Wünsche, die wir haben, daß das Denken, das wir pflegen, daß die Tätigkeiten, die wir zunächst im Geist planen und die wir dann mit unserem grobstofflichen Körper ausführen – daß dies alles nicht in Harmonie mit der Seele steht. Die vedische Philosophie spricht dann davon, daß wir in unserem Bewußtsein bedeckt werden von Dingen wie Neid, Gier, Zorn, Haß, Lust, Illusion und ähnlichen Dingen. Das heißt, wir werden von schlechten Eigenschaften befallen, die eigentlich nicht Teil der Seele sind, sondern diese nur negativ beeinflussen und sie bedecken. Dies ist das Unheilsein des Geistes.

DAS UNHEILSEIN DER SEELE: Was nun aber heißt Unheilsein der Seele? Denn unsere dritte These besagt ja, daß sich das Unheilsein auch auf die Seele bezieht. – Nun, unser seelisches Unheilsein besteht, so einfach dies klingt, schlichtweg darin, daß wir als ewige spirituelle Seelen überhaupt hier, in der materiellen Welt der Dualitäten, in diesem Labyrinth, sind.

Wir befinden uns – ich sage dies bewußt noch einmal – innerhalb der materiellen Welt in einer Lage, die etwa der eines Fisches an Land gleicht. Wir gehören im Grunde nicht hierher, sondern wir gehören in die spirituelle Sphäre (die es auch gibt!). Aber irgendwie sind wir hierhergekommen, und genau darin besteht das Unheilsein der Seele. Dieses Unheilsein ist ganz unabhängig davon, ob unser Körper und unser Geist gerade vorübergehend heil oder unheil sind. Selbst wenn wir den gesündesten, fittesten Körper haben und auch im Geiste nicht durch irgendwelche negativen Einflüsse gestört sind, sind wir hier dennoch am falschen Ort und in einer für uns als spirituelle Wesen widernatürlichen, unheilen Lage. Wir sind wie der Fisch an Land.

4. These: Jede körperliche Erkrankung hat eine geistige Ursache.

Wir kommen zur nächsten, der vierten These, wo wir versuchen, Ursachen zu erforschen. Sie lautet: «Jede körperliche, das heißt grobstoffliche Erkrankung hat eine geistige, das heißt feinstoffliche Ursache.»

DIE VERMEIDBAREN KÖRPERLICHEN ERKRANKUNGEN: Wenn wir einmal untersuchen, welche Krankheiten es für den Menschen gibt, so werden wir feststellen, daß eine große Anzahl dieser Krankheiten vermeidbar ist. Aus der Sicht des Ayurveda müßten wir eigentlich gar nicht krank sein, und Kongresse wie dieser wären überflüssig. Denn das Unheilsein des grobstofflichen Körpers, das heißt eine physische Erkrankung, entsteht ursächlich oft daraus, daß wir im Innern unsere psychische Ausgeglichenheit verloren haben; man nennt dies dann modern auch «psychosomatische Erkrankung».

Gemäß der vedischen Philosophie ist allerdings jede physische Erkrankung letzten Endes psychosomatisch, ob man mit Hilfe der Medizin nun diese direkten Verbindungen nachweisen kann oder nicht. Infolgedessen ist auch jede physische Erkrankung – insbesondere das, was wir als Zivilisationskrankheiten bezeichnen – im Grunde genommen überflüssig. Die meisten körperlichen Erkrankungen sind also vermeidbar.

DIE UNVERMEIDBAREN KÖRPERLICHEN ERKRANKUNGEN: Es gibt jedoch auch einige unvermeidbare körperliche Erkrankungen. Das sind solche, die aus den natürlichen Alterungsprozessen entstehen. Unser physischer Körper ist ja von Natur her so eingerichtet, daß er im Laufe der Zeit verfällt und daß gewisse Organe mit dem fortschreitenden Alter ihre Funktion zurücknehmen und sie schließlich ganz einstellen. Diese natürlichen Schwächungen und Erkrankungen sind jedoch niemals in dem Maße natürlich, wie wir es heute als «normal» betrachten.

5. These: Jede geistige Erkrankung hat eine seelische Ursache.

Damit kommen wir zu unserer fünften These. Denn wenn wir diese Logik noch einen Schritt weiter verfolgen, bedeutet dies: «Jede geistige, das heißt feinstoffliche Erkrankung hat eine seelische, das heißt spirituelle Ursache.»

DIE UNVERMEIDBAREN GEISTIGEN ERKRANKUNGEN: Hier gibt es für uns, die wir nun einmal in dieser Welt sind, keine vermeidbaren Erkrankungen mehr; es gibt nur noch die unvermeidbaren. Denn jedes Unheilsein des feinstofflichen Körpers, das heißt jede psychische Erkrankung, entsteht ursächlich aus dem Verlust der ursprünglichen spirituellen Ganzheit und Harmonie und aus dem widernatürlichen Kontakt der Seele mit der materiellen Welt der Dualitäten.

Wer spirituell gesehen gesund und heil bleibt, wird gar nie in die materielle Welt kommen. Aber wir, die wir bereits hier sind, können nun versuchen, spirituell wieder gesund und heil zu werden. Dann wird auch geistiges und körperliches Krank- und Unheilsein überflüssig. Mit anderen Worten, wenn wir uns in dieser Welt befinden und uns mit ihr identifizieren, ist es unvermeidbar, daß wir immer wieder physisch und psychisch krank werden. Erst wenn wir versuchen, die Identifikation mit dieser Welt, in die wir gar nicht hineingehören, zu lösen, erübrigen sich diese Krankheiten.

Sie sehen also: Wir setzen hier an einem viel tieferen Punkt der Heilung an als man es vielleicht sonst in der Medizin oder auch im geistigen Heilwesen gewohnt ist.

6. These: Jeder Mensch hat ein natürliches Recht auf das Heilsein.

Damit sind wir in der Hälfte unserer Betrachtungen angelangt. Mit der folgenden sechsten These wechseln wir nun die Ebene.

Die erste These war sozusagen der Ausgangspunkt, und die letzte wird dann der Schlußpunkt sein. Von den mittleren acht Thesen besitzt die erste Hälfte (Nummer zwei bis fünf) in sich eine gewisse Logik, und dieselbe Logik wird nun in den folgenden vier Thesen (Nummer sechs bis neun) wiederholt, und zwar in bezug auf Heilung. Der erste Teil bezog sich auf das Kranksein, der zweite nun auf das Heilen.

Die sechste These lautet: «Jeder Mensch hat ein natürliches Recht auf das Heilsein.» Wenn ich hier «natürliches

Recht» sage, dann wähle ich diesen Begriff ganz bewußt und grenze ihn ab gegenüber «unnatürliches Recht» und «natürliches Unrecht». Was heißt das?

DAS UNNATÜRLICHE RECHT: Das unnatürliche Recht des Menschen besteht darin, unheil zu sein. Wir alle, die wir uns in dieser Welt befinden und uns mit ihr identifizieren, haben das Recht, unheil zu sein; wir haben das Recht, krank zu sein und zu leiden. Aber dieses Recht ist unnatürlich, denn es entspricht nicht unserer ursprünglichen Bestimmung. Wir können dieses Recht einlösen und wahrnehmen, und wir alle tun dies ja auch (sonst wären wir wohl nicht zu diesem Kongreß gekommen), aber es ist dennoch nicht natürlich; es ist das un-natürliche Recht.

DAS NATÜRLICHE UNRECHT: Auf der anderen Seite gibt es das natürliche Unrecht. Wie ich eben schon ausgeführt habe, ist es natürlich in dieser Welt, daß wir krank werden. Wir alle – ob wir wollen oder nicht, ob wir uns dagegen wehren oder nicht – werden in dieser Welt zwangsläufig immer wieder krank werden. Denn dieses Krankwerden, dieses Unheilsein gehört zu dieser Welt, gehört zur Natur des Menschseins. Aber dieses Natürlichsein ist unrecht, denn es entspricht ebenfalls nicht unserer ursprünglichen Bestimmung.

DAS NATÜRLICHE RECHT: So bleibt also noch ein Drittes: das natürliche Recht (über das «unnatürliche Unrecht» wollen wir erst gar nicht anfangen nachzudenken). Dieses natürliche Recht besteht darin, heil zu sein. Wir alle haben das natürliche Recht, heil zu sein, ganz zu sein, gesund zu sein, glücklich zu sein. Dieses Recht einzulösen und wahrzunehmen und zu nutzen – dies entspricht der ursprünglichen Bestimmung unseres Menschseins.

Denn für uns als spirituelle Wesen ist es nicht natürlich, in diesem heillosen Labyrinth einer unheilen Welt gefangen zu sein. Es ist für uns nicht natürlich, daß wir uns fortwährend gegen das unvermeidbare Unheilsein wehren und dagegen ankämpfen müssen. Was ist denn, wenn wir ehrlich sind, letzten Endes unsere gesamte Medizin (auch die geistige) anderes als ein ständiges Sichwehren und Sichvorsehen gegen das Unheilsein, gegen das Kranksein, das uns früher oder später doch heimsuchen wird?

7. These: Dieses Heilsein betrifft in erster Linie die Seele.

Wir kommen zur siebten These. Sie lautet: «Dieses Heilsein, also unser natürliches Recht, betrifft in erster Linie die Seele.» Genauso, wie das Unheilsein in erster Linie Körper und Geist betrifft, so betrifft das Heilsein in erster Linie die Seele.

DAS HEILSEIN DES KÖRPERS UND DES GEISTES: Das Heilsein des Körpers und des Geistes ist nicht garantiert. Denn sowohl die materiellen Elemente, aus denen unser grobstoffliche Körper besteht, als auch die feinstofflichen Elemente, aus denen unser Geist besteht, befinden sich in einem fortwährenden Wandlungsprozeß, sind also nie von Bestand. So ist es letztlich unmöglich, in dieser Welt über längere Zeit hinweg physisch und psychisch gesund und heil zu bleiben.

Wenn ich hier «längere Zeit» sage, dann bitte ich Sie, dies so zu verstehen: im Zeitraum über mehrere Leben, ja über mehrere tausend Leben hinweg. Dies betrachte ich als einen längeren Zeitraum; nicht ein paar Jahre oder ein paar Jahrzehnte in nur einem Leben. Wir können in dieser Welt nicht über einen längeren Zeitraum hinweg gesund sein; das ist nicht möglich.

Man kann zwar – um den Blick wieder auf dieses eine Leben zu engen – durch die Medizin und selbstverständlich auch durch die Geistheilung gewisse Symptome zum Verschwinden bringen, aber weil die Ursachen des Unheilseins dadurch nicht gelöst sind, wird das Unheilsein früher oder später doch wieder ausbrechen, im Geiste oder im Körper, vielleicht auch erst im nächsten Leben.

DAS HEILSEIN DER SEELE: Das Heilsein der Seele jedoch – und darum geht es uns in dieser These – ist möglich. Denn unser seelisches Unheilsein besteht einzig und allein darin, daß wir überhaupt in dieser Welt der Dualitäten sind und daß wir uns mit dieser Welt identifizieren.

So ist es – zumindest theoretisch – sehr einfach, das natürliche Heilsein der Seele wieder zu erlangen, indem wir nämlich einfach die Identifikation mit dieser Welt aufgeben, die Dualität überwinden, die Ganzheit wiederherstellen und so, um beim Beispiel von vorhin zu bleiben, wie der Fisch sind, der vom Land wieder ins Wasser zurückkehrt. Wir erinnern uns: Heilsein heißt Ganzheit, und Ganzheit heißt Glück. Theoretisch wäre es einfach.

8. These: Körperliche Erkrankungen können mit geistigen Methoden geheilt werden.

Bevor wir an diesen Gedankengang weiter anknüpfen, wollen wir die Thesen acht und neun betrachten. Dabei möchte ich kurz auf das Thema Heilung eingehen, also auf das, was Sie wohl in erster Linie zu diesem Kongreß geführt hat. Es geht um die Frage: Wie kann ich in bezug auf Körper und Geist heil werden? Auch hier finden wir in der ayurvedischen Heilkunst sehr interessante Richtlinien, und es lohnt sich, diese anzusprechen.

So lautet unsere achte These: «Körperliche Erkrankungen können mit geistigen Methoden geheilt werden», zumindest mit wenigen Ausnahmen.

DIE VERMIEDENEN ERKRANKUNGEN (VORBEUGENDE MAßNAHMEN): Wie wir gesehen haben, sind die meisten körperlichen Krankheiten vermeidbar, denn sie entstammen einzig einem falschen Bewußtseinszustand oder – um auch diesen Begriff noch einzuführen – einem schlechten Karma.

Das Gesetz des Karma ist natürlich ein Thema für einen eigenen Vortrag. Hier sei nur soviel gesagt: Wenn es Ihr Karma ist, krank zu sein und zu leiden, dann wird kein Heilungsversuch erfolgreich sein, sei es durch die Schulmedizin oder sei es durch alternative Heilmethoden. Wenn es hingegen nicht mehr Ihr Karma ist, krank zu sein, dann werden Sie wieder gesund werden, sofern Sie sich auch darum bemühen. Dies ist in etwa die grobe Regel.

Wenn es uns also gelingt, uns rechtzeitig und mit den richtigen Methoden um unser körperliches Heilsein zu bemühen, dann werden wir die überflüssigen, vermeidbaren Krankheiten tatsächlich verhindern können. Konkret lassen sich körperliche Erkrankungen laut Ayurveda hauptsächlich durch die drei folgenden vorbeugenden Maßnahmen vermeiden:

(1) An die erste Stelle – und dies mag einige vielleicht überraschen – stellt der Ayurveda eine individuell richtige, typengerechte Ernährung. Wer sich richtig ernährt,

wird nicht krank, zumindest viel weniger als jemand, der sich falsch ernährt. Und heutzutage, so muß man leider sagen, ernährt sich fast jeder falsch, weil das entsprechende Wissen fehlt.

Vorbeugende Maßnahmen gegen Erkrankungen

(1) individuell richtige, typengerechte Ernährung
(2) angemessener Lebenswandel
(3) geistige Ausgeglichenheit im Innern

Ich möchte hier nicht im Detail darauf eingehen, aber im Ayurveda unterscheidet man grundsätzlich zwischen drei Konstitutionstypen. Ich hatte sie vorhin bereits erwähnt: Es gibt die Kapha-, die Pitta- und die Vāta-Typen. Natürlich finden sich diese Typen nie in reiner Form vor, sondern immer in Mischungen. Mit anderen Worten: Jeder von Ihnen besitzt bereits von Geburt an eine ganz bestimmte körperliche Konstitution, bei der die drei Grundelemente Kapha, Pitta und Vāta in einem für Sie typischen, individuellen Mischverhältnis stehen.

Wenn Sie nun diese Ihre Konstitution genau kennen und wissen, welche Nahrung dieser Konstitution zuträglich ist und welche nicht, und wenn Sie sich auch danach richten, dann werden Sie die meisten Krankheiten, insbesondere die sogenannten Zivilisationskrankheiten, gar nicht erst bekommen. Dies gilt natürlich nur für den Fall, daß Sie sich bereits von Kindheit an nach diesen Grundsätzen gerichtet haben; später lassen sich die erworbenen Schäden durch die Ernährung nur noch so gut es eben geht reparieren. Der Ayurveda sagt also: Durch die richtige, typengerechte Ernährung kann den meisten Krankheiten vorgebeugt werden.

(2) Der zweite Punkt ist: ein angemessener Lebenswandel. Krankheiten haben sehr viel damit zu tun, wie wir unseren Tag gestalten. Ich möchte hier nicht zu sehr abgleiten und Ihnen Listen mit moralischen Verhaltensrichtlinien vorlegen, obwohl wir im Ayurveda und allgemein in der vedischen Philosophie in der Tat solche Listen finden. In diesen Listen wird aufgeführt, wie man sich als Mensch verhalten muß, um richtig zu leben. Ich glaube allerdings, daß auch mit Hilfe des gesunden Menschenverstandes einigermaßen klar zu ersehen ist, was damit gemeint sein könnte.

(3) Der dritte Faktor ist die geistige Ausgeglichenheit im Innern. Wenn wir innerlich unruhig und voller Neid, Haß, Zorn, Lust usw. sind, können wir nicht erwarten, daß unser Körper gesund sein wird. Ich vermute, daß dies etwas ist, das Sie hier an diesem Kongreß bereits des öfteren gehört haben, denn gerade die Geistheilungsmethoden sind sich über diesen Zusammenhang wohlbewußt. Ein Mensch kann nur dann gesund sein, wenn er auch innerlich ausgeglichen ist: *mens sana in corpore sano* – diese Erkenntnis kennen Sie ja bereits aus dem Lateinunterricht.

DIE NICHT VERMIEDENEN ERKRANKUNGEN (EMPFOHLENE HEILMETHODEN): Wir wollen nun noch einen Schritt weitergehen: Haben wir es versäumt, diese vermeidbaren körperlichen Krankheiten, denen wir auf die eben beschriebene Weise vorbeugen könnten, rechtzeitig zu verhindern – mit anderen Worten: sind wir bereits erkrankt –, so lassen sich unsere körperlichen Erkrankungen meistens mit den gleichen drei Methoden auch wieder heilen: (1) Durch eine individuell richtige, typengerechte Ernährung, (2) durch das Umstellen auf einen angemessenen Lebenswandel, sofern wir den noch nicht haben, sowie (3) durch das Wiederherstellen der geistigen Ausgeglichenheit im Innern.

Wenn wir diese drei Punkte beachten, werden wir viele unserer Krankheiten, sofern diese noch nicht völlig akut sind, wieder loswerden können.

Bei ganz akuten Erkrankungen – das heißt, wenn wir über fünfzig Jahre hinweg in der Ernährung und im Lebenswandel und in bezug auf die innere Ausgeglichenheit zu vieles falsch gemacht haben – wird eine solche Umstellung natürlich kurzfristig nicht mehr allzuviel nützen. Dennoch können wir selbst in diesem Fall zumindest damit anfangen, denn auch mit dem Tode ist ja eine solche Bemühung nicht zuende, und wir werden im nächsten Leben genau dort weitermachen können, wo wir jetzt aufgehört haben.

Wir haben also gesehen, daß diese Dinge wichtig sind und unbedingt getan werden müssen. Aber es ist gar nicht so einfach, sie tatsächlich auch zu tun. Denn es braucht gewisse Voraussetzungen, um nach diesen Richtlinien leben zu können. Ich möchte Ihnen nun einige dieser Voraussetzungen vorstellen, die zur Heilung führen können:

(1) In erster Linie braucht es Kenntnis und Erfahrung. Damit meine ich sowohl theoretisches Wissen über diese Dinge (zum Beispiel über die Grundsätze des Ayurveda) als auch praktische Erfahrung damit.

(2) Zweitens braucht es Kraft und Fähigkeit. Es nützt nichts, wenn wir einfach nur theoretisch verstehen, was richtig und was falsch ist, aber nicht die Kraft aufbringen, dann auch richtig zu handeln.

Beispielsweise dürfte jedem in diesem Saal bekannt sein, daß eine der Hauptursachen für einen Großteil der Erkrankungen des Menschen im Fleischessen besteht. Das weiß inzwischen fast jeder, und doch gibt es immer noch Menschen, die Fleisch essen. Warum? Weil sie nicht die Kraft und nicht die Fähigkeit haben, das, was richtig ist, zu tun.

Der Ayurveda jedoch sagt es ganz deutlich: Man kann gar nicht von Gesundheit sprechen, man braucht gar nicht erst zu versuchen, gesund zu werden, solange man Fleisch ißt. Denn tierisches Fleisch ist etwas vom Schädlichsten, das man dem menschlichen Körper zuführen kann. (Dies allerdings ist auch ein eigenes Thema für sich, das wir an anderer Stelle weiter besprechen können.)

(3) Weil wir also die erforderliche Kraft und Fähigkeit im Alltag oft nicht aufbringen können, brauchen wir den festen Willen und die Entschlossenheit dazu. Wir müssen es wollen. Wir müssen gesund sein wollen. Dieser Wille, diese Entschlossenheit drückt sich nicht nur dadurch aus, daß wir für eine Therapie oder für einen Kongreß ein paar hundert Franken ausgeben.

Ich weiß, daß ich mich vielleicht nicht sehr beliebt mache, wenn ich solche Dinge sage, aber ich denke, daß es notwendig ist, sie hier einmal deutlich auszusprechen: Kommen Sie bitte nicht an diesen Kongreß und zahlen ein paar hundert Franken, in der Erwartung, dadurch automatisch gesund zu werden. Denken Sie bitte nicht, es würde irgend jemand kommen, der seine Hand auf Ihre wunde Stelle legt, und dann seien Sie schon gesund. So einfach ist das nicht, denn Ihr Kranksein hat viel tiefere Ursachen.

Wer sich als Heiler ausgibt, aber nur Symptome zum Verschwinden bringen kann (was Handauflegen gewiß tut), ist kein Heiler. Ein Heiler wäre jemand, der imstande ist, die Ursachen Ihres Krankseins sichtbar zu machen und zu bekämpfen, so daß Sie danach nicht wieder dieselben Fehler machen, die dann wiederum dazu führen, daß Sie unheil und krank werden. Und dazu braucht es Entschlossenheit, braucht es Engagement von Ihrer Seite.

(4) Natürlich brauchen wir, um langfristig gesund zu werden oder zu bleiben, hin und wieder auch Hilfe durch jemand anderes. Ein Arzt, wenn Sie Vertrauen in die Schulmedizin haben; ein Geistheiler, wenn Sie Vertrauen in die Geistheilung haben, oder auch Geistwesen, die aus anderen Sphären her heilen können (auch dies ist möglich, wie wir in den vier Tagen dieses Kongresses gelernt haben) – dies sind verschiedene Möglichkeiten der Hilfe durch Außenstehende.

Aber bitte denken Sie bei alledem immer daran, daß sich dies alles nur auf die Gesundung des Körpers bezieht, womit Heilung im eigentlichen Sinne ja noch nicht geschehen ist.

9. These: Geistige Erkrankungen können mit spirituellen Methoden geheilt werden.

Vielmehr gibt es darüber hinaus auch – und damit sind wir bei der neunten These – geistige Erkrankungen, die letzten Endes nur mit spirituellen Methoden geheilt werden können.

Ich habe diese neunte These in zwei Unterkategorien gegliedert: erstens «das Erkennen des Unvermeidbaren» und zweitens «das Vermeiden des Unvermeidbaren» (!).

DAS ERKENNEN DES UNVERMEIDBAREN: Wie wir gesehen haben, lassen sich sowohl geistige als auch körperliche Krankheiten durch verschiedene Methoden – sei es Schulmedizin oder sei es etwas anderes – zwar vorübergehend verhindern, das heißt, Symptome können zwar gedämpft werden, aber letzten Endes sind Krankheiten, solange wir uns in dieser Welt befinden, nicht vollständig und nicht dauerhaft heilbar. Da sie eine spirituelle Ursache haben, werden sie uns früher oder später, den Gesetzen der Natur (Karma) entsprechend, trotz aller vorbeugenden Maßnahmen und trotz aller Heilmethoden wieder heimsuchen.

Symptome zu lindern mag richtig und wichtig sein, bitte mißverstehen Sie mich hier nicht. Ich sage nicht, daß alles, was die Schulmedizin und die Alternativmedizin macht, sinnlos sei. Es hat zweifelsohne einen Wert, aber dennoch ist es letzten Endes nicht ausreichend. Denn solange die Ursache des Krankseins noch vorhanden ist, werden die Symptome stets anderswo wieder auftauchen.

DAS VERMEIDEN DES UNVERMEIDBAREN: Dies hört sich wie ein Widerspruch, wie ein Paradoxon an: Das Vermeiden des Unvermeidbaren – wie soll das möglich sein? Wenn es doch unvermeidbar ist, in dieser Welt krank und unheil zu werden, wie sollen wir es dann vermeiden können?

Ich glaube, Sie können inzwischen die Schlußfolgerung selbst ziehen: Es gibt nur eine Möglichkeit, dem heillosen Labyrinth dieser Welt zu entgegen und die unvermeidbaren Erkrankungen endgültig zu heilen, nämlich das Verlassen dieses Labyrinths, das man – um noch ein weiteres Wortspiel anzuknüpfen – als eine «Heilanstalt für die Seele» bezeichnen könnte. In dieser

Welt wird die Seele geheilt, und wenn man geheilt ist, verläßt man die Heilanstalt wieder.

Ich bin mir darüber bewußt, daß ich hier eine radikale spirituelle Heilmethode vorschlage, wobei radikal im wahrsten Sinne des Wortes zu verstehen ist: Das lateinische Wort *radix* heißt «Wurzel»; radikal also bezeichnet eine Methode, die an der Wurzel greift, eine Methode, die die Ursache bekämpft. Und diese radikale Heilmethode ist – damit komme ich zur letzten These – spirituelles Leben.

Im Gegensatz zu allen materiellen Heilmethoden ist die radikale Heilmethode des spirituellen Lebens ohne Grenzen und ohne Risiken und Nebenwirkungen. Gewiß bedarf es einer gewissen grundsätzlichen körperlichen und geistigen Gesundheit, um spirituelles Leben erfolgreich zu praktizieren, und Schwierigkeiten in diesen Bereichen können auch das spirituelle Leben stören. Aber ein gesunder Körper ist für spirituelles Leben sicherlich keine Grundvoraussetzung; es gibt viele Beispiele dafür, daß es auch ohne diese Dinge geht. Warten Sie also bitte nicht, bis Sie körperlich und geistig vollständig heil und gesund sind, bevor Sie die Notwendigkeit in Betracht ziehen, spirituelles Leben zu praktizieren.

10. These: Der Ausweg aus dem Labyrinth ist spirituelles Leben.

Bevor ich zur Schlußfolgerung komme, möchte ich noch einmal zusammenfassen, was wir bisher gehört haben:

ZUSAMMENFASSUNG (RÜCKBLICK): Als spirituelle Wesen haben wir ein natürliches Recht auf das Heilsein.

Heilsein heißt: gesund sein, ganz sein, glücklich sein; und heilen heißt: gesund machen, die Ganzheit wiederherstellen, glücklich machen.

Aber solange wir uns in dem heillosen Labyrinth dieser unheilen Welt befinden und darin gefangen sind, werden wir, die Seele, unheil bleiben. Unheilsein aber heißt: krank sein, entzwei sein, unglücklich sein. Wahre Heilung bedeutet folglich, daß wir unsere ursprüngliche Ganzheit wiederherstellen, daß wir den Zustand des Ganzseins, des spirituellen Heilseins wiedererlangen.

SCHLUßFOLGERUNG (AUSBLICK): Die herkömmliche Schulmedizin und die körperlichen Heilmethoden, wie wir sie in der Schulmedizin kennen, sind zwar berechtigt und haben sich in manchen Fällen gewiß auch als wirkungsvoll und als wertvoll erwiesen. Aber sie sind nicht ausreichend. Und die alten und neuen geistigen Heilmethoden, wie wir sie beispielsweise an diesem Kongreß kennenlernen konnten, sind zwar oft besser und wirkungsvoller als die Schulmedizin, da sie die tieferen Ursachen von Erkrankungen angreifen und versuchen, von der geistigen Ebene her körperliche Krankheiten zu behandeln. Aber beide Methoden sind letzten Endes unzureichend, denn beide sind außerstande, das inhärente Unheilsein in dieser Welt zu heilen.

Was wir daher dringend brauchen, ist ein Ausweg aus dem Labyrinth dieser unheilen Welt. Was wir dringend brauchen, ist eine klare, praktische und wirksame spirituelle Lebensweise, die zur Gesundung, zum Heil, ja zur Befreiung der Seele führt.

Doch obwohl dieser Ausweg aus dem Labyrinth, nämlich radikales und konsequentes spirituelles Leben, offensichtlich ist, sind ebenso offensichtlich nur wenige Menschen bereit, diesen Ausweg anzunehmen. Denn er ist anspruchsvoll. Es ist zwar theoretisch gesehen sehr einfach, auf diese Weise das ursprüngliche Heilsein der Seele wiederherzustellen, aber in der Praxis – und das wissen all diejenigen, die es bereits versuchen oder es versucht haben –, ist dies bei weitem nicht ganz so leicht zu bewerkstelligen.

Was es hier braucht, sind wiederum: Kenntnis und Erfahrung, Kraft und Fähigkeit, Wille und Entschlossenheit. Und was es vor allem braucht, ist die Hilfe von jemandem, der ein Labyrinthenkundiger ist, der den Ausweg aus dem Labyrinth kennt, weil er ihn selbst schon gegangen ist, und der uns so aus dem undurchschaubaren, unentrinnbaren Labyrinth der materiellen Welt hinausführen kann.

Körperheiler, also Ärzte und Mediziner, sowie medizinische Heilmethoden können vorübergehend den Körper heilen und gesund machen. Und dies sollte auch getan werden: Körperheiler sollten Körper gesund machen.

Geistheiler und geistige Heilmethoden können vorübergehend den Geist heilen und gesund machen. Und sie sollten dies auch tun.

Was wir meiner Ansicht nach aber am dringendsten brauchen, sind echte «Seelenheiler», also Menschen, die uns wirksame spirituelle Heilmethoden geben können – Methoden, die imstande sind, die Seele zu heilen, die Seele zu befreien, die Seele gesund zu machen, sie ganz zu machen, sie glücklich zu machen.

Fragen aus dem Publikum

Frage: Was wäre ein Beispiel für eine Art der Seelenheilung?

R. Zürrer: In einem Wort kann man sagen: Religion. Ich meine dies ganz wörtlich: Das lateinische Wort *religare* heißt «sich wieder verbinden mit Gott». Wenn wir von diesen Themen sprechen, kommen wir um den Begriff «Gott» nicht herum, was immer der einzelne auch unter diesem Begriff zu verstehen meint oder zu verstehen erhofft. Gott aber, das Göttliche, das Transzendente ist auf jeden Fall zu nennen, wenn es um spirituelle Heilung geht. Denn dies ist ja der Ort, wo wir herkommen und wohin wir gelangen sollen.

Religion im ganz wörtlichen Sinne heißt: sich wieder zu verbinden mit, sich zurückzubinden an Gott. In den verschiedenen Glaubensbekenntnissen (ich nenne sie hier bewußt nicht Religionen, sondern Konfessionen), die es in der Geschichte der Menschheit gibt, werden hierfür verschiedene Methoden angeboten. Wenn Sie irgendeine dieser Methoden aus irgendeiner dieser Glaubensrichtungen – sofern es eine echte ist – nehmen, so wird dies zur Heilung der Seele beitragen können.

Dabei gilt es als erstes zu beachten: Handelt es sich um eine echte Religion? Ist es ein Weg, der mich tatsächlich mit Gott verbindet, oder ist es ein Weg, der mich weiter in die materielle Welt verstrickt (auch das gibt es ja inzwischen schon unter dem Namen Religion)? Und zweitens: Gehe ich diesen religiösen WEG NACH INNEN, der in dieser Konfession empfohlen wird, wirklich konsequent und radikal? Beides ist notwendig.

Frage: [...] (nicht hörbar)

R. Zürrer: Sie haben recht: Ein weiteres ist die Liebe. Ich bin allerdings – und ich hoffe, Sie werden mir dies verzeihen – mit dem Wort «Liebe» etwas vorsichtig geworden. Denn es ist heute wahrscheinlich das am meisten überstrapazierte Wort, das die deutsche Sprache und wohl auch jede andere Sprache kennt. Es wird gerade an solchen Kongressen, wie ich gemerkt habe, zu oft und zu leichtfertig in den Mund genommen. Ich denke, mit «Liebe» ist etwas ganz Erhabenes gemeint, und wir sollten dieses Wort nicht so sehr in Bereichen verschwenden, die damit nicht wirklich etwas zu tun haben.

Als Jesus Christus von den Pharisäern gefragt wurde: «Was ist das wichtigste Gebot?», sagte er: Das wichtigste Gebot ist die Liebe zu Gott. «Du sollst den Herrn, deinen Gott, lieben mit ganzem Herzen, mit ganzer Seele und mit all deinen Gedanken. Das ist das wichtigste und erste Gebot.» Und dann sagte er: «Ebenso wichtig ist das zweite: Du sollst deinen Nächsten lieben wie dich selbst.»

In diesen beiden Aussagen faßte Jesus Christus sicherlich die Essenz aller Religion zusammen, und die vedische Religion, auf die ich mich besonders spezialisiert habe, sagt genau das gleiche. Die Hauptschrift der vedischen Philosophie ist die Bhagavad-gītā, und wenn wir dort nachlesen, ist die Botschaft ebenso eindeutig: Das Wichtigste und das, was wirklich Heil bringt – für die Seele und auch für den Körper und den Geist – ist die Liebe zu Gott.

HERMANN HESSE: DER GROSSE VERMITTLER

Eine esoterische Betrachtung
des Werkes «Siddhartha»
als Vermittlungsversuch zwischen
dem Abend- und dem Morgenland.

Dieser Vortrag wurde erstmals gehalten
am 19. Juni 1990
an der Eidg. Technischen Hochschule in Zürich.

Er wurde teilweise bereits in Ronald Zürrers Buch
«Reinkarnation» (ab 2. Auflage) veröffentlicht.

1. Der große Vermittler 301
2. «Saint Hesse among the Hippies» 302
3. Die intellektuelle Kritik an Hesse 305
4. Hermann Hesse und Indien 309
5. «Siddhartha. Eine indische Dichtung» 315
6. Stufen: Die Suche geht weiter 325

1. Der große Vermittler

Wenn es darum geht, die abendländische Geistesgeschichte mit dem feinen Wesen der indischen Kultur bekannt zu machen und zwischen den beiden scheinbaren Gegensätzen zu vermitteln, dann überragt Hermann Hesse alle anderen europäischen Erzähler, Dichter, Denker und Künstler, zumindest jene in unserem Jahrhundert.

Der zeitgenössische Literaturkritiker Philipp Witkop schreibt in einem Essay über diese Vermittlerrolle Hesses:

So wie Hölderlin mit griechischen, musiziert hier ein Schwabe mit indischen Symbolen, in einer stillen, feierlichen, langhinflutenden Sprache. Wie Goethe im «Westöstlichen Divan» bringt er auf seine Art Orient und Okzident schöpferisch näher.
(in: «Die schöne Literatur», Leipzig 1927)

Und Hesse selbst, der stets alle Bezeichnungen und damit Begrenzungen seiner Person scheute, der nicht Gelehrter, nicht Schulmeister und nicht Führer sein wollte, der nicht *nur* Denker, nicht nur Dichter, nicht nur Künstler sein wollte, bekannte sich immer wieder und gerne zu der Rolle des Vermittlers zwischen Ost und West, so zum Beispiel in dem folgenden Brief an den Japaner Kenji Takahashi:

Die ernsthafte und fruchtbare Verständigung zwischen Ost und West ist nicht nur auf politischem und sozialem Gebiet die große, noch unerfüllte Forderung unserer Zeit, sie ist eine Forderung und

Lebensfrage auch auf dem Gebiet des Geistes und der Lebenskultur.
Es geht heute nicht mehr darum, Japaner zum Christentum, Europäer zum Buddhismus oder Taoismus zu bekehren. Wir sollen und wollen nicht bekehren und bekehrt werden, sondern uns öffnen und weiten, wir erkennen östliche und westliche Weisheit nicht mehr als feindlich sich bekämpfende Mächte, sondern als Pole, zwischen denen fruchtbares Leben schwingt. (Mai 1955)

Doch wer ist dieser große Vermittler, dieser bekannte und berühmte und doch den meisten unbekannte Hermann Hesse, dessen Bücher bis 1986 in den USA in einer Gesamtauflage von über 16 Mio., in Japan von über 15 Mio. Exemplaren verbreitet waren, der außerhalb Europas seit Jahrzehnten der mit Abstand meistgelesene europäische Autor ist und dessen Schriften in über 40 Sprachen übersetzt wurden?

Woher kommt diese sagenhafte Wirkung und Faszination Hesses, in welchem Umfeld hat sie begonnen und gedeiht sie im Stillen noch immer weiter? Und warum sind es gerade die ganz jungen Menschen, die sich seiner Faszination ergeben? – Diesen und ähnlichen Fragen wollen wir in der Folge nachgehen.

2. «Saint Hesse among the Hippies»

Hermann Hesse wurde im Jahre 1877 im schwäbischen Calw bei Stuttgart geboren und starb 1962, im Alter von 85 Jahren und nach vierzigjährigem Leben der Zurückgezogenheit im Tessin in Montagnola bei Lugano. Obwohl er bereits zu seinen Lebzeiten im europäischen Raum weite Beachtung und Anerkennung fand und im Jahre 1946 für sein Gesamtwerk mit dem Literaturnobelpreis, 1955 mit dem Friedenspreis des Deutschen Buchhandels ausgezeichnet wurde, fand der eigentliche «Hesse-Boom» erst kurz nach seinem Tode, nämlich Mitte der sechziger Jahre und aus den USA kommend, statt.

Dort, in den USA, wurde er nach der erstmaligen Veröffentlichung seiner Werke in Englisch unter der jungen «Flower Power»-Generation der Hippies bald zur «literarischen Kultfigur» und zum «Meisterführer zum psychedelischen Erlebnis», wie es Timothy Leary ausdrückte. Eine Bewegung entstand, die sich «Saint Hesse among the Hippies» nannte, und seine Bücher wurden in den Meditationsgruppen, in den Zurück-aufs-Land-Bewegungen, in den «Reservaten von Frieden und Gewaltlosigkeit», bei Open-Air-Konzerten (man erinnere sich an das legendäre Woodstock-Festival), in den Parks, in den alternativen Theatern usw. gelesen und diskutiert.

Etwa seit 1967 wurde Hesse zusehends auch von der jungen intellektuellen Studentenschaft aufgenommen, die durch den amerikanischen Vietnamkrieg aufgebracht worden war, und bald wurde er als «der einflußreichste Schriftsteller der jungen Generation» («Christian Science Monitor», 10.5.1968) gefeiert. Seine Bücher erzielten innerhalb weniger Jahre Rekordauflagen. Eine Erklärung für diesen noch nie dagewesenen Erfolg gab «The Times Literary Supplement» vom 31.8.1973:

> Hesse hat sich zu einem «Brennpunkt» entwickelt. [...] Hesse, der Umweltschützer, der Kriegsgegner, der Feind der computergesteuerten Technokratie,

der höchstes Bewußtsein sucht (eher durch Poesie als durch Drogen) und der für seine Freiheit alles zu opfern bereit ist, außer seiner Integrität.

Ende der sechziger Jahre schlug diese Welle auch auf die europäischen Jugendbewegungen über, die sich, wie ihr Vorbild Hesse, gegen die etablierten Mächte der modernen Gesellschaft auflehnten – die Schule, das Militär, die Kirche, den Staat.

Aber Hesse ist nicht nur der Umweltschützer und Kriegsgegner, der sich gegen das verlogene bürgerliche Establishment auflehnte – diese vergänglichen Dinge der Politik und Gesellschaft betrachtete und bezeichnete er selbst immer wieder als äußerlich und oberflächlich und als nicht seine eigentliche Aufgabe betreffend. Nein, Hesse hat noch eine ganz andere Seite. Die Faszination dieser anderen, der «inneren» Seite Hesses blieb auch dann bestehen, als die revolutionären politischen Ideale der 68er-Generation allmählich zerbröckelten und im Laufe der siebziger Jahre schließlich ganz versandeten. Diese Faszination entspringt einer anderen, tieferen Quelle, nämlich seiner Hinneigung zu asiatischer Religion und Philosophie und in diesem Umfeld auch seinem frühen und damals noch gewagten Bekenntnis zur Lehre der Seelenwanderung. Gerade dies ist es, was seine Beliebtheit durch alle Wirren und Veränderungen und auch durch die enttäuschten Hoffnungen nach nicht eingetretenen Veränderungen hindurch bis zum heutigen Tage aufrechterhalten hat.

Dabei ist es, wie erwähnt, ein interessantes Phänomen, daß es insbesondere immer wieder die junge, suchende, im inneren Aufbruch befindliche Generation ist, die sich Hesse zuwendet und deren lebendiges, lebhaftes Interesse an östlicher Mystik und Metaphysik, an dem WEG NACH INNEN, in Hesses Büchern auch reichlich Nahrung findet – was dem Dichter selbst jedoch häufig harte Kritik und Unverständnis eingebracht hat, insbesondere seitens des intellektuellen Establishments.

3. Die intellektuelle Kritik an Hesse

Eine kleine Bemerkung sei mir in diesem Zusammenhang erlaubt: Als ich neulich einem alten Studiengefährten erzählte, daß ich heute abend über Hesse sprechen würde, meinte dieser – der bereits mit beiden Beinen in einer vorgezeichneten Karrierelaufbahn steht und der im Gegensatz zu mir in seinem äußeren Leben exakt festgelegte Ziele kennt –, daß Hesse doch nicht mehr zeitgemäß sei, daß man «so etwas» doch heute nicht mehr lese. Er selbst habe früher auch viel Hesse gelesen, ja ihn geradezu verschlungen, aber jetzt sage ihm das alles nichts mehr, sei ihm «zu einfach», zu oberflächlich, zu schwärmerisch, zu wenig realistisch, zu veraltet.

Dabei übersah er aber die Tatsache, daß es nur seine eigene Entwicklung war, die ihn jetzt, aus welchen Gründen auch immer, denken ließ, Hesse sei nicht mehr zeitgemäß. Er übersah die Tatsache, daß Hesse inzwischen bereits die dritte oder vierte Generation junger Leser in seinen Bann zieht und daß seine Beliebtheit bei dieser jungen Generation sich nicht im geringsten vermindert hat. Es scheint nur so, weil es immer wieder andere junge Menschen sind, die ins «Hesse-Alter» kommen und dieses dann wieder verlassen, um der nächsten Generation Platz zu machen.

Nun lohnt es sich an dieser Stelle, einmal innezuhalten und darüber nachzudenken, warum es gerade immer wieder die Jungen sind, die sich von Hesse ansprechen lassen, und dann auch wieder die ältere Generation, die sich ihm verbunden fühlt und sich ihm aufs neue zuwendet.

Denn diese Kritik meines Kollegen an Hesse, er sei zu schwärmerisch, zu träumerisch, zu wenig realistisch, ist die durchaus geläufige, ja symptomatische Standard-Kritik von seiten der sogenannt «erwachsenen», sogenannt realistisch denkenden Menschen, es ist die Kritik der im äußeren Leben stehenden erwerbstätigen Generation. Und es ist auch die Kritik, die dafür verantwortlich ist, daß über Hesse an den hiesigen Hochschulen praktisch nicht gesprochen wird; wenn er je Erwähnung findet, dann eben als Beispiel eines etwas weltfremden Sentimentalisten, als ein Phänomen, dessen Wirkung auf die noch unerfahrene idealistische Jugend im besten Falle ein geeignetes sozio-psychologisch-literaturkritisches Untersuchungsobjekt darstellt, den man aber darüber hinaus nicht sonderlich ernst zu nehmen braucht.

Letztlich aber bringt uns die Diskussion, wie realistisch und wie ernst zu nehmen Hesses Anliegen sind, auf die grundsätzliche philosophische Frage nach der Definition von Realität schlechthin. Wenn wir uns dieser Frage ernsthaft stellen, werden wir erkennen, wie unterschiedlich der Begriff Realität definiert, erfahren und gelebt werden kann, wie einseitig, wie überheblich und wie blind es ist, nur *eine* mögliche Sicht der Realität gelten zu lassen. Wir werden erkennen, wie Hesse gerade *nicht* der vermeintlichen Realität entflieht, sondern uns im Gegenteil einen anderen, einen vergessenen, verdrängten Bereich der Wirklichkeit erschließen will.

Das Erkennen, das An-erkennen und das Durchleben dieses ganz anderen Bereiches unserer Wirklichkeit ist jedoch dem äußeren Streben nach wirtschaftlichem und technischem Fortschritt, nach Macht, Anerkennung und Reichtum nicht gerade zuträglich, denn es ist eine unangenehme Warnung vor der Nichtigkeit all dieser Bestrebungen.

Darum wird Hesse gerade von den jungen Menschen gelesen und geliebt – von Menschen, die erst im Aufbruch sind und die noch innere Ideale und innere Ziele in ihrem Leben haben. Und darum wird er, andererseits, auch bei der älteren Generation wieder geschätzt – von Menschen, die bereits die Nichtigkeit ihrer angestrebten und vielleicht sogar erreichten äußeren Ideale und Ziele erkennen mußten. Darum wird er von ihnen bewundert, darum wird er von ihnen verstanden.

Und darum wird er von denjenigen, die zwischen den Stürmen der aufbrechenden Jugend und der abgeklärten Reife des Alters stehen, die ihre eigene, einseitige, enge Definition von Realität, von Werten und Zielen des Lebens als die einzig wahre und gültige anerkennen, nicht verstanden, belächelt, verachtet, gefürchtet: gerade weil er in der engen «Realität» ihrer kleinlichen Sorgen und Ängste keinen Platz hat, weil seine Gedanken und Sehnsüchte zu groß, zu tief, zu erhaben sind für das Verständnis eines Menschen, der sich entschieden hat, seine ganze Aufmerksamkeit nur dem Äußeren zu schenken, dem Irrlicht des geschäftlichen oder politischen Erfolges etwa oder der trügerischen Faszination der Technik.

In seiner Dichtung «Siddhartha» nennt Hesse diese Menschen, den denen es gerade in der heutigen Zeit sehr viele, ja zu viele gibt, Kindermenschen. Er schreibt:

Siddhartha sah die Menschen auf eine kindliche oder tierhafte Art dahinleben, welche er zugleich liebte und auch verachtete. Es sah sie sich mühen, sah sie leiden und grau werden um Dinge, die ihm dieses Preises ganz unwert schienen, um Geld, um kleine Lust, um kleine Ehren, er sah sie einander schelten und beleidigen, er sah sie um Schmerzen wehklagen, über die der Samana lächelt, und unter Entbehrungen leiden, die ein Samana nicht fühlt.

Damit sind wir wieder beim Siddhartha und bei Hermann Hesses Hang und Liebe zum Östlichen, zum Indischen angelangt – eine Liebe, die zugleich Quelle seiner Faszination und auch Quelle von Kritik und Unverständnis war.

Hesse selbst schrieb hierzu, achtzigjährig und rückblickend auf sein Leben, im Jahre 1956:

Wenn ich irgendwo auf besonders kräftige Ablehnung, auf instinktiven Haß, oder prinzipielles Nichtverstehenwollen stoße, so gilt diese Ablehnung beinahe immer dem Einschlag von altasiatischem Geist, den man in meinen Erzählungen findet. Nun, diese instinktive Furcht vor dem Fremden, Nicht-Europäischen in der indischen und chinesischen Denkart ist nach meinem Glauben dasselbe wie jeder Rassenwahn und Rassenhaß. Etwas Bekanntes, historisch und psychologisch Begreifliches, aber etwas Rückständiges, nicht mehr Lebenbringendes, etwas, was überwunden werden muß. Unterstützt wird die Rückständigkeit nicht nur durch den Fortschritts- und Technik-Enthusiasmus des Abendlandes, sondern auch durch den Anspruch des kirchlich-dogmatischen Christentums auf Alleingültigkeit.

4. Hermann Hesse und Indien

Gehen wir nun, bevor wir uns intensiver dem Werk «Siddhartha» zuwenden, nochmals zurück zur die Biographie Hermann Hesses und fragen wir uns, wie er überhaupt zu dieser Vermittlerrolle zwischen West und Ost, zwischen indischer Mystik und westlich-christlichem Fortschrittsdenken gekommen ist.

Hesse, im Jahre 1877 geboren, wurde als Sohn eines streng gläubigen baltischen Missionspredigers in einem engen «protestantisch-sektiererischen» (Tagebuch, Januar 1921) christlichen Glauben erzogen. Sein Vater hatte, allerdings als christlicher Missionar, selbst längere Zeit in Indien gelebt, und seine Mutter war sogar in Indien geboren worden.

Sie war die älteste Tochter des bekannten Indienforschers Dr. Hermann Gundert (1814-1893), der Jahrzehnte dort verbracht hatte und der der einzige Europäer seiner Zeit war, der die Sanskritsprache nicht nur las, sondern mit den dortigen Brāhmaṇas auch Sanskrit sprach. Er bereiste mit dem Ochsenkarren große Teile des Landes, das er nicht nur als Missionsobjekt betrachtete. Er beherrschte etwa zehn indische Dialekte, er veröffentlichte das erste deutsch-indische Lexikon, und er übersetzte das Neue Testament in die Malayalam-Sprache.

Dieser großartige Großvater, bei dessen Tod Hesse sechzehn Jahre alt war, hat in dessen Jugendjahren einen nachhaltigen Einfluß auf seinen Enkel ausgeübt, und so pflegte Hesse bereits von frühester Kindheit an eine intensive und spannungsreiche Beziehung mit der indischen Geisteswelt auf der einen und dem pietistischen, missionarischen Christentum auf der anderen Seite.

Auf Wunsch seiner Eltern hätte der junge Hesse protestantische Theologie studieren sollen, er entfloh jedoch als Fünfzehnjähriger dem evangelischen Seminar in Maulbronn und lernte Buchhändler. (Jahrzehnte später schrieb er an Stefan Zweig, daß das Erfüllen der elterlichen Erwartung, Theologe zu werden, für ihn gleichbedeutend mit dem Verlust seiner eigenen Persönlichkeit gewesen wäre.)

So mag seine frühe Aufgeschlossenheit für den indischen Kulturkreis, den zu missionieren seine Eltern und Großeltern ausgezogen waren, in seiner Pubertät vielleicht ein Ergebnis des Protests gegen die elterliche Unduldsamkeit anderen Glaubensformen gegenüber und gegen das pietistische Erziehungsprinzip vom «Brechen des Willens» gewesen sein.

Doch führte ihn sein damals erwachtes Interesse an Indischem auf eine bedeutsame Spur, die ihn später befähigt hat, das Missionswerk seiner Vorfahren in umgekehrter Richtung fortzusetzen.

Nicht, daß er den Westen zu östlichem Denken und zu asiatischer Lebenshaltung hätte «bekehren» wollen, vielmehr ist es ihm, gerade im «Siddhartha», wie keinem anderen europäischen Autor gelungen, das scheinbar Gegensätzliche der beiden Kulturen nicht als unvereinbar, sondern als Polarität eines Ganzen sichtbar zu machen und zwischen Ost und West tragfähige Brücken zu bauen.

Das Indische hat also Hesses Werden und Schaffen zeitlebens begleitet und nachhaltig geprägt, schon längst vor der Niederschrift des «Siddhartha». Hierzu schrieb er zu Beginn seiner Arbeit am «Siddhartha» im Jahre 1919:

> Ich bin seit vielen Jahren davon überzeugt, daß der europäische Geist im Niedergang steht und der Heimkehr zu seinen asiatischen Quellen bedarf. Ich habe [...] die indische Literatur schon seit meiner frühesten Jugend gelesen. (aus einem Brief an Alice Leuthold, 26.7.1919)

Tatsächlich hatte Hesse schon früh, im Alter von 30 Jahren (1907), eine mystische «Legende vom indischen König» verfaßt, und 1911 unternahm er dann, 34-jährig, eine dreimonatige Reise nach Indien, um das Land seiner Jugendträume durch eigene Erfahrung kennenzulernen. Allerdings wurde diese Reise eher zu einer Enttäuschung als zu einer Erfüllung, so daß sich Hesse Jahre später in dem Tagebuchblatt «Besuch aus Indien» (1922) erinnert:

> Unreif gebrochene Früchte nützen nichts. Mehr als die Hälfte meines Lebens war ich mit indischen und chinesischen Studien beschäftigt – oder, um nicht in den Ruf des Gelehrten zu kommen, war ich gewohnt, den Duft indischer und chinesischer Dichtung und Frömmigkeit zu atmen. Aber als ich vor elf Jahren eine Reise nach Indien machte, da sah ich wohl die Palmen und Tempel stehen, roch den Weihrauch und das Sandelholz, aß die herben Mango und die zarten Bananen; aber zwischen alledem und mir war noch ein Schleier, [...] ich hatte nach dem wahren Indien, nach Indiens Geist, nach einer lebendigen Berührung mit ihm das ungestillte Heimweh wie vorher in Europa. Indiens Geist ge-

hörte noch nicht mir, ich hatte noch nicht gefunden, ich suchte noch.

Dennoch regte die Indienreise (über die sein 1913 veröffentlichtes Buch «Aus Indien» ausführlich berichtet) Hesse weiter an, in den kommenden Jahren immer wieder Elemente der indischen Philosophie und Dichtung, insbesondere auch den Gedanken der Reinkarnation, in seine eigenen Werke einfließen zu lassen.
So entstanden beispielsweise im September 1914, also gerade ein Monat nach Ausbruch des Ersten Weltkrieges in Deutschland, die folgenden Zeilen, die er mit «Bhagavad Gita» überschrieb:

Wieder lag ich schlaflos Stund' um Stund',
Unbegriffenen Leids die Seele voll und wund.

Brand und Tod sah ich auf Erden lodern,
Tausende unschuldig leiden, sterben, modern.

Und ich schwor dem Kriege ab im Herzen
Als dem blinden Gott sinnloser Schmerzen.

Sieh, da klang mir in der Stunde trüber
Einsamkeit Erinnerung herüber,

Und es sprach zu mir den Friedensspruch
Ein uraltes indisches Götterbuch:

«Krieg und Friede, beide gelten gleich,
Denn kein Tod berührt des Geistes Reich.

Ob des Friedens Schale steigt, ob fällt,
Ungemindert bleibt das Weh der Welt.

Darum kämpfe du und lieg' nicht stille;
Daß du Kräfte regst, ist Gottes Wille!

Doch ob dein Kampf zu tausend Siegen führt,
Das Herz der Welt schlägt weiter unberührt.»

Die Bhagavad-gītā, die Hesse 1904, angeregt durch die Lektüre von Schopenhauer, erstmals kennengelernt hatte, bildete jahrelang Gegenstand seines Interesses. 1912 hatte er sie in einer Rezension mit den folgenden Worten beschrieben:

> Das Wunderbare an der Bhagavad-gītā ist, daß [...] in ihr eine ungelehrte, erlebte Weisheit sich als helfende Güte offenbart. Diese schöne Offenbarung, diese Lebensweisheit, diese zu Religion erblühte Philosophie ist es, die wir suchen und brauchen.

Von dieser Zeit an begegnen wir in fast jedem Werk, das Hesse veröffentlichte, in irgendeiner Form dem Gedanken der Seelenwanderung. So verfaßte er zum Beispiel im Jahre 1916 das Gedicht «Neues Erleben»:

Wieder sah ich Schleier sinken
Und Vertrautestes wird fremd,
Neue Sternenräume winken,
Seele schreitet traumgehemmt.

Abermals in neuen Kreisen
Ordnet sich um mich die Welt,
Und ich seh mich eit'len Weisen
Als ein Kind hineingestellt.

Doch aus früheren Geburten
Zuckt entfernte Ahnung her:
Sterne sanken, Sterne wurden,
Und der Raum war niemals leer.

Seele beugt sich und erhebt sich,
Atmet in Unendlichkeit,
Aus zerriss'nen Fäden webt sich
Neu und schöner Gottes Kleid.

Und in «Demian. Die Geschichte einer Jugend» (1919), einer der bekanntesten Dichtungen Hesses, heißt es an einer Stelle:

Da hörte ich ein dunkles, schweres Brausen wie von einem Frühjahrssturm und zitterte in einem unbeschreiblich neuen Gefühl von Angst und Erlebnis. Sterne zuckten vor mir auf und erloschen, Erinnerungen bis in die erste vergessenste Kinderzeit zurück, ja bis in Vorexistenzen und frühe Stufen des Werdens, strömten gedrängt an mir vorüber.

Deutlicher und persönlicher drückte Hesse diese seine Überzeugung von der Reinkarnation in seinen zahlreichen Briefen aus. An die Schriftstellerin Lisa Wenger, deren Tochter er 1924 heiratete, schrieb er im Sommer 1920:

An etwas wie eine Seelenwanderung glaube auch ich, ich halte das eigentlich für selbstverständlich, sobald man anfängt zu denken. Dieser Glaube hat manches Beruhigende, aber er enthält auch die Erkenntnis, daß alles, was wir erleben, von uns selbst gewollt und herbeigerufen ist, und dann gibt es keine Ausflüchte und keinen Trost mehr gegen das bittere Schicksal, als sich damit einverstanden erklären und ja dazu zu sagen, und das ist immer schwer.

5. «Siddhartha. Eine indische Dichtung»

Den Höhepunkt von Hesses Auseinandersetzung mit dem indischen Denken jedoch stellt das kleine Werk «Siddhartha» dar, geschrieben in den Jahren 1919-1922. Hesse selbst sagt über diese «indische Dichtung», wie sie im Untertitel heißt:

> Diese Erzählung ist das Bekenntnis eines Mannes von christlicher Herkunft und Erziehung, der schon früh die Kirche verließ und sich um das Verstehen anderer Religionen bemüht hat, besonders um indische und chinesische Glaubensformen. Ich suchte das zu ergründen, was allen Konfessionen und allen menschlichen Formen der Frömmigkeit gemeinsam ist, was über allen nationalen Verschiedenheiten steht, was von jeder Rasse und von jedem Einzelnen geglaubt und verehrt werden kann. (Aus dem Vorwort zur persischen Ausgabe, 1958)

«Siddhartha» ist umfangmäßig eine der kleinsten Dichtungen Hermann Hesses, doch gehört sie – zusammen mit dem späteren «Steppenwolf» – zu den meistgelesensten aller seiner Werke und darf, was ihre Tiefe und Bedeutsamkeit betrifft, wohl auch als eines der einflußreichsten und folgeträchtigsten Bücher des 20. Jahrhunderts bezeichnet werden. «Siddhartha» wurde in alle Weltsprachen übersetzt, darunter auch in zwölf verschiedene indische Dialekte, und ist allein in den USA in einer Auflage von mehreren Millionen verbreitet.

«Siddhartha» umfaßt nur etwas mehr als einhundert Seiten und ist in zwei Teile mit insgesamt zwölf Kapiteln gegliedert. Wie bei vielen bedeutenden Werken der Weltliteratur ist auch hier die eigentliche Handlung einfach und schnell erzählt. Die wahre Größe und Bedeutung liegt weniger in der Abfolge von irgendwelchen äußeren Ereignissen, sondern vielmehr in der Gedanken- und Erfahrungstiefe der beschriebenen Persönlichkeiten und Begebenheiten.

Die folgende kurze Zusammenfassung der einzelnen Kapitel soll uns helfen, diese subtileren Erkenntnisse und Aussagen, dem Texte folgend und so gut es in diesem Rahmen möglich ist, zu erschließen.

1. DER SOHN DES BRAHMANEN. Siddhartha wird vorgestellt: Er ist der vorbildhafte, starke, schöne Sohn des Brahmanen-Priesters, der junge Falke, der Gelehrige, der Wissensdurstige, der die Verse der heiligen Schriften studiert, der von den Weisen lernt, der sich gemeinsam mit seinem Freund Govinda im Redekampf, in der Kunst der Betrachtung und der Versenkung übt, der die vorgeschriebenen Opferrituale und heiligen Waschungen ausführt, in dem alle einen zukünftigen großen Weisen und Priester sehen, der von allen geliebt wird und der allen Freude schafft – außer sich selbst.

Denn Siddhartha ist unzufrieden, rastlos, spürt in sich eine höhere Berufung als den Priesterstand, einen Durst, den ihm sein Vater und seine Lehrer nicht würden stillen können: Wo war das wahre Ich, das Innerste, das Letzte?

«Dorthin zu dringen, zum Ich, zu mir, zum Atman – gab es einen andern Weg, den zu suchen sich lohnte?»

Als einst Samanas durch Siddharthas Stadt ziehen, pilgernde, dürre Asketen, die allem entsagt haben, entschließt sich der junge Brahmane, sich ihnen anzuschließen. Er verläßt seinen Vater, sein Zuhause, seine gesicherte Zukunft, und macht sich auf den Weg ins Ungewisse, auf der Suche nach Seligkeit, nach der Wahrheit seines Ich. Govinda, sein treuer Freund und größter Bewunderer, folgt ihm wie ein Schatten.

2. BEI DEN SAMANAS. Drei Jahre lang ziehen Siddhartha und Govinda mit den Asketen, lernen denken und entsagen, lernen fasten, lernen ihren Körper quälen und den Schmerz überwinden, lernen der Welt entsagen, lernen die Welt verachten. Ein Ziel nur steht vor ihnen: leer werden, leer von Durst, leer von Wunsch, leer von Traum, leer von Freude und Leid, nicht mehr Ich sein.

Aber im Laufe der Jahre zweifelt Siddhartha immer mehr, ob er sich auf dem rechten Weg befinde, ob er sich wirklich der letzten Erkenntnis und der Erlösung nähere oder ob er nicht etwa nur im Kreise gehe. So beschließt er, der noch immer Rastlose, bald den Pfad der Samanas wieder zu verlassen.

Da erreicht die beiden Jünglinge die Kunde, daß in der Nähe einer erschienen sei, Gotama genannt, der Erhabene, der Buddha, der in sich das Leid der Welt überwunden und das Rad der Wiedergeburten zum Stehen gebracht habe. Siddhartha verläßt die Samanas, von denen er nun nichts mehr zu lernen hat, um die Lehre des Gotama zu hören. Sein Schatten, Govinda, folgt ihm auch jetzt wieder.

3. GOTAMA. Als sie Gotama aufsuchen, ist Siddhartha zwar sehr beeindruckt von der Gestalt dieses wahrhaft

Heiligen, der vollkommene Ruhe und vollkommenen Frieden ausströmt, dennoch aber vermag er sich nicht den Lehren und den Jüngern des Buddha anzuschließen. Er sagt zum Erhabenen: «Dies ist es, weswegen ich meine Wanderschaft fortsetze – nicht um eine andere, eine bessere Lehre zu suchen, denn ich weiß, es gibt keine, sondern um alle Lehren und Lehrer zu verlassen und allein mein Ziel zu erreichen.»

Govinda aber wird ein Mönch, ein Jünger des Gotama, und Siddharthas Wege trennen sich von seinen.

4. ERWACHEN. Nach dieser Trennung stellt Siddhartha fest, daß er kein Jüngling mehr, sondern ein Mann geworden ist, daß er aber noch immer sein Ziel nicht erreicht hat. Jetzt erwacht er, wird aufs neue geboren, muß noch einmal von vorn beginnen. Er ist jetzt nicht mehr Asket, nicht mehr Priester, nicht mehr Brahmane.

Nun will der Erwachte alle Lehren hinter sich lassen, alles Gelernte und alles Denken, nun will er die Welt nicht mehr studieren, sie nicht mehr verachten und nicht mehr verneinen, sondern sie erleben und erfahren in ihrer Schönheit, ihrer Buntheit und ihrer Rätselhaftigkeit. Er will sich jetzt endlich auf die Suche nach Siddhartha machen, nach sich selbst. (Ende des Ersten Teils)

5. KAMALA. Siddhartha lernt Neues auf jedem Schritt seines ziellosen Weges, und die Welt erscheint ihm verwandelt und bezaubert sein Herz. Er sucht jetzt die Heimat in dieser Welt, nicht im Jenseits, er will nur noch seiner eigenen inneren Stimme folgen, keinem äußeren Befehl, keiner Lehre mehr.

Unterwegs erreicht Siddhartha einen Fluß, wo er einen Fährmann trifft, bei dem er die Nacht verbringt und der ihm voraussagt, daß er irgendwann wiederkommen und wie er selbst vom Flusse lernen werde. Doch zunächst erwartet Siddhartha ein anderes Lernen, denn er fühlt zum ersten Mal den Quell des Geschlechts sich bewegen und sehnt sich nach den verborgenen Freuden der Liebe.

Als er in eine große Stadt kommt, begegnet ihm schon bei der Ankunft die schöne Kamala, die berühmte Kurtisane, die hier einen Hain und ein Haus besitzt. Noch ist er zwar äußerlich wie ein Samana gekleidet, ein Asket und Bettler, aber er nimmt sich vor, Kamala als Freundin und als Lehrerin in der Kunst anzunehmen, in welcher sie Meisterin ist. Bei ihrem ersten Treffen erklärt ihm Kamala, daß er, um ihre Gunst zu erhalten, schöne Kleider und Schuhe und Geld in seinem Beutel haben müsse, und sie besorgt ihrem neuen, lernbegierigen Schüler eine Anstellung bei Kamaswami, dem reichsten Kaufmann der Stadt.

6. BEI DEN KINDERMENSCHEN. Siddhartha stürzt sich nun spielerisch in das Leben der sogenannten «Kindermenschen», ohne aber wie sie zu werden; er lernt von Kamaswami die Wissenschaften des Handelns, Feilschens und Geldleihens, er wird Kaufmann und übertrifft bald seinen Lehrer an Weitsicht und geschäftlichem Erfolg. Drei Dinge beherrscht Siddhartha, der einstige Samana, und diese drei Dinge unterscheiden ihn von Kamaswami und den anderen Kindermenschen: Er kann denken, er kann warten, er kann fasten.

So betreibt er seine Geschäfte mit Gleichmut und Gleichgültigkeit, wie im Spiel, ohne den kleinlichen Ernst der Kindermenschen. Und die Geschäfte bringen ihm viel Geld ein, genug für Kamala, von der er täglich die Liebeskünste erlernt und die seinem Wesen immer ähnlicher zu sein scheint, ähnlicher als es Govinda je war.

7. SANSARA. Viele Jahre lang lebt Siddhartha das Leben der Welt und der Lüste, ohne ihm jemals wirklich anzugehören. Er kostet Wollust, kostet Reichtum, kostet

Macht und bleibt doch im Herzen stets ein Samana. Immer noch ist es die Kunst des Denkens, des Wartens, des Fastens, von welcher sein Leben gelenkt wird, immer noch sind die Kindermenschen ihm fremd geblieben, wie er ihnen fremd geblieben ist.

Doch wie er sich ihnen bisher immer überlegen gefühlt hat, ihnen immer mit ein wenig spöttischer Verachtung zugesehen hat, so spürt er nun, daß er langsam selbst etwas von der Kindlichkeit und Ängstlichkeit der Kindermenschen annimmt. Er spürt, wie er selbst müde, dumpf, ärgerlich und ungeduldig wird, und er läßt sich mitreißen und treiben von einer neuen Sucht, einem neuen, bisher ungekannten Laster, einer Abhängigkeit: dem Würfelspiel. Immer mehr wird er zum Berauschten, zum Verschwender, zum Habgierigen, immer mehr verlernt er zu denken, zu warten, zu fasten, immer mehr vergißt er sein ursprüngliches Ziel. Als er dies erkennt, überfällt ihn Scham und Ekel.

Durch einen Traum gemahnt, begreift der inzwischen über vierzigjährige Siddhartha plötzlich, daß das Spiel nun zu Ende ist, und nach einer letzten innigen Liebesnacht mit Kamala nimmt er Abschied von seinem Reichtum, von der Stadt, von den Kindermenschen, von Kamala. Kamala aber bemerkt nach einiger Zeit, daß sie vom letzten Zusammensein mit Siddhartha schwanger geworden ist.

8. AM FLUSSE. Siddhartha erkennt, daß er durch sein Leben bei den Kindermenschen tief in das sündvolle, törichte, öde Leben des Sansara verstrickt worden ist, und da er keinen Ausweg sieht, wünscht er sich, tot zu sein und endlich Ruhe zu haben. Doch während er sich, seines schmachvollen Lebens müde, gerade in den Fluß stürzen will, erinnert er sich wieder der heiligen Silbe

«Om», die er in jungen Jahren so oft ausgesprochen hatte, und durch dieses Erinnern erwacht sein entschlummerter Geist wieder, erkennt er die Torheit seines Vorhabens.

Nach dieser rettenden Erkenntnis folgt ein langer, tiefer, erholsamer Schlaf am Flußufer, und als Siddhartha aufwacht, sieht er sich gegenüber Govinda, den Freund seiner Jugend, der ihn aber nicht erkennt. Govinda war mit den anderen Jüngern des Buddha vorbeigewandert, hatte den Schlafenden gesehen und seinen Schlaf bewacht, und erst beim Abschied gibt sich Siddhartha dem Unveränderten zu erkennen und erzählt ihm die Geschichte seines Lebens. Govinda aber versteht ihn nicht mehr, zweifelt, grüßt, wie man Vornehme grüßt, und zieht weiter.

Jetzt läßt Siddhartha noch einmal sämtliche Stationen seines bisherigen Lebens in der Erinnerung vorbeiziehen, und er erkennt, daß sie alle recht waren, gut waren, notwendig waren. Er erkennt, warum er zunächst ein Büßer, warum er dann ein Händler, warum ein Schlemmer und Spieler sein mußte und warum er nun sterben und aus dem Schlafe neu erwachen mußte. Heiter blickt er nun in den strömenden Fluß und beschließt, ihn nicht so schnell wieder zu verlassen.

9. DER FÄHRMANN. An diesem Fluß, an dem Siddhartha nun zu bleiben gedenkt, sucht er jenen Fährmann wieder auf, der ihn damals, als er noch ein Samana war, geführt und ihm sein Wiederkommen vorausgesagt hatte. Der Fährmann, Vasudeva mit Namen, erkennt ihn wieder und begrüßt ihn freundlich, und Siddhartha erzählt ihm seine Geschichte und bittet darum, sein Gehilfe und Lehrling sein zu dürfen. Von ihm lernt er nicht nur die Kunst, mit dem Boot umzugehen, sondern auch die Kunst, dem Flusse zu lauschen und von ihm zu lernen.

Viele Jahre lang lebt Siddhartha nun bei Vasudeva an dem Flusse, lernt von ihm, wird ruhig, wird weise, gewinnt Erkenntnis. Eines Tages kommt eine Gruppe Mönche gepilgert, Anhänger des Gotama, welche erzählen, daß der Erhabene todkrank sei und bald seinen letzten Menschentod sterben werde. Unter der Schar der Pilger ist auch Kamala, die sich längst aus ihrem Kurtisanenleben zurückgezogen und Zuflucht bei der Lehre des Buddha genommen hat, zusammen mit ihrem Sohne, dem Knaben Siddhartha.

In der Nähe des Flusses wird Kamala von einer giftigen Schlange gebissen und kann mit letzter Kraft die Hütte des Fährmannes erreichen. Siddhartha erkennt sie wieder, sie verstehen sich wortlos, und die Sterbende übergibt ihren gemeinsamen Sohn in seine Obhut.

10. DER SOHN. Siddhartha nimmt sich nun seines Sohnes voller Ergebung und Liebe an, ohne daß dieser jedoch seine Liebe erwidert, denn der Elfjährige ist ein verwöhnter und stolzer Knabe, an Reichtum und Diener gewöhnt, und das Leben der beiden Fährmänner und die Pläne Siddharthas behagen ihm durchaus nicht. Gequält, verwirrt und gedemütigt von seiner sinnlosen Liebe zu dem Knaben vermag Siddhartha selbst den Rat Vasudevas, das Kind zurück in die Stadt zu bringen, nicht zu befolgen.

Eines Tages jedoch schreit der Knabe in einem gewaltigen Ausbruch seinem Vater in bösen Worten Haß und Verachtung ins Gesicht und verschwindet noch in derselben Nacht. Wiederum entgegen dem Rat Vasudevas verfolgt ihn Siddhartha in die große Stadt, in den einstigen Hain Kamalas, wo ihn noch einmal die Erinnerung an sein Leben überkommt. Er erkennt, daß er auch von seinem Sohne Abschied nehmen muß, daß er ihm nicht helfen kann, daß er sich nicht an ihn hängen darf. Schließlich holt Vasudeva seinen Schüler schweigend zum Fluß zurück.

11. OM. Wieder lauschen die beiden Fährmänner dem Fluß, lernen von ihm, reifen durch ihn. Sogar Siddharthas letzte Wunde, der Verlust seines Sohnes, wird mit der Zeit vom Fluß lachend geheilt. Dann zeigt Vasudeva dem Siddhartha das letzte Geheimnis des Flusses, die Einheit aller Gestalten, aller Gegensätze, aller Stimmen, die Om heißt, die Vollendung.

Jetzt hört Siddhartha auf, mit dem Schicksal zu kämpfen, hört auf zu leiden, wird einverstanden mit dem Fluß des Geschehens, mit dem Strom des Lebens. Und Vasudeva spricht strahlend: «Ich habe auf diese Stunde gewartet. Nun sie gekommen ist, laß mich gehen. Lebe wohl, Hütte, lebe wohl, Fluß, lebe wohl, Siddhartha! Ich gehe in die Wälder, ich gehe in die Einheit.»

12. GOVINDA. Im letzten Kapitel besucht der Mönch Govinda, der Jugendfreund, der von dem weisen Fährmann sprechen gehört hat, noch einmal den altgewordenen Siddhartha, und auch dieses Mal erkennt er ihn zunächst nicht. Als sich Siddhartha dann zu erkennen gibt, bittet ihn Govinda, ihm seine Lehre, sein Glauben, sein Wissen mitzuteilen.

Siddhartha erwidert, daß er zwar viele Lehrer gehabt habe – eine schöne Kurtisane, einen reichen Kaufmann, einige Würfelspieler, vor allem aber den Fluß und seinen Vorgänger, Vasudeva –, daß es ihm aber doch unmöglich sei, eine konkrete Lehre zu nennen, denn Wissen könne man mitteilen, Weisheit aber nicht. Weisheit könne man finden, man könne sie leben, man könne von ihr getragen werden, man könne mit ihr Wunder tun, aber sagen und lehren könne man die Weisheit nicht.

Dann bittet Govinda seinen Freund nach kurzem Gespräch und langem Schweigen zum Abschied noch einmal: «Siddhartha, wir sind alte Männer geworden. Schwerlich wird einer von uns den andern in dieser Gestalt wiedersehen. Ich sehe, daß du den Frieden gefunden hast. Ich bekenne, ihn nicht gefunden zu haben. Sage mir, Verehrter, noch ein Wort, gib mir etwas, das ich fassen, das ich verstehen kann. Gib mir etwas mit auf meinen Weg.»

Siddhartha schweigt, blickt Govinda mit dem immer gleichen, stillen Lächeln an, bittet ihn schließlich, sich zu ihm hinzuneigen und seine Stirn zu küssen. Während Govinda verwundert, und dennoch von großer Liebe und Ahnung gezogen, Siddharthas Worten gehorcht, geschieht ihm etwas Wunderbares:

Govinda sah seines Freundes Siddhartha Gesicht nicht mehr, er sah statt dessen andre Gesichter, viele, eine lange Reihe, einen strömenden Fluß von Gesichtern, von Hunderten, von Tausenden, welche alle kamen und vergingen, und doch alle zugleich dazusein schienen, welche alle sich beständig veränderten und erneuerten, und welche doch alle Siddhartha waren. [...] Er sah Gestalten und Gesichter in tausend Beziehungen zueinander, jede der anderen helfend, sie liebend, sie hassend, sie vernichtend, sie neu gebärend, jede war ein Sterbenwollen, ein leidenschaftlich schmerzliches Bekenntnis der Vergänglichkeit, und keine starb doch, jede verwandelte sich nur, wurde stets neu geboren, bekam stets ein neues Gesicht. [...]
Und, so sah Govinda, [...] dies Lächeln der Einheit über den strömenden Gestaltungen, [...] dies Lä-

cheln Siddharthas war genau dasselbe, war genau das gleiche, stille, feine, undurchdringliche, vielleicht gütige, vielleicht spöttische, weise, tausendfältige Lächeln Gotamas, des Buddhas, wie er selbst es hundertmal mit Ehrfurcht gesehen hatte. So, das wußte Govinda, lächelten die Vollendeten. [...]
Tief verneigte sich Govinda, Tränen liefen, von welchen er nichts wußte, über sein altes Gesicht, wie ein Feuer brannte das Gefühl der innigsten Liebe, der demütigen Verehrung in seinem Herzen. Tief verneigte er sich, bis zur Erde, vor dem regungslos Sitzenden, dessen Lächeln ihn an alles erinnerte, was er in seinem Leben jemals geliebt hatte, was jemals in seinem Leben ihm wert und heilig gewesen war.

6. Stufen: Die Suche geht weiter

Warum, so werden Sie vielleicht fragen, wenn Sie den «Siddhartha» gelesen haben, warum erwähnen wir im Rahmen einer Vortragsreihe zum Thema Reinkarnation gerade diese indische Dichtung, die doch scheinbar gar nicht von Reinkarnation handelt? Sicher, das Thema der Wiedergeburt wird im «Siddhartha» hier und dort erwähnt, aber im eigentlichen Sinne behandelt wird es darin nicht.

Und ich gebe Ihnen recht: «Siddhartha» *behandelt* nicht die Reinkarnation, «Siddhartha» *beschreibt* sie. Die ganze Erzählung, die sich im Grunde weder geographisch noch historisch festbinden läßt, ist nichts anderes als der Versuch einer symbolischen Beschreibung des allmählichen

Werdegangs einer suchenden, nach Erkenntnis strebenden Seele. Doch diese Suche nach Erkenntnis, die hier in ein einziges Leben komprimiert wird, erstreckt sich in Wirklichkeit bei jedem Menschen über viele, viele Leben.

Was Siddhartha erfährt – mit anderen Worten: die Stufen, die er auf seinem WEG NACH INNEN hinter sich zu lassen hat –, das erfahren auch wir, nur erfahren wir es über mehrere Leben hinweg, jedes davon mit einer neuen kleinen Lektion, einer neuen kleinen Stufe. Denn wer kann schon in einem einzigen kurzen Menschenleben alles erfahren, was es zu erfahren gilt, und wer kann alles so erleben und so durchleben, daß er sich schließlich ganz davon lösen kann – wer außer einer erdichteten Gestalt?

Aber Hesse ist es im «Siddhartha» gelungen, einen möglichen Werdegang aufzuzeichnen und seinen Lesern zu verdeutlichen: Irgendwo auf diesem Werdegang des Suchenden, auf irgendeiner Stufe in Siddharthas Leben stehen vielleicht auch wir gerade jetzt, sei es

• als gelehrige Brahmanensöhne, den vorgeschriebenen Opfern und heiligen Wissensformeln ergeben,

• als entsagte Samanas, dem Denken, der Askese, der Versenkung, der Weltflucht ergeben,

• als stolze Jünglinge, dem Eigensinn ergeben, die Lehren des Erhabenen verstoßend, weil wir sie noch nicht verwirklicht haben,

• als strebsame, törichte Kindermenschen, der Wollust, dem Geld, dem Glücksspiel, der Nichtigkeit ergeben,

• als Selbstmörder, der Heuchelei und des Kreislaufs überdrüssig, dem Ekel und der Lebensmüdigkeit ergeben,

- als neu Aufbrechende, die Erfahrungen der Kindermenschen Überwindende, der Sehnsucht nach der Wahrheit ergeben,
- oder sei es als demütige Fährleute, dem Dienst des Lauschens und des Erkennens ergeben, der Vollendung nahe.

Es muß hier allerdings noch auf zwei Mißverständnisse hingewiesen werden, die sich bei solchen, die das Werk nur oberflächlich lesen, zuweilen einzuschleichen pflegen, die aber, eben weil es Mißverständnisse sind, dem Sinn und der Absicht der Dichtung nicht gerecht zu werden vermögen und die daher bei manchem ein verzerrtes Bild des «Siddhartha» hinterlassen haben.

Das erste Mißverständnis ist der weitverbreitete Irrtum, daß Hesse in seiner Dichtung die Ansicht vertrete, man könne durch Wollust und durch zügellose Sinnlichkeit die Vollendung erlangen. Meist wird dieser Irrtum als Rechtfertigung für die eigene Schwachheit vorgeschoben, für die eigene mangelnde Fähigkeit, sich der Triebe und Nichtigkeiten unserer niederen Natur zu entledigen.

Diese Triebe und Nichtigkeiten aber – und gerade das ist es, was der Werdegang Siddharthas zeigen soll – muß der nach Vollendung Strebende auf irgendeiner Stufe, in irgendeinem Leben durchschauen, entlarven und hinter sich lassen, genauso, wie dies auch Siddhartha getan hat. Ansonsten wird er solange einer der Kindermenschen bleiben, bis auch er, Siddharthas Fußspuren folgend, die Illusion zu durchtrennen und zu überwinden reif und bereit ist. Denn wenn wir mit diesem erforderlichen, not-wendigen Schritt weg von der kleinlichen Illusion der Kindermenschen immer nur auf das nächste Leben warten, schieben wir damit das Erreichen unseres letztlichen

Zieles unnötigerweise vor uns her, desjenigen Zieles, das uns jetzt doch so nahe faßbar geworden ist.

Das zweite Mißverständnis, die zweite ungerechtfertigte Annahme, die manche aus dem «Siddhartha» zu lesen glauben, besagt, daß Hesse hier die Ansicht vertrete, wir bräuchten keinen Lehrer, kein Vorbild, um zur Vollendung zu finden.

Doch die diesbezüglichen Aussagen im «Siddhartha» richten sich nicht gegen das *Prinzip* des Annehmens eines Lehrers oder eines Vorbildes an sich, sondern nur gegen das Annehmen eines *falschen* Lehrers oder gegen das Annehmen eines Lehrers mit einem falschen Verständnis oder mit einer falschen Einstellung. Im rechten Verständnis einen echten Lehrer anzunehmen, diesen Schritt aber muß jeder tun, der wirklich und echt lernen und auf dem WEG NACH INNEN vorankommen will, und das zeigt auch die Geschichte Siddharthas.

Bei näherem Betrachten erkennen wir nämlich, daß auch Siddhartha viele Lehrer gehabt hat, wie er an der bereits oben angeführten Stelle auf die entsprechende Frage Govindas selbst bestätigt: eine schöne Kurtisane, einen reichen Kaufmann, einige Würfelspieler, den Fluß und vor allem aber seinen Vorgänger, Vasudeva.

Vasudeva, der Fährmann, verkörpert also geradezu das Idealbild eines Lehrers, eines Meisters, und zwar eben nicht in der vom westlichen Denken geprägten Rolle des Schulmeisters, von dem wir einfach eine Lehre vorgesetzt bekommen, die wir dann annehmen und glauben müssen, sondern als eine Person, die uns unseren eigenen WEG NACH INNEN zeigen kann und die uns auf diesem unserem Wege begleitet und führt, da sie ihn bereits kennt; als eine Persönlichkeit, die uns durch ihr eigenes Beispiel unseren Weg vorlebt, den wir dann allerdings selbst zu beschreiben haben; als eine Persönlichkeit, die vermitteln kann zwischen dem ewigen, vergessenen oder vernachlässigten Wissen in uns und unserem Erkennen desselben.

Tatsächlich stellt in der indischen Tradition gerade das von Hesse übernommene Bild des Fährmanns ein häufiges Symbol für einen solchen echten Meister oder Guru dar, der seinen Schüler mit gütiger Geduld, manchmal – wie im Falle Siddharthas und Vasudevas – über mehrere Leben hinweg, von der einen Seite des Ewigkeitsflusses auf die andere hinüberführt, von der vollständigen Verstrickung in den Kreislauf der wiederholten Geburten und Tode bis hin zur Vollendung, zur Freiheit.

Daß es sich bei der Erzählung «Siddhartha» um eine Beschreibung der stufenweisen Entwicklung des suchenden Menschen in dem Kreislauf (besser: in der Spirale) der Wiedergeburt handelt, dies läßt Hesse in seiner typischen, leicht verschlüsselten, uneindeutigen Art sogar an einigen Stellen leise durchblicken, etwa wenn er im Kapitel «Am Flusse» in einer Klammer schreibt: «im ersten Augenblick der Besinnung erschien ihm dieses frühere Leben wie eine weit zurückliegende, einstige Verkörperung, wie eine frühe Vorgeburt des jetzigen Ich», oder am Schluß, wenn Siddhartha lächelnd zu Govinda sagt: «Manche, Govinda, müssen sich viel verändern, müssen allerlei Gewand tragen, ihrer einer bin ich.»

Hesse ist sich jedoch auch darüber bewußt, daß dieser ganze Kreislauf des Sterbens und Wiedergeborenwerdens für die unvergängliche Seele letzten Endes unnatürlich, leidvoll und töricht ist und daß das ganze Streben des Menschen darauf gerichtet sein sollte, sich allmählich zu läutern und diesem Kreislauf zu entkommen. Er schreibt: «War es nicht eine Komödie, eine seltsame und dumme Sache, diese Wiederholung, dieses Laufen in einem verhängnisvollen Kreise?»

Und auch die Erfahrung, daß es uns nicht möglich ist, in einem einzigen Leben alle Stufen zu durchschreiten, macht Hesse am Ende mit Hilfe der Figur von Siddharthas Sohn deutlich, indem er Vasudeva sagen läßt: «Glaubst du wirklich, daß du deine Torheiten begangen habest, um sie dem Sohn zu ersparen? Und kannst du denn deinen Sohn vor Sansara schützen? [...] Welcher Vater, welcher Lehrer hat ihn davor schützen können, selbst das Leben zu leben, selbst Schuld auf sich zu laden, selbst den bitteren Trank zu trinken, selber seinen Weg zu finden? Glaubst du denn, dieser Weg bleibe irgend jemandem vielleicht erspart?»

Erinnern wir uns noch einmal an das, was zu Beginn dieses Vortrages über die Vermittlerrolle Hermann Hesses zwischen West und Ost, zwischen indischer Mystik und westlichem Fortschrittsdenken gesagt wurde: Gerade in dem eben zitierten Abschnitt kommt nun etwas von dem typisch Indischen zum Ausdruck, welches sich so sehr von der engen, christlich-abendländischen Denkweise unterscheidet: die gütige Toleranz nämlich, die liebende Geduld mit anderen Menschen, auch mit solchen, die auf ihrem «Siddhartha-Wege» vielleicht noch ein paar Stufen, noch ein paar Leben zurückliegen, die aber unserer Ermutigung, unserer Hilfe, unseres Verständnisses bedürfen.

Es ist nicht ein belehrender, bekehrender, ungeduldiger christlicher Missionseifer, der aus diesen Worten spricht, aber es ist auch keine gleichgültige, stolze Toleranz, in der wir uns besser dünken als die anderen und sie verachten. Nein, es ist eine gütige, wohlwollende, hilfsbereite Geduld und Weisheit, die hier leuchtet – eine

Geduld und Weisheit, die nur möglich ist in der Erkenntnis der Wahrheit der Seelenwanderung, der Wiedergeburt, und damit der immer neuen Möglichkeit, Stufe um Stufe zu erklimmen, zu reifen, sich zu vollenden.

Hierzu abschließend das Gedicht «Stufen» (1940), ein Alterswerk des dreiundsechzigjährigen Hesse, das durchdrungen ist von dem Wissen um die Unsterblichkeit der Seele und ihrer Wanderung durch Raum und Zeit:

Wie jede Blüte welkt und jede Jugend
Dem Alter weicht, blüht jede Lebensstufe,
Blüht jede Weisheit auch und jede Tugend
Zu ihrer Zeit und darf nicht ewig dauern.
Es muß das Herz bei jedem Lebensrufe
Bereit zum Abschied sein und Neubeginne,
Um sich in Tapferkeit und ohne Trauern
In andre, neue Bindungen zu geben.
Und jedem Anfang wohnt ein Zauber inne,
Der uns beschützt und der uns hilft, zu leben.

Wir sollen heiter Raum um Raum durchschreiten,
An keinem wie an einer Heimat hängen,
Der Weltgeist will nicht fesseln uns und engen,
Er will uns Stuf' um Stufe heben, weiten.
Kaum sind wir heimisch einem Lebenskreise
Und traulich eingewohnt, so droht Erschlaffen,
Nur wer bereit zu Aufbruch ist und Reise,
Mag lähmender Gewöhnung sich entraffen.

Es wird vielleicht auch noch die Todesstunde
Uns neuen Räumen jung entgegen senden,
Des Lebens Ruf an uns wird niemals enden ...
Wohlan denn, Herz, nimm Abschied und gesunde!

Viele Suchende, die sich nach einer Alternative zum einseitigen Intellektualismus und zur Oberflächlichkeit und Äußerlichkeit unserer Zeit sehnen, haben durch Hesses Einladung auf den stufenweisen WEG NACH INNEN einen Einblick in die verborgenen Dimensionen ihres Selbst und der höheren Gesetze des Universums gewonnen. Viele sind durch die Lektüre seiner Dichtungen, aus denen immer wieder der erhabene Glanz der indischen Weisheit leuchtet, auf den Pfad echten spirituellen Lebens geführt worden.

Dieser Pfad echten spirituellen Lebens allerdings kann, wenn er gewissenhaft beschritten wird, weit über die Grenzen dessen hinausführen, was Hesse selbst erreicht und in seinen Schriften dargestellt hat. Denn er selbst ist bis in seinen Tod ein sehnsüchtig Suchender geblieben, sich wohl bewußt, daß er die letzte Stufe noch nicht erklommen, die letzte Vollendung noch nicht erreicht, noch nicht beschrieben hatte.

So spiegeln auch Siddharthas Gedanken über die Einheit aller Gestaltungen am Schluß des Buches noch nicht wirklich die letzten Erkenntnisse wider, die dem Menschen möglich sind und die ihm zustehen. Denn die Erkenntnis der «Einheit aller Gestaltungen» ist ja bloß die Verneinung der schmerzlichen Gegensätze *dieser* Welt, und sie vermag noch keine positiven Einblicke in die verborgenen Schätze einer anderen, göttlichen Welt zu vermitteln – einer Welt, die derart jenseits der Dualitäten der materiellen Welt liegt, daß sie sich auch nicht mehr als bloße Verneinung derselben definieren läßt.

So ist also auch der Stufenweg des Siddhartha mit dem Ende des Buches noch nicht wirklich zu Ende, denn die Beschreibung führt uns nur so weit, wie Hesse es selbst zu durchleben imstande war, oder, wo das eigene Erleben nicht mehr hinreiche, nur soweit, wie der Dichter es sich vorzustellen vermochte.

Und so geht auch Siddharthas Geschichte im Verborgenen weiter, setzt sich unbeschrieben fort und müßte eigentlich irgendwann einmal um die nächsten Stufen weitererzählt werden ...

ZEIT ZUR EWIGKEIT

Die Zeit: vertraut und fremd.

Eine Reise durch das Zeitphänomen,
mit literarischen und philosophischen
Zitaten ausgeschmückt.

Dieser Vortrag wurde erstmals gehalten
am 12. Mai 1993
im Glasperlenspiel zu Asperg.

Er wurde für das vorliegende Buch
zum Essay ausgearbeitet.

1. Die Zeit als philosophisches Thema 337
2. Was ist Zeit? 341
3. Die Messung der Zeit 354
4. Die relative Wahrnehmung der Zeit 358
5. Die kosmische Zeit 362
6. Die historische Zeit 367
7. Carpe diem: Über den Umgang mit der Zeit 377
8. Zeit und Zeitlosigkeit 384

*Niemand steigt zweimal
in denselben Fluß. (Heraklit)*

1. Die Zeit als philosophisches Thema

Die Zeit. Nichts ist uns vertrauter als die Zeit, und nichts ist uns fremder als die Zeit: Die Tatsache, daß Zeit existiert, daß sie uns umgibt und daß sie verstreicht, ist uns wohlvertraut; der Begriff der Zeit jedoch ist uns seltsam fremd.

Nichts beherrscht und bestimmt unser Leben in stärkerem Ausmaß als die Zeit, und doch gibt es wohl kaum ein anderes Phänomen unseres Alltags, über das wir für gewöhnlich weniger nachdenken als über die Zeit und dem gegenüber wir uns in ähnlich paradoxer Weise verhalten wie gegenüber der Zeit.

Dabei handelt es sich bei der Zeit durchaus nicht um eine belanglose, unverbindliche Wahrheit, wie etwa im Falle eines weit entfernten Sternes, von dem wir zwar auch wissen, daß er existiert, der für uns jedoch derart unerreichbar ist, daß er keinen praktischen Einfluß auf unser tägliches Leben zu besitzen scheint. Im Gegensatz dazu sind wir von der Zeit in unserem Dasein vollständig abhängig. Die Zeit formt uns, sie verwandelt uns, sie bestiehlt uns, und sie zerstört uns. Sie zwingt uns, ihren Regeln zu gehorchen, wobei wir nicht die geringste Chance haben, in ihren Lauf einzugreifen oder ihn zu verändern.

Ohne also zu wissen, was sie eigentlich ist, und ohne uns wirklich über ihre Allmacht im klaren zu sein, sprechen wir dennoch ständig von der Zeit: Wir fragen, welche Zeit es gerade ist; wir vergewissern uns, daß die Zeit noch reicht, dieses oder jenes anzufangen oder zu beenden, oder wir stellen fest, daß wir keine Zeit (mehr) haben, weil unsere Frist bereits abgelaufen ist.

Wir feiern Geburtstage und Jahrestage, wir führen Kalender und Chroniken, und wir erinnern uns auf diese Weise an Dinge und Ereignisse, die zu einer bestimmten Zeit in der Vergangenheit stattgefunden haben. Für morgen und für die Zukunft machen wir Pläne und hoffen, daß unsere Erwartungen sich im Laufe der Zeit erfüllen werden. Bisweilen vergeht uns die Zeit wie im Fluge, doch dann dehnen sich die Sekunden wieder, und die Zeit will kein Ende nehmen. Manchmal auch ist es, als wäre die Zeit stehengeblieben.

Hier liegt das Paradoxon: Zwar haben wir gelernt, wie man die Zeit berechnet, wie man sie mißt und wie man sie in allerlei Maßeinheiten auf-teilt. Zwar glauben wir auch zu wissen, wie man sie richtig und zweckmäßig ein-teilt und wie man sie am lohnenswertesten an andere ver-teilt. Aber wir sind uns bei alledem nicht darüber bewußt, was die Zeit eigentlich ist. Und vor allem sind wir uns nicht darüber bewußt, wofür sie ist und warum und wofür wir in ihr sind und was wir von ihr lernen sollen.

Vielmehr nehmen wir sie ohne Nachzudenken als selbstverständlich hin. Stolz nennen wir sie «meine Zeit», als sei sie unser Eigentum, als hätten wir sie selbst geschaffen, als unterstünde sie unserer Herrschaft und nicht wir der ihren. Oft gehen wir daher allzu verschwenderisch mit ihr um, geradeso, als stünde uns unendlich viel Zeit zur Verfügung.

Eigenmächtig nehmen wir uns die Zeit, wann immer wir sie brauchen. Wir schrecken auch nicht davor zurück, die Zeit der anderen zu beanspruchen, ja sogar sie anderen zu stehlen, wenn wir es für nötig erachten. Und wenn wir nichts besseres mit ihr zu tun wissen, dann vertreiben wir sie uns und schlagen sie tot.

So gelingt es uns im ständigen Kampf mit der Zeit und um die Zeit, manchmal ein Stück Zeit zu gewinnen, ein anderes Mal aber verlieren wir es wieder. Manchmal sind wir so sehr mit Zeit gesegnet, daß wir uns ruhig etwas Zeit lassen können, und manchmal haben wir sogar soviel Zeit übrig, daß wir sie anderen schenken können. Dann stellen wir ihnen großzügig ein Stück von «unserer» Zeit zur Verfügung und erwarten, daß sie uns dankbar dafür sind und daß sie unsere Zeit nicht vergeuden.

Während wir uns auf diese Weise gedankenlos in der Zeit bewegen, merken wir meist nicht, wie sie uns allmählich und unaufhaltsam zwischen den Fingern zerrinnt, wie sie uns davonläuft und wie sie uns mit jedem Aufgang und mit jedem Untergang der Sonne und mit jedem Atemzug, den wir tun, dem unausweichlichen Tode einen Schritt näher entgegentreibt. Denn irgendwann wird auch «unsere» Lebenszeit abgelaufen sein, mit Sicherheit früher, als wir es erwarten. Spätestens dann werden wir erkennen, daß die Zeit nicht etwa unser eigen, sondern daß sie nur geliehen war. Wir werden sie zurückgeben müssen, und man wird uns fragen, was wir mit ihr gemacht, wie wir sie genutzt haben.

Wenn wir erst dann erkennen, daß wir unsere Zeit ohne Sinn und Ziel vertan haben, wird es bereits wieder zu spät sein. Doch keine Sorge – nicht etwa für immer zu spät, sondern nur wieder für dieses eine Mal. Denn sogleich wird uns ein neuer Kelch voll Lebenszeit gereicht, auf daß wir ein weiteres Mal das gleiche Spiel von vorne beginnen.

Während sich also der neue Kelch abermals allmählich und unaufhaltsam leert, bekommen wir eine nächste Chance, stehen wir wiederum vor derselben Herausforderung und Entscheidung, ob wir die uns geliehene Zeit nur gedankenlos zerrinnen lassen oder ob wir beginnen zu erkennen, was die Zeit ist, wofür sie ist, warum und wofür wir in ihr sind und sogar: wie wir aus ihr hinausgelangen können.

Wie wir sehen, ist die Frage, worauf wir uns beziehen und was wir meinen, wenn wir von Zeit sprechen, durchaus keine oberflächliche, alltägliche Frage, sondern eine zutiefst philosophische, deren Antwort uns an den innersten Kern unserer Existenz führt. Denn es geht dabei um die Frage nach Sein und Nichtsein, nach Leben und Tod, es geht um die Entstehung, den Sinn und das Ziel der manifestierten Welt und unseres Daseins in dieser Welt.

So kann uns das Bewußtwerden über die Zeit in einem ersten Schritt dahin führen, daß wir zunächst die Flüchtigkeit und Vergänglichkeit aller Dinge erkennen, die in der Zeit stattfinden. Doch diese Erkenntnis der Vergänglichkeit all unserer zeitgebundenen Gedanken, Gefühle, Wünsche und Handlungen soll uns nicht etwa in unwissende Klage oder in leidenschaftlichen Tatendrang stürzen, sondern uns vielmehr den Wert und die Kostbarkeit unserer Zeit vor Augen führen und uns in einem zweiten Schritt eine ganz neue Dimension dessen eröffnen, was wir Zeit nennen: die Ewigkeit.

Denn jenseits der Zeit erwartet uns die Ewigkeit, in die wir dereinst zurückkehren sollen. Ewigkeit ist nicht einfach eine unendliche Ausdehnung von Zeit, sondern sie ist die Gleichzeitigkeit alles Seienden und damit die Überwindung der Zeit. Ewigkeit ist der Ursprung und das

Endziel der Zeit, die Zeitlichkeit aber ist nur der Schatten der Ewigkeit. Hier liegt das Geheimnis, das sich hinter dem Phänomen Zeit verbirgt, und hier ist die Herausforderung, die die Zeit an das Menschsein stellt: die Überwindung der Vergänglichkeit der Zeitlichkeit und das Eintreten in die Zeitlosigkeit der Ewigkeit.

Warum also beschäftigen wir uns mit dem Zeitphänomen? – Weil wir uns dadurch über die Vergänglichkeit unseres zeitgebundenen Wünschens und Handelns bewußt werden können und weil dieses Bewußtwerden ein notwendiger Schritt auf unserem WEG NACH INNEN ist, der uns seinerseits allmählich die Dimension der Ewigkeit, der ersehnten Heimat, erschließen wird.

2. Was ist Zeit?

WISSENSCHAFT UND PHILOSOPHIE

Während sich die Naturwissenschaften und die Technik in erster Linie darum bemühten, die Zeit zu berechnen und sie zu messen, gehörten die Frage nach einer Definition des Zeitbegriffs und der Versuch, das Unfaßbare des Zeitphänomens faßbar und erklärbar zu machen, schon immer in den Bereich der Philosophie und der Theologie.

Homer, Pythagoras, Heraklit, Parmenides, Zenon von Elea, Platon, Aristoteles, Lukrez, Seneca und Plotin lauten die Namen einiger jener großen Denker der Antike, die sich, mit unterschiedlichem Ansatzpunkt und mit unterschiedlichen philosophischen Theorien, mit dem Zeitbegriff beschäftigt haben.

So ist für Parmenides das wahre Sein der Seele unveränderlich und ewig und untersteht nicht der zeitlichen Abfolge; die wahre Erkenntnis besteht demnach in der Verwirklichung dieses ewigen, unveränderlichen Seins. Dagegen sind die einzelnen Gegenstände innerhalb der geschaffenen Welt veränderlich, und die Erkenntnis dieser sinnlich wahrnehmbaren Gegenstände ist nichts als eine zufällige Erkenntnis und Meinung, der letzten Endes keine Wahrheit zukommt.

Für Heraklit ist es die zeitliche Veränderung, die Bewegung und das Werden durch die Zeit, die das eigentliche Wesen der gesamten Wirklichkeit ausmacht; alles ist im Werden, alles ist in Bewegung, alles fließt.

Platon unterscheidet zwischen dem zeitlosen Reich der unveränderlichen, ewigen Ideen («Urbilder») einerseits, denen allein Wirklichkeitscharakter innewohnt, und den veränderlichen, der zeitlichen Abfolge unterstehenden, sinnlich wahrnehmbaren Dingen der Schattenwelt andererseits.

Aristoteles bestimmt die Zeit als die Zahl der Bewegung nach dem Früher oder Später. Das heißt, die Zeit kann als Zeit-Maß aufgefaßt werden; sie kann geteilt und in Zahlen gemessen werden («physikalische Zeit»).

Im Mittelalter war es dann insbesondere der frühchristliche Kirchenlehrer Aurelius Augustinus, der sich mit einer Inbrunst um eine Antwort auf die Frage nach der Zeit bemühte, die in der Geschichte der abendländischen Philosophie einzigartig ist. Augustinus sagte, seine Seele brenne zu wissen, was die Zeit ist, und er begehre danach, «in diese so alltäglichen und doch so geheimnisvollen Dinge einzudringen». Er betete zu Gott, auf daß Er ihm offenbaren möge, was die Zeit ist, nicht etwa aus eitler Neugier, sondern weil er außerstande sei, ohne dieses

Wissen zu leben. Augustinus schreibt in seinen berühmten «Confessiones» («Bekenntnisse»; XI. Buch):

> Was also ist die Zeit? – Wenn niemand mich danach fragt, weiß ich es. Will ich's aber einem Fragenden erklären, weiß ich es nicht.

In der Folge beantwortet Augustinus seine Frage nach der Zeit mit immer neuen Fragen. Das Geheimnis wird auch bei ihm nicht vollständig aufgelöst, sondern nur als solches zu Bewußtsein gebracht. Nach langen Erörterungen bekennt er schließlich:

> Es sind ganz gewöhnliche und gebräuchliche Dinge, und doch sind sie wiederum ganz dunkel. [...] Ich weiß immer noch nicht, was die Zeit ist. Und wiederum bekenne ich zu wissen, daß ich dieses in der Zeit sage. [...] Wie also weiß ich dieses, wenn mir der Begriff der Zeit fremd ist? [...] Vielleicht weiß ich gar nicht, was ich nicht weiß!

Auch in der Neuzeit bemühten sich zum einen Physiker und Mathematiker – wie etwa Kopernikus, Kepler, Descartes, Newton und später Poincaré und Einstein – um ein Verständnis der Zeit, und zum anderen zerbrachen sich Philosophen wie Kant, Hegel, Schelling und Marx darüber den Kopf.

Newton spricht von der absoluten Zeit und von einem gleichförmigen mathematisierten Lauf der Zeit: die absolute, wahre, mathematisch festgelegte Zeit «verfließt an sich und vermöge ihrer Natur gleichförmig und ohne Beziehung auf irgendeinen äußeren Gegenstand».

Für Kant hat die Zeit (wie auch der Raum) keine absolute Realität; sie ist (ebenfalls wie der Raum) die im Subjekt liegende reine Anschauungsform a priori, die allen Anschauungen und Erkenntnissen zugrunde liegt.

Zeit hat nur empirische Realität, aber transzendentale Identität. Zeit hat eine ordnende Funktion; sie ordnet das Material der sinnlichen Erfahrung und macht so erst Erfahrung möglich.

Am Übergang vom 19. zum 20. Jahrhundert beschäftigte das Thema «Zeit» erneut das Denken führender Philosophen wie James, Nietzsche, Husserl, Bergson, Whitehead, Wittgenstein und Heidegger. Sie alle aber sahen sich letzten Endes außerstande, zu einer befriedigen gemeinsamen Schlußfolgerung oder gar zu einer umfassenden Definition der Zeit zu gelangen.

Bergson stellt dem mechanistisch-physikalischen Zeitbegriff den Begriff der «reinen Dauer» gegenüber, welche nicht teilbar, zählbar oder meßbar ist.

Bei Husserl ist die Zeit an das Bewußtsein gebunden; er spricht vom «inneren Zeitbewußtsein» als von einer Form aller Bewußtseinserlebnisse im Erlebnisstrom.

Für Heidegger ist die Zeit weder etwas Objektives noch etwas Subjektives, weder ein Inneres noch ein Äußeres; sie ist «das sich auslegende Gegenwärtige, d.h. im Jetzt ausgesprochene Ausgelegte»; sie ist «früher als jede Subjektivität und Objektivität, weil sie die Bedingung der Möglichkeit selbst für dieses früher darstellt». Die Zeitlichkeit ist der Grundmodus des menschlichen Daseins, das heißt, der Mensch «entwirft» sich erst im Horizont der Zeitlichkeit, in der sich die drei Zeitdimensionen vereinigen.

Gerade die Geschichte der Philosophie zeigt also, wie schwierig, wenn nicht gar unmöglich es ist, das Zeitphänomen zu erfassen. Die ehrlichste Antwort hat vielleicht Leibniz vor bald dreihundert Jahren gefunden: Resigniert stellte er am Ende seiner Forschungen fest, die Zeit sei wohl lediglich die «ordentliche Folge der Dinge».

Obwohl man im Bereich der Technik im Laufe der Jahrhunderte immer ausgeklügeltere und exaktere Methoden entwickelt hat, die Zeit zu messen und zu unterteilen (wir werden im Anschluß noch darauf eingehen), mußte man also der grundsätzlichen philosophischen Frage nach einer Definition des Zeitphänomens an sich stets ausweichen.

Erst in den beiden vergangenen Jahrzehnten bahnt sich allmählich so etwas wie eine interdisziplinäre Zeitforschung an, in der Physiker und Technologen, Philosophen und Psychologen und sogar Theologen gemeinsam versuchen, dem Rätsel Zeit auf die Spur zu kommen. Doch auch hier gilt es noch abzuwarten, zu welchen Ergebnissen die moderne Zeitforschung gelangen wird.

Auch der Blick in ein zeitgenössisches Lexikon beantwortet nicht alle Fragen. Schaut man dort unter dem Stichwort «Zeit» nach, so findet man beispielsweise die folgenden Angaben:

[Zeit ist] die nicht wiederholbare und umkehrbare Form des Entstehens, Werdens und Vergehens von Ereignissen und Vorgängen in der materiellen und immateriellen Welt (Natur und Geschichte); objektive Zeit: die physikalisch meßbare Zeit; subjektive Zeit: das subjektive zeitliche Erleben auf der Grundlage des Zeitbewußtseins. (Das große Lingen Universal Lexikon, 1989)

[Zeit ist] im Unterschied zum Raum die Ordnung des Nacheinander in den drei Dimensionen Vergangenheit, Gegenwart und Zukunft. Jedes Wirkliche nimmt eine Stelle in den objektiven Zeitverlauf ein, der an der gleichförmigen Bewegung der Himmelskörper gemessen wird (so schon bei Aristoteles). Kant hat dem Zeitbegriff einen transzendentalen Sinn gegeben (vorbereitet schon bei Augustin): Zeit ist eine subjektive Form des inneren Sinnes und in bezug auf die Erscheinungswelt deren formale apriorische Bedingung. Existentiale Zeitauffassung in M. Heideggers «Sein und Zeit»: Zeit macht die eigentliche Wirklichkeit des menschlichen Daseins aus, das im «Sich-Vorwegsein» sich selbst und seine Geschichtlichkeit erst «zeitigt». (Das neue Duden-Lexikon, 1989)

LITERATUR

Soweit zum etwas schwerfälligen Umgang mit der Zeit in Wissenschaft und Philosophie. In einem anderen Bereich jedoch, nämlich in der Literatur, finden wir zu allen Zeiten eine ausgeprägte, oft spielerische und phantasievolle Auseinandersetzung mit dem Zeitphänomen.

Nicht nur, daß beim traditionellen Drama und beim Epos sowie auch im modernen Roman die Handlung oft eine Reise durch die Zeit oder ein Spielen mit der Zeit darstellt – manche literarische Werke thematisieren geradezu die Zeit und bewegen sich mit einer Leichtigkeit, die nur der Dichtung erlaubt ist, durch die mannigfaltigsten Zeitdimensionen.

In diesem Zusammenhang wären beispielsweise die phantastischen Romane des Franzosen Jules Verne zu nennen oder diejenigen seines englischen Pendants H.G. Wells, der im Jahre 1895 mit dem Roman «The Time Machine» einen Klassiker der Reisen durch die Zeit veröffentlichte. Der spätimpressionistische Romancier Marcel Proust macht sich in seinem Roman «A la recherche du temps perdu» auf die Suche nach der «verlorenen Zeit», die er in der Fülle einer unbegrenzten Gleichzeitigkeit zu finden glaubt.

Der Irländer James Joyce beschreibt in seinem Alterswerk «Finnegans Wake» (1939) den Inhalt eines einzigen Augenblickes der Erfahrung auf 600 Seiten. Die Britin

Virginia Woolf erzählt in «Orlando» (1928) die Geschichte eines Pagen, der am Beginn des Romans sechzehn Jahre alt ist, am Ende sechsunddreißig, während inzwischen 342 Jahre verstrichen sind, in denen der Held eine Vielzahl von Gestalten beiderlei Geschlechts angenommen hat. Ihr Landsmann George Orwell legte im Jahre 1948 eine negative Zukunftsutopie mit dem Titel «1984» vor, die inzwischen von der wirklichen Zeit längst eingeholt, ja sogar überholt wurde. Das gleiche läßt sich auch über das bereits 1932 erschienene Werk «Brave New World» von Aldous Huxley sagen.

Gerade in der sogenannten Science-Fiction-Literatur der Gegenwart finden wir eine intensive populärwissenschaftliche Auseinandersetzung mit der Zeit, insbesondere mit der Zukunft, wie etwa in den Romanen des Amerikaners Isaac Asimov oder des Polen Stanislaw Lem.

Zuweilen geht die dichterische Beschäftigung mit dem Zeitphänomen auch über phantasievolle Zeitreisen durch die Jahrhunderte und über das Erstellen utopischer Zukunftsvisionen hinaus und nimmt spielerisch philosophische und theologische Züge an:

Ihr lebet in der Zeit
Und kennt doch keine Zeit.
So wißt ihr Menschen nicht,
Von und in was ihr seid.
(Paul Fleming)

Von Gottfried Keller stammt das folgende Gedicht «Die Zeit geht nicht»:

Die Zeit geht nicht, sie stehet still.
Wir ziehen durch sie hin;
Sie ist eine Karawanserei,
Wir sind die Pilger darin.

Ein Etwas, form- und farbenlos,
Das Gestalt gewinnt,
Wo ihr darin auf und nieder taucht,
Bis wieder ihr zerrinnt.

Er blitzt ein Tropfen Morgentau
Im Strahl des Sonnenlichts;
Ein Tag kann eine Perle sein
Und ein Jahrhundert nichts.

In der Oper «Der Rosenkavalier» von Richard Strauß (1911) finden wir den berühmt gewordenen «Zeitmonolog» der Marschallin, geschrieben von Hugo von Hofmannsthal:

Die Zeit, die ist ein sonderbares Ding. Wenn man so hinlebt, ist sie rein gar nichts. Aber dann auf einmal, da spürt man nichts als sie: sie ist um uns herum, sie ist auch in uns drinnen. In den Gesichtern rieselt sie, im Spiegel da rieselt sie, in meinen Schläfen fließt sie. Und zwischen mir und dir da fließt sie wieder lautlos wie eine Sanduhr. [...] Allein man muß sich auch vor ihr nicht fürchten. Auch sie ist ein Geschöpf des Vaters, der uns alle erschaffen hat.

In der indischen Dichtung «Siddhartha» (1922) von Hermann Hesse lauscht der Held über viele Jahre lang einem Flusse und lernt schließlich von ihm, daß es keine Zeit gibt. Als er seinem Lehrer Vasudeva diese Erkenntnis mitteilt, antwortet dieser:

Es ist doch dieses, was du meinst: daß der Fluß überall zugleich ist, am Ursprung und an der Mündung, am Wasserfall, an der Fähre, an der Stromschnelle, im Meer, im Gebirge, überall zugleich, und daß es für ihn nur Gegenwart gibt, nicht den Schatten Vergangenheit, nicht den Schatten Zukunft?

In einer Passage seines Romans «Der Zauberberg» (1924) schreibt Thomas Mann über das «Geheimnis Zeit»:

> Was ist die Zeit? Ein Geheimnis – wesenlos und allmächtig. Eine Bedingung der Erscheinungswelt, eine Bewegung, verkoppelt und vermengt dem Dasein der Körper im Raum und ihrer Bewegung. Wäre aber keine Zeit, wenn keine Bewegung wäre? Keine Bewegung, wenn keine Zeit? Frage nur! Ist die Zeit eine Funktion des Raumes? Oder umgekehrt? Oder sind beide identisch? Nur zu gefragt! Die Zeit ist tätig, sie hat verbale Beschaffenheit, sie «zeitigt». Was zeitigt sie denn? Veränderung! Jetzt ist nicht Damals, Hier ist nicht Dort, denn zwischen beiden liegt Bewegung. Da aber die Bewegung, an der man die Zeit mißt, kreisläufig ist, in sich selber beschlossen, so ist das eine Bewegung und Veränderung, die man fast ebensogut als Ruhe und Stillstand bezeichnen könnte; denn das Damals wiederholt sich beständig im Jetzt, das Dort im Hier. Da ferner eine endliche Zeit und ein begrenzter Raum auch mit der verzweifeltsten Anstrengung nicht vorgestellt werden können, so hat man sich entschlossen, Zeit und Raum als ewig und unendlich zu «denken» – in der Meinung offenbar, dies gelinge, wenn nicht recht gut, so doch etwas besser.

Diese kurze Auflistung literarischer Texte zum Thema Zeit ist längst nicht vollständig. Im Rahmen unserer vorliegenden Betrachtung wollen wir sie jedoch mit einem letzten, höchst eindrücklichen Beispiel beenden. Es handelt sich um den Märchen-Roman «Momo» des zeitgenössischen Schriftstellers Michael Ende, erschienen im Jahre 1973. Darin heißt es:

> Es gibt ein großes und doch ganz alltägliches Geheimnis. Alle Menschen haben daran teil, jeder kennt es, aber die wenigsten denken je darüber nach. Die meisten Leute nehmen es einfach so hin und wundern sich kein bißchen darüber. Dieses Geheimnis ist die Zeit.

Es gibt Kalender und Uhren, um sie zu messen, aber das will wenig besagen, denn jeder weiß, daß einem eine einzige Stunde wie eine Ewigkeit vorkommen kann, mitunter kann sie aber auch wie ein Augenblick vergehen – je nachdem, was man in dieser Stunde erlebt. Denn die Zeit ist Leben. Und das Leben wohnt im Herzen.

Der Roman «Momo» erzählt, mit den Worten des Verfassers ausgedrückt, «die seltsame Geschichte von den Zeit-Dieben und von dem Kind, das den Menschen die gestohlene Zeit zurückbrachte». Es geht darin um das Rätsel «Zeit» schlechthin, «ein Rätsel, das nachdenkliche Kinder und Erwachsene, die noch nicht verlernt haben, sich über das scheinbar Selbstverständliche zu wundern, gleichermaßen beschäftigen kann» (aus dem Umschlagtext).

An einer Schlüsselstelle gibt der geheimnisvolle «Verwalter der Zeit», Meister Hora, der kleinen Heldin Momo ein Rätsel auf, von dem er sagt, es sei sehr schwer und nur von den wenigsten Menschen zu lösen. Das Rätsel ist in Gedichtform verfaßt und lautet:

Drei Brüder wohnen in einem Haus,
die sehen wahrhaftig verschieden aus,
doch willst du sie unterscheiden,
gleicht jeder den anderen beiden.

Der erste ist nicht da, er kommt erst nach Haus.
Der zweite ist nicht da, er ging schon hinaus.
Nur der dritte ist da, der Kleinste der drei,
denn ohne ihn gäb's nicht die anderen zwei.

Und doch gibt's den dritten, um den es sich handelt,
nur weil sich der erst' in den zweiten verwandelt.
Denn willst du ihn anschaun, so siehst du nur wieder
immer einen der anderen Brüder!

Nun sage mir: Sind die drei vielleicht einer?
Oder sind es nur zwei? Oder ist es gar – keiner?
Und kannst du, mein Kind, ihre Namen mir nennen,
so wirst du drei mächtige Herrscher erkennen.

Sie regieren gemeinsam ein großes Reich –
und sind es auch selbst! Darin sind sie gleich.

Momo kann, nach einigem Nachdenken, das Rätsel lösen: Die drei Brüder sind die Zukunft, die Vergangenheit und die Gegenwart; das große Reich, das sie gemeinsam regieren, ist die Zeit, und das Haus, in dem die drei Brüder wohnen, ist die Welt. Dann fragt Momo, was die Zeit denn eigentlich sei, und beantwortet ihre Frage gleich selbst:

Sie ist da, das ist jedenfalls sicher. Aber anfassen kann man sie nicht. Und festhalten auch nicht. Vielleicht ist sie so was wie ein Duft? Aber sie ist auch etwas, das immerzu vorbeigeht. Also muß sie auch irgendwo herkommen. Vielleicht ist sie so was wie der Wind? Oder nein! Jetzt weiß ich's! Vielleicht ist sie eine Art Musik, die man bloß nicht hört, weil sie immer da ist ...

Meister Hora findet, Momo habe das sehr schön gesagt, und vertraut ihr das Geheimnis an, daß er der Verwalter der Zeit sei und daß seine Pflicht darin bestehe, jedem Menschen die ihm bestimmte Zeit zuzuteilen. «Was aber die Menschen mit ihrer Zeit machen, darüber müssen sie selbst bestimmen. Sie müssen sie auch selbst verteidigen», sagt Meister Hora.

Wir wollen nun das Mädchen Momo und den geheimnisvollen Meister Hora wieder verlassen und auf unserer Suche nach einem Verständnis und einer Definition des Zeitphänomens einen weiteren Blick ins Lexikon werfen, dieses Mal ins Duden-Herkunftswörterbuch. Dort erfahren wir folgendes über die etymologische Herkunft des sprachlichen Begriffes «Zeit»:

Das deutsche Wort «Zeit», mittel- und althochdeutsch *zīt* (auch verwandt mit dem englischen *tide*, das wir mit «Gezeiten» übersetzen), entstammt der indogermanischen Wurzel *dāi*, was soviel heißt wie «teilen, zerschneiden, zerreißen». Zeit bedeutet also wörtlich «etwas Abgeteiltes, ein Abschnitt». Dieselbe Bedeutung haben auch die entsprechenden Begriffe im Englischen (*time*), in anderen europäischen Sprachen sowie im Altgriechischen und im Altindischen.

In allen Kulturen war also das Verständnis der Zeit in erster Linie geprägt von der Möglichkeit und dem Bestreben, sie zu teilen, zu unterteilen, zu messen. So ist auch die Geschichte der Zeit vornehmlich die Geschichte des Messens der Zeit. Bevor wir auf diese Thematik der Zeitmessung eingehen, sei uns noch ein kurzer Seitenblick auf den Mythos und auf die Kunst erlaubt.

MYTHOS UND KUNST

In der Mythologie der Griechen wird die Zeit personifiziert dargestellt in der Gestalt des Halbgottes Chronos, der nach der orphischen Theogonie das Urwesen schlechthin ist, aus dem das Weltei entsteht. Dieses wird im Äther (im leeren Raum) hin- und herbewegt, bis der erstgeborene Gott Phanes aus ihm hervorgeht. Chronos wurde besonders in der Renaissance und im Barock meist als bärtiger Greis mit Sichel und Stundenglas dargestellt.

Diese Symbolik des alten Mannes mit der Sichel treffen wir auch in der bildenden Kunst immer wieder an. Obwohl es in der abendländischen Kunstgeschichte kein spezielles Bildsymbol für den Begriff der Zeit gibt, ist die Zeit auch hier allgegenwärtig und wurde in Allegorien und Symbolen unzählige Male dargestellt. Dabei steht an vorderster Stelle die Überlegung, daß die Zeit für körperlichen Verfall und für Tod verantwortlich sei.

Daher wurde und wird sie meist sogar mit der Gestalt des Todes identifiziert. So erscheint die Zeit in der Kunst des Mittelalters oft in Form eines zum Skelett abgemagerten Greises mit langem, weißem Bart und einer Sichel oder Sense (das traditionelle Symbol der Sterblichkeit aller Menschen) in der Hand sowie mit einer Laterne, die anzeigen soll, daß das Leben nun bald ausgelöscht werden wird.

ZEIT ALS GEGENWART GOTTES

Auch in der vedischen Kultur des alten Indien findet sich eine intensive Beschäftigung mit dem Zeitphänomen. Die Zeit, im Sanskrit «Kāla» genannt, gilt dort sogar als eines der fünf grundlegenden Themen der Philosophie, die in der Bhagavad-gītā sowie in anderen zentralen Schriften erörtert werden (nebst: Gott, Seele, Welt und Karma).

In der Bhagavad-gītā, dem Haupttext der indischen Philosophie, beantwortet der als höchste Gottheit verehrte Krishna die Frage nach der Definition der Zeit in nur zwei Worten eindeutig: *kālo'smi*, «Ich bin die Zeit» (Bg. 11.32).

Nach vedischer Definition ist die Zeit also nichts anderes als die «Gegenwart Gottes» in dieser Welt. Oder anders ausgedrückt: Die Zeit ist eine der Möglichkeiten, wie der Mensch Gottes Gegenwart in dieser Welt wahrnehmen kann. Gott ist selbst die Zeit, und die Anwesenheit der Zeit ist ein Beweis für Seine Existenz. Ohne Gott gäbe es die Zeit nicht, und ohne Zeit gäbe es die Welt nicht. Schon bei Augustinus finden wir eine ähnliche Aussage:

> *Non in tempore sed cum tempore Deus creavit caela et terram*: Nicht in der Zeit, sondern durch die Zeit erschuf Gott den Himmel und die Erde.

3. Die Messung der Zeit

«Wie läßt sich die Zeit messen? Längen, Rauminhalte, Massen oder Energien, fast alle physikalischen Größen der Welt, die uns umgibt, lassen sich handhaben. Für die Zeit aber gilt dies nicht. Es ist unmöglich, ein Stück Zeit abzuschneiden, um es mit einem anderen, das anderswo gewonnen wurde, zu vergleichen. Wenn man also die Zeit messen will, muß man eine Umwelterscheinung wählen, die sich handhaben läßt und sich identisch wiederholt. Das ist nicht mehr die Zeit selber, die wir messen, sondern ihre Erscheinung in einem physikalischen Phänomen unserer Wahl.»

Mit diesen Worten beginnt Jean Matricon, ein Physikprofessor aus Paris, einen Artikel zum Thema «Zeitmessung». Eine ähnliche Aussage finden wir bereits bei Leibniz:

> Unser Zeitmaß würde genauer sein, wenn man einen vergangenen Tag aufbewahren könnte, um ihn mit den künftigen Tagen zu vergleichen, wie man die räumlichen Maße aufbewahrt.

Matricon fährt fort: «Zeitabschnitte wie der Kreislauf der Himmelskörper, der Wechsel der Jahreszeiten, die Mondphasen, die Folge von Tag und Nacht ermöglichen es uns, solche Chronologien aufzustellen, indem sie einen Kreislauf der Zeit erkennen lassen, der durch eine periodische Wiederkehr gleicher Situationen gekennzeichnet ist.»

Matricon führt in der Folge aus, daß fast alle Kulturen ihren Kalender entweder auf den Mondmonat oder das Sonnenjahr abgestützt haben, ungeachtet der damit verbundenen Schwierigkeit, daß das Jahr nicht eine genaue Anzahl von Mondmonaten enthält. Jede Kultur erfand sich dafür ihr eigenes mehr oder weniger festes System zur Anpassung.

Die alten Ägypter kannten eine Zeitmessung, durch die der Zeitablauf mittels exakter Beobachtung verschiedener Sterne in einzelne Abschnitte eingeteilt wurde. Daraus entwickelten sie einen Kalender, der das Jahr in 36 sogenannte «Dekaden», Zehntagesperioden, gliederte. Sie besaßen auch Sonnenuhren zur Bestimmung der Tageszeit sowie Wasseruhren zur Messung bestimmter Zeitabschnitte. Seit griechisch-römischer Zeit baute man zudem Instrumente, in denen Wasserkraft ein Räderwerk in Gang setzte, das die Zeit angab und zugleich ein Läutwerk auslöste.

Im 6. Jahrhundert gründete der römische Mönch Benedikt (um 480-547) das Kloster Montecassino in Abruzzen. Benedikt war der Meinung, daß die Mönche einen festen Tagesablauf brauchten, um ihren Pflichten optimal nachgehen zu können. Also teilte er den Tag in sogenannte *horae*, in Stunden, ein. Es gab eine *hora* zum Beten, eine zum Lesen, eine zum Essen und sogar eine, um die Notdurft zu verrichten. Damit sich die Mönche auf diesen exakten Stundenplan einstellen konnten, ließ Benedikt vor jeder neuen Tätigkeit die Glocke läuten. Auf diese Weise entstand nicht nur die Einteilung des Tages in Stunden, sondern auch die bis heute erhaltene Tradition der Stundenglocke.

Im 12. und 13. Jahrhundert entwickelte sich in Europa ein neues städtisches Leben; das Handwerk gedieh, und zugleich wurden kleine Industrien und Banken gegründet. Diese Tätigkeiten machten genauere und ständig verfügbare Zeitmesser notwendig, und da die alten Geräte unbefriedigend waren, wurden gegen Ende des 13. Jahrhunderts mechanische, durch Gewichte gesteuerte Instrumente erfunden. Diese waren in der Lage, regelmäßig eine gleichlange Zeitspanne zu bemessen und von selbst die Stunden zu schlagen, welche inzwischen nicht mehr *horae*, sondern mittelhochdeutsch *uren* genannt wurden. So bezeichnete man denn auch diese neuen Instrumente als *uren*.

Es dauerte nicht lange, bis alle wohlhabenden und fortschrittlichen Städte solche *uren* haben wollten; man baute sogar eigens Türme dafür, damit sie auch jeder sehen und hören konnte.

Das Erscheinen der Uhren bedeutete nicht nur einen wichtigen Wendepunkt in Wissenschaft und Technik, sondern brachte auch eine folgenschwere Umwälzung der gesamten menschlichen Lebensart mit sich, die schließlich zur heutigen technologisierten und industrialisierten Zivilisation und ihren Paradigmen von Zeitdruck, Gewinnstreben und Wachstumsdenken führte.

Erstmals begann der Mensch, «ein Leben nach der Uhr» zu führen, bei dem der gesamte Tagesablauf exakt in einzelne Unterteilungen gegliedert war, an die man sich möglichst pünktlich zu halten hatte. Allerdings besaßen die damaligen Uhren erst einen einzigen Zeiger, der die Stunden markierte; kleinere Einteilungen der Zeit blieben den Menschen noch eine Zeitlang erspart.

Seitdem hat sich jedoch die mechanische Uhrmacherei vom 13. bis zum 20. Jahrhundert, einem immerfort wachsenden und anspruchsvolleren Bedarf entsprechend, stetig weiterentwickelt und vervollkommnet. Im Jahre 1670 baute der niederländische Mathematiker und Physiker Christiaan Huygens (1629-1695) die erste Pendeluhr, die auch einen zweiten und einen dritten Zeiger aufwies. Die passenden Maßeinheiten wurden in der Folge Minuten und Sekunden genannt.

Nun mußten immer wieder neue Wörter erfunden werden, um die immer präziser werdende Zeitmessung zu beschreiben und die immer kleiner werdenden Zeitunterteilungen zu benennen. Heute, im Zeitalter der Atomuhren, kennen wir bereits die sogenannte Attosekunde, einen Sekundenbruchteil mit 18 Nullen.

Seit dem 17. Jahrhundert wurden alle mechanischen Uhren durch die Schwingungen eines Pendels oder einer mit der Spiralfeder verbundenen Unruhe betrieben. In unserem Jahrhundert begann man jedoch mit neuen Schwingungserzeugern zu experimentieren, zunächst seit 1928 mit entsprechend geschliffenen Quarzkristallen (daraus entstand die Quarzuhr), dann mit Atomen, vor allem mit Caesium 133. Die daraus entwickelte Atomuhr bildet heute die Grundlage des Normalmaßes der Zeit.

Auch in bezug auf Präzision und Zuverlässigkeit hat die moderne Uhrentechnologie Erstaunliches vorzuweisen: Während die ersten Uhren, die oftmals bis zu einem Jahr Bauzeit erforderten, täglich noch leicht um eine volle Stunde von der genauen Zeit abwichen und nach einigen Jahren unbrauchbar waren, waren im 19. Jahrhundert die besten Marine-Chronometer auf eine Zehntelssekunde im Tag genau und gingen hundert Jahre nach der Herstellung noch ebenso gut. Und heute können die besten

Atomuhren die Zeit während einer Dauer von einer Million Jahren auf die Sekunde genau angeben. (Man kann sich allerdings zu Recht fragen, wozu dies gut sein soll.)

Abschließend zum Thema Zeitmessung wollen wir noch einmal unser Lexikon befragen:

> [Zeit ist eine] meßbare Grundgrößenart neben Länge und Masse; Einheit: Sekunde. Absolute Zeit, Grundannahme der klassischen Physik; verfließt an sich, gleichförmig und ohne Beziehung zu äußerem Gegenstand. Nach der Relativitätstheorie ist Zeit relativ zum jeweiligen Beobachtungssystem: Gleichzeitigkeit besteht nur, wenn die Zeitangaben über zwei Ereignisse sich auf dasselbe Beobachtungssystem beziehen. (Das große Lingen Universal Lexikon, 1989)

Hier wird ein weiterer Aspekt der Zeit angesprochen, mit dem wir uns im folgenden Abschnitt beschäftigen möchten: die relative Wahrnehmung der Zeit.

4. Die relative Wahrnehmung der Zeit

Manchmal wird gesagt, die Zeit sei relativ. Hierbei handelt es sich jedoch um einen Formulierungsfehler. Denn wie wir gesehen haben, ist die Zeit an sich etwas Absolutes und universell Gültiges, während einzig die Messung und die Unterteilung der Zeit etwas Beliebiges sind.

Der französische Mathematiker und Physiker Henri Poincaré sagt dazu, daß keine Art, die Zeit zu messen, richtiger ist als eine andere. Diejenige, die sich im Laufe der Zeit durchgesetzt hat und auf die man sich im allgemeinen geeinigt hat, ist bei weitem nicht die einzige Art, sondern allenfalls die bequemste.

Und genauso, wie die Zeit*messung* etwas Beliebiges

ist, so ist auch die Zeit*wahrnehmung* etwas Relatives und hängt vom jeweiligen Beobachter und seinem Beobachtungssystem ab. Mit anderen Worten: Es ist nicht die Zeit, die relativ ist; die Zeit ist absolut, aber unsere Wahrnehmung der Zeit ist relativ.

In unserem Alltag machen wir immer wieder die Erfahrung, daß uns das Vergehen der Zeit je nach den äußeren Umständen und je nach unserer eigenen inneren Stimmung unterschiedlich lang erscheint. Wie eingangs bereits gesagt wurde: Manchmal scheint die Zeit unendlich langsam dahinzukriechen und will kein Ende nehmen (beispielsweise beim Zahnarzt), mitunter vergeht sie aber auch wie im Fluge (beispielsweise bei einer besonders erfreulichen Tätigkeit). Manchmal sogar wünschen wir uns, daß die Zeit stillstünde. Wie es der römische Schriftsteller Plinius der Jüngere ausdrückte:

> Jede Zeit ist umso kürzer, je glücklicher man ist.

Die Relativität der Zeitwahrnehmung gilt jedoch auch außerhalb dieses begrenzten Bereiches alltäglicher menschlicher Erfahrungen, ja sie ist geradezu ein kosmisches Prinzip.

Nach Ansicht der vedischen Philosophie beispielsweise durchläuft jedes Lebewesen im Universum in seiner relativen Wahrnehmung gesehen etwa dieselben Lebensphasen, also nicht nur der Mensch, sondern auch die Tiere und Pflanzen sowie darüber hinaus die höheren Wesen in Parallelwelten oder auf anderen Planetensystemen. Die eigene Lebensdauer, so heißt es dort, scheint dem Betreffenden in jeder beliebigen Lebensform stets rund einhundert Jahre zu sein.

Zum Beispiel durchläuft auch eine «Eintagsfliege», die

aus menschlicher Sicht nur ein paar Stunden lebt, in dieser Zeitspanne ein aus ihrer Sicht vollständiges, abwechslungsreiches Leben: Sie hat eine Kindheit und eine Zeit der Jugend und des Heranwachsens; eine Zeit der Reife, in der sie eine Familie gründet und Nachkommenschaft erzeugt; eine Zeit der dahinschwindenden Kräfte, in der sie sich allmählich zur Ruhe setzt, sowie eine Zeit des Alters und der Gebrechlichkeit, bis sie schließlich im Moment ihres Todes ein langes, erfülltes Leben beendet.

Umgekehrt besitzen die höherdimensionalen, dem Menschen übergeordneten kosmischen Wesen – wie beispielsweise die Halbgötter – eine aus unserer Sicht gesehen astronomisch lange Lebensdauer. Und doch erfährt sogar Brahmā – das höchste Lebewesen im Universum und das Oberhaupt aller Halbgötter, der nach menschlicher Zeitrechnung rund 311 Milliarden Jahre lebt – seine Lebensdauer als rund einhundert Jahre. Natürlich kann Brahmā aufgrund seiner immensen Kräfte in «seinen» einhundert Jahren wesentlich mehr vollbringen als wir in «unseren» einhundert Jahren, aber trotzdem denkt er, er lebe nur einhundert Jahre lang.

In der vedischen Mythologie finden wir Erzählungen, wie besonders qualifizierte Menschen von der Erde aus den Planeten Brahmās besuchten, um ihn zu einem bestimmten festlichen Anlaß auf die Erde einzuladen. Brahmā aber lachte nur sagte zu ihnen: «Während ihr hier auf mich gewartet habt, sind auf der Erde Millionen von Jahren vergangen. All eure Familienmitglieder sind längst gestorben, und keiner erinnert sich auch nur noch an ihre Namen.» Dies veranschaulicht einerseits, daß «Brahmās Zeit» wesentlich langsamer verstreicht als die «menschliche Zeit», daß dies jedoch auf Brahmās Planet als normal empfunden wird.

Das vedische Zeitverständnis, auf das wir hier nicht detailliert eingehen wollen, kann uns überdies helfen, einer jahrhundertealten Streitfrage der abendländischen Naturwissenschaft auf die Spur zu kommen: Gibt es, wie Isaac Newton es annahm, im ganzen Kosmos nur eine einzige, *absolute* Zeit («Einheitszeit»), oder gibt es viele verschiedene *relative* Zeiten, wie dies die moderne Physik aufgrund der Relativitätstheorie annimmt?

Nach vedischer Wissenschaft ist beides korrekt, und zwar gleichzeitig: Vom absoluten Standpunkt, also vom Standpunkt Gottes aus betrachtet, gibt es nur die eine, absolute und universell gültige Zeit. Doch die Wahrnehmung dieser absoluten Zeit ist für das einzelne Lebewesen, das sie von seinem relativen Standpunkt aus betrachtet, relativ und abhängig von seinem jeweiligen Körper und der damit verbundenen Wahrnehmungsfähigkeit. Befindet sich die Seele im Körper Brahmās, so scheint ihr die Zeit unendlich viel langsamer zu vergehen, als sie sie im Körper einer Eintagsfliege erleben würde.

Zu dieser Erkenntnis, daß die Wahrnehmung der Zeit relativ ist, ist auch die moderne Physik gelangt. Die Abhängigkeit der Zeitwahrnehmung wird dort in zweifacher Weise beschrieben. Zum einen, so haben entsprechende Versuche gezeigt, ist die Zeitwahrnehmung abhängig von der Geschwindigkeit des Beobachters: Wer mit annähernder Lichtgeschwindigkeit reist, altert sozusagen weniger schnell; wer aber stehen bleibt, nimmt die Zeit schneller wahr (sogenanntes «Zwillings-Paradoxon» nach Einstein).

Zum anderen ist die Zeitwahrnehmung abhängig von der relativen Höhe innerhalb des Gravitationsfeldes der Erde, oder allgemein ausgedrückt, von der Lokalisation innerhalb des Kosmos. Experimente mit zwei exakt gleichlaufenden Uhren haben gezeigt, daß diese auf unterschiedlichen Höhenniveaus unterschiedlich schnell laufen: «Oben» wird die Zeit schneller wahrgenommen, «unten» langsamer. Dieses Phänomen wird damit erklärt, daß sich die Wellenbewegungen des Lichtes unten ausdehnen, da dieses ebenfalls gegen die Gravitation ankämpfen muß und dadurch Energie verliert.

Die individuelle Wahrnehmung der objektiven Zeit ist also relativ und abhängig von der Art des Körpers, von der Geschwindigkeit und von der Lokalisation des Beobachters.

Abgesehen von diesen physikalischen Gesichtspunkten möchten wir in der Folge noch eine weitere wichtige Unterscheidung treffen. Denn im Hinblick auf unsere Erfahrung des Zeitphänomens und auf unseren praktischen Umgang mit der Zeit eröffnen sich uns grundsätzlich zwei verschiedene Perspektiven: Wir nennen diese beiden Facetten der Zeit erstens die kosmische Zeit und zweitens die historische oder menschliche Zeit.

5. Die kosmische Zeit

Wenn wir die Natur betrachten, so stellen wir fest, daß in ihr eine unendlich scheinende Zeit herrscht, die in regelmäßigen Zyklen von Tagen, Jahreszeiten und Jahren unermüdlich wiederkehrt. Bei genauerer Beobachtung können wir denselben zyklischen Zeitverlauf auch in den Bewegungen der Planetenbahnen im Kosmos feststellen. Diese Zeit nennen wir die kosmische Zeit.

Von der kosmischen Zeit sagen wir, sie sei absolut, also losgelöst von äußeren Bedingungen und unabhängig von der relativen Wahrnehmung der einzelnen Lebewesen.

Die kosmische Zeit ist also kein empirischer Begriff, der sich aus irgendeinem Erfahrungswert des Menschen ableitet, sondern sie ist ein unabdingbarer axiomatischer Faktor, der a priori in der Welt existiert. Ja unsere Wahrnehmung von Zeit und unser Zeitbewußtsein bildet sich erst durch die Zeit und in der Zeit, denn die kosmische Zeit beherrscht alle Dinge und alle Wesen.

Der Physiker Isaac Newton schreibt hierzu in seinen «Mathematischen Prinzipien der Naturphilosophie»:

> Die absolute, wahre und mathematische Zeit verfließt an sich und vermöge ihrer Natur gleichförmig, und ohne Beziehung auf irgendeinen äußeren Gegenstand. Sie wird so auch mit dem Namen Dauer belegt.

ZEIT ALS DAUERHAFTIGKEIT

Die kosmische Zeit repräsentiert für uns also das Dauerhafte, Stetige, Konstante innerhalb der vergänglichen Welt. Sie besitzt, in den Worten des romantischen Dichters Adelbert von Chamisso, die Eigenschaften des Göttlichen:

> Unablässig, allgegenwärtig, unaufhaltsam naht die Zeit.

Im vedischen Weltbild – in dem die Zeit, wie bereits erwähnt, als die absolute Gegenwart Gottes definiert wird – verläuft diese kosmische Zeit in regelmäßigen Zyklen der Erschaffung und der Vernichtung, und zwar sowohl in bezug auf den Mikrokosmos der einzelnen Lebewesen (Stichwort: Wiedergeburt oder Seelenwanderung) als auch in bezug auf den Makrokosmos des gesamten Universums.

Das heißt, selbst das Universum, das sich aus der begrenzten Sicht des Menschen als etwas Beständiges und Ewiges darstellt, unterliegt dem unaufhaltsamen Einfluß der Zeit und wird in regelmäßigen Abständen von Jahrmillionen immer wieder aufs neue geschaffen und vernichtet. Dennoch besteht die Zeit an sich sogar zum Zeitpunkt der Vernichtung des Universums, wenn alle Seelen in den Körper Gottes eingehen, weiter und bestimmt die Zeitspanne bis zur nächsten Neuschöpfung. Anders ausgedrückt: Alles hat seine Dauer, nur die Zeit überdauert alles.

Jeder einzelne Aspekt der gesamten materiellen Schöpfung, mit Ausnahme Gottes, ist dem Einfluß der kosmischen Zeit unterstellt und ausgeliefert. Niemand und nichts kann sich diesem Einfluß entziehen. Auch wenn es dem Menschen gelingt, sich derart in Illusion zu halten, daß er seine wesensgemäße Abhängigkeit von Gott nicht erkennt, so muß ihm, wenn auch durch nichts anderes, so doch durch den Zeitfaktor unausweichlich bewußt werden, daß er letzten Endes unfrei und abhängig ist.

Denn sämtliche menschliche Bemühungen, sich von Gott unabhängig zu wähnen oder zu machen, geschehen ja in der Zeit und sind durch den Zeitfaktor zeitlich begrenzt. Die Zeit grenzt während eines Lebens unseren Handlungsspielraum im Laufe der Jahre immer mehr ein, und im Zeitpunkt des Todes nimmt sie ihn uns gänzlich weg. Deshalb wird die Zeit auch in allen Kulturen mit dem Tode verbunden oder sogar mit ihm gleichgesetzt.

LINEARE ODER ZYKLISCHE ZEIT?

Der namhafte zeitgenössische Physiker Stephen Hawking fragt in seinem Bestseller «Eine kurze Geschichte der Zeit»:

> Wie wirklich ist die Zeit? Wird sie jemals enden? Woher kommt der Unterschied zwischen der Vergangenheit und der Zukunft? Warum können wir uns an die Vergangenheit erinnern, nicht aber an die Zukunft?

Aus der Sicht des bisher gewonnenen Verständnisses läßt sich darauf sowie auch auf die in der Diskussion um das Zeitphänomen heute vieldiskutierten Fragen «Hat die Zeit eine Grenze?» und «Verläuft die Zeit linear oder zyklisch?» nunmehr folgendes antworten:

Die kosmische, absolute Zeit ist wirklich und existiert ewig, wie auch die materielle Welt ewig existiert, obwohl diese *in riesigen Zyklen* immer wieder neu geschaffen und vernichtet wird. Da sie in endlosen Zyklen verläuft, besitzt die Zeit keine Grenzen, weder eine nach hinten noch eine nach vorne. Das heißt, die Zeit hat keinen Anfang und kein Ende, und so ist es auch müßig danach zu fragen, was vor der Zeit existierte.

So gesehen müssen wir auch unsere traditionellen naturwissenschaftlichen und biblischen Vorstellungen von einem Anfang des Universums neu überdenken. Denn ganz unabhängig davon, ob wir nun der Theorie eines Unknalls bzw. einer Ursuppe oder irgend einem anderen Erklärungsversuch der modernen Naturwissenschaft oder ob wir der biblischen Schöpfungsgeschichte Glauben schenken wollen – wir müssen uns stets darüber im klaren sein, daß sich alle herkömmlichen Modelle immer nur auf die *gegenwärtige Schöpfung* des Universums beziehen. Doch bevor diese Schöpfung stattfand, existierte das Universum bereits hunderte, tausende, ja unendlich viele Male und wurde immer wieder vernichtet und neu geschaffen – in einem endlosen, ewigen Zyklus:

> Im Zyklischen spiegelt das Zeitweilige das Ewige. (Armin Risi)

Obwohl die Zeit also keinen Anfang und kein Ende hat und obwohl sie sich in riesigen Zyklen bewegt und sich verschiedene Zeitabschnitte nach exakten Gesetzen fortwährend wiederholen und sich immer wieder ablösen, verläuft das Verstreichen der Zeit selbst dennoch *linear*. Denn mit jedem Zyklus, der beendet wird – sei es nun ein Tag, ein Jahr, ein Zeitalter oder eine ganze Schöpfungsperiode des Universums – ist unwiederbringlich und unumkehrbar ein Stück der linearen kosmischen Zeit verstrichen.

Dieser Sachverhalt läßt sich am Beispiel eines Wagenrades veranschaulichen: Das Rad rotiert zwar immerfort in sich wiederholenden Kreisbewegungen, bewegt sich aber dennoch stets geradlinig vorwärts. Tatsächlich wird dieses Symbol des Rades in verschiedenen Kulturen der Welt immer wieder verwendet, um das Zeitphänomen zu beschreiben. In der Sanskrit-Sprache wird die Zeit sogar direkt als «Kāla-cakra» beschrieben, als das «Rad der Zeit».

ZEITREISEN?

Diese Erkenntnis wirft auch ein interessantes Licht auf die heutzutage in der spekulativen Literatur und im Science-Fiction-Film ebenfalls vielbehandelte Möglichkeit, in der Zeit zu reisen, um die Vergangenheit oder die Zukunft zu besuchen. Nach dem hier skizzierten Weltbild müssen wir zu dem Schluß kommen, daß es – außer in der menschlichen Phantasie – nicht möglich ist, Zeitreisen in die Vergangenheit oder in die Zukunft zu unternehmen, da die Zeit linear und nicht umkehrbar verläuft.

In dem Verständnis der Lehre der Wiedergeburt ist es zwar durchaus möglich, sich in der Regression an frühere Leben zu erinnern, doch handelt es sich bei solchen Rückführungen nicht um eine eigentliche Reise in diese früheren Leben, etwa mit der Möglichkeit, dort irgend etwas anders zu machen und dadurch die Gegenwart zu verändern, sondern lediglich um eine Reise ins eigene Gedächtnis. Mit anderen Worten: Was einmal geschehen ist, gehört für immer der Vergangenheit an und läßt sich niemals mehr rückgängig machen.

Auch ist es unter Umständen möglich, anhand des bereits erworbenen, aber noch nicht geernteten Karma eines Menschen Hinweise auf seine nähere Zukunft zu machen, aber dennoch sind wir gezwungen zu warten, bis die Zeit reif ist und diese Zukunft dann auch tatsächlich eintrifft, und können nicht einfach durch unseren Willen vorzeitig dorthin reisen.

6. Die historische Zeit

Neben der kosmischen Zeit gibt es eine zweite Perspektive, aus der wir das Zeitphänomen verstehen und vor allem erfahren können. Wir nennen sie die historische oder menschliche Zeit.

In unserem Alltag nehmen wir die Zeit nämlich nicht in Form der oben beschriebenen regelmäßigen kosmischen Zyklen wahr, sondern vielmehr in den drei linearen Phasen *Vergangenheit, Gegenwart und Zukunft.*

Wir erinnern hier an das Rätsel des Meisters Hora in Michael Endes «Momo». In jenem Rätsel werden Zukunft, Vergangenheit und Gegenwart als drei Brüder beschrieben werden, welche gemeinsam das große Reich der Zeit regieren.

Weitere Beispiele aus der Literatur:

> Was ist die Zeit? – Das, was geht und Vergangenheit wird; das, was kommt und Gegenwart wird. (Chinesisches Sprichwort)

> Die Zeit kommt aus der Zukunft, die nicht existiert, in die Gegenwart, die keine Dauer hat, und geht in die Vergangenheit, die aufgehört hat zu bestehen. (Augustinus)

> Die Gegenwart der Vergangenheit ist die Erinnerung; die Gegenwart der Gegenwart ist die Wahrnehmung; die Gegenwart der Zukunft ist die Erwartung. (Augustinus)

> Dreifach ist der Schritt der Zeit: Zögernd kommt die Zukunft hergezogen, pfeilschnell ist das Jetzt entflogen, ewig still steht die Vergangenheit. (Friedrich Schiller)

Die lineare, nicht umkehrbare Abfolge dieser drei Zeitphasen ist für alle Ereignisse stets zwingend und führt letzten Endes immer zur Auflösung und zur Vernichtung. Das, was gerade noch Gegenwart war, ist in dem Moment, in dem ich es zu erfassen versuche, bereits wieder Vergangenheit.

So ist für uns die unmittelbare Erfahrung der historischen Zeit stets von der ernüchternden Erkenntnis geprägt, daß das Leben kurz und der Mensch sterblich ist:

Lang oder kurz ist die Zeit,
Und das Wahre,
Das sich ereignen wird,
Heißt Sterben.
(Ernst Meister)

Darin täuschen wir uns, daß wir den Tod immer nur vor uns sehen; ein großer Teil von ihm liegt schon hinter uns; die ganze Zeit, die wir bisher durchlebten, hat der Tod schon. (Seneca)

ZEIT ALS VERGÄNGLICHKEIT

Das Heimtückische der Zeit besteht darin, daß sie zwar überall herrscht und daß alle Lebewesen und alle Ereignisse im Kosmos unter ihrem Einfluß stehen, daß sie selbst jedoch für uns unsichtbar bleibt. Wir sind nicht imstande, die Zeit direkt wahrzunehmen, genauso wie wir beispielsweise auch die Gegenwart Gottes im Kosmos oder die Gegenwart der Seele im Körper nicht direkt wahrnehmen können.

Doch wie im Falle Gottes und der Seele, so können wir auch die Zeit indirekt mittels ihrer beobachtbaren *Symptome* wahrnehmen.

Und eines der auffallendsten Symptome der Zeit ist ihr Vergänglichsein, ihr fortwährendes, stilles und unsichtbares Vergehen und Dahinfließen:

Die Zeit fließt mitten in der Nacht. (Alfred Tennyson)

Mit anderen Worten: Während alles schläft, fließt der stille Fluß der Zeit unbemerkt dahin, durch die Zimmer und Häuser, über Felder, Wälder und Meere, durch den Weltraum, zwischen den Sternen.

Dies also ist die deutlichste Eigenschaft der historischen Zeit: die Vergänglichkeit der erschaffenen Welt und die sich daraus ergebende fortwährende Veränderung und Verwandlung alles Existierenden.

Der griechische Philosoph Heraklit brachte diesen Sachverhalt in seiner berühmt gewordenen Kurzformel *panta rhei* («Alles fließt») treffend zum Ausdruck. Ebenfalls von Heraklit stammt das folgend Gleichnis:

> Es ist nicht möglich, zweimal in denselben Fluß zu steigen, und nicht, ein sterbliches Wesen gleichen Zustands zweimal zu berühren.

Dasselbe Bild benützt auch Goethe, wenn er sagt:

> Ach, und in demselben Flusse schwimmst du nicht zum zweitenmal.

Warum ist es nicht möglich, zweimal in denselben Fluß zu steigen? – Erstens (und offensichtlich), weil das Wasser des Flusses in der Zeit fließt und ein Fluß daher zu keinem Zeitpunkt je wieder der gleiche sein wird wie gerade jetzt. Zweitens (und weniger offensichtlich), weil wir selbst wie ein Fluß sind, weil auch wir in der Zeit fließen und unseren Zustand in jedem Augenblick wandeln und verändern:

> *tempora mutantur nos et mutamur in illis*: Die Zeiten ändern sich, und wir ändern uns in ihnen. (Lateinisches Sprichwort)

> Die Zeit heilt die Schmerzen und die Streitigkeiten, weil man sich verändert. Man ist nicht mehr der gleiche. (Blaise Pascal)

Da die Vergänglichkeit der Welt und die Sterblichkeit aller Wesen zu den essentiellen und tiefsten Grunderfahrungen des Menschen gehören, ist es nicht verwunderlich, daß wir gerade zu dieser Thematik in der Literatur und Philosophie eine immense Fülle an Beispielen finden. In der Folge seien nur einige wenige Zitate angeführt:

> Eilig entschwindet die Zeit, unmerklich beschleicht uns das Alter; keinerlei Zügel Gewalt hemmet den flüchtigen Tag. (Ovid)

> Alles entführet die Zeit; die flüchtigen Jahre verändern ganz allmählich Gestalt, Namen und Glück und Natur. (Platon)

> Einszweidrei, im Sauseschritt läuft die Zeit; wir laufen mit. (Wilhelm Busch)

> Es ist ein Wunder: der Augenblick, im Husch da, im Husch vorüber, vorher ein Nichts, nachher ein Nichts, kommt doch noch als Gespenst wieder und stört die Ruhe eines späteren Augenblicks.
> Fortwährend löst sich ein Blatt aus der Rolle der Zeit, fällt heraus, flattert fort – und flattert plötzlich wieder zurück, dem Menschen in den Schoß. Dann sagt der Mensch «Ich erinnere mich» und beneidet das Tier, welches sofort vergißt und jeden Augenblick wirklich sterben, in Nebel und Nacht zurücksinken und auf immer verlöschen sieht. (Friedrich Nietzsche)

> Die Sanduhren erinnern nicht bloß an die schnelle Flucht der Zeit, sondern auch zugleich an den Staub, in welchen wir einst verfallen werden. (Georg Christoph Lichtenberg)

> Die Zeit ist ein guter Arzt, aber ein schlechter Kosmetiker. (William Somerset Maugham)

ZEIT ALS VERÄNDERUNG

Von Augustinus stammt der berühmt gewordene Ausspruch: «Die Zeit heilt alle Wunden.» Johann Wolfgang von Goethe fügte dieser noch zwei weitere Eigenschaften der Zeit hinzu, indem er sagte:

> Die Zeit eilt, heilt und teilt,
> Alles zu seiner Zeit.

Im selben Gedicht macht Goethe zudem auf einen weiteren Aspekt der materiellen Welt aufmerksam, nämlich auf den der Dualität und des fortwährenden Wandels von einem Extrem zum anderen:

> Alles hat seine Zeit.
> Das Nahe wird weit,
> Das Warme wird kalt,
> Der Junge wird alt,
> Das Kalte wird warm,
> Der Reiche wird arm,
> Der Narre gescheit:
> Alles zu seiner Zeit.

Diese Worte erinnern an die berühmte Bibelstelle im Buch Kohelet:

> Alles hat seine Stunde. Für jedes Geschehen unter dem Himmel gibt es eine bestimmte Zeit: eine Zeit zum Gebären und eine Zeit zum Sterben; eine Zeit zum Pflanzen und eine Zeit zum Abernten der Pflanzen; eine Zeit zum Töten und eine Zeit zum Heilen; eine Zeit zum Niederreißen und eine Zeit zum Bauen; eine Zeit zum Weinen und eine Zeit zum Lachen; eine Zeit für die Klage und eine Zeit für den Tanz; eine Zeit zum Steinewerfen und eine Zeit zum Steinesammeln; eine Zeit zum Umarmen und eine Zeit, die Umarmung zu lösen; eine Zeit zum Suchen und eine Zeit zum Verlieren;

eine Zeit zum Behalten und eine Zeit zum Wegwerfen; eine Zeit zum Zerreißen und eine Zeit zum Zusammennähen; eine Zeit zum Schweigen und eine Zeit zum Reden; eine Zeit zum Lieben und eine Zeit zum Hassen; eine Zeit für den Krieg und eine Zeit für den Frieden. (Koh 3, 1-8)

Mit anderen Worten: Im endlosen Wechselbad der Zeit wandeln sich unablässig sämtliche vergänglichen Dinge und Handlungen. Es gibt keine festen Eigenschaften, die den Erscheinungen oder den Personen innerhalb der materiellen Welt anhaften, sondern es sind immer nur äußere, zeitweilige, wandelbare Bezeichnungen und Tätigkeiten, die man zu einer bestimmten Zeit annimmt und dann im Laufe der Zeit wieder aufgibt.

Diese Erkenntnis muß jedoch nicht die Ursache von Leid und Wehklagen sein, sondern sie kann uns im Gegenteil als Quelle des Trostes und der Zuversicht dienen. Denn durch die Distanz, welche die Zeit zwischen unserer Gegenwart und den Ereignissen unserer Vergangenheit schafft, wirkt sie auch als Heilerin unserer Wunden. Da die Zeit alles wandelt und beendet, beendet sie früher oder später auch unseren Kummer, unseren Schmerz und unsere Trauer:

Mit den Flügeln der Zeit fliegt die Traurigkeit davon. (Jean de la Fontaine)

Erscheint dir etwas unerhört,
Bist du tiefsten Herzens empört,
Bäume nicht auf, versuch's nicht mit Streit,
Berühr' es nicht, überlaß es der Zeit.

Am ersten Tag wirst du feige dich schelten,
Am zweiten läßt du dein Schweigen schon gelten,
Am dritten hast du's überwunden,
Alles ist wichtig nur auf Stunden.

Ärger ist der Zehrer und Lebensvergifter,
Zeit ist Balsam und Friedensstifter.
(Theodor Fontane)

ZEIT ALS ZERSTÖRERIN

Trotz der tröstenden und heilenden Eigenschaft der Zeit ist und bleibt alles in der materiellen Welt der Vergänglichkeit und der Veränderung unterworfen. Alles wird zu einem bestimmten Zeitpunkt erschaffen und tritt ins Dasein, scheint dann für eine gewisse Zeitlang bestehen zu bleiben, schwindet aber stetig und unaufhaltsam dahin und wird letzten Endes wieder vernichtet. Das einzig Konstante in dieser Welt scheint in der Tat die Vergänglichkeit zu sein!

In dem bereits angeführten Vers aus der Bhagavad-gītā heißt es über diesen Aspekt der Zeit:

kālo'smi loka kṣaya kṛt pravṛddho lokān samāhartum iha pravṛttaḥ: Ich bin die Zeit, die große Zerstörerin der Welten, und Ich bin gekommen, um alle Menschen zu vernichten. (Bg. 11.32)

Viele Jahrhunderte später drückte das italienische Universalgenie Leonardo da Vinci diesen Sachverhalt mit den fast gleichen Worten aus, als er ausrief: «O Zeit, du Verzehrerin der Dinge!» Etwas später prägte William Shakespeare den berühmten Ausdruck vom «Zahn der Zeit», der letzten Endes alles zermalmt. Ebenso:

Doch uns ist gegeben,
An keiner Stätte zu ruhn,
Es schwinden, es fallen
Die leidenden Menschen

Blindlings von einer
Stunde zur andern,
Wie Wasser von Klippe
Zu Klippe geworfen,
Jahrelang ins Ungewisse hinab.
(Friedrich Hölderlin)

Lebenslauf: Zeit ruht keine Sekunde, sie drängt uns zum Kliff, bis wir stürzen. Meistens beim Aufprall erst wachen die Sterbenden auf. (Armin Risi)

Aus diesen Zitaten wird erneut deutlich, wie die historische Zeit auch wirkt: als Zerstörerin, unter deren Einfluß alles Erschaffene wieder vernichtet wird. An einer anderen Stelle in der Bhagavad-gītā heißt es: *kālaḥ kalayatām aham* (Bg. 10.30). «Unter allen Bezwingern bin Ich die Zeit.»

Gott ist also nicht nur der Schöpfer der manifestierten Welt, indem Er diese sowie alle Lebewesen und Dinge, die sich in ihr befinden, mit Hilfe des Zeitfaktors aus Sich selbst hervorbringt, sondern Er ist auch der Vernichter alles Geschaffenen, indem Er zur Zeit der Zerstörung alles wieder in Sich aufnimmt. Das jedoch, wie bereits ausgeführt, die Zeit in Zyklen verläuft, erschafft Er nach einer gewissen Zeit den gesamten Kosmos erneut, und die Seelen treten erneut in materielle Körper ein, um ihre Reise fortzusetzen.

Die Zeit läßt sich somit nicht unabhängig von Gott betrachten oder verstehen, da Gott selbst die Zeit ist. Diese Tatsache erklärt auch, warum sich die moderne Wissenschaft und Philosophie in ihrem Bemühen, das Zeitphänomen zu ergründen, so schwer tut: Wenn man die Existenz Gottes a priori ablehnt, wenn man nicht zumindest bereit ist, sie theoretisch anzuerkennen, wird man nicht wirklich verstehen können, was die Zeit ist und wie und warum sie wirkt.

ZEIT ALS AKTIVES PRINZIP

Hieraus wird eine weitere Eigenschaft der Zeit ersichtlich: Die Zeit ist aktiv. Die Zeit ist nichts Passives, das einfach so «vergeht» oder «geschieht», sondern sie ist vielmehr der aktive Impetus, durch den erst sämtliche Geschehnisse in der Welt ermöglicht werden. Die Zeit erst bewirkt, daß Dinge «geschehen».

Das bereits erwähnte Sanskritwort für Zeit, «Kāla», geht auf die Wurzel *kal* zurück, was unter anderem «antreiben» bedeutet. Die Zeit wirkt also als «Antreiberin» aller Lebewesen; die Zeit versetzt sie in Bewegung, regt sie zu Handlungen an und treibt sie letzten Endes durch die Welt der Vergänglichkeit in den Tod. Denn:

> Niemand kann vor seiner Zeit davonlaufen. (Albert Schweitzer)

Hier wird der Zusammenhang zwischen der Zeit und dem Karma-Gesetz deutlich: Die Zeit treibt uns ständig an und zwingt uns, karmische Handlungen auszuführen, die ihrerseits im Laufe der Zeit wieder neue karmische Früchte hervorbringen werden. Auf diese Weise ist das, was in der Gegenwart geschieht und was in der Zukunft noch geschehen wird, immer ein Ergebnis von dem, was bereits in der Vergangenheit geschehen ist:

> Erzähle mir die Vergangenheit, und ich werde die Zukunft erkennen. (Konfuzius)

7. Carpe diem: Über den Umgang mit der Zeit

Doch sind wir Menschen nicht einfach gezwungen, die Zeit passiv zu erleben und an uns vorbeirieseln zu lassen, sondern wir haben auch die Möglichkeit, sie aktiv und bewußt zu gestalten. Ja, gerade in der Erkenntnis der Zeitlichkeit und der Sterblichkeit liegt eine Quelle, aus der wir Mut und Zuversicht schöpfen können und sollen:

> Wir müssen nicht klagen, daß alles vergänglich sei. Das Vergänglichste, wenn es uns wahrhaft berührt, weckt in uns ein Unvergängliches. (Friedrich Hebbel)

Kehren wir also nach allen theoretischen naturwissenschaftlichen und philosophischen Betrachtungen wieder zurück in die konkrete Welt unseres Alltags. Denn die interessanteste Frage in der Philosophie und die Frage, die dem Philosophieren überhaupt erst einen Sinn und eine Berechtigung verleiht, lautet immer: Wie lassen sich diese Erkenntnisse praktisch umsetzen? Wie sollen wir danach handeln, wie sie in unser alltägliches Leben integrieren? Und in unserem Falle: Wie sollen wir konkret mit der Zeit umgehen?

Auf diese Frage geben uns die verschiedenen Dichter und Denker der Weltgeschichte die unterschiedlichsten Antworten, die jedoch alle *eine* gemeinsame Kernaussage beinhalten: Wir sollten bewußt im Hier und Jetzt leben und den Tag, der uns geschenkt ist, möglichst sinnvoll nutzen. Der Lateiner sagt hierzu: *carpe diem*, «nutze den Tag». Und der Aphoristiker Lichtenberg sprach davon, sich die Zeit «urbar zu machen».

DIE FLÜCHTIGKEIT DER ZEIT

Was nun empfehlen uns die Dichter und Denker im einzelnen? – Zunächst können wir feststellen, daß die Beschäftigung mit der Flüchtigkeit und Endlichkeit der Zeit bei manchen zu einer gewissen Wehmut und Sehnsucht führt. Hierzu einige Beispiele:

> Wir halten uns niemals an die gegenwärtige Zeit. Wir nehmen die Zukunft voraus, da sie zu langsam kommt, gleichsam um ihren Lauf zu beschleunigen; und wir rufen die Vergangenheit zurück, um sie aufzuhalten, weil sie zu stürmisch entschwindet: So unklug sind wir, daß wir in den Zeiten umherirren, die nicht unser sind, und nicht an die einzige denken, die uns gehört. [...]
> Ein jeder prüfe seine Gedanken: Er wird sie alle mit der Vergangenheit oder mit der Zukunft beschäftigt finden. Wir denken fast gar nicht an die Gegenwart; und wenn wir daran denken, dann nur, damit wir aus ihr eine Einsicht erlangen, um über die Zukunft zu verfügen. Die Gegenwart sind unsere Mittel; die Zukunft allein ist unser Ziel.
> So leben wir nie, sondern wir hoffen zu leben, und während wir uns immer in Bereitschaft halten, glücklich zu sein, ist es unvermeidlich, daß wir es nie sind. (Blaise Pascal)

> Kutschfahrt: Während wir hitzig um Sitzplätze stritten für bessere Aussicht, floh der versprochene Tag außen am Fenster vorbei. (Armin Risi)

> Vielleicht gibt es schönere Zeiten, aber diese ist die unsere. (Jean-Paul Sartre)

> Zwischen zu früh und zu spät liegt immer nur ein Augenblick. (Franz Werfel)

> Der Augenblick ist jetzt! (Leo Tolstoi)

Aus diesem letzten Zitat wird deutlich, daß die Wehmut angesichts der Flüchtigkeit der Zeit durchaus auch in Hoffnung umschlagen kann, nämlich dann, wenn man erkennt, daß uns die Gegenwart, der Augenblick, fortwährend neue Chancen und Entwicklungsmöglichkeiten bietet:

Die Zukunft hat viele Namen. Für die Schwachen ist sie das Unerreichbare. Für die Furchtsamen ist sie das Unbekannte. Für die Tapferen ist sie die Chance. (Victor Hugo)

Zukunft ist die Zeit, in der du bereust, daß du das, was du heute tun kannst, nicht getan hast. (Quelle unbekannt)

Willst du dir ein gut Leben zimmern,
Mußt ums Vergangne dich nicht bekümmern,
Und wäre dir auch was verloren,
Erweise dich wie neugeboren;
Was jeder Tag will, sollst du fragen,
Was jeder Tag will, wird er sagen;
Mußt dich an eigenem Tun ergötzen,
Was andre tun, das wirst du schätzen;
Besonders keinen Menschen hassen
Und das übrige Gott überlassen.
(Johann Wolfgang von Goethe)

Verbesserung: Nicht mehr zu ändernde Dinge versuch ich erst gar nicht zu ändern. Besser macht das die Zeit, und ich selbst spar mir die Zeit. (Armin Risi)

Nicht fort sollt ihr euch entwickeln, sondern hinauf. (Friedrich Nietzsche)

Füge dich der Zeit, erfülle deinen Platz und räum ihn auch getrost: Es fehlt nicht an Ersatz! (Friedrich Rückert)

DIE KOSTBARKEIT DER ZEIT

Je mehr man die Flüchtigkeit der Zeit wahrnimmt, desto mehr wird man sich auch über ihre Kostbarkeit bewußt:

Ist die Zeit das Kostbarste unter allem, so ist Zeitverschwendung die allergrößte Verschwendung. (Benjamin Franklin)

Verschwendete Zeit ist Dasein, gebrauchte Zeit ist Leben. (Edward Young)

Der Aufschub ist der Dieb der Zeit. (Edward Young)

Es gibt Diebe, die von den Menschen nicht bestraft werden und dem Menschen doch das kostbarste stehlen: die Zeit. (Napoleon Bonaparte)

Zeit ist Geld. (Moderne Maxime, ursprünglich aus England)

Wenn Zeit Geld ist, dann lebt jeder über seine Verhältnisse. (Ludwig Fulda)

Man kann Zeit leicht in Geld verwandeln, wie man elektrischen Strom leicht in Licht und Wärme verwandeln kann. Irrsinnig und gemein an jenem dümmsten aller Menschheitssätze ist ja nur dies, daß «Geld» unbedingt als Bezeichnung für einen höchsten Wert gesetzt wird. (Hermann Hesse)

DER RECHTE UMGANG MIT DER ZEIT

Aus der Erkenntnis einerseits der Flüchtigkeit und andererseits der Kostbarkeit der Zeit entwickelt sich zwangsläufig das Bestreben, mit der einem zur Verfügung gestellten, bemessenen Zeit bewußt und richtig umzugehen und sie nicht sinnlos zu verschwenden. Auch hierzu einige Tips aus der Literatur:

> Nicht für alles Geld in der Welt kann man auch nur einen Augenblick vom Leben eines Menschen zurückgewinnen. Deshalb sollte man überlegen, welch großen Verlust man erleidet, wenn man auch nur einen Augenblick seines Lebens für Nichtiges verschwendet. (Cāṇakya Paṇḍita)

> Alle Dinge haben Zeiten des Vorangehens und Zeiten des Folgens, Zeiten des Flammens und des Erkaltens, Zeiten der Kraft und Zeiten der Schwäche, Zeiten des Gewinnens und Zeiten des Verlierens. Daher meidet der Weise Übertreibungen, Maßlosigkeit und Überheblichkeit. (Laotse)

> Der Weise bedenkt bei allem, was er vorhat und tut, die Kürze des Daseins. Er weiß, daß der Tod immer um ihn ist und daß der einzige, der gegenwärtige Augenblick ihm gehört. Darum hält er den heutigen Tag als wäre es sein letzter, frei von Unrast, Eigensucht und Leidenschaft, und achtet auf Harmonie. Mit sich selbst und mit dem Ewigen. (Seneca)

> Nur die Menschen, die für die Weisheit Zeit haben, sind frei von Unruhe. Sie allein leben. (Seneca)

> Ich wundere mich oft darüber, wie leichtfertig man um Zeit bittet und sie anderen gewährt. Es ist gleichsam, als wenn um ein nichts gebeten wird. (Seneca)

> Mein sind die Jahre nicht, die mir die Zeit genommen;
> Mein sind die Jahre nicht, die etwa möchten kommen;
> Der Augenblick ist mein, und nehm' ich den in acht,
> So ist der mein, der Jahr und Ewigkeit gemacht.
> (Andreas Gryphius)

> Es gibt eine Art, das Leben zu verlängern, die ganz in unserer Macht steht: Früh aufstehen, zweckmäßiger Gebrauch der

Zeit, Wählung der besten Mittel zum Endzweck und, wenn sie gewählt ist, muntere Ausführung. (Georg Christoph Lichtenberg)

Nur wer irgendein Ideal, das er ins Leben ziehen will, in seinem Inneren hegt und nährt, ist verwahrt gegen die Gifte und Schmerzen der Zeit. (Jean Paul)

Kinder rechnen nicht mit der Zeit, daher ihre langen und gründlichen Beobachtungen. (Jakob Boßhart)

So hat das Kind ein königliches Verhältnis zur Zeit, nämlich keins, wenn es spielt. Das ist es, was wir an der Kindheit bewundern: Ausstieg aus der Zeit, Paradies. (Erhart Kästner)

Genieße die Freude, die dir zuteil ward, und trage das Leid, das dir zuteil ward; warte ruhig ab, was die Zeit bringt, wie der Landmann es mit der Frucht tut. (aus dem Mahābhārata)

Angesichts dieser Erkenntnisse erscheinen heutzutage oft gehörte Ausdrücke wie das gräßliche Wort «Zeitvertreib» oder die Formulierung «die Zeit totschlagen» höchst fragwürdig. Und doch ist es in der Tat ein zugleich bezeichnendes und erschreckendes Phänomen der Moderne, daß die meisten Menschen ihre wertvolle Zeit mit sinnlosen Tätigkeiten im wahrsten Sinne des Wortes «totschlagen»:

Wir reden vom Zeittotschlagen, dabei schlägt die Zeit uns tot. (Alphonse Allais)

Wie souverän doch ein Dummkopf die Zeit behandelt! Er vertreibt sie sich oder schlägt sie tot. Und sie läßt sich das gefallen. Denn man hat noch nie gehört, daß die Zeit einen Dummkopf vertrieben oder totgeschlagen hat. (Karl Kraus)

KEINE ZEIT!

Das Paradoxe aber ist: Erst dadurch, daß wir auf die eine oder andere Weise unsere kostbare Zeit verschwenden oder gar toschlagen, entsteht der trügerische Eindruck, daß wir «keine Zeit haben». Wie oft sagen und hören wir gerade heutzutage diesen Ausspruch: «Keine Zeit!»

Doch wenn wir es genauer betrachten, können wir unschwer erkennen, daß wir im Grunde genommen immer Zeit haben, ja daß die Zeit sogar das einzige ist, das wir überhaupt haben. «Außer der Zeit gehört uns nichts», sagte Seneca.

Die Zeit steht uns also überall und immer zur Verfügung. Die Frage lautet nur, wie wir sie nützen wollen:

> Es ist nicht zu wenig Zeit, die wir haben, sondern es ist zu viel, was wir nicht nützen. (Seneca)

> Man verliert die meiste Zeit damit, daß man Zeit gewinnen will. (John Steinbeck)

> Zwar erfinden wir fortwährend zeitsparende Einrichtungen und Maschinen. Aber trotzdem haben wir immer weniger Zeit. Das ist der Fluch, der auf uns lastet. (Thornton Wilder)

> Die Leute, die niemals Zeit haben, tun am wenigsten. (Georg Christoph Lichtenberg)

> Diejenigen, welche ihre Zeit schlecht anwenden, sind die ersten, welche sich über ihre Kürze beklagen. (Jean de La Bruyère)

> Der Gruß der Philosophen untereinander sollte sein: «Laß dir Zeit!» (Ludwig Wittgenstein)

8. Zeit und Zeitlosigkeit

Was also sollen wir mit unserer Zeit anfangen, wenn wir sie nicht totschlagen oder sinnlos vertun wollen?

Die meisten Religionen und Philosophien geben uns diesbezüglich einen eindeutigen Hinweis, den wir ganz zu Beginn unserer Betrachtungen bereits erwähnt haben: Wir sollten unsere Zeit nutzen zu erkennen, was die Zeit ist, wofür sie ist, warum und wofür wir in ihr sind und sogar: wie wir aus ihr hinausgelangen können. Konkret heißt das, daß es in der Aufgabe des Menschseins liegt, die Zeitlichkeit und Vergänglichkeit dieser Welt zu durchschauen, sie zu überwinden und so letzten Endes in die Ewigkeit zurückzukehren, die unsere eigentliche Heimat darstellt.

Die Zeitlichkeit, wie wir sie innerhalb der materiellen Welt erfahren, ist für die Seele unnatürlich und daher immer leidvoll. Wir aber, die spirituellen Seelen, die wir innerhalb des Kreislaufs der Geburten und Tode in verschiedenen materiellen Körpern gefangen sind, sind von unserem Wesen her zeitlos und unvergänglich:

> Wenn man mich fragen würde: «Wirst du aufhören zu existieren?», wäre ich verwirrt und wüßte nicht genau, was das bedeuten sollte. (Ludwig Wittgenstein)

> Niemals gab es eine Zeit, als Ich oder du oder alle anderen nicht existierten, und ebenso wird niemals in der Zukunft einer von uns aufhören zu sein. (Bhagavad-gītā 2.12)

«Ich bin die Zeit», sagt Gott in der Bhagavad-gītā. Und da Gott ewig ist, ist auch die Zeit ewig. Das heißt, sie existiert sowohl in der materiellen Welt als auch in der spirituellen Welt, dem Reich Gottes; an beiden Orten ist sie ewig, und sie hört weder hier noch dort jemals auf zu wirken. Allerdings ist die Wirkungs*weise* der Zeit in der spirituellen Welt eine ganz andere als in der materiellen. Wenn wir über die Zeit sprechen, müssen wir daher von Anfang an eine Unterscheidung treffen zwischen der Art und Weise, wie die Zeit in der materiellen Welt wirkt und wahrgenommen wird, und der Art und Weise, wie sie in der spirituellen Welt wirkt.

Die Ewigkeit ist weder vor noch nach der Zeit; sie ist außerhalb der uns bekannten und erfahrbaren historischen und kosmischen Zeit. Von den drei Phasen der Zeit, wie wir sie hier wahrnehmen, ist die Gegenwart die schwierigste und unfaßbarste. Warum? – Weil es sie hier aufgrund der Flüchtigkeit der Zeit im eigentlichen Sinne gar nicht gibt. In der materiellen Welt können wir nur Vergangenheit und Zukunft erfahren, welche wiederum nicht wirklich existieren. So besteht unsere einzige Chance, dem Zeitphänomen ein wenig auf die Spur zu kommen, darin, daß wir versuchen, uns der (materiellen) Zeit aus der Sicht der (spirituellen) Zeitlosigkeit, also der Ewigkeit zu nähern.

Der Philosoph Martin Heidegger eröffnete seinen berühmten Vortrag «Der Begriff der Zeit» (Juli 1924) mit den Worten:

> Sie fragen: was ist die Zeit? Wenn die Zeit in der Ewigkeit ihren Sinn findet, dann muß sie von dieser her verstanden werden. Damit sind Ausgang und Weg einer Nachforschung über die Zeit vorgezeichnet: von der Ewigkeit zur Zeit.
> Diese Fragestellung ist in Ordnung unter der Voraussetzung, daß wir die Ewigkeit kennen und hinreichend verstehen. Sollte aber Ewigkeit etwas anderes bedeuten als das leere Immer-währen, sollte Gott die Ewigkeit sein, dann

muß die zuerst nahegelegte Art der Zeitbetrachtung solange in Verlegenheit bleiben, als sie nicht um Gott weiß.
Und wenn der Zugang zu Gott der Glaube ist und das Verhältnis zur Ewigkeit nichts anderes als dieser Glaube, dann wird die Philosophie die Ewigkeit nie haben und sonach nie als mögliche Hinsicht für die Diskussion der Zeit in methodischen Gebrauch nehmen können. Diese Verlegenheit ist für die Philosophie nie zu beheben. Und so ist der Theologe der rechte Sachkenner der Zeit.

Die vedischen Schriften beschreiben die Wirkung der Zeit in der spirituellen Welt, dem Reiche Gottes, als «ewige Gegenwart» ohne Vergangenheit und ohne Vergänglichkeit. Ewigkeit wird dabei definiert als absolute Gleich-zeitigkeit und damit Zeit-losigkeit.

Dennoch ist die «spirituelle Zeit» nicht etwa statisch und ohne Entwicklungsmöglichkeiten, sondern sie ist im Gegenteil in einer sich endlos steigernden Art und Weise höchst dynamisch (im Sanskrit: *ānandāmbudhi-vardhanam*). Wie aber sollen wir uns das vorstellen? – Nun, wir können es uns nicht vorstellen, weil das Medium, mit dessen Hilfe wir uns Dinge vorstellen, nämlich unser materielles Denkvermögen, sich in der Zeitlichkeit befindet und daher von der Zeit begrenzt wird. Aus diesem Grunde sind die jahrhundertelangen Versuche der Philosophie oder der Physik, über das rationale Denken zu einem Verständnis der Zeit zu gelangen, stets gescheitert.

Weder die Zeit noch die Gleichzeitigkeit, noch die Zeitlosigkeit lassen sich durch unsere Denkkraft erdenken oder durch unser Vorstellungsvermögen vorstellen. Wie Heidegger jedoch zurecht sagt, erschließt sich dem Theologen (hier: dem gottesverwirklichten Menschen) durch göttliche Offenbarung das Geheimnis sowohl der Zeit als auch der Zeitlosigkeit. Für ihn wird die Zeitlichkeit überwindbar und somit die Ewigkeit erfahrbar.

Zum Abschluß seien nun noch einige Zitate zum Thema Ewigkeit angeführt:

Mit dem Heraustreten der offenbarten Schöpfung aus der unoffenbarten Gottheit entstanden Zeit und Zeitbewußtsein. Von da an ist Gegenwart, die in die Vergangengeit mündet und aus der Zukunft gespeist wird: Vorübergehendes und Folgendes. (Hilarius)

Die Zeit fesselt die Seele, weil sie das zeitlose Alljetzt zum Nacheinander dehnt und den Augenblick statt als Schlüssel zur Ewigkeit als jene fließende Grenze zwischen Gewesenem und Werdendem erleben läßt, die den Zeitablauf leidvoll spürbar macht. (Hilarius)

Der Mensch ist nicht Erzeugnis der Sinnenwelt, und der Endzweck seines Daseins kann in derselben nicht erreicht werden. Seine Bestimmung geht über Zeit, und Raum, und alles Sinnliche hinaus. (Johann Gottlieb Fichte)

Alles Vergängliche ist nur ein Gleichnis. (Johann Wolfgang von Goethe)

Für Menschen ist das Ewige, Wichtige, oft durch einen undurchdringlichen Schleier verdeckt. Er weiß: Da drunten ist etwas, aber er sieht es nicht. Der Schleier reflektiert das Tageslicht. (Ludwig Wittgenstein)

Ein Traum, ein Traum ist unser Leben
auf Erden hier.
Wie Schatten auf den Wogen schweben
und schwinden wir
Und messen unsre trägen Tritte
nach Raum und Zeit;
Und sind (und wissen's nicht) in Mitte
der Ewigkeit.
(Johann Gottfried Herder)

Aus dem Absoluten gibt es kein Zurück. Es gibt keine Rückläufigkeit auf dem Weg, den man dorthin beschreitet, weil es sich um eine Reise ohne Ende handelt.
Das Geheimnis besteht darin, daß das Absolute nicht nur ein Abgrund zur Ewigkeit hin ist, sondern daß es zur gleichen Zeit der einzige Anfang ist, der eigentliche Beginn einer Strecke.
Man geht von Gott aus, um zu Gott zu gelangen. Dies ist die einzige Bewegung mit würdigem und nützlichem Ziel. Alles andere, jede andere Reise, die einen anscheinend irgendwohin führt, ist sinnlos, und je schneller man geht, desto törichter ist es. (Léon Bloy)

Die großen Seelen, die die höchste Vollendung erreicht haben und zu Mir [Krishna, Gott] zurückgekehrt sind, werden niemals wieder in diese Welt zurückkehren, die von Leiden und von Zeitlichkeit beherrscht wird.
Auf allen Planeten innerhalb der materiellen Welt wiederholen sich Geburt und Tod; wer aber in Mein Reich gelangt, wird niemals mehr wiedergeboren. (Bhagavad-gītā 8.15-16)

Ich fange nicht mehr Neues an,
Ich schließe nur noch Altes ab,
Denn meine Lebenszeit wird knapp
Und drängt mich auf dem Weg voran.
(Armin Risi)

Letzten Endes offenbart sich die Zeit als Diener Gottes: Gütig gibt sie uns alles, was wir zu brauchen glauben, und gütiger noch nimmt sie uns bald alles wieder fort, denn wir brauchen es nicht – alles außer der Erkenntnis, daß wir ewig und noch nicht zu Hause sind. Wenn wir uns dieser Erkenntnis öffnen, machen wir uns auf auf den Weg vom Außen zum Innen, von der Welt zu Gott, von der Zeit zur Ewigkeit.

So sind sich alle Religionen der Welt einig, daß wir unsere Zeit am sinnvollsten nutzen, wenn wir versuchen, sie dem Dienste Gottes, der sie uns ja zur Verfügung gestellt hat, zu weihen. Die Sanskritschrift Śrīmad-Bhāgavatam sagt:

> Durch ihr Auf- und Untergehen verringert die Sonne die Lebensdauer eines jeden – außer eines Menschen, der seine Zeit nutzt, Gespräche über Gott zu führen. (ŚB. 2.3.17)

Damit sind unsere Betrachtungen über die Zeit zu ihrem Ende gekommen. Und während wir so zeitverloren über die Zeit nachgedacht haben, ist sie uns schon wieder unmerklich verflossen, haben wir schon wieder einen Teil der uns zur Verfügung gestellten Lebenszeit verbraucht. Ich hoffe, wir haben sie für dieses Mal sinnvoll genutzt.

> Frage: Was ist das Seltenste auf der Welt? – Antwort: Zu wissen, wann der richtige Zeitpunkt gekommen ist, aufzuhören. (Mahābhārata)

DIE IN DIESEM ESSAY ZITIERTEN ODER ANGEFÜHRTEN PERSONEN UND IHRE LEBENSZEIT:

Alphonse **Allais** (1854-1905), franz. Schriftsteller
Aristoteles (450-388 v.u.Z.), griech. Philosoph
Isaac **Asimov** (1920-1992), russ.-amerikan. Biochemiker und Schriftsteller
Aurelius **Augustinus** (354-430), nordafrikan. Philosoph und Kirchenvater
Henri **Bergson** (1859-1941), franz. Philosoph
Léon **Bloy** (1846-1917), franz. Schriftsteller
Jakob **Boßhart** (1862-1924), Schweizer Schriftsteller

Wilhelm **Busch** (1832-1908), dt. Zeichner und Dichter
Cāṇakya Paṇḍita (um 300 v.u.Z.), indischer Brāhmaṇa-Gelehrter
Adelbert von **Chamisso** (1781-1838), dt. Dichter und Erzähler
René **Descartes** (1596-1650), franz. Mathematiker und Philosoph
Albert **Einstein** (1879-1955), dt. Physiker, Nobelpreis 1921
Michael **Ende** (*1929), dt. Schriftsteller
Johann Gottlieb **Fichte** (1762-1814), dt. Philosoph
Paul **Fleming** (1609-1640), dt. Dichter
Theodor **Fontane** (1819-1898), dt. Dichter und Erzähler
Benjamin **Franklin** (1706-1790), nordamerikan. Politiker und Schriftsteller
Ludwig **Fulda** (1862-1939), dt. Dichter und Dramatiker
Johann Wolfgang von **Goethe** (1749-1832), dt. Dichterfürst
Andreas **Gryphius** (1616-1664), dt. Dichter
Stephen **Hawking** (*1942), engl. Physiker und Astronom
Friedrich **Hebbel** (1813-1863), dt. Dramatiker
Georg Wilhelm Friedrich **Hegel** (1770-1831), dt. Philosoph
Martin **Heidegger** (1889-1976), dt. Philosoph
Heraklit von Ephesus (550-480 v.u.Z.), griech. Politiker und Philosoph
Johann Gottfried **Herder** (1744-1803), dt. Dichter und Kulturphilosoph
Hermann **Hesse** (1877-1962), dt.-schweiz. Dichter und Maler, Literaturnobelpreis 1946
Hilarius von Poitiers (315-367), franz. Kirchenlehrer und Bischof
Hugo von **Hofmannsthal** (1874-1929), österr. Dichter und Librettist
Friedrich **Hölderlin** (1770-1843), dt. Hymnendichter und Mystiker
Homer (um 700 v.u.Z.), ältester griech. Dichter und Epiker
Victor **Hugo** (1802-1885), franz. Schriftsteller und Politiker
Edmund **Husserl** (1859-1938), dt. Philosoph
Aldous **Huxley** (1894-1963), engl. Schriftsteller und Kulturkritiker
William **James** (1842-1910), nordamerikan. Philosoph und Psychologe
Jean Paul (1763-1825), dt. Lehrer und Dichter
James **Joyce** (1882-1941), irischer Schriftsteller
Immanuel **Kant** (1724-1804), dt. Philosoph

Erhart **Kästner** (1904-1974), dt. Schriftsteller
Gottfried **Keller** (1919-1890), Schweizer Erzähler und Maler
Johannes **Kepler** (1571-1630), dt. Mathematiker und Astronom
Konfuzius (551-479 v.u.Z.), chinesischer Philosoph und Religionsstifter
Nikolaus **Kopernikus** (1473-1543), dt. Astronom und Mathematiker
Karl **Kraus** (1874-1936), österr. Schriftsteller und Literaturkritiker
Jean de **La Bruyère** (1645-1696), franz. Moralphilosoph und Staatsmann
Jean de **La Fontaine** (1621-1695), franz. Fabeldichter
Gottfried Wilhelm **Leibniz** (1646-1716), dt. Universalgenie
Stanislaw **Lem** (*1921), poln. Schriftsteller
Leonardo da Vinci (1452-1519), italien. Universalgenie
Georg Christoph **Lichtenberg** (1742-1799), dt. Mathematiker, Physiker und Aphoristiker
Lukrez (99-55 v.u.Z.), röm. Dichter und Philosoph
Thomas **Mann** (1875-1955), dt. Schriftsteller, Literaturnobelpreis 1929
Karl **Marx** (1818-1883), dt. Philosoph und politischer Theoretiker
William Somerset **Maugham** (1874-1965), engl. Schriftsteller
Ernst **Meister** (1911-1979), dt. Lyriker
Napoleon Bonaparte (1769-1821), franz. Kaiser
Isaac **Newton** (1643-1727), engl. Physiker, Astronom und Mathematiker
Friedrich **Nietzsche** (1844-1900), dt. Philosoph, Philologe und Dichter
George **Orwell** (1903-1950), engl. Schriftsteller und Kulturkritiker
Ovid (43 v.- 18 n.u.Z.), röm. Dichter
Parmenides aus Elea (540-480 v.u.Z.), griech. Philosoph
Blaise **Pascal** (1623-1662), franz. Mathematiker, Theologe und Philosoph
Platon (427-347 v.u.Z.), griech. Philosoph
Plinius der Jüngere (61-113), röm. Schriftsteller und Staatsmann
Plotin (203-270), griech.-röm. Philosoph
Jules Henri **Poincaré** (1854-1912), franz. Mathematiker und Physiker
Marcel **Proust** (1871-1922), franz. Schriftsteller und Romancier

Pythagoras (582-496 v.u.Z.), griech. Philosoph, Mathematiker und Astronom
Armin **Risi** (*1962), Schweizer Dichter und Philosoph
Friedrich **Rückert** (1788-1866), dt. Dichter und Philologe
Jean-Paul **Sartre** (1905-1980), franz. Philosoph und Schriftsteller, Literaturnobelpreis 1964 (abgelehnt)
Friedrich Wilhelm Joseph von **Schelling** (1775-1854), dt. Philosoph
Friedrich **Schiller** (1759-1805), dt. Dichter
Albert **Schweitzer** (1875-1965), elsäss. Theologe, Arzt und Musiker
Seneca (55 v.- 39 n.u.Z.), röm. Rhetoriker
William **Shakespeare** (1564-1616), engl. Schauspieler und Dramatiker
John **Steinbeck** (1902-1968), nordamerikan. Schriftsteller, Literaturnobelpreis 1962
Alfred **Tennyson** (1809-1892), engl. Dichter und Dramatiker
Leo **Tolstoi** (1828-1910), russ. Schriftsteller und Sozialkritiker
Jules **Verne** (1828-1905), franz. Schriftsteller und Librettist
Herbert George **Wells** (1866-1946), engl. Schriftsteller
Franz **Werfel** (1890-1945), österr. Schriftsteller
Alfred North **Whitehead** (1861-1947), nordamerikan. Philosoph und Mathematiker
Thornton **Wilder** (1897-1975), nordamerikan. Schriftsteller
Ludwig **Wittgenstein** (1889-1951), österr. Philosoph
Virginia **Woolf** (1882-1941), engl. Schriftstellerin
Edward **Young** (1683-1765), engl. Schriftsteller und Elegiendichter
Zenon von Elea (490-430 v.u.Z.), griech. Philosoph

DAS SPIEL DES LEBENS

Ein Gleichnis.

Dieser Text entstand
im September 1993.

Spiel dein Spiel und wehr dich nicht,
Laß es still geschehen.
Laß vom Winde, der dich bricht,
Dich nach Hause wehen.
(Hermann Hesse)

Das Schicksal mischt die Karten, und
wir spielen. (Arthur Schopenhauer)

Wir sind gleichzeitig Zuschauer und Schauspieler
im großen Drama des Seins. (Niels Bohr)

Ein Weiser schätzt kein Spiel, wo nur der
Zufall regiert. (Gotthold Ephraim Lessing)

Der Mensch ist nur dann an Leib und Seele gesund,
wenn ihm alle seine Verrichtungen, geistige und
körperliche, zum Spiele werden.
(Christoph Martin Wieland)

Aus der Art, wie ein Kind spielt, kann man erahnen, wie
es als Erwachsener seine Lebensaufgabe ergreifen wird.
(Rudolf Steiner)

Der Ernst des Lebens
ist das Spielzeug der Erwachsenen.
(Karl Kraus)

Wir leben. Wir spielen. Wir spielen das Leben. Wir leben das Spiel, das Spiel des Lebens. Das ganze Leben ist ein Spiel, sagt man.

Schon als Kinder spielen wir. Als Kinder tun wir eigentlich nichts anderes als spielen. Was sollten wir auch anderes tun? Was könnten wir auch anderes tun? Spielen macht uns Spaß. Spielen vertreibt uns die Zeit, von der wir doch so viel haben. Spielen vertreibt uns die Langeweile.

Wenn die Erwachsenen miteinander etwas Wichtiges zu besprechen haben, sagen sie zu uns: Geht spielen! Und noch so gerne gehen wir spielen, denn spielen macht Spaß, beim Spielen verfliegt die Zeit. Das Leben der Erwachsenen ist langweilig. Sie wissen nicht, wie man richtig spielt. Für uns Kinder aber ist das ganze Leben ein Spiel – ein Kinderspiel.

Wir spielen Fangspiele, wir spielen Hüpfspiele, wir spielen Ballspiele und Puppenspiele und Versteckspiele. Und wenn wir etwas größer geworden sind, spielen wir auch Brettspiele, Würfelspiele, Kartenspiele und Puzzlespiele. Auch Ratespiele, Frage- und Antwortspiele, Geduldsspiele, Geschicklichkeitsspiele und neuerdings sogar Computerspiele spielen wir. Voller Spielfreude rennen wir durch die Spielwarengeschäfte und probieren alle Spielsachen aus, die sich vor uns auftürmen. Ja, unser ganzes Leben ist ein großes Spiel. Die ganze weite Welt ist unser Spielzeug.

Doch wir werden älter, auch wenn wir es zunächst nicht merken. Wir können nicht immer Kinder bleiben. So will es das seltsame Spiel der Natur. Und plötzlich haben wir, über all dem Spielen, das uns die Zeit vertreiben sollte, all unsere Kinderzeit vertrieben. Plötzlich geht uns die Spielzeit, die Zeit unseres Spielens, langsam aber sicher aus. Wir sind erwachsen geworden.

Als Kinder dachten wir, das Leben der Erwachsenen sei langweilig. Als Erwachsene nun denken wir: unser Leben darf nicht langweilig sein. Und so erfinden wir neue Spiele – Erwachsenenspiele.

Wir eröffnen Spielkasinos (wir nennen sie auch Spielhöllen) mit großen Spieltischen, mit bunten Spielkarten und mit lauten Spielautomaten; wir veranstalten Fußballspiele, wir organisieren Musik- und Theaterfestspiele, und wir drehen fürs Kino Spielfilme. Und wenn wir zu Hause sind, sehen wir uns Fernsehspiele an oder hören Hörspiele.

Bei den Spielen von uns Erwachsenen aber geht es nicht nur um den bloßen Zeitvertreib oder einfach um den Spaß, nein, es gibt auch viele ernste Spiele, die wir spielen. Zwar spielen wir auch als Erwachsene allerlei Fangspiele, spielen wir Versteckspiele, Ratespiele und Geduldsspiele. Nur nennen wir sie jetzt anders. Wir nennen sie nicht mehr Spiele; wir nennen sie: den Ernst des Lebens.

Das ganze Leben ist ein Spiel. Und in diesem Spiel spielen wir uns ständig etwas vor. Wir Erwachsenen spielen nämlich nicht nur aus kindlicher Freude am Spielen, nein, wir spielen vor allem aus Pflicht. Wir spielen, weil wir gar nicht anders dürfen, weil wir gar nicht anders können. Wir spielen uns etwas vor, wir spielen uns auf, nur weil uns das Leben sonst zu langweilig wäre. Wir spielen, um nicht merken zu müssen, wie langweilig und öde sich unser Leben tatsächlich abspielt.

Als Erwachsene spielen wir zuweilen zwar auch Einzelspiele, meist jedoch sind es vielerlei Gesellschaftsspiele und Gruppenspiele, Glücksspiele und Wettspiele, die wir spielen. Dabei spielen wir manchmal Heimspiele und manchmal Auswärtsspiele, manchmal Freundschaftsspiele und manchmal Punktspiele, manchmal Angriffsspiele und manchmal Verteidigungsspiele, manchmal Aufstiegsspiele und manchmal Abstiegsspiele. Und manchmal sind es auch richtige Ausscheidungsspiele, die wir zu spielen haben. Gerne spielen wir auch verschiedene Ränkespiele und Intrigenspiele und Doppelspiele. Als unser liebstes Spiel aber spielen wir: Liebesspiele.

Alle diese Spiele haben genau festgelegte Spielpläne und Spielregeln, mit denen wir uns als Erwachsene allmählich vertraut machen, die wir allmählich erlernen müssen. Und alle Spiele, die wir spielen, nehmen wir furchtbar ernst; so ernst, daß die Kinder sagen, das Leben der Erwachsenen sei langweilig, weil sie nicht wissen, wie man richtig spielt.

Nachdem wir also alt genug geworden sind und die Spielregeln der Erwachsenen einigermaßen begriffen zu haben glauben, treten auch wir ein in das große, ernste Spiel des Lebens. Es ist ein äußerst komplexes Spiel, ein Spiel mit vielen Überraschungen.

Während wir das Spiel spielen, versuchen wir stets, die Spielregeln so zu nutzen und die Möglichkeiten, die sich uns im Spiel bieten, so auszuschlachten und alles so zu arrangieren, daß wir uns in dem Spiel möglichst viele Vorteile für uns selbst verschaffen können.

Wenn wir Glück im Spiel haben und gewinnen, fühlen wir uns stark und überlegen. Dann spielen wir uns auf und denken, wir seien unbesiegbar. Dann werden wir stolz und übermütig. Dann haben wir eigentlich schon wieder ein wenig verloren.

Wenn wir aber kein Glück im Spiel haben, spielen wir den Großzügigen und sagen: Es spielt keine Rolle, ob man gewinnt oder verliert, Hauptsache ist, man spielt das Spiel. Und trotz aller Niederlagen, die immer häufiger sind als die Siege, spielen wir ungehemmt weiter. So sehr sind wir unserem Spieltrieb, unserem Spielwahn verfallen.

In unserem Ehrgeiz, auch mit im Spiel zu sein und das Spiel um jeden Preis zu gewinnen, schrecken wir nicht einmal davor zurück, Risiken einzugehen, ein gewagtes Spiel zu spielen und Kopf und Kragen aufs Spiel zu setzen. Dies alles tun wir in der noch ungetrübten Hoffnung, letzten Endes als Sieger aus dem Spiel hervorzugehen, die Spielbank zu sprengen, das Leben zu meistern, das Spiel zu gewinnen.

Doch dieses Spiel kann man nur gewinnen auf Kosten der anderen. Oft versuchen wir daher, den anderen Spielern keinen Spielraum zu lassen, sondern unser Spiel mit ihnen zu treiben und ihnen unser Spiel aufzuzwingen. Und je höher unser Einsatz ist, je mehr für uns auf dem Spiel steht, desto eher sind wir auch bereit, unsere Mitspieler hin und wieder zu betrügen, um sie an die Wand zu spielen, um sie schachmatt zu setzen oder sie k.o. zu schlagen.

So spielen wir einmal ein faires Spiel mit offenen Karten, um ihr Vertrauen zu gewinnen, dann wieder spielen wir ein doppeltes Spiel mit verdeckten Karten. Ein drittes Mal verbünden wir uns mit einigen anderen und spielen ein verbotenes und abgekartetes Spiel mit gezinkten Karten. So treiben wir ständig ein gefährliches Spiel mit unseren Mitspielern.

Meistens sind wir dabei derart vertieft in unser Spiel und identifizieren uns so sehr mit ihm, daß wir dieses Spiel als das ein und alles betrachten und gar nicht merken, daß es ja eigentlich nur ein Spiel ist. Vor allem dann, wenn wir gerade ein leichtes Spiel haben, können wir uns oft gar nicht vorstellen, daß es irgend etwas außerhalb der Umzäunung unseres kleinen Spielfeldes geben könnte. Und schon gar nicht können wir uns vorstellen – oder vielleicht wollen wir es nur nicht? –, daß unsere Spielzeit begrenzt sein könnte.

Im Ernst des Lebens der Erwachsenen gibt es viele verschiedene Spielarten. Es gibt freudvolle Spiele wie Lustspiele, Singspiele und Festspiele, aber es gibt auch leidvolle Spiele wie Trauerspiele und Leidensspiele. Und es gibt, vor allem im Spielkasten der Politik, auch unheimliche Schattenspiele und lustige Kasperlespiele.

Das originellste Spiel aller Erwachsenen aber ist das Rollenspiel. Oh, wie gern suchen wir uns immer wieder eine neue Rolle aus, die wir spielen können. Und wie ungern lassen wir uns eine Rolle vorschreiben. Mal spielen wir den Traurigen, mal spielen wir den Lustigen, mal den Frommen, mal den Sünder, mal den Gescheiten, mal den Dummen. Und wenn es gerade keine Rolle zu spielen gibt, die uns gefällt, dann spielen wir eben verrückt.

Am liebsten spielen wir natürlich die Hauptrolle, die Rolle des Helden, des Glücklichen, des Erfolgreichen, des Begehrten. Aber immer wieder müssen wir erkennen, daß es für diese Rolle eine sehr lange Warteliste gibt, daß es gar nicht so einfach ist, die erste Geige spielen zu dürfen. Nun, so denken wir, dann spielen wir eben, daß wir diese Rolle spielen. Und wenn dies auch nicht geht, dann spielen wir eben, daß wir spielen, daß wir diese Rolle spielen ... Und immer so weiter.

Eine weitere beliebte Rolle ist auch die des Spielverderbers. Diese Rolle spielen wir immer dann, wenn jemand anders gerade eine Rolle bekommen hat, die wir eigentlich gerne hätten. Das Glück des Spielverderbers besteht darin, dafür zu sorgen, daß auch die anderen nicht glücklich sind.

Ach ja, das ganze Leben ist ein Spiel: Wir spielen Katz, wir spielen Maus, wir spielen Streiche, wir spielen Verstecken. Wir spielen mit Worten, wir spielen mit Gedanken, wir spielen mit Menschen. Wir lassen alle Register spielen, wir spielen alle unsere Trümpfe aus, und wir haben überall unsere Finger im Spiel. Manchmal spielen wir sogar mit dem Feuer; und wenn wir das Spiel zu weit getrieben haben, dann machen wir eben gute Miene auch zum bösen Spiel.

Niemals aber wollen wir unser Spiel verloren geben. Niemals halten wir inne in unserer Spielerei. Niemals schenken wir den Anspielungen des Lebens Gehör. Niemals fragen wir uns: Was wird hier eigentlich gespielt?

Und wie das Leben so spielt, spielen wir dabei, ohne es zu merken, mit unserem Leben. Denn während wir unser ganzes langweiliges, ödes Leben lang zum Zeitvertreib immer wieder die gleichen alten Platten aufs neue spielen, vertreiben wir damit langsam aber sicher unsere Lebenszeit. Unsere Spielzeit wird stets knapper und knapper, bis sie eines Tages, und dieser Tag kommt immer zu früh, abgelaufen ist und wir erkennen müssen: Das Spiel ist aus.

Dann werden wir aufgefordert, unsere letzte Rolle zu spielen: Spiel mir das Lied vom ... – Jetzt sind wir gezwungen, aus der Rolle zu fallen. Und wir müssen uns eingestehen: Wir haben unser Leben verspielt. Wir haben das grausame Irrspiel unseres Lebens verloren.

So müssen wir abtreten von unserer Spielfläche, der Bühne unseres Lebens. Wir müssen uns abschminken und uns ausruhen für die nächste Spielrunde, für unser nächstes Gastspiel.

Die Karten werden wieder neu gemischt, und das Spiel beginnt wieder von vorne. Und wieder werden wir Kind, und wieder spielen wir Kind. Und wieder werden wir erwachsen, und wieder spielen wir Erwachsener. Und immer wieder, immer wieder treibt uns die Hoffnung.

Aber immer wieder müssen wir erkennen: Bei *diesem* Spiel können wir nicht gewinnen, egal, wie wir es auch spielen.

Wir leben. Wir spielen. Wir spielen das Leben. Wir leben das Spiel, das Spiel des Lebens. Das ganze Leben ist ein Spiel, sagt man.

DIE WAHRHEIT IN DEN RELIGIONEN

Ein Denkanstoß.

Dieser Text entstand
im Februar 1995.

Wahrheit? Du betrachtest die Religionen der Menschen und fragst, in welcher du die Wahrheit finden kannst? – Wahrheit aber lebt nicht nur in einer, nicht nur in zwei oder in drei oder in vier, nein, Wahrheit lebt in allen Traditionen; sonst wären sie nicht.

Wenn du die Wahrheit wirklich ernsthaft suchst, so wirst du sie überall finden; wenn du dich wirklich von ihr willst führen lassen, so wird sie dir überall ihr gütiges Licht spenden; und wenn du dann ganz von ihr erfüllt bist, so wirst auch du überall leuchten.

Es sind nicht in allen Traditionen die gleichen kleinen Wahrheiten, die du finden wirst, aber es sind immer Teile der einen großen Wahrheit, die alles umfaßt und die alles miteinschließt. Diese ungebundene Wahrheit offenbart sich zu verschiedenen Zeiten an verschiedenen Orten dieser Welt. Da sie der Ursprung aller Traditionen ist, existiert sie sowohl innerhalb aller Traditionen als auch außerhalb und bleibt in allen Umständen unabhängig und unveränderlich.

Je mehr du auf deiner Suche nach Wahrheit in die Tiefe einer Tradition vordringst, desto mehr wirst du erkennen, daß in der Tiefe der anderen Traditionen dieselbe Wahrheit ruht. Wenn du aber mit den anderen um die Wahrheit streitest und meinst, du allein besäßest die einzige Wahrheit, dann hast du die Wahrheit noch nicht gefunden.

Solange du noch unterwegs bist, steht es dir nicht zu, über den Weg der anderen zu urteilen. Wenn du anderen ihre Wahrheit absprichst, verlierst du damit auch deine eigene Wahrheit. Und wenn du anderen ihre Berechtigung auf Wahrheit absprichst, verlierst du damit auch deine eigene Berechtigung auf Wahrheit.

Denn die Wahrheit ist eine für alle Menschen, aber der Traditionen sind viele. Jede Tradition hat ihre eigene

Berechtigung, und keine ist überflüssig; sonst wäre sie nicht. Und doch ist keine Tradition die einzig richtige für alle Menschen; sonst wären es ihrer nicht so viele.

Du solltest also deinen Blick nicht nur auf die Unterschiede zwischen den Traditionen richten, sondern auch auf ihre Gemeinsamkeiten, die sich dir dann offenbaren, wenn du gewillt bist, dein Herz zu öffnen und deinen Verstand zu weiten.

Aber ebenso solltest du deinen Blick nicht nur auf die Gemeinsamkeiten der Traditionen richten, sondern auch auf ihre Unterschiede. Denn jede Tradition hat ihren eigenen, einzigartigen Duft; jede klingt in ihrer eigenen, einzigartigen Melodie; jede bricht das Licht der Wahrheit in ihr eigenes, einzigartiges Farbenspiel.

Du kannst von allen Traditionen lernen; versuche aber nicht, in alle gleichzeitig einzudringen, denn sonst wirst du bei allen an der Oberfläche haften bleiben. Benütze vielmehr dein Unterscheidungsvermögen und erwähle dir nach deinem eigenen freien Willen *eine* Tradition, die deinem gegenwärtigen Wegstück entspricht. Gehe dann dieses Wegstück mit all deiner Entschlossenheit, all deinem Vertrauen und all deiner Geduld.

Verlasse deine erwählte Tradition nicht sogleich, wenn die ersten unvermeidbaren Schwierigkeiten und Hindernisse auftreten, und trenne dich niemals von einer Tradition, ohne bei einer anderen Zuflucht zu suchen, die dich weitergeleitet. Bleibe jedoch keiner Tradition verhaftet, die nicht mehr deinem Wegstück entspricht.

Schreite auf diese Weise immer weiter voran auf deinem WEG NACH INNEN. Scheue dich vor keinem Schritt, vermeide Umwege und hüte dich davor, stehenzubleiben. Gib niemals deine Suche auf, bis du am Ziel aller Wege angelangt bist.

VOM SINN DER EXISTENZ

Noch ein Denkanstoß.

Dieser Text entstand
im März 1995.

Sinn? Du betrachtest dein Leben und fragst nach dem Sinn deiner Existenz? – Betrachte es gut, und du wirst den Sinn erkennen.

Besteht der Sinn deiner Existenz etwa darin, für immer in dieser Welt zu leben? Nein. Denn wenn der Sinn deiner Existenz darin bestünde, für immer in dieser Welt zu leben, dann würdest du hier nicht ständig gezwungen sein zu leiden und zu sterben. (Wozu sonst sollte der Tod gut sein, wenn nicht dafür, dir zu sagen: Hier gehörst du nicht hin.)

Besteht der Sinn deiner Existenz etwa darin, zu verlöschen und zu nichts zu werden? Nein. Denn wenn der Sinn deiner Existenz darin bestünde, zu verlöschen und zu nichts zu werden, dann würdest du erst gar nicht existieren.

Da du aber existierst und dich unwillkürlich nach Ewigkeit, Erkenntnis, Glück und Liebe sehnst, kann der Sinn deiner Existenz weder darin bestehen, in dieser Welt der Vergänglichkeit zu bleiben, noch darin, gänzlich aufzuhören zu existieren.

Der Sinn deiner Existenz muß es also sein, einen unvergänglichen Zustand der Erkenntnis, des Glückes und der reinen Liebe zu erlangen, wie sie in dieser Welt nicht zu finden sind.

Das ist es, was dich die ewige Philosophie seit jeher lehrt. Und die ewige Religion zeigt dir seit jeher den Weg, der zu diesem Ziele führt. Es ist der WEG NACH INNEN.

ANHANG

64 Vorträge, Vortragsreihen und Seminare von Ronald Zürrer.

Dieser Anhang umfaßt eine Auswahl
von 64 Vorträgen sowie zusätzliche Informationen
über Vortragsreihen und Seminare von Ronald Zürrer.
Er richtet sich an alle, die Interesse haben,
Ronald Zürrer zu einer Veranstaltung einzuladen.

Der Inhalt dieses Anhangs ist im Govinda-Verlag
auch als kostenlose Broschüre zu beziehen.

VORTRÄGE
1. Themenkomplex: Tod und Reinkarnation 412
2. Themenkomplex: Esoterik 416
3. Themenkomplex: Prophezeiungen 418
4. Themenkomplex: Religionswissenschaft 419
5. Themenkomplex: Literaturwissenschaft und Philosophie . 421
6. Themenkomplex: Indologie 423
7. Themenkomplex: Gesundheit und Ernährung 426
8. Themenkomplex: Wissenschafts- und Zeitkritik 427

VORTRAGSREIHEN 429

SEMINARE 431

WEITERE INFORMATIONEN
Die zwölf beliebtesten Vorträge 433
Vertiefung 433
Finanzielles 433
Über Ronald Zürrer 434

VORTRÄGE

Jeder der folgenden Vorträge dauert zwischen 80 und 90 Minuten. Mit einem anschließenden Frageteil, der stets willkommen ist, sind pro Vortrag (inklusive kurzer Pause) rund 2 Stunden zu rechnen. Die 64 Vorträge sind in 8 Themenkomplexe gegliedert und fortlaufend numeriert. Es wird jeweils der Titel, der Untertitel sowie eine stichwortartige Inhaltsübersicht angeführt.

1. Themenkomplex:
TOD UND REINKARNATION

1. Der Tod: Die letzte Herausforderung des Menschseins

Vom Sinn des Todes: • Der Tod: Das letzte große Tabu unserer Gesellschaft • Unsere verdrängte Angst vor dem Tode: Ihre Ursache und ihre Überwindung • Ist der physische Tod wirklich das Ende unserer Existenz? • Sterbeerlebnisse von Menschen, die klinisch tot waren • Sterbenlernen: Die Kunst des Loslassens und Abschiednehmens • Das Jenseits: Was kommt danach?

2. Leben und Sterben: Der Mensch im Kreislauf von Geburt und Tod

Erklärungsversuche des menschlichen Lebens und Sterbens: • Was ist Leben? Was ist Tod? • Wann beginnt unser Leben? • Was geschieht mit uns im Augenblick des für uns alle unvermeidlichen Todes? • Ist der Tod unser Ende oder erst der Anfang? • Gibt es ein Weiterleben nach dem Tode? • Wer kommt in den «Himmel», wer in die «Hölle»? • Die Antworten der Wissenschaft, der Kirche und der Esoterik.

3. Reinkarnation und Karma

Die Grundlagen der Wissenschaft der Seelenwanderung: • Was ist Reinkarnation? Was ist Karma? • Ist Reinkarnation ein Glaube oder eine Wissenschaft? • Ist Reinkarnation beweisbar? • Warum kann man sich gewöhnlich nicht an seine früheren Leben erinnern? • Über Sinn und Unsinn von Rückführungen und Reinkarnationstherapie • Die Logik des Karma.

4. Karma: Schicksal oder Bestimmung?

Über das Gesetz, das den Kosmos ordnet: • Das Kausalgesetz von Aktion und Reaktion • Die Dualität von Ursache und Wirkung • Freier Wille und Prädestination: Wie weit ist unser Schicksal vorausbestimmt? • Wie weit bin ich meines Glückes und Leides eigener Schmied? • Gibt es Zufall? • Kann ich meine Zukunft kennen? Wie haben meine Wünsche, Gedanken und Handlungen Einfluß auf meine Zukunft? • Ist die Karmalehre ungerecht? • Das morpho- genetische Feld und das Gesetz der Affinität • Kollektives Karma: Wie ich für die Umwelt und die Weltlage mitverantwortlich bin.

5. Esoterik und Reinkarnation

Der Wert, die Grenzen und die Gefahren der Esoterik, am Beispiel der Reinkarnationsforschung: • Der neu erwachte Reinkarnationsglaube als Symptom des Paradigmawechsels und des beginnenden Wassermannzeitalters? • Ist esoterisches Wissen notwendig? • Die esoterischen Modeerscheinungen der siebziger, achtziger und neunziger Jahre im Überblick • Rückführungen und Reinkarnationstherapien: Wohin soll der nächste Schritt gehen?

6. Antworten der Reinkarnationslehre

Was bringt mir das Wissen über Reinkarnation? • Heilungsmöglichkeiten durch Rückführungen in frühere Leben? • Partnerschaft und Berufswahl aus karmischer Sicht: Welche Bekanntschaften und Talente habe ich aus früheren Leben mitgebracht? • Rollenspiele: Warum werde ich als Frau, warum als Mann wiedergeboren? • Wer ist mein Seelenpartner? • Kann ich auch als Tier oder auf anderen Planeten wiedergeboren werden? • Wo halte ich mich zwischen zwei Inkarnationen auf? Wie lange bleibe ich dort? • Bevölkerungswachstum: Woher kommen all die Seelen? • Was geschieht nach einem Selbstmord? • u.a.

7. Reinkarnation und Parapsychologie

Über die Versuche, Reinkarnation experimentell zu beweisen:
• Nah-Tod-Erfahrungen • Erinnerungen an frühere Leben • Déjà-vu-Erlebnisse • Tonbandstimmen aus dem Jenseits • Geisterkontakte und Spiritismus • Rückführungen und Reinkarnationstherapie.

8. Der Reinkarnationsgedanke in der Weltgeschichte

Philosophie- und Literaturgeschichte einmal anders: In jeder Epoche der abendländischen Geistesgeschichte gab es führende Persönlichkeiten, die die Reinkarnationslehre vertraten oder ahnten; man staunt, wer alles dazu gehört: Sokrates, Platon, Leibniz, Kant, Lessing, Goethe, Hölderlin, Novalis, Kleist, Schopenhauer, Busch, Nietzsche, Rilke, Jung, Hesse u.v.a. Anhand ausgewählter Texte wird die Entwicklung des Reinkarnationsdenkens dargestellt.

9. Christentum und Reinkarnation – unvereinbar?

Gegenüberstellung und Annäherungsversuch der Lehre von Karma und Reinkarnation und der christlichen Heilsbotschaft: • Warum wehren sich viele Christen gegen die Reinkarnationslehre? • Ist der Reinkarnationsglaube unchristlich? • Was sagen die urchristlichen Quellen? • Was sagt die Bibel? • Was sagen die Kirchen?

10. Der Sinn der Reinkarnation

Warum wir immer wieder geboren werden: • Ewiger Kreislauf oder Spirale der Bewußtseinserhebung? • Wo führt die Reinkarnation hin? Wo endet sie? • Wie können wir vom Kreislauf der wiederholten Geburten und Tode frei werden?

11. Reinkarnation als Chance

Ein Vortrag für Fortgeschrittene: Dieser Vortrag setzt dort an, wo die meisten Fachbücher und Vorträge über Tod und Reinkarnation enden. Er gibt sich nicht damit zufrieden, zahllose Fallbeispiele und Erlebnisberichte aneinanderzureihen, um etwas zu beweisen, was längst bewiesen ist. Vielmehr werden hier konkrete Schlußfolgerungen vorgelegt, die die Grenzen der modernen parapsychologischen und esoterischen Forschung überschreiten. – Eine Herausforderung vor allem für diejenigen, die bereits von der Reinkarnation überzeugt sind.

2. Themenkomplex: ESOTERIK

12. Esoterik – Der Weg nach Innen

Eine Einführung in das esoterische Denken und Handeln:
• Über das Abenteuer, Mensch zu sein • Was ist Esoterik? • Ist esoterisches Wissen notwendig? • Transformation statt Information • Paradigmawechsel und Wassermannzeitalter: Was ist damit gemeint? • Die Säulen der Esoterik • Esoterik, Mystik und Religion • Esoterische Philosophie und Praxis in den alten Kulturen und in der Gegenwart.

13. Licht und Schatten der Esoterik

Ein kritischer Blick auf die zeitgenössische Esoterik: • Was ist Esoterik? Was nicht? • Die Not-wendigkeit und der Nutzen echter Esoterik • Die Grenzen und die Gefahren falschverstandener Esoterik • Die esoterischen Modeerscheinungen der vergangenen zwanzig Jahre: Sensationelle Psi-Phänomene und Nervenkitzel, Weltflucht und Ego-Trips, Technologisierung und Vermarktung der Esoterik • Esoterik in den neunziger Jahren • Das mode-unabhängige Ziel der Esoterik.

14. Das Jenseits

Über die Parallelwelten der Verstorbenen und das transzendente Jenseits: • Das «unentdeckte Land»: Geographie des Jenseits • Spiritismus: Die Parallelwelten der Verstorbenen und der feinstofflichen Geistwesen • Sollen wir zu den Toten Kontakte pflegen? • Der Mensch im multidimensionalen Kosmos • Engel, Götter und Dämonen: Die außerirdischen Planetensysteme • Ufos: Der Reiz und die Risiken der interplanetarischen Kommunikation • Das «Jenseits» liegt noch diesseits • Dimensionen jenseits von Raum und Zeit.

15. Ufos

Kontakte aus höheren Dimensionen? • Gibt es Außerirdische? Gibt es Ufos? Kann man ihre Existenz beweisen? • Waren sie schon früher hier? • Wer sind sie? • Woher kommen sie? • Was wollen sie von uns? • Warum landen sie nicht einfach? • Wie sollen wir uns ihnen gegenüber verhalten? • Wer beobachtet wen? • Ufo-

Kontakte von der ersten bis zur vierten Art • Information und Desinformation • Was die Regierungen verschleiern und warum • Was die Regierungen offenbaren und warum.

16. Dualität, Einheit und Transzendenz

Das esoterische Weltbild und die Dualität von Gut und Böse: • Dualität als kosmisches Prinzip • Die Dualität von Gut und Böse • Götter und Dämonen: Der kosmische Kampf • Das Böse um und in uns: Der Einfluß der dunklen Mächte • Und Gott schaut zu? • Das universale Gesetz des freien Willens • Das Aufheben der Dualität • Einheit und Transzendenz.

17. Das Spiel der Geschlechter

Das esoterische Weltbild und die Dualität von Männlich und Weiblich: • Dualität als kosmisches Prinzip • Yin und Yang: Die Dualität von Männlich und Weiblich • Rollenspiele und Reinkarnation als Mann oder als Frau • Unser Partner: Spiegel unserer Wünsche • Das Aufheben der Dualität • Gott und Göttin • Die Seele ist weiblich.

18. Träume: Schäume oder Offenbarungen?

«Ein Gott ist der Mensch, wenn er träumt, ein Bettler, wenn er nachdenkt» (F. Hölderlin): • Die drei Bewußtseinszustände des Menschen: Wachbewußtsein, Traum, Tiefschlaf • Sinn und Unsinn von Traumdeutungen • Wodurch unsere Träume beeinflußt werden • Unsere Träume als Fenster in die Vergangenheit und in die Zukunft • Der Schlaf als der kleine Bruder des Todes.

19. Rätselhafte Vergangenheit

Die Geheimnisse der vorgeschichtlichen Hochkulturen: • Atlantis und Lemuria: Warum Kontinente versinken • Woher stammt die Menschheit? • Die Unzulänglichkeit des modernen Geschichtsbildes • Die Welt vor 10'000 Jahren • Die Eisenzeit • Die Völkerwanderung • Das große Vergessen • Die Rückkehr: Ein Kreis schließt sich.

20. Zeit zur Ewigkeit

Die Zeit: vertraut und fremd: • Die Zeit als philosophisches Thema • Defitionsversuche von Zeit • Die Messung der Zeit • Die

Wahrnehmung der Zeit • Kosmische und historische Zeit • Carpe diem: Über den Umgang mit der Zeit • «Niemand steigt zweimal in denselben Fluß» (Heraklit) • Zeit und Zeitlosigkeit.

21. Das Spiel des Lebens

Ein Gleichnis: • Gedanken zum Begriff «Spiel» • Die fünf Faktoren eines Spieles • Das große Spiel des Lebens • Unsere Spielregeln und wie man sie (nicht) bricht • Als Kinder nennen wir es spielen, als Erwachsene nennen wir es: den Ernst des Lebens.

→ HINWEIS: Weitere esoterische Themen auf Anfrage möglich. Das Vortragsangebot wird ständig aktualisiert und erweitert.

3. Themenkomplex: PROPHEZEIUNGEN

22. Lesen in der Zukunft

Über Prophetie und Wahrsagerei: • Wahrsagerei: Humbug oder Heil? • Der Unterschied zwischen Prophetie und Wahrsagerei • Die verschiedenen Methoden der Wahrsagerei • Warum Wahrsagerei funktioniert (am Beispiel der Astrologie) • Praktische Anwendungen der Astrologie • Die Palmblattbibliotheken in Südindien • Unsere Vergangenheit als Fenster in unsere Zukunft • Wie erkenne ich meine Lebensaufgabe? (Warum ich so bin, wie ich bin.)

23. Zukunftsangst oder Zukunftshoffnung?

Ein Blick in unsere Zukunft: • Wohin treibt die Menschheit? • Leben wir in der Endzeit? Wird die Welt untergehen? • Oder leben wir in einer Wendezeit? Bricht ein neues esoterisches Zeitalter an? • Pessimistische und optimistische Szenarien: Wem dürfen wir glauben? Wer wird recht behalten?

24. Die Prophezeiungen des Sonnengottes

Ein Dokument aus höheren Dimensionen: • Die Hybris und Dekadenz der technologischen Gesellschaft • Individuelles und kollektives Karma • Außerirdische Einflüsse auf die Erde • Der freie Wille der Mutter Erde • Mutter Erde wehrt sich • Bevorstehende Prüfungen für die Menschheit • Prophezeiungen für die nächsten 20 Jahre.

25. Weissagungen für das Zeitalter der Heuchelei

Die altindischen Prophezeiungen für die gegenwärtige Zeit:
• Die zyklischen Yuga-Zeitalter • Unser Eisenzeitalter: Der Tiefpunkt ist erreicht • Weissagungen, die bereits eingetroffen sind • Weissagungen, die noch nicht eingetroffen sind • Das Goldene Zeitalter.

4. Themenkomplex: RELIGIONSWISSENSCHAFT

26. Warum Religion?

Wir sind alle unterwegs: • Ist der Mensch ein religiöses Tier? • Erkenntnis und Bekenntnis: Der Unterschied zwischen Religion und Konfession • Die Gretchenfrage • Über Sinn und Unsinn des Glaubens • Die verschiedenen Formen des Glaubens • Die verschiedenen Stufen der Religion • Das gemeinsame Ziel aller religiösen Wege • Das universale Gesetz des freien Willens • Spirituelle Religion.

27. Ist Gott tot?

Gründe für und gegen die Existenz Gottes: • Wenn es einen Gott gibt, wie sollte er sein? • Wenn Gott gut ist, woher kommt dann das Böse in der Welt? • Wer glaubt an einen unglaubwürdigen Gott? • Was hat Gott heute noch zu tun? • Wieviele Söhne hat Gott? • Sind wir alle Gott? • Monotheismus und Polytheismus in den Religionen der Welt • Gottesoffenbarungen, Gottesbeweise und Götterspuren unter der Lupe.

28. Esoterisches Christentum

Jenseits von Dogmatismus und Fanatismus: • Wer war Jesus von Nazareth wirklich? Was ist seine Stellung? Was seine Botschaft? • War Jesus in Indien? • Was ist Christus-Bewußtsein? • Ist das Christentum der «einzige Weg»? • Die Blutschuld der Kirchengeschichte: Ihre Hintergründe und ihre Folgen • Drohbotschaft, Halbwahrheiten und Schuldkomplexe • Es gibt keinen Teufel • Die Überwindung der menschengemachten Dogmatik • Die Zukunft des Christentums.

29. Die großen Lehrer der Religion

Der esoterische Gehalt der Weltreligionen im Vergleich: • Die verschiedenen Lehrer der Religion: Einheit in der Vielfalt • Krishna und Buddha • Lao-Tse und Kung-fu-tse • Moses, Jesus und Mohammed • Sankara und Caitanya • Die Meister der Vergangenheit und der Gegenwart.

30. Begegnung mit den Religionen des Ostens

Über die Einheit der Religion und die Notwendigkeit des interkonfessionellen Dialoges: • Erkenntnis und Bekenntnis: Der Unterschied zwischen Religion und Konfession • Der Hinduismus • Der Buddhismus • Die Religionen in China und Japan • Die Stellungnahme des Christentums: Wie begegnen wir den Religionen des Ostens? Was können wir von ihnen lernen?

31. Der Hinduismus

Eine Einführung: • Was ist Hinduismus? • Entstehungsgeschichte und Verbreitung des Hinduismus • Vorurteile und Mißverständnisse • Karma, Wiedergeburt und Kastenwesen • Die verschiedenen Yoga-Wege • Persönliches und unpersönliches Weltbild • Die komplexe Götterwelt • Sanatana-dharma: Die ewige Religion • Die Unterschiede zum Buddhismus • Die Stellungnahme des Christentums: Wie begegnen wir den Hindus? Was können wir von ihnen lernen?

32. Der Buddhismus

Eine Einführung: • Was ist Buddhismus? • Entstehungsgeschichte und Verbreitung des Buddhismus • Das Leben des Buddha • Die Grundsätze des buddhistischen Denkens: Die vier edlen Wahrheiten und der achtfache Pfad zum Nirvana • Die verschiedenen Schulen des Buddhismus • Eine Religion ohne Gott • Die Unterschiede zum Hinduismus • Die Stellungnahme des Christentums: Wie begegnen wir den Buddhisten? Was können wir von ihnen lernen?

33. Gott und die Götter

Das Menschen- und Gottesbild im Hinduismus: • Gibt es einen Gott? Gibt es viele Götter? • Dualismus und Monismus: Die beiden Hauptströmungen des Hinduismus • Gottesoffenbarungen, Gottesbeweise und Götterspuren unter der Lupe • Yogīs, Gurus, Sadhus • Gemeinsamkeiten und Unterschiede zur christlichen Lehre.

5. Themenkomplex: LITERATURWISSENSCHAFT UND PHILOSOPHIE

34. Hermann Hesse

Ein literarisches Portrait: • Hermann Hesse: Der Mensch, der Dichter • «Saint Hesse among the Hippies»: Der Hesse-Boom • Die intellektuelle Kritik an Hesse und warum sie nicht zutrifft • Leben zwischen Welt und Zaubergarten • Auszüge aus seinen Werken: Gedichte, Märchen, Prosa.

35. Hermann Hesse: «Siddhartha»

Eine esoterische Betrachtung von Hermann Hesses Werk «Siddhartha»: • Hermann Hesse als Vermittler zwischen dem Abend- und dem Morgenland • Hermann Hesse und Indien • «Siddhartha. Eine indische Dichtung»: Kurzzusammenfassung und Deutung • «Stufen»: Die Suche geht weiter.

36. Die Romantik

Das Abendland entdeckt Indien: • Die Wiederentdeckung der Sanskrit-Schriften durch die Romantiker • Die Frühromantik: Die Gebrüder Schlegel, Wilhelm von Humboldt, Novalis • Die Hochromantik: Clemens Brentano, Achim und Bettina von Arnim, die Gebrüder Grimm • Goethe und Hegel schieben den Riegel.

37. Friedrich Hölderlin

Ein literarisches Portrait: • Friedrich Hölderlin: «Dichter in dürftiger Zeit» • Idealismus, Verweigerung und Ausbruch • Hölderlins Gottessuche • Hölderlins Erneuerung der Sprache • Auszüge aus seinen Werken: Gedichte, Hymnen, Prosa.

38. Johann Wolfgang von Goethe

Ein literarisches Portrait: • Goethe: Der Dichterfürst • Über Gott und die Welt • Die Gretchenfrage • Goethe als faustischer Mensch • Auszüge aus seinen Werken: Gedichte, Sprüche, Prosa.

39. Platon

Ein philosophisches Portrait: • Platon: Ein Leben auf der Suche nach Idealen • Die abendländische Philosophiegeschichte als eine Fußnote zu Platons Werk • Die Eidos-Lehre: Darf man nur glauben, was man sieht? • Das Höhlengleichnis: Die Materie ist nicht Ursache, sondern Wirkung • Der ideale Staat • Auszüge aus dem Gesamtwerk.

40. Immanuel Kant

Ein philosophisches Portrait: • Immanuel Kant: Ein Leben in Königsberg • Die Formel für die menschliche Vernunft • Dogmatismus, Skeptizismus und Kritizismus • Freiheit, Unsterblichkeit und Gott • Transzendenz und Immanenz • Die Grenzen von Sinneswahrnehmung und Vernunft • Kritik der unreinen Vernunft oder Kritik der reinen Unvernunft? • Auszüge aus dem Gesamtwerk.

41. Arthur Schopenhauer

Ein philosophisches Portrait: • Arthur Schopenhauer: Ein Leben voller Abscheu • Philosopie zwischen Romantik und Materialismus • «Die Welt als Wille und Vorstellung» • Auswege aus dem Jammertal: Erkenntnis, Selbstmord oder Wahnsinn? • Die radikale Verneinung des Willens • Schopenhauer und das asiatische Gedankengut • Auszüge aus dem Gesamtwerk.

42. Friedrich Nietzsche

Ein philosophisches Portrait: • Friedrich Nietzsche: Der Philosoph «mit dem Hammer» • «Unzeitgemäße Betrachtungen»: Das 19. Jahrhundert und die Industrielle Revolution • «Umwertung aller Werte»: Alles oder nichts? • Der «Übermensch»: Kampf gegen die halben Wahrheiten • Der «Antichrist»: Gottsucher trotz verkrusteter

Dogmen • Macht und Ohnmacht des Nihilismus • Auszüge aus dem Gesamtwerk.

43. Unterwegs

Ein literarischer Abend mit Ronald Zürrer (Dichterlesung).
Der Autor liest eigene Gedichte und Prosa; mit Diskussion.

→ HINWEIS: Weitere Portraits von abendländischen Dichtern und Philosophen auf Anfrage möglich.

6. Themenkomplex: INDOLOGIE

44. Grundlagen des indischen Denkens

Eine Einführung für Abendländer: • Das einheitliche Weltbild des Veda • Die zwei Hauptströmungen der indischen Theologie: Monismus und Dualismus • Die drei Grundprinzipien des Philosophierens: Wissen, Weg und Ziel • Die vier Erscheinungsweisen: Unwissenheit, Leidenschaft, Tugend und Transzendenz • Die fünf zentralen Themen des vedischen Denkens: Natur, Seele, Gott, Zeit und Karma.

45. Die indische Literatur

Eine Übersicht über die Sanskrit-Schriften Indiens: • Die vier Veden: Hymnen, Riten, Schutz- und Heilgesänge • Die Upaniṣaden: Geheimlehren zur Gotteserkenntnis • Der Vedānta: Die absolute Philosophie • Das Mahābhārata und das Rāmāyana: Die Götter- und Heldengeschichten • Die Bhagavad-gītā: Die Essenz des vedischen Wissens • Die Purāṇas: Die Geschichte des Universums und der Menschheit • Kostproben aus den einzelnen Schriften.

46. Die indische Philosophie

Eine Übersicht über die sechs Systeme der indischen Philosophie: • Die drei Ebenen der menschlichen Identität • Mīmāṁsā: Zeremonielle Handlungen und Verehrungsriten • Nyāya: Logik und Dialektik • Vaiśeṣika: Die Atomlehre • Sāṅkhya: Physik und

Metaphysik • Yoga: Erhebung des Bewußtseins • Vedānta: Die Vollkommenheit der Erkenntnis • Vergleich mit der abendländischen Philosophiegeschichte.

47. Indische Mythen

Die geheimnisvolle Welt der indischen Märchen, Mythen und Sagen. Der Referent erzählt und erläutert fesselnde und lehrreiche Geschichten aus den Sanskrit-Schriften Indiens: • Die Entstehung des Universums und der Erde • Die Geschichte der Menschheit • Erzählungen von Göttern, Helden und heiligen Königen • Erzählungen von Yogīs, Gurus und Sadhus • Prophezeiungen für die Gegenwart und die Zukunft.

48. Die Bhagavad-gītā

Eine Einführung in die «Bibel Indiens»: • Die fünf Hauptthemen der Bhagavad-gītā • Übersicht über die 18 Kapitel des Werkes • Der innere Aufbau und die Schlußfolgerung der Unterweisungen Krishnas • Die schönsten Verse der Gītā • Die Bedeutungsgeschichte der Gītā im Abendland • Vergleich zwischen den essentiellen Lehren der Bhagavad-gītā und der Bibel.

49. Die Yogawege in der Bhagavad-gītā

Die Yoga-Treppe: Viele Wege, ein Ziel: • Was ist Yoga? • Karma: Der Weg des Handelns • Jñāna: Der Weg des Denkens • Bhakti: Der Weg der Liebe • Yoga als Weg zu Gesundheit, Glück und Erfolg • Yoga als Weg zu höheren Bewußtseinsstufen • Yoga als Weg zu sich selbst • Liebe als das gemeinsame Ziel aller Wege zu Gott.

50. Yoga und Meditation

Eine Einführung: • Was ist Yoga? Was ist Meditation? • Die verschiedenen Formen des Yoga und der Meditation • Wie praktiziert man Yoga? Wie meditiert man? • Welche Gefahren gibt es beim Yoga? • Praktische Einführung in die Mantra-Meditation.

51. Die vedischen Wissenschaften

Faszinierendes aus verschiedenen Bereichen altindischer Natur- und Geisteswissenschaft: • Kosmogonie und Astronomie: Die Entstehung und der Aufbau des Universums • Astrologie:

Horoskop, Karma und freier Wille • Medizin: Die Ganzheit von Körper, Geist und Seele • Psychologie: Der Schleier des falschen Ich • Mathematik, Physik und Metaphysik: Mehr als nur Zahlen und Zählen • Sozial- und Rechtswissenschaften: Höhere Richtlinien für die Menschheit • Architektur und Kunst: Bauen im Einklang mit kosmischen Gesetzen • Dichtung und Musik: Die Macht von Klangschwingungen • u.a.

52. Aus dem Osten kommt das Licht

Die vedische Botschaft heute: • Wie lassen sich die Erkenntnisse der altindischen Hochkultur im Hier und Jetzt praktisch anwenden? • Welche Zukunftsperspektiven bietet das vedische Weltbild? • Das Varṇāśrama-Gesellschaftssystem: Eine realistische Hoffnung für die Menschheit • Das Mantra der Liebe: Eine tägliche Meditation für jeden • Das vedische Experiment.

53. Indologie in der Sackgasse?

Eine kurze Geschichte der Indologie: • Die Romantik: Das Abendland entdeckt Indien (wieder) • Die anfänglich begeisterte Aufnahme der Sanskrit-Schriften • Die ersten Indologen: Christliche Missionare auf Kreuzzug • Die Hypothese der indogermanischen Ursprache • Wie die Legende der «Arier-Invasion» entstand • Die einseitige Darstellung der indischen Philosophie • Wege aus der Sackgasse.

54. Das Indienbild deutscher Denker

Indien in der deutschen Philosophie und Literatur: • Die Philosophen: Immanuel Kant, G.E. Lessing, J.G. Herder, Friedrich Hegel, Arthur Schopenhauer, Friedrich Nietzsche, Rudolf Steiner, C.G. Jung • Die Dichter: Johann Wolfgang von Goethe, Friedrich Hölderlin, Die Romantiker, Hermann Hesse, Autoren des 20. Jahrhunderts • Textbeispiele mit Erläuterungen.

→ HINWEIS: Weitere indologische Themen, auch spezifische, auf Anfrage möglich.

7. Themenkomplex:
GESUNDHEIT UND ERNÄHRUNG

55. Ayurveda: Heilung für Körper und Seele

Eine Einführung in die altindische Naturheilkunst: • Die Grundlagen des Ayurveda • Die Wurzeln des Krankseins • Der Sinn des Leidens • Krankheiten verhindern statt heilen • Die verschiedenen physischen und psychischen Konstitutionstypen • Die typgerechte Ernährung zur individuellen Erhaltung der Gesundheit.

56. Vegetarismus

Die gesunde, natürliche und ethische Ernährung: • Der Mensch: Fleischesser oder Vegetarier? • Gesundheit: Fleisch als Verursacher von Krankheiten? Ohne Fleisch nicht genügend Proteine? Fleischessen und körperliche Energie • Ökologie: Nahrungsmittelverschwendung, Ausbeutung der Dritten Welt und Zerstörung des ökologischen Gleichgewichtes • Ethik: Gewalt gegen die Tiere und ihre Folgen für den Menschen • Fleischessen und kollektives Karma • Ernährung und spirituelle Entwicklung.

57. «Zivilisations»-Krankheiten

Hat die moderne Medizin versagt? • Die Paradigma-Paralyse der Medizin • AIDS, Krebs, Streß usw.: Symptombekämpfung, Irrtümer und Sündenbock-Taktik • Schürung der Angst als Machtmittel • Machtverhältnisse: Wer steckt hinter den Medizinern?

58. Heilsein in einer unheilen Welt

Auswege aus dem Labyrinth: • Die duale Welt als Labyrinth • Das Unheilsein von Körper, Geist und Seele • Die Ursachen von körperlichen und geistigen Erkrankungen • Unser natürliches Recht auf das Heilsein • Heilungsmöglichkeiten mit geistigen und spirituellen Methoden • Der Ausweg nach Innen.

8. Themenkomplex:
WISSENSCHAFTS- UND ZEITKRITIK

59. Was Wissen schafft

Grenzen und Gefahren der mechanistischen Naturwissenschaft und ihre Überwindung: • Eine kurze Geschichte des modernen wissenschaftlichen Denkens • Wissenserwerb und Erkenntnis • Was in unserem Weltbild nicht stimmt • Die Entpersönlichung der modernen Wissenschaft • Verknüpfungen: Wissenschaft, Forschung, Technologie, Industrie und Militär • «Fortschritt» wohin? • Machtverhältnisse: Wer steckt hinter den Wissenschaftlern? • Die Alternative: Holistisches Denken und Forschen.

60. Evolutionstheorie

Der Glaube an den allmächtigen Zufall: • Geschichte und Inhalt der Evolutionstheorie • Die Verdrängung der Unwahrscheinlichkeit • Leben aus Materie: Ein Haar in der Ursuppe • «Verbotene Archäologie»: Sensationelle Funde verändern unser Weltbild • Das Phantom der fehlenden Glieder • Das Ungewißheitsprinzip • Axiome: Die unbewiesenen Dogmen der Wissenschaft • Außerirdische Eingriffe in die Evolution? • Biblischer Kreationismus: Die einzige Alternative?

61. Wissenschaft jenseits der Naturgesetze?

«Es gibt mehr Dinge im Himmel und auf Erden, als unsere Schulweisheit uns träumen läßt» (W. Shakespeare): • Das Rätsel Mensch • Das Rätsel Kosmos • Mysteriöse Wesen, die wir nicht im Biologiebuch finden • Unglaubliche Erscheinungen jenseits der physikalischen Gesetze • «Übermenschliche» Fähigkeiten und Kräfte • Die Macht des Geistes und des Klanges • Die Grenzen der rationalen Erklärungsmodelle • Die höheren Zusammenhänge • Plädoyer für einen erweiterten Horizont.

62. Die Krise als Herausforderung

Skizze einer Wirtschaft der Zukunft: • Warum Krise? • Der Fehlkurs der modernen Wirtschaft • Aufstieg und Fall des 20. Jahrhunderts • Technisierung, Zentralisierung, Monopolisierung: Förderung der Abhängigkeit des einzelnen • Kalkulierte Schürung der Zerstörung: Wohlstand für wen? • Machtverhältnisse: Wer steckt hinter den Konzernen? • Die Alternative: Vorwärts zur Natürlichkeit!

63. Welt am Abgrund?

Das Versagen der modernen Gesellschaften: • Kommunismus, Sozialismus, Kapitalismus am Ende ihrer Weisheit: Was nun? • Umweltzerstörung, Katastrophen und Kriege: Warum sie geschehen müssen • Der ganz normale Wahnsinn unserer Zeit • Das Versagen von Wissenschaft, Kirche und Politik • Machtverhältnisse: Wer steckt hinter den Mächtigen? • Die heimliche Weltregierung: Ihre Absichten und Errungenschaften • Auswege aus der Verschwörung • Die Alternative: Wir müssen nicht mitmachen!

64. Altes Wissen – Neues Bewußtsein

«Wissenschaft ohne Religion ist lahm, und Religion ohne Wissenschaft ist blind» (A. Einstein): • Die Synthese von Wissenschaft, Esoterik und Theologie: Keiner überlebt ohne den anderen • Erkenntnis jenseits von Raum und Zeit • Uralte Quellen lösen die Rätsel der Moderne • Es gibt kein Zurück • Perspektiven für ein Neues Zeitalter.

→ HINWEIS: Weitere aktuelle Themen der Zeitgeschichte auf Anfrage möglich.

VORTRAGSREIHEN

Die in diesem Anhang aufgeführten Vorträge lassen sich auf Wunsch auch zu drei-, vier- oder mehrteiligen Vortragsreihen kombinieren.
Folgende Vortragsreihen bieten sich beispielsweise an:

Reinkarnation

(3.) Reinkarnation und Karma
(5.) Esoterik und Reinkarnation
(9.) Christentum und Reinkarnation – unvereinbar?
(11.) Reinkarnation als Chance

(Beliebige weitere Kombinationen möglich.)

Esoterik

(12.) Esoterik – Der Weg nach Innen
(14.) Das Jenseits
(15.) Ufos
(22.) Lesen in der Zukunft

oder:
(12.) Esoterik – Der Weg nach Innen
(3.) Reinkarnation und Karma
(16.) Dualität, Einheit und Transzendenz
(20.) Zeit zur Ewigkeit

(Beliebige weitere Kombinationen möglich.)

Die Religionen des Ostens

(26.) Warum Religion?
(31.) Der Hinduismus
(32.) Der Buddhismus
(28.) Esoterisches Christentum

(Beliebige weitere Kombinationen möglich.)

Literatur- und Philosophiegeschichte aus esoterischer Sicht

(34. bis 43.) Kombination beliebiger Portraits von abendländischen Dichtern und Philosophen.

Faszination Indien

(44.) Grundlagen des indischen Denkens
(45.) Die indische Literatur
(46.) Die indische Philosophie
(47.) Indische Mythen

oder:
(44.) Grundlagen des indischen Denkens
(48.) Die Bhagavad-gītā
(51.) Die vedischen Wissenschaften
(52.) Aus dem Osten kommt das Licht

(Beliebige weitere Kombinationen möglich.)

Welt am Abgrund?

(59.) Was Wissen schafft
(62.) Der Zusammenbruch der modernen Wirtschaft
(63.) Welt am Abgrund?
(64.) Altes Wissen – Neues Bewußtsein

(Beliebige weitere Kombinationen möglich.)

→ HINWEIS: Die Auswahl der Einzelvorträge und die Schwerpunkte einer Vortragsreihe lassen sich nach den Wünschen der Veranstalter bzw. der Zuhörer beliebig zusammenstellen.

SEMINARE

Die in diesem Anhang aufgeführten Vorträge lassen sich auf Wunsch auch zu ein-, zwei oder mehrtägigen Seminaren kombinieren.
Folgende Seminare bieten sich beispielsweise an:

Sterbeseminar: Tod und Sterben

Eine Begegnung mit der letzten Herausforderung des Menschseins: In diesem Seminar beschäftigen wir uns eingehend mit einem der letzten großen Tabus unserer Gesellschaft – mit der Thematik «Tod und Sterben». Ziel dieser Beschäftigung soll es sein, uns bereits im Hier und Jetzt in sinnvoller Weise auf den für uns alle unvermeidlichen Tod vorzubereiten, ohne allerdings dadurch die Freude am Leben zu verlieren. Im Gegenteil: Nur durch die bewußte Auseinandersetzung mit der Realität unseres Todes sind wir imstande, den Sinn und das Ziel auch unseres Lebens zu erkennen und zu erfüllen.

Es werden unter anderem die folgenden Themen erarbeitet und erörtert: • Der Tod: Die letzte Herausforderung des Menschseins • Unsere verdrängte Angst vor dem Sterben: Ihre Ursache und ihre Überwindung • Definitionen des Begriffes «Tod» • Natürlicher, unnatürlicher und freiwilliger Tod • Sterbeerlebnisse von Menschen, die klinisch tot waren • Abläufe zur Zeit des Todes • Das Karma-Gesetz und das Schicksal nach dem Tode • Jenseitsforschung: Über die Parallelwelten der Verstorbenen (Geister) • Die Wiedergeburt (Reinkarnation): Nach dem Tode kommt das Leben • Der Tod in der Musik und Dichtung des Abendlandes • Sterbenlernen: Die Kunst des Loslassens und Abschiednehmens • Begegnung mit unserer eigenen Sterblichkeit.

Bei der Behandlung dieser Themen helfen uns die Erkenntnisse sowohl der modernen Naturwissenschaft und Parapsychologie als auch diejenigen der Philosophie und der Religionswissenschaft des Morgen- und des Abendlandes.

(Das Sterbeseminar, das den Themenkomplex «Tod/Reinkarnation» zusammenfaßt, dauert je nach Wunsch einen, zwei oder mehrere Tage. Es ist das beliebteste Seminar von Ronald Zürrer.)

Seminar: Esoterik – Der Weg nach Innen

Faßt die Themenkomplexe «Esoterik» und «Prophezeiungen» zusammen (Vorträge 12. bis 25.).

Seminar: Religion – Wege zu Gott

Faßt den Themenkomplex «Religionswissenschaft» zusammen (Vorträge 26. bis 33.).

Seminar: Literatur- und Philosophie- geschichte aus esoterischer Sicht

Faßt den Themenkomplex «Literaturwissenschaft und Philosophie» zusammen (Vorträge 34. bis 43.).

Seminar: Faszination Indien

Faßt den Themenkomplex «Indologie» zusammen (Vorträge 44. bis 54.).

Seminar: Wer regiert die Welt?

Faßt den Themenkomplex «Wissenschafts- und Zeitkritik» zusammen (Vorträge 59. bis 64.).

→ HINWEIS: Die Auswahl der Themen und die Schwerpunkte eines Seminars lassen sich nach den Wünschen der Veranstalter bzw. der Zuhörer beliebig zusammenstellen.

WEITERE INFORMATIONEN

Die zwölf beliebtesten Vorträge

... um die Auswahl zu erleichtern.

- (1.) Der Tod: Die letzte Herausforderung des Menschseins
- (3.) Reinkarnation und Karma
- (12.) Esoterik – Der Weg nach Innen
- (14.) Das Jenseits
- (15.) Ufos
- (22.) Lesen in der Zukunft
- (28.) Esoterisches Christentum
- (35.) Hermann Hesse: «Siddhartha»
- (47.) Indische Mythen
- (48.) Die Bhagavad-gītā
- (56.) Vegetarismus
- (63.) Welt am Abgrund?

Vertiefung

Die in diesem Anhang skizzierten Themen können – außer in Vorträgen, Vortragsreihen und Seminaren – von Ronald Zürrer unter anderem auch in folgender Form vertieft werden:

- Persönlicher Gedankenaustausch oder Beratung
- Teilnahme an privaten Diskussionsrunden
- Teilnahme an Diskussionen und Podiumsgesprächen
- Artikel für Fachzeitschriften und Bücher
- Vegetarische Kochkurse
- Pilgerreisen nach Indien

Finanzielles

Die Kosten für Vorträge, Vortragsreihen und Seminare von Ronald Zürrer werden mit jedem Veranstalter individuell abgesprochen. Sie richten sich nach der Art, der Dauer und dem Ort der Veranstaltung. In der Regel wird um die Vergütung der anfallenden Spesen sowie um ein angemessenes Honorar gebeten. Das Prinzip dabei ist: Das Finanzielle sollte niemals ein Grund sein, einen Vortrag oder ein Seminar *nicht* zu veranstalten bzw. zu besuchen.

ÜBER RONALD ZÜRRER

Ronald Zürrer, geboren am 30. Dezember 1961 in Zürich; Besuch der Grundschule und des lateinischen Gymnasiums in Zürich; Studium der Germanistik, der Philosophie und der vergleichenden Religionswissenschaften an der Universität Zürich.
Bekannt durch seine fundierten Vorträge, Vortragsreihen und Publikationen zu esoterischen und philosophischen Themen, hat er namentlich durch sein Standardwerk «Reinkarnation – Die umfassende Wissenschaft der Seelenwanderung» bei einem größeren Fachpublikum Beachtung gefunden.
Er lebt heute als freischaffender Schriftsteller, Übersetzer und Seminarleiter in Berlin und Zürich.

Kontaktadressen

Sollten Sie Interesse an einer Veranstaltung mit Ronald Zürrer haben, wenden Sie sich bitte an eine der untenstehenden Adressen:

Kontaktadresse in Deutschland:

Ronald Zürrer
Clayallee 348 B, D – 14169 Berlin
Tel. 030 / 811 06 71
Fax 030 / 811 06 72

Kontaktadresse in der Schweiz:

Ronald Zürrer, c/o Govinda-Verlag
Mühlegasse 27, CH – 8001 Zürich
Tel. 01 / 251 88 51
Fax 01 / 251 88 52

Über diese Adressen erhalten Sie auch Auskunft über bereits feststehende Termine von Vorträgen, Vortragsreihen und Seminaren von Ronald Zürrer.

NEU IM GOVINDA-VERLAG

VORTRAGSKASSETTEN VON RONALD ZÜRRER

HEILSEIN IN EINER
UNHEILEN WELT
*Livemitschnitt vom «Weltkongreß
für geistiges Heilen» in Basel,
November 1992*

ISBN 3-906347-17-6
54 Minuten
DM / Fr. 15,–

KARMA: SCHICKSAL
ODER BESTIMMUNG?
*Livemitschnitt aus dem
Bernhard-Theater Zürich,
März 1994*

ISBN 3-906347-18-4
84 Minuten
DM / Fr. 20,–

GUT UND BÖSE
*Livemitschnitt aus dem
Bernhard-Theater Zürich,
März 1995*

ISBN 3-906347-19-2
Doppelkassette
114 Minuten
DM / Fr. 25,–

RONALD ZÜRRER IM GOVINDA-VERLAG

Die umfassende Wissenschaft der Seelenwanderung

REINKARNATION

ISBN 3-906347-13-3
512 Seiten
in Leinen gebunden
DM/Fr. 32,–

Dieses Standardwerk vermittelt einen vollständigen Überblick über alles, was man über die Wiedergeburt wissen muß und was darüber bis heute bekannt ist. Zugleich ist es eine Herausforderung sogar für diejenigen, die an Reinkarnation glauben. Über die Grenzen der modernen parapsychologischen und esoterischen Forschung hinaus legt Ronald Zürrer konkrete Schlußfolgerungen vor, die jeden wissenschaftlichen Anspruch erfüllen.

«Es ist das beste Buch, das es auf dem deutschen Markt zum Thema der Reinkarnation gibt. Wer immer mitreden will, ob Reinkarnationstherapeut, New Age-Teacher oder schlichtweg Reinkarnierter (und das sind wir alle), muß es gelesen haben.» (Magazin 2000)

Aus dem Inhalt:
▶ Reinkarnation in der Wendezeit ▶ Grundlagen von Karma und Reinkarnation ▶ Praktische Konsequenzen der Reinkarnationslehre ▶ Der Reinkarnatiosgedanke in der Weltgeschichte ▶ Reinkarnation und Christentum – unvereinbar? ▶ Erkenntnisse der modernen Reinkarnationsforschung ▶ Esoterik und Reinkarnation ▶ Das Ende der Reinkarnation ▶ Ausführliches Begriffsverzeichnis

RONALD ZÜRRER IM GOVINDA-VERLAG

Der Reinkarnationsgedanke
im Abendland

HINÜBERZUGEHEN UND WIEDERZUKEHREN...

ISBN 3-906347-08-7
52 Seiten, broschiert
DM / Fr. 10,–

Dieses Buch verdeutlicht die Wichtigkeit und Notwendigkeit des Reinkarnationsdenkens gerade für die moderne Zeit. Es lädt ein, in Form eines philosophischen Dialogs, zu einem faszinierendem Streifzug durch die Geschichte des Reinkarnationsgedankens im abendländischen Geistesleben – vom klassischen Altertum über Lessing, Hölderlin und Goethe bis zu C.G. Jung und Hermann Hesse.

Die Notwendigkeit
fleischloser Ernährung

VEGETARISCH LEBEN

ISBN 3-906347-07-9
32 Seiten, geheftet
DM / Fr. 2,50

Diese beliebte Broschüre (Gesamtauflage über 300.000 Exemplare!) informiert in knappster Form über die wichtigsten Argumente für eine lacto-vegetarische Ernährung.

Aus dem Inhalt:
▶ Die natürliche Ernährungsweise des Menschen ▶ Die Zusammenhänge zwischen Fleischessen und Krankheiten ▶ Die Gewalt gegen die Tiere und ihre Folgen ▶ Die falsche Propaganda der Fleischproduzenten ▶ Die Zerstörung der Umwelt durch Fleischproduktion ▶ Die Warnungen der ethischen Vegetarier ▶ Die Religionen heute: Verrat an den Tieren ▶ Die höheren Naturgesetze von Aktion und Reaktion (Karma) ▶ Die aktuelle Weltsituation: Ohnmacht und Macht des einzelnen

DER KLASSIKER IM GOVINDA-VERLAG

Große Weisheit im Kleinformat.

Taschenbuch-Ausgabe
ISBN 3-906347-12-5
896 Seiten,
Dünndruckpapier
DM/Fr. 25,–

DIE BHAGAVAD-GĪTĀ (wörtlich: der «Gesang Gottes») ist der bedeutendste und bekannteste Klassiker der indischen Literatur. Sie bildet den Kern der gesamten vedischen Weisheit und enthält eine zeitlose Botschaft von universaler Gültigkeit – eine Botschaft, die alle Religionen und Philosophien der Welt miteinschließt.

Die «Bhagavad-gītā wie sie ist» von A.C. Bhaktivedanta Swami Prabhupāda – mit einer Gesamtauflage von über 10 Millionen Exemplaren in rund fünfzig Sprachen – ist die weltweit meistgelesene Ausgabe der Gītā. Sie stellt für den spirituell Suchenden wie auch für den Studenten der Philosophie und Indologie ein Standardwerk dar.

Die nun vorliegende, vollständig revidierte Neuauflage der «Bhagavad-gītā wie sie ist» beinhaltet:
▸ Original-Sanskritverse mit lateinischer Transliteration
▸ vollständige deutsche Übersetzung aller 700 Verse
▸ ausführliche Erläuterungen
▸ umfassendes Glossar mit Erklärungen der wichtigsten Sanskritbegriffe
▸ Anleitung zur Aussprache des Sanskrit
▸ Verzeichnis aller Sanskritverse
▸ umfangreiches Stichwortverzeichnis mit rund 900 Begriffen

NEU IM GOVINDA-VERLAG

DER MULTIDIMENSIONALE KOSMOS
von Armin Risi

Der Veden-Experte Armin Risi entschlüsselt in diesem zweibändigen Werk die jahrtausendealten Sanskrit-Texte Indiens im Licht der ursprünglichen vedischen Tradition. Er entdeckt auf diese Weise ein harmonisches Weltbild, das Wissenschaft, Esoterik und Theologie in sich vereinigt.

Band 1
GOTT UND DIE GÖTTER
Das vedische Weltbild revolutioniert die moderne Wissenschaft, Esoterik und Theologie.

- Ursprung und Aufbau des Universums
- Die Relativität der Zeit
- Höherdimensionale Welten
- Vedische Prophezeiungen und Nostradamus
- Die Zukunft der Menschheit
- Individuelles und kollektives Karma
- Prädestination und freier Wille

ISBN 3-906347-30-3
380 Seiten, gebunden
DM / Fr. 38,-

Band 2
DER ZYKLUS DER ZEITEN
Das vedische Weltbild revolutioniert die moderne Evolutionstheorie, Kosmologie und Ufologie.

- Die Urkräfte im Universum
- Materie und spirituelle Energie
- Urknall und Evolution
- Reinkarnation: Die Wissenschaft der Seele
- Die zyklische Geschichte der Erde
- UFOs und außerirdische Einflüsse
- Die geheimen Mächte hinter der Menschheit
- Ausweg aus dem Kali-yuga

ISBN 3-906347-31-1
erscheint im Frühjahr 1996

Die indischen Urtexte beschreiben Zivilisationen, die über fortgeschrittenste Erkenntnisse und Errungenschaften verfügten. Das unglaubliche Wissen der altindischen (vedischen) Hochkultur stellt die herkömmlichen Ansichten über die Menschheitsgeschichte und das Universum in Frage. Ist der Glaube an die primitive Abstammung des Menschen noch gerechtfertigt?